[illegible]

女名明年貳拾歲　姑

男明簡年叁拾伍歲　當陽府別住　[illegible]

男思往年貳拾肆歲　白丁

男明奉年貳拾陸歲　白丁

[illegible]

敦煌社會歷史文獻釋録第一編

策劃、主編：郝春文

英藏敦煌社會歷史文獻釋録

第十五卷

郝春文、游自勇、王蘭平、侯愛梅、董大學、聶志軍、李芳瑶、
陳于柱、趙玉平、宋雪春、杜立暉　編著
韓鋒、武紹衛、王曉燕　助編

SSAP
社會科學文獻出版社
SOCIAL SCIENCES ACADEMIC PRESS (CHINA)

本書第十五卷　係
國家社會科學基金重大項目（10&ZD080）
國家古籍整理出版專項經費資助項目

敦煌社會歷史文獻釋録

凡例

一　本書係大型文獻圖集《英藏敦煌文獻》的文字釋録本。其收録範圍、選擇内容均與上書相同。但增收該書漏收的部分佛教典籍以外文獻；對於該書未收的佛經題記，因其具有世俗文書性質，亦予增收；對於該書所收的部分佛經，本書則予以剔除。凡屬增收、剔除之文書，均作説明。

二　本書的編排順序係依收藏單位的館藏編號順序排列。每號文書按正背次序排列，背面以『背』（V）表示。文書正背之區分均依文書原編號。發現原來正背標錯的情況，亦不改動，但在校記中加以説明。

三　凡一號中有多件文書者，即依次以件爲單位進行録校。在每件文書標題前標明其出處和原編號碼。

四　每件文書均包括標題、釋文兩項基本内容；如有必要和可能，在釋文後加説明、校記和有關研究文獻等内容。

五　文書的擬題以向讀者提供盡量多的學術信息爲原則，凡原題和前人的擬題符合以上原則者，即行採用；不符者則重新擬題。

六　凡確知爲同一文書而斷裂爲兩件以上者，在校記中加以説明；若能直接綴合，釋文部分將逕録綴合後的釋文。

七　本書之敦煌文獻釋文一律使用通行繁體字釋録。釋文的格式採用兩種辦法，對有必要保存原格式的文書，以忠實原件、反映文書的原貌爲原則，按原件格式釋録；沒有必要保存原格式的文獻，則採用自然行釋録。原件中之逆書（自左向右書寫），亦不改動；一件文書寫於另一件文書行間者，分別釋録，但加以説明。保存原格式的文書，原文一行排不下時，移行時比文書原格式低二格，以示區別。

八　釋文的文字均以原件爲據，適當吸收前人的研究成果。如已發表的釋文有誤，則逕行改正，並酌情出校。

九　同一文書有兩種以上寫本者，釋録到哪一號，即以該號中之文書爲底本，以其他寫本爲參校本；有傳世本者，則以寫本爲底本，以傳世本爲參校本。

一〇　底本與參校本内容有出入，凡底本中之文字文義可通者，均以底本爲准，而將參校本中之異文附於校記，以備參考。若底本有誤，則保留原文，在錯誤文字下用（）注出正字；如底本有脱文，可據他本和上下文義補足，但需將所補之字置於〔〕内；改、補理由均見校記。

一一　原件殘缺，依殘缺位置用（前缺）（中缺）（後缺）表示。因殘缺造成缺字者，用□

表示，不能確知缺幾個字的，上缺用□表示，中缺用□表示，下缺用□表示，一般佔三格，但有時爲了保持原文格式，可適當延長，視具體情況而定。

一二　凡缺字可據別本或上下文義補足時，將所補之字置於□內，並在校記中說明理由；原文殘損，但據殘筆劃和上下文可推知爲某字者，逕補；無法擬補者，從缺字例；字跡清晰，但不識者照描，在該字下注以『（？）』，以示存疑；字跡模糊，無法辨識者，亦用□表示。

一三　原書寫者未書完或未書全者，用『（以下原缺文）』表示。

一四　原件中的俗體、異體字，凡可確定者，一律改爲通行繁體字；有些因特殊情況需要保留者，用（　）將正字注於該字之下。

一五　原件中的筆誤和筆劃增減，逕行改正；出入較大的保留，用（　）在該字之下注出正字，並在校記中說明理由。

一六　原件中的同音假借字照録，但用（　）在該字之下注出本字。

一七　原件有倒字符號者，逕改；有廢字符號者，不録；有重疊符號者，直接補足重疊文字；均不出校。有塗改、修改符號者，只録修改後的文字；不能確定哪幾個字是修改後應保留的，兩存之。有塗抹符號者，能確定確爲作廢者，不録；不能確定已塗抹的文字，則照録。原寫於行外的補字，逕行補入行内；不能確定補於何處者，仍照原樣録於夾行中。

一八　原件中的衍文，均保留原狀，但在校記中注明某字或某字至某字衍，並説明理由。

一九　文書中的朱書和印跡，均在説明中注明。

二〇　本書收録與涉及的敦煌文獻，在標明其出處時，使用學界通用的略寫中文詞和縮寫英文詞，即：

『斯』：倫敦英國國家圖書館藏敦煌文獻斯坦因（Stein）編號

『北敦』（BD）：北京中國國家圖書館藏敦煌文獻編號

『Ch BM』：倫敦英國國家博物館藏敦煌絹紙畫編號

『Ch IOL』：倫敦英國印度事務部圖書館藏敦煌文獻編號

『S. P』：倫敦英國國家圖書館藏敦煌文獻木刻本斯坦因（Stein）編號

『伯』：巴黎法國國立圖書館藏敦煌文獻伯希和（Pelliot）編號

『Дх』：聖彼得堡俄羅斯聯邦科學院東方文獻研究所藏敦煌文獻編號

『Φ』：聖彼得堡俄羅斯聯邦科學院東方文獻研究所藏敦煌文獻弗魯格（Флуг）編號

目録

三　失名韻文……三五八
四　學郎詩……三六〇
五　韓朋賦一首……三六二
斯三二二七背+斯六二〇八
一　雜集時要用字……三六八
二　雜寫……三七六
三　新商略古今字樣撮其時要并引正俗釋下卷……三七七
斯三二五二　般若波羅蜜多心經題記……三八〇
斯三二七九　大乘無量壽經題記……三八二
斯三二八〇　大乘無量壽經題記……三八三
斯三二八一　大乘無量壽經題記……三八五
斯三二八二　大乘無量壽經題記……三八六
斯三二八三　大乘無量壽經題記……三八七
斯三二八五　大乘無量壽經題記……三八八
斯三二八七
一　千字文一卷……三九〇
二　學郎詩……四一二
三　王羲之顧書論抄……四一三

斯三〇〇五　防大佛行人名目

釋文

防大佛行人名目〔一〕：唐奴子〔二〕、高孝宜、康留信、王道員〔三〕、陳清兒〔四〕、宋員住、渾慶順、張竹訥〔五〕、陽安住〔六〕、裴義通、董粉子。

説明

此件首尾完整，有原題，但事由及『行人』的性質尚待研究。其後爲佛經注釋，未録。

校記

〔一〕『防』，《敦煌遺書總目索引新編》未能釋讀，《敦煌社會經濟文獻真蹟釋録》釋作『陽』，誤。

〔二〕『唐』，《敦煌遺書總目索引》《敦煌遺書總目索引新編》釋作『廖』，《敦煌社會經濟文獻真蹟釋録》釋作『康』，均誤。

〔三〕『道』，《敦煌社會經濟文獻真蹟釋録》釋作『匠』，誤。

〔四〕『清』，《敦煌社會經濟文獻真蹟釋録》釋作『清』，誤。

〔五〕『竹』，《敦煌社會經濟文獻真蹟釋録》釋作『什』，誤。
〔六〕『住』，《敦煌社會經濟文獻真蹟釋録》未能釋讀。

參考文獻

《中國史研究》一九七九年二期，七七至八五頁；《敦煌寶藏》二五册，臺北：新文豐出版公司，一九八二年，二一四頁（圖）；《敦煌遺書總目索引》，北京：中華書局，一九八三年，一七一頁（録）；《敦煌社會經濟文獻真蹟釋録》一輯，北京：書目文獻出版社，一九八六年，四一四頁（録）；《英藏敦煌文獻》四卷，成都：四川人民出版社，一九九一年，二七〇頁（圖）；《敦煌遺書總目索引新編》，北京：中華書局，二〇〇〇年，九二頁（録）。

斯三〇〇七　佛説十一面神呪心經一卷題記

釋文

小僧斛斯如願經。

説明

此件《英藏敦煌文獻》未收，現予增收。池田温推測其抄寫於九世紀前期（參見《中國古代寫本識語集録》，三八六頁）。

參考文獻

Descriptive Catalogue of the Chinese Manuscripts from Tunhuang in the British Museum, The Trustees of the British Museum, London 1957, p. 106（録）；《敦煌寶藏》二五册，臺北：新文豐出版公司，一九八二年，二二三頁（圖）；《敦煌遺書總目索引》，北京：中華書局，一九八三年，一七一頁（録）；《中國古代寫本識語集録》，東京大學東洋文化研究所，一九九〇年，三八六頁（録）；《敦煌遺書總目索引新編》，北京：中華書局，二〇〇〇年，九二頁（録）。

斯三〇〇八　太上業報因緣經卷第一

釋文

（前缺）

見有男女〔一〕，於三寶地行諸淫欲。見有男女，於靈觀中淫欲穢汙。見有男女，於出家法身行諸淫欲。見有男女，非謗出家法身〔二〕。見有男女，惡口兩舌。見有男女，煞父害母〔三〕，五逆不孝。見有男女，不忠不孝，違叛君父。見有男女，欺陵於物〔四〕，不識善惡。見有男女，不憐貧窮。見有男女，憎嫌老病。見有男女，放縱六情。見有男女，不脩三業。見有男女，飛鷹走犬，以煞衆生。見有男女，背道叛師，違盟負誓。見有男女，架（枷）鎖牢獄〔五〕，鞭笞考掠〔六〕。見有男女，聾盲六疾，形不具足。見有男女，貧窮困苦，無人愛惜。見有男女，長病在牀，求生不得，求死不得。見有男女，風癲顛狂，染諸邪病。見有男女，愚癡憃騃，身不全具。見有男女，遍身生創〔七〕，膿血流離。見有男女，刀兵水火，燒熕斫射。見有男女，毒蟲猛獸，吞螫搏噬。見有男女，孤寡飢寒，獨受辛苦。見有男女，中道分離，不終於身。見有男女，母子分張，爲人奴婢。見有男女，形容醜陋，人不喜見。見有男女，受命短促，懷抱夭亡。見有男女，爲人奴婢，飢寒辛苦。見有男女，生不具足，手腳攣跛，耳聾目盲，音啞百病〔八〕。見有男女，身體破裂，舉身濃（膿）血〔九〕，脣口斷壞，鼻目崩折，人見憎嫌〔一〇〕。又於地下，見有足履刀山，支支斷壞者〔一一〕。見有手攀劍樹，節節分張者。見有吞火食炭，遍身煙出者。見有碓擣磑磨，屑屑如粉者。見有身抱銅柱，形體焦然者。見有身卧鐵牀，脂流火然者。見有鑊湯煎煑，潰潰爛壞者〔一二〕。見有足上刀針，手足斷壞者。見有鋸解身形，滴滴血流者。見有炎石逼身〔一三〕，七孔流血者。見有鐵杖亂考，遍體血流者。見有身在寒冰，遍身破裂者。見有身在火山，頭面焦燎者。見有身在塘煨，東西跳踉者。見有鐵錐刺身，萬痛難堪者。見有身在臭穢，人不喜見者。見有銅狗齧身，腸肚狼藉者。見有鐵鳥啄精〔一四〕，皮肉分張者。見有毒蛇交横，吞噬啖齧者。見有猛獸奮踴，搏攫擘裂者。見有拔出其舌，鐵錐刺之者。見有鐵犁耕舌者。見有剉碓剉身者〔一五〕。見有倒懸者。見有倮身者〔一六〕。見有架（枷）鎖相牽者。見有鐵釘釘身者。見有節節斷壞者。見有臠臠分張者。見有揵汲溟波〔一七〕，以灌四瀆者。見有負石填河者。見有受身餓鬼者。見有受身六畜，牛羊雞狗者。見有受身邊夷者。見有身（受）受（身）奴婢者〔一八〕。見有受身六疾，聾盲音啞、手攣腳跛者。見有受生不具足者〔一九〕。見有受生毒蛇身者〔二〇〕。見有受生蟲獸身者。見有受生蠅蚰身者〔二一〕。見有受生厠溷蟲身者。見有受生於泥中身者〔二二〕。見有受生一切惡蟲鳥獸魚鼈身者。

普濟〔二三〕：今者諸天諸地有如許因緣〔二四〕，罪福不同。不知前生何脩，今身何犯？前身何福，今生何罪？爲是稟身自然，爲是經業而來〔二五〕？爲是水土使之，爲是父母之因？爲是當身所受，爲是先世種因？爲是罪止一身，爲復殃流子孫？爲是脩善可得拔度，爲是任命自然？唯願天尊大慈，賜垂開悟，令衆曉知宿命因緣。

太上答曰〔二六〕：善哉！善哉！普濟能發如此深心，開諸法利，覺悟群生宿命因緣，不可思議〔二七〕。汝可伏聽，吾今爲汝分别説之。

（後缺）

説明

此件首尾均缺，失題，起『見有男女，於三寶地行諸淫欲』，訖『吾今爲汝分别説之』。因其與臺北四七二一（散六四）+斯四九六三係同一抄本（但不能直接綴合），而臺北四七二一首題『太上業報因緣經卷第一』，故可比對出以上内容爲《太上業報因緣經》卷一之後半部分（參見王卡《敦煌道教文獻研究：綜述·目録·索引》，一二四頁）。現知敦煌文獻中保存了二十餘件該經殘本，但内容與此件均無交叉。《太上業報因緣經》，全稱《太上洞玄靈寶業報因緣經》，共十卷、二十七品，傳世本見於《正統道藏》。

以上釋文以斯三〇〇八爲底本，用《中華道藏》中之《太上洞玄靈寶業報因緣經》卷一（稱其爲甲本）參校。

校記

〔一〕『見有』，據甲本補。
〔二〕『非』，甲本作『誹』，均可通。
〔三〕『煞』，甲本作『殺』，『煞』有『殺』義。以下同，不另出校。
〔四〕『陵』，甲本作『凌』，均可通。
〔五〕『架』，當作『枷』，據甲本改，『架』爲『枷』之借字。以下同，不另出校。
〔六〕『考』，甲本作『拷』，均可通。以下同，不另出校。
〔七〕『創』，甲本作『瘡』，『創』有『瘡』義。
〔八〕『音啞』，甲本作『瘖瘂』，均可通。以下同，不另出校。
〔九〕『濃』，當作『膿』，據甲本改。
〔一〇〕『見』，甲本作『所』，均可通。
〔一一〕『者』，甲本無。
〔一二〕第一個『潰』，甲本作『漬』，誤。
〔一三〕『炎』，底本作『琰』，係涉下文『石』而成之類化俗字，甲本作『硤』。
〔一四〕『精』，甲本作『睛』，均可通。
〔一五〕第二個『剉』，甲本作『碎』，均可通。
〔一六〕『倮』，甲本作『裸』，均可通。
〔一七〕『摙』，甲本作『漣』，『漣』爲『摙』之借字。
〔一八〕『身受』，當作『受身』，據甲本改。

〔一九〕『生』，甲本作『身』。
〔二〇〕『生』，甲本作『身』；『身』，甲本無。
〔二一〕『触』，甲本作『蛆』。
〔二二〕『於』，甲本作『淤』，均可通；『身』，甲本無。
〔二三〕『濟』，甲本作『齊』。
〔二四〕『者』，甲本作『見』。
〔二五〕『經業』，甲本作『業報』。
〔二六〕『太上』，甲本作『道君』。
〔二七〕『議』，甲本作『義』。

參考文獻

《敦煌道經·目録編》，東京：福武書店，一九七八年，八六頁下、八七頁上；《敦煌寶藏》一一五册，臺北：新文豐出版公司，一九八二年，二二四至二二五頁（圖）；《英藏敦煌文獻》四卷，成都：四川人民出版社，一九九一年，二七一頁（圖）；《敦煌學輯刊》一九九八年一期，七九頁；《中華道藏》五册，北京：華夏出版社，二〇〇四年，一五七至一五八頁（録）；《敦煌道教文獻研究：綜述·目録·索引》，北京：中國社會科學出版社，二〇〇四年，一二四頁；《敦煌道經寫本與詞彙研究》，成都：巴蜀書社，二〇〇七年，九〇至九一頁；《敦煌本〈太上業報因緣經〉文字與詞彙研究》，浙江財經學院碩士論文，二〇一二年；《敦煌道經與中古道教》，蘭州：甘肅教育出版社，二〇一三年，二七一至二七二頁。

斯三〇一一A　論語集解（先進—顔淵）

釋文

（前缺）

子曰〔一〕：『先進於禮樂〔二〕，野人也〔三〕；後進於禮樂，君子也。先進、後進，謂世（仕）先後輩也〔四〕。禮樂因代損益，後進與禮樂俱得時之中〔五〕，斯君子矣〔六〕；先進有古風〔七〕，斯野人也〔八〕。如用之，則吾從先進。』將移風易俗，歸之淳素。先進猶近故（古）風〔九〕，故從之。

子曰〔一〇〕：『從我於陳〔一一〕、蔡者〔一二〕，皆不及門者也〔一三〕。』鄭曰：『言弟子從我（而）厄於陳〔一四〕、蔡者，皆不及仕進之門而失其所。』德行：顔淵、閔子騫〔一五〕、冉伯牛〔一六〕、仲弓〔一七〕；言語〔一八〕：宰我、子貢；政事：冉有、季路；文學：子遊〔一九〕、子夏〔二〇〕。

子曰〔二一〕：『回也〔二二〕，非助我者〔二三〕，於吾言無所不說〔二四〕。』孔曰：『助，益也。言回聞言即解，無所發起增益於己〔二五〕。』

子曰：『孝哉閔子騫〔二六〕！民不間於〔其〕父母昆弟之言〔二七〕。』陳曰：『言子騫上事父母，下順兄弟，動靜盡善，故人〔不〕〔得〕有非間之言〔二八〕。』

南容三復白圭，孔曰：『《詩》云：白圭之玷尚可磨〔二九〕，斯言之玷不可爲。南容讀《詩》至此，三反覆之，是其心慎言也。』孔子以其兄之子妻之。

季康子問：『弟子孰爲好學？』孔子對曰：『有顔淵者好學，不幸短命死矣〔三〇〕。今也則亡。』

顔淵死，顔路請孔子之車以爲之槨。孔曰：『路〔三一〕，顔淵父〔三二〕，家貧〔三三〕，欲請孔子之車〔三四〕，賣以作槨也〔三五〕。』子曰：『才不才，亦各言其子也。鯉也死，有棺而無槨〔三六〕，吾不徒行以爲之槨〔三七〕。以吾從大夫之後，不可以徒行也。』孔曰：『鯉，孔子之子〔三八〕，伯魚也〔三九〕。孔子時爲大夫，言從大夫之後〔四〇〕，不可以徒行〔四一〕，謙辭。』

顔淵死。子曰：『噫！天喪予！天喪予！』苞（包）曰〔四二〕：『噫，痛傷之聲。』天喪予者，若喪己也。再言之者，痛惜之甚。

顔淵死，子哭之慟，馬曰：『慟，哀過。』從者曰：『子慟矣！』子曰：『有慟乎？孔曰：『不自知己之悲哀過。』非夫人之爲慟而誰爲？』

顔淵死，門人欲厚葬之。子曰：『不可。』禮：貧富有宜。顔淵貧而門〔人〕欲厚葬之〔四三〕，故不聽也。門人厚葬之。子曰：

『回也視予猶父也，予不得視猶子。非我也，夫二三子也。』馬曰：『言回自有父。父意欲聽門人厚葬之，我不得割止也，非其厚葬。故云耳〔四四〕。』

季路問事鬼神〔四五〕。子曰：『未能事人，焉能事鬼？』曰：『敢問死。』曰：『未知生，焉知死？』陳曰：『鬼神及死事，難明也，語之無益，故不答〔四六〕。』

閔子騫侍側，誾誾如也；子路，行行如也；冉有、子貢，侃侃如也。子樂。鄭曰：『樂各盡其性。行行，剛强之貌。』『若由也，不得其死然。』孔曰：『不得以壽終。』

魯人爲長府。閔子騫曰：『仍舊貫，如之何？何必改作〔四七〕？』鄭曰：『長府，藏名。藏〔財〕貨曰府〔四八〕。仍，因也。貫，事也。因舊事則可〔四九〕，何乃復更改作也。』子曰：『夫人不言，言必有中。』王曰：『〔言〕必有中〔者〕〔五〇〕，善其不欲〔勞〕〔人〕改作〔五一〕。』

子曰〔五二〕：『由之瑟〔五三〕，奚爲於丘之門？』馬曰：『子路鼓瑟，不合《雅》、《頌》。』門人不敬子路。子曰：『由也升堂矣，未入於室也。』馬曰：『升我堂矣，未入室耳。門人不解，謂孔子言爲賤子路，故復解之。』

子貢問：『師與商也，孰賢？』子曰：『師也過，商也不及。』孔曰：『俱〔言〕言〔俱〕不得中〔五四〕。』曰：『然則師愈與？』子曰：『過猶不及。』愈猶勝也。

季氏富於周公，孔曰：『周公，天子之宰、卿士。』而求也爲之聚斂而附益之。孔曰：『冉求爲季氏宰，爲之急賦稅。』子曰：『非吾徒也。小子鳴鼓而攻之，可也。』鄭曰：『〔小〕〔子〕〔五五〕，門人也。鳴鼓聲其罪以責〔之〕〔五六〕。』

柴也愚，弟子高柴也，字子羔〔五七〕。愚，愚直之愚。參也魯，孔曰：『魯，鈍也。曾子遲鈍。』師也僻，馬曰：『子張才過人，失在邪僻文過。』由也喭。鄭曰：『子路之行，失於吸喭〔五八〕。』

子曰：『回也，其庶乎！屢空。賜不受命，而貨殖焉，億則屢中。』言回庶幾聖道，雖數空匱，而樂在其中〔五九〕。賜不受教命，唯財貨是殖，億度是非。蓋美回，所以厲賜〔六〇〕。〔一〕曰〔六一〕：『屢，猶每。空，猶虛中也。以聖人之善〔道〕〔六二〕，教數子之庶幾，猶不至於知道者，各内有此害也。其於庶幾每能虛中者，唯回〔懷〕道深遠〔六三〕。不虛心，不能知。子貢雖無數子之病，然亦不知道者，雖不窮理而幸中，雖非天命而偶富，亦所以不虛心。』

子張問善人之道。子曰：『不踐跡，亦不入於室也。』孔曰：『踐，循也。言善人不但循追舊跡而已，亦小〔少〕多能創業〔六四〕，然亦不能入於聖人之室。』子曰：『論篤是與，君子者乎？色莊者乎？』論篤者，謂口無擇言也。君子者，謂身無擇〔鄙〕行也〔六五〕。色莊者，不惡而嚴，以遠小人也。言此三者，皆可以爲善人也〔六六〕。

子路問：『聞斯行諸？』苞（包）曰〔六七〕：『振窮救乏之事〔六八〕。』子曰：『〔有〕父兄在〔六九〕，如之何其聞斯行之。』孔曰：『當白父兄，不可自專也。』冉有問：『聞斯行諸？』子曰：『聞斯行諸。』公西華曰：『由也問「聞斯行諸」，子曰「有父兄在」〔七〇〕。求也問「聞斯行諸」，〔子〕〔曰〕〔七一〕：「〔聞〕〔斯〕〔行〕〔諸〕〔七二〕」。赤也惑，敢問。』孔曰：『惑其問同而答異。』子曰：『求也退，故進之。由也兼人〔七三〕，故退之。』鄭曰：『言冉有性謙退，子路務在勝上人，各因其人之失而正之〔七四〕。』

子畏於匡，顔淵後。孔曰：『言與孔子相失，故在後。』子曰：『吾以汝爲死矣。』曰：『子在，回何敢死？』苞（包）曰〔七五〕：『言夫子在，己無所敢死。』

季子然問：『仲由、冉求，可謂大臣與？』孔曰：『季子然，季氏子弟也。自多得臣此二子〔七六〕，故問之也。』子曰：『吾以子爲異之問〔七七〕，曾由与求之問。』孔曰：『謂子問異事耳。則此二人之問，安足大〔乎〕〔七八〕？』所謂大臣者，以道事君，不可則止〔七九〕。今由与求也，可謂具大臣矣〔八〇〕。』孔曰：『言備具臣數而已。』曰：『然則從之者與？』孔曰：『問爲臣皆當從君所欲〔耶〕〔八一〕？』子曰：『煞父与君，亦不從也。』孔曰：『言此二子雖從其主，亦不與爲大逆。』

子路使子羔爲費宰。子曰：『賊夫人之子。』苞（包）曰〔八二〕：『子羔學未孰習〔八三〕，而使爲政，所以賊害。』子路曰：『有民人焉，有社稷焉。何必讀詩（書）〔八四〕，然後爲學？』孔曰：『言治民事神，於是而習之，亦學〔也〕〔八五〕。』子曰：『是故惡夫佞者。』孔曰：『疾其以口給應，遂己非而不知窮〔八六〕。』

子路、曾晳、孔曰：『晳，曾參父，名點〔八七〕。』冉有、公西華侍坐。子曰：『与吾一日長乎爾，毋吾以也。孔曰：『言我問汝，汝無以我長故難對。』居則曰：『不吾知也。』孔曰：『汝常居云人不之（知）己〔八八〕。』如或知爾，則何以哉？』孔曰：『如有用汝者，則何以爲治？』子路師（帥）爾而對〔八九〕，帥爾〔九〇〕，先三人對〔九一〕。曰：『千乘之國，攝乎大國之間，加之以師旅，因之以饑饉，苞（包）曰〔九二〕：『攝，攝（迫）〔九三〕。迫於大國之間〔九四〕。』由也爲之，比及三年〔九五〕，可使有勇，且知方也。』方，義方也。夫子哂之。馬曰：『哂，笑。』『求！爾何如？』對曰：『方六七十，而（如）五六十〔九六〕，求性謙退，言欲得方六七十、如五六十〔里〕小國治之而已〔九七〕。求也爲之，比及三年，可使足民也，如其禮樂，以俟君子。』孔曰：『求自言能足民而已。謂衣食足也。若禮樂之化，當以待君子。謙〔也〕〔九八〕。』『赤！爾何如？』對曰：『非曰能之，願學焉。宗廟之事〔九九〕，如會同，端章甫，願爲小相焉。』鄭曰：『云我非自言能也，願學爲之。宗廟之事〔一〇〇〕，謂祭祀之（也）〔一〇一〕。諸侯時見曰會。殷頫曰同。端，玄端也。衣玄端，冠章甫，諸侯日視朝之服也。小相，爲（謂）相君〔禮〕〔法〕〔也〕〔一〇二〕。』『點！爾何如？』鼓瑟希。孔曰：『思所以對，故音希。』鏗爾，舍瑟而作，對曰：『異乎三子〔者〕之撰〔一〇三〕。』孔曰：『置瑟起對。撰，具也。爲政之具也。鏗者，投瑟之聲。』子曰：『何傷乎〔一〇四〕？亦各言其志也〔一〇五〕。』孔曰：『各言己志，於義無傷〔一〇六〕。』曰：『暮春者〔一〇七〕，春服既成〔一〇八〕，冠者五六人，童子六七人，浴乎沂水之上〔一〇九〕，風乎舞雩，詠而歸。』苞（包）曰〔一一〇〕：『暮春者〔一一一〕，季春三月也〔一一二〕。春服既成者〔一一三〕，衣單袷之時〔一一四〕。我欲得冠者五六人，童子六七人，浴於沂水之上〔一一五〕，風涼於舞雩之下，歌詠先王之道〔一一六〕，而歸夫子之門〔一一七〕。』夫子喟然歎曰：『吾与點也〔一一八〕。』周曰：『善點之獨知時也〔一一九〕。』三子者出〔一二〇〕，曾晳後〔一二一〕。曾晳曰〔一二二〕：『夫三子者之言何如〔一二三〕？』子曰：『亦各言其志也已矣〔一二四〕。』曰：『夫子何哂由也？』子曰〔一二五〕：『爲國以禮，其言不讓，是故哂之。』苞（包）曰〔一二六〕：『爲國以禮，禮貴讓〔一二七〕，子路言不讓〔一二八〕，故哂之〔一二九〕。』『唯求則非邦也矣（與）〔一三〇〕？』『焉見方六七十如五六十而非邦也者〔一三一〕？』『唯赤則非邦也與？』『宗廟會同〔一三二〕，非諸侯如之何〔一三三〕？』孔曰：『明皆諸侯之事，與子路同，徒笑子路不讓〔一三四〕。』赤也爲之小〔一三五〕，孰能爲之大〔一三六〕？』孔曰：『赤謙言小相〔耳〕〔一三七〕，〔誰〕能爲大相也〔一三八〕？』

顏淵第十二〔一三九〕

顏淵問仁。子曰：『克己復禮爲仁〔一四〇〕。』馬曰：『克己約身〔一四一〕。』孔曰〔一四二〕：『復，反也〔一四三〕。身能反禮則爲仁〔一四四〕。』一日克己復禮〔一四五〕，天下歸仁焉。馬曰：『一日猶見〔歸〕〔一四六〕，況終身乎〔一四七〕。』爲仁由己〔一四八〕，而由仁（人）乎哉〔一四九〕！孔曰：『行善在己，不在人〔一五〇〕。』顏淵曰：『請問其目。』苞（包）曰〔一五一〕：『知其必有條目〔一五二〕，故請問之〔一五三〕。』子曰：『非禮勿視，非禮勿聽，非禮勿言，非禮勿動。』鄭曰〔一五四〕：『此四者，克己復禮之目〔一五五〕。』顏淵曰：『回雖不敏，請事斯語矣。』王曰：『敬事此語，必行之〔一五六〕。』

仲弓問仁。子曰：『出門如見大賓〔一五七〕，使人如承大祭〔一五八〕。（孔曰〔一五九〕：『爲仁之道〔一六〇〕，莫尚乎敬〔一六一〕。』）己所不欲，勿施於人。在邦無怨〔一六二〕，在家無怨。』（苞（包）曰〔一六三〕：『在邦爲諸候（侯）〔一六四〕，在家爲卿大夫〔一六五〕。』）仲弓曰：『雍雖不敏，請事斯語矣〔一六六〕。』

司馬牛問仁。子曰〔一六七〕：『仁者，其言也訒〔一六八〕。』（孔曰〔一六九〕：『訒，難也。牛，宋人，弟子司馬犁〔一七〇〕。』）曰：『其言也訒〔一七一〕，斯謂之仁已乎〔一七二〕？』子曰：『爲之難，言之得無訒乎〔一七三〕？』（孔曰〔一七四〕：『行人難〔一七五〕，言仁亦不得不難〔一七六〕。』）

司馬牛問君子。子曰〔一七七〕：『君子不憂不懼〔一七八〕。』（孔曰〔一七九〕：『牛兄桓魋將爲亂〔一八〇〕，牛自宋來學〔一八一〕，常憂懼〔一八二〕，故孔子解之〔一八三〕。』）曰：『不憂不懼，斯謂之君子已乎〔一八四〕？』子曰：『內省不疼（疚）〔一八五〕，夫何憂何懼？』（苞（包）曰〔一八六〕：『疚〔一八七〕，病也〔一八八〕。自性（省）無罪惡〔一八九〕，無可憂懼〔一九〇〕。』）

司馬牛憂曰：『人皆有兄弟，我獨止（亡）〔一九一〕。』（鄭曰〔一九二〕：『牛兄桓魋行惡〔一九三〕，死止（亡）無日〔一九四〕，我爲無兄弟〔一九五〕。』）子夏曰：『商聞之矣〔一九六〕：死生有命，富貴在天。君子敬而無失，与人恭而有禮，四海之內皆爲兄弟〔一九七〕。君子何患乎無兄弟也〔一九八〕？』（苞（包）曰〔一九九〕：『君子疏惡而友賢，九州之人皆可以禮相親〔二〇〇〕。』）

子張問明。子曰：『浸潤之譖〔二〇一〕，膚受之愬，不行焉，可謂明也已矣〔二〇二〕。』（鄭曰〔二〇三〕：『譖人之言，如水之浸潤〔二〇四〕，以漸成之〔二〇五〕。』馬曰〔二〇六〕：『膚受之愬〔二〇七〕，皮膚外語，非其內（？）實〔二〇八〕。』）『浸潤之譖〔二〇九〕，膚受之愬，不行焉，可謂遠也已矣〔二一〇〕。』馬曰〔二一一〕：『無此二者，非但爲明，其德行高遠〔二一二〕，人莫能及〔二一三〕。』

子貢問政。子曰：『足食，足兵，民信之矣。』子貢曰：『必不[得已]而去〔二一四〕，於斯三者何先〔二一五〕？』曰：『去兵。』曰〔二一六〕：『必不[得已]而去〔二一七〕，於斯二者何先？』曰：『去食。自故（古）皆有死〔二一八〕，民無信不立〔二一九〕。』[孔曰]〔二二〇〕：『[死者]古今常道〔二二一〕，人[皆有之]〔二二二〕。[治]邦不可失信〔二二三〕。』

棘子成曰：『君子質而已矣，何以文爲〔二二四〕？』鄭曰〔二二五〕：『舊説云：棘子成，衛大夫〔二二六〕。』[子貢曰]〔二二七〕：『[惜乎]〔二二八〕！[夫子之説君子也]〔二二九〕，[駟]不及舌〔二三〇〕。』鄭曰〔二三一〕：『惜乎！夫子之説君子〔二三二〕，過言一出，駟馬追之不及〔二三三〕。』[　　]，[猶犬羊之鞟]〔二三四〕。[孔曰]〔二三五〕：『[皮去毛曰鞟]〔二三六〕。』

（後缺）

説明

此號已斷裂爲A、B兩片，目前的狀態是A片首尾均缺，B片首缺尾殘，兩片之間有缺失，不能綴合。兩片正面所抄均爲《論語》，A片所存内容爲『先進至顔淵』（起『先進』篇『[野]人也』，訖『顔淵』篇注文『[皮去毛曰鞟]』），B片保存的内容是『子路至憲问』（全部），而且兩片抄寫格式相同，都是采用經文大字，注文雙行夾注格式。『世』、『民』或缺筆或『民』改作『人』（均應係避唐諱）。這表明兩片在斷裂前應爲一件，連續抄寫《論語》。B片卷首殘存的題記，應爲兩片未斷裂前『先進至顔淵』部分卷尾之題記。題記末行爲『戊寅年十一月六日僧馬永隆手寫論語一卷之耳』。翟理斯（Lionel Giles）認爲此『戊寅年』爲公元八五八年（參看 *Descriptive Catalogue of the Chinese Manuscripts from Tunhuang in the British Museum*, p. 232）。李正宇（《敦煌學郎題記輯注》，《敦煌學輯刊》一九八七年一期，三四頁）、郝春文（《唐後期五代宋初中印文化對敦煌寺院的影響》，《新世紀敦煌學論集》，三三二頁）、榮新江、余欣（《沙州歸義軍史事繫年》，《敦煌吐魯番研究》八卷，八一頁）均贊同其説；池田温（《中國古代寫本識語集録》，四五七頁）、徐俊（《敦煌先唐詩考》，《二〇〇〇年敦煌學國際學術討論會文集·歷史文化卷》（下），三〇三頁）則認爲是公元九一八年。

A、B兩片雖原爲一卷，但仔細分辨，B片『子路第十三』以後與A片及題記筆跡似有差異，或者『子路第十三』以後的内容並非馬永隆所書。另，B片全篇都有朱筆句讀和校改，A片則只有部分文字有朱筆句讀，兩片均有有少量墨筆修改。説明兩片均曾經抄寫者或其他人閲讀、校勘，但側重不同。現因兩片之間已有缺失，不能綴合，故將A、B兩片分别釋録。

現知敦煌文獻中還保存有《論語集解》之『先進』『顔淵』寫本多件，其中斯七八二首全尾缺，起首題『論語卷第六』，訖『子曰：何傷乎』；伯二六二〇首尾完整，起『子曰：先進於禮樂』，訖尾題『論語卷第六』；伯四七三二與伯三四〇二可綴合（參見許建平：《敦煌經籍敍録》，三五六至三五八頁），兩件綴合後首缺尾全，起『季路問事鬼神』，訖尾題『論語卷第六』，卷尾存題記；伯三一九二首缺尾全，起『子曰：有父兄在』，訖尾題『論語卷第六』；伯二六八七A首尾均缺，起『兼人，故退之』，訖『問先事後』；伯三六〇六由兩片組成，首片起『止。今由與求也』，訖『唯求則非』，次片起『信不立』，訖『焉用煞？子欲善』，兩片間缺若干行（參見許建平：《敦煌經籍敘録》，三六一頁），伯三六〇六的第二片可與散六六六綴合（參見許建平：《敦煌經籍敘録》，三六一至三六二頁），兩件綴合後首尾完整，起『止。今由與求也』，訖『所以輔成己之仁也』；伯二六六四首尾均缺，起『其德行高遠』，訖『故不預諸也』；伯三四四一首尾完整，起『君子，駟不及舌』，訖尾題『論語卷第六』。

以上釋文是以斯三〇一一A爲底本，用斯七八二（稱其爲甲本）、伯二六二〇（稱其爲乙本）、伯四七三二+伯三四〇二（稱其爲丙本）、伯三一九二（稱其爲丁本）、伯二六八七A（稱其爲戊本）、伯三六〇六+散六六六（稱其爲己本）、伯二六六四（稱其爲庚本）、伯三四四一（稱其爲辛本），以及流行較廣的《十三經注疏》（中華書局，一九八〇年）中之《論語注疏》（稱其爲壬本）參校。因本書第四卷在整理斯七八二時，曾以斯三〇一一、伯二六二〇、伯四七三二、伯三四〇二、伯三一九二、伯二六八七A、伯三六〇六以及《十三經注疏》中之《論語注疏》等諸本作爲校本參校，相關異文已見於斯七八二校記，故斯三〇一一A與斯七八二重合部分，只校改錯誤，擬補缺文，不再另出異文。

校記

〔一〕『子曰』，據甲本補。

〔二〕『先進於禮樂』，據甲本補。

〔三〕『野』，據甲本補。
〔四〕『世』，甲本作『士』，當作『仕』，據壬本改，『世』『士』均爲『仕』之借字，《敦煌經部文獻合集》認爲底本作『士』，誤。
〔五〕『後』，據甲本補；『進與禮樂俱得時之中』，據甲本補。
〔六〕『斯』，據甲本補，乙本作『其』，誤；『君』，據甲本補。
〔七〕『先進有古風』，據甲本補。
〔八〕『斯』，據甲本補；『野人』，據乙本補；『也』，據甲本補。
〔九〕『故』，當作『古』，據甲本改，『故』爲『古』之借字。
〔一〇〕『曰』，據甲本補。
〔一一〕『從我於陳』，據甲本補。
〔一二〕『蔡者』，據甲本補。
〔一三〕『皆不』，據甲本補；『者』，甲、壬本無，《敦煌經部文獻合集》認爲係衍文。
〔一四〕『而』，據甲本補。
〔一五〕『子騫』，據甲本補。
〔一六〕『冉伯牛』，據甲本補。
〔一七〕『仲弓』，據甲本補。
〔一八〕『言』，據甲本補。
〔一九〕『遊』，據甲本補。
〔二〇〕『子夏』，據殘筆劃及甲本補。

〔二一〕『子』，據殘筆劃及乙、壬本補；『曰』，據甲本補。
〔二二〕『回也』，據甲本補。
〔二三〕『非助』，據殘筆劃及甲本補。
〔二四〕『於』，據殘筆劃及甲本補；『吾』，據甲本補；『言』，據殘筆劃及甲本補。
〔二五〕『所』，甲、乙本同，壬本無；『增』，據殘筆劃及甲本補；『益』，據甲本補；『己』，據殘筆劃及甲本補。
〔二六〕『哉』，據殘筆劃及乙、壬本補；『閔』，據乙、壬本補；『子』，據甲本補。
〔二七〕『間』，甲、壬本同，乙本作『問』，誤；『其』，據甲本補；『弟』，甲、壬本同，乙本似『第』，但因寫本中『弟』『第』形近易混，故可視作『弟』。
〔二八〕『不得』，據甲本補；『非』，據甲本補；『間』，據甲本補；『之』，據殘筆劃及甲本補；『言』，壬本同，甲、乙本作『言也』。
〔二九〕『磨』，甲、乙本同，壬本作『磨也』。
〔三〇〕『幸短命死』，據殘筆劃及甲本補。
〔三一〕『路』，據甲本補。
〔三二〕『顔淵父』，據甲本補。
〔三三〕『家貧』，據甲本補。
〔三四〕『孔子之車』，據甲本補。
〔三五〕『賣以作槨也』，據甲本補。
〔三六〕『無槨』，據甲本補。
〔三七〕『吾不徒行以爲』，據甲本補。

〔三八〕『之』，據殘筆劃及甲本補；『子』，據甲本補。
〔三九〕『伯魚』，據甲本補；『也』，據殘筆劃及甲本補。
〔四〇〕『從大夫之』，據甲本補；『後』，據殘筆劃及甲本補。
〔四一〕『以』，壬本同，甲、乙本無；『行』，壬本同，甲本作『行者』。
〔四二〕『苞』，當作『包』，據甲本改，『苞』爲『包』之借字。
〔四三〕『人』，據甲本補。
〔四四〕『耳』，壬本同，甲、乙本作『爾』。
〔四五〕丙本始於此句。
〔四六〕底本此段雙行夾注未像其他雙行夾注那樣連續抄寫，而是分爲兩個單元。『語』字之上爲一單元，空兩格後再抄寫以『語』字爲首的另一單元。
〔四七〕『何』，甲、丙、壬本同，乙本脱。
〔四八〕『財』，據乙、丙、壬本補。
〔四九〕『可』，甲、乙本同，壬本作『可也』。
〔五〇〕『言』，據甲本補；『者』，據甲本補。
〔五一〕『勞人』，據甲本補。
〔五二〕『曰』，甲、乙、壬本同，丙本作『由』，誤。
〔五三〕『由』，甲、乙、壬本同，丙本作『曰』，誤。
〔五四〕『俱言』，當作『言俱』，據甲本改。
〔五五〕『小子』，據甲本補。

〔五六〕『之』，據乙、壬本補。
〔五七〕『字』，底本原有兩個『字』字，一在行末，一在次行行首，此爲當時的一種抄寫習慣，可以稱爲『提行添字例』，第二個『字』字應不讀，故未録。
〔五八〕『吺』，本書第四卷認爲底本作『畔』，誤。
〔五九〕『在』，甲、丙、壬本同，乙本脱。
〔六〇〕『賜』，甲、乙、丙、壬本作『賜也』。
〔六一〕『一』，據甲本補。
〔六二〕『道』，據甲本補。
〔六三〕『懷』，據甲本補。
〔六四〕『小』，當作『少』，據乙、丙、壬本改，本書第四卷認爲底本作『少』，誤。
〔六五〕『無』，甲、丙、壬本同，乙本脱；『擇』，當作『鄙』，據乙、丙、壬本改。
〔六六〕第二個『人』，《敦煌經部文獻合集》認爲係因雙行對齊而添加。
〔六七〕『苞』，當作『包』，據乙、丙、壬本改，『苞』爲『包』之借字。
〔六八〕『振』，甲、乙、丙本同，壬本作『賑』。
〔六九〕『有』，據甲本補。
〔七〇〕丁本始於此句。
〔七一〕『子曰』，據甲本補。
〔七二〕『聞斯行』，據甲本補；『諸』，據文義及乙本補。
〔七三〕戊本始於此句。

〔七四〕『之』，丁本作『之也』。
〔七五〕『苞』，當作『包』，據甲本改，『苞』爲『包』之借字。
〔七六〕『自多』，甲、乙、丙、丁、壬本同，戊本作『多自』。
〔七七〕『問』，甲、丙、丁、戊、壬本同，乙本脱。
〔七八〕『乎』，據甲本補。
〔七九〕己本始於此句。
〔八〇〕『大』，據甲、乙、丙、丁、壬本係衍文，當删。
〔八一〕『耶』，據乙、丁、己、壬本補。
〔八二〕『苞』，當作『包』，據甲本改，『苞』爲『包』之借字。
〔八三〕『孰』，丁本作『熟』，均可通。
〔八四〕『詩』，當作『書』，據甲本改。
〔八五〕『也』，據乙、丙、己、壬本補，甲本作『之也』。
〔八六〕『遂己』，丁本作『己遂』，本書第四卷認爲丁本作『己』，誤；『窮』，據殘筆劃及甲本補。
〔八七〕『點』，本書第四卷認爲底本作『點也』，誤。
〔八八〕『之』，當作『知』，據乙、丙、丁、己、壬本改，『之』爲『知』之借字。
〔八九〕『師』，乙、丁、己本同，當作『帥』，據甲、丙本改。
〔九〇〕『帥』，甲、乙、丙、丁、己本作『師』，誤。
〔九一〕『對』，丁本作『對也』。
〔九二〕『苞』，當作『包』，據甲本改，『苞』爲『包』之借字。

〔九三〕『攝』，當作『迫』，據乙、丙、壬本改，《敦煌經部文獻合集》認爲底本作『迫』並有重文符號，按底本實作『攝』，『攝』有重文符號，而下文『迫』無重文。

〔九四〕『迫』，丁本作『攝』。

〔九五〕『比』，《敦煌經部文獻合集》認爲底本作『此』，誤。

〔九六〕『而』，當作『如』，據甲本改，『而』爲『如』之借字。

〔九七〕『里』，據甲本補。

〔九八〕『也』，據乙、己、壬本補。

〔九九〕『廟』，底本原係古文『庿』，今釋作今文。以下同，不另出校。

〔一〇〇〕『廟』，甲、乙、丙、己、壬本同，丁本作『廣』，誤。

〔一〇一〕『之』，當作『也』，據丙、壬本改。

〔一〇二〕『爲』，當作『謂』，據乙、丙、丁、己、壬本改，『爲』爲『謂』之借字；『禮法』，據乙、丙、丁、己本補；『也』，據乙、丙、己本補。

〔一〇三〕『者』，據乙、丙、己、壬本補。

〔一〇四〕甲本止於此句。

〔一〇五〕『也』，乙、丁、己、壬本同，丙本無。

〔一〇六〕『無』，乙、丙、己、壬本同，丁本作『何』；『傷』，乙、丙、己、壬本同，丁本作『傷也』。

〔一〇七〕『暮』，乙、丙、丁、己本同，壬本作『莫』，『莫』同『暮』。

〔一〇八〕『服』，據殘筆劃及乙、丙、丁、己、壬本補。

〔一〇九〕『水之上』，乙、丙、丁、己、壬本無，據文義係衍文，當删。

〔一一〇〕『苞』，當作『包』，據乙、丙、丁、己、壬本改，『苞』爲『包』之借字。

〔一一一〕『暮』，乙、丙、丁、己本同，壬本作『莫』，『莫』同『暮』；『者』，乙、丁、己、壬本同，丙本無。

〔一一二〕『季春』，乙、丁、己、壬本同，丙本無；『也』，乙、丁、己、壬本同，丙本無。

〔一一三〕『者』，乙、丙、丁、己、壬本無。

〔一一四〕『單』，乙、丁、己、壬本同，丙本作『戰』，誤；『時』，乙、丁、己、壬本同，丙本作『服』，誤。

〔一一五〕『於』，乙、丙、己本同，丁，壬本作『乎』。

〔一一六〕『王』，乙、丙、己、壬本同，丁本作『生』，誤。

〔一一七〕『而』，乙、丙、己、壬本同，丁本無；『歸』，壬本同，乙、丙、丁、己本作『歸於』；『夫』，乙、丁、己、壬本同，丙本作『天』，誤；『門』，丁、己、壬本同，乙、丙本作『門也』。

〔一一八〕『也』，乙、己、壬本同，丙、丁本無。

〔一一九〕『之』，乙、丙、己本同，丁、壬本無；『也』，乙、丙、丁、己本同，壬本無。

〔一二〇〕『者』，乙、丙、己、壬本同，丁本無。

〔一二一〕『曾』，乙、丙、戊、己、壬本同，丁本脱；『晢』，乙、戊、己、壬本同，丁本脱，丙本作『哲』，誤；『後』，乙、丙、戊、己、壬本同，丁本脱。

〔一二二〕『晢』，乙、丁、己、壬本同，丙本作『哲』，誤。

〔一二三〕『夫』，乙、丁、己、壬本同，丙本作『夫二』；『三』，乙、丙、己、壬本同，丁本脱；『者』，乙、丙、己、壬本同，丁本無。

〔一二四〕『言』，該字因二紙相粘，被遮蓋，存殘筆劃，據乙、丙、丁、己、壬本補；『也』，乙、丙、丁、己、壬本同，戊本無；『已矣』，乙、壬本同，丙、丁、戊、己本無。

〔一二五〕『子』，乙、丙、丁、己本同，壬本脱。
〔一二六〕『苞』，當作『包』，據乙、丙、丁、己、壬本改，『苞』爲『包』之借字。
〔一二七〕『禮』，乙、丙、己、壬本同，丁本脱；『讓』，乙、丙、丁、壬本同，己本作『謙』，誤。
〔一二八〕『不』，乙、丁、己、壬本同，丙本作『大』，誤。
〔一二九〕『哂』，乙、丙、丁、己、壬本作『笑』，均可通；『之』，丙、壬本同，乙、丁、己本作『之也』。
〔一三〇〕『矣』，當作『與』，據乙、丙、丁、壬本改。『邦也矣』至『民無信不立』之『無』，己本脱。
〔一三一〕『焉』，乙、丙、丁、壬本作『安』，均可通；『如五六十』，丙、丁、壬本同，乙本脱。
〔一三二〕『廟』，壬本同，乙、丙、丁本作『廟之事如』。
〔一三三〕『侯』，乙、丙、壬本同，丁本作『候』，『候』爲『侯』之借字；『如』，丙、丁本同，乙、壬本無；『之』，丙、丁本同，乙本作『之事』，壬本無；『何』，丁本同，乙、丙、壬本作『而何』。
〔一三四〕『讓』，丁、壬本同，乙、丙本作『讓也』。
〔一三五〕『小』，乙、丙、丁、壬本同，丙本原有兩個『小』，一在行末，一在次行行首，此爲當時的一種抄寫習慣，可以稱爲『提行添字例』，第二個『小』字應不讀，故未録。
〔一三六〕『孰』，丁、壬本同，乙、丙本作『熟』，『熟』爲『孰』之借字。
〔一三七〕『耳』，據乙、丙、壬本補，丁本作『爾』。
〔一三八〕『誰』，據乙、丙、丁、壬本補；『爲』，乙、丁、壬本同，丙本作『爲之』；『也』，乙本同，丙、壬本無，丁本作『乎』。
〔一三九〕『顔淵』，乙、丁、壬本同，丙本作『論語顔淵』；『第』，底本原作『弟』，按寫本中『弟』『第』形近易混，故據文義逕釋。此句後丙本又抄有『論語顔淵第十二』（笔跡不同，當係另人抄寫），壬本有『何晏集解』。

〔一四〇〕『克』，丁、壬本同，乙、丙本作『剋』。
〔一四一〕『克』，丁、壬本同，乙、丙本作『剋』。
〔一四二〕『孔曰』，丁、壬本同，乙、丙本脱。
〔一四三〕『也』，乙、丙、壬本同，丁本無。
〔一四四〕『身』，乙、丁、壬本同，丙本作『享』，誤；『仁』，乙、丁、壬本作『仁矣』，戊本作『仁矣也』，丙本作『人矣』，『人』爲『仁』之借字。
〔一四五〕『克』，丁、壬本同，乙、丙、戊本作『剋』。
〔一四六〕『見』與其下經文『爲』之間右側乙本有一另筆所書朱字，似『如』；『歸』，據乙、丙、丁、壬本補。
〔一四七〕『身』，乙、丁、戊、壬本同，丙本脱；『乎』，據殘筆劃及乙、丙、丁、戊、壬本補。
〔一四八〕『由』，乙、丁、戊、壬本同，丙本作『猶』，『猶』爲『由』之借字。
〔一四九〕『仁』，當作『人』，據乙、丙、丁、戊、壬本改，『仁』爲『人』之借字。
〔一五〇〕『人』，壬本作『人也』，丁本作『於人』，乙、丙本作『於人也』。
〔一五一〕『苞』，丙本同，戊本作『苞氏』，當作『包』，據乙、丁、壬本改，『苞』爲『包』之借字。
〔一五二〕『知』，《敦煌經部文獻合集》認爲底本誤作『如』，按底本原作『如』，後又改作『知』。
〔一五三〕『請』，乙、丁、壬本同，丙本無；『之』，丁、壬本同，乙、丙本作『之也』。
〔一五四〕『鄭』，乙、丙、壬本同，丁本作『孔』。
〔一五五〕『克』，丁、壬本同，乙、丙本作『剋』；『目』，丁、壬本同，乙、丙本作『目也』。
〔一五六〕『必』，乙、丁、壬本同，丙本作『而學』；『之』，丁、壬本同，乙、丙本作『之也』。
〔一五七〕『見』，乙、丙、戊、壬本同，丁本脱。

〔一五八〕『人』，戊本同，乙、丙、丁、壬本作『民』，『人』係避唐諱改字。
〔一五九〕『孔』，乙、丙、丁、壬本同，戊本作『孔安國』。
〔一六〇〕『爲』，乙、丙、丁、壬本同，戊本脱；『仁』，丁、戊、壬本同，乙、丙本作『人』，『人』爲『仁』之借字。
〔一六一〕『尚』，乙、丙、戊、壬本同，丁本作『過』；『乎』，丁、戊、壬本同，乙、丙本作『於』；『敬』，乙、丁、壬本同，丙、戊本作『敬也』。
〔一六二〕『邦』，乙、丁、戊、壬本同，丙本作『拜』，誤。
〔一六三〕『苞』，丙本同，戊本作『苞氏』，丁本作『孔』，當作『包』，據乙、壬本改，『苞』爲『包』之借字。
〔一六四〕『邦』，乙、丁、戊、壬本同，丙本作『拜』，誤；『爲』，乙、丙、戊、壬本同，丁本作『謂』，『謂』爲『爲』之借字；『候』，當作『侯』，據乙、丙、丁、戊、壬本改，『候』爲『侯』之借字。
〔一六五〕『爲』，乙、丙、戊、壬本同，丁本作『謂』，『謂』爲『爲』之借字；『夫』，丙、丁、戊、壬本同，乙本作『夫也』。
〔一六六〕丙本此句後有注文『事，猶用也』，丁本有注文『事，用也』。
〔一六七〕『子』，乙、丙、戊、壬本同，丁本脱。
〔一六八〕『認』，乙、丙、丁本同，戊、壬本作『訒』，『認』通『訒』。以下同，不另出校。
〔一六九〕『孔』，乙、丙、丁、壬本同，戊本作『孔安國』。
〔一七〇〕『犁』，壬本同，乙本作『犁者也』，丙本『犁也』，丁本作『名犁』，戊本作『黎』，『黎』爲『犁』之借字。
〔一七一〕『也』，乙、丁、戊、壬本同，丙本脱。
〔一七二〕『斯』，壬本同，乙、丙、丁、戊本作『斯可』；『已』，戊、壬本同，乙、丙、丁本作『矣』；『乎』，乙、丙、壬本同，丁本無，戊本作『矣』。

〔一七三〕『之』，乙、丁、戊、壬本同，丙本脱。

〔一七四〕『孔』，乙、丙、丁本同，戊本作『孔安國』，壬本作『子』，疑誤。

〔一七五〕『行』，丙、丁、戊、壬本同，乙本作『言』；『人』，乙、丙本作『之』，丁、戊、壬本作『仁』，『人』爲『仁』之借字。

〔一七六〕『仁』，乙、丙、戊、壬本同，丁本作『之』；『亦』，乙、丁、戊、壬本同，丙本作『言』，誤；『難』，乙、丁、壬本同，丙、戊本作『難也』。

〔一七七〕『子』，乙、丁、戊、壬本同，丙本脱。

〔一七八〕『子』，乙、丁、戊、壬本同，丙本脱。

〔一七九〕『孔』，乙、丙、丁、壬本同，戊本作『孔安國』。

〔一八〇〕『桓』，乙、丁、戊、壬本同，丙本作『恆』，誤。

〔一八一〕『牛』，丙、丁、戊、壬本同，乙本脱。

〔一八二〕『常』，丙、戊、壬本同，乙本作『常自』，丁本作『常懷』。

〔一八三〕『之』，丙、丁、戊、壬本同，乙本作『之耳』。

〔一八四〕『斯』，乙、壬本同，丙、丁、戊本作『斯可』；『已』，壬本同，乙、丙、丁、戊本無；『乎』，乙、戊、壬本同，丙、丁本無。

〔一八五〕『疼』，乙、丙、丁本作『疾』，當作『疢』，據戊、壬本改，《敦煌經部文獻合集》認爲底本作『疢』，誤。

〔一八六〕『苞』，丙本同，戊本作『苞氏』，丁本作『孔』，當作『包』，據乙、壬本改，『苞』爲『包』之借字。

〔一八七〕『疢』，戊、壬本同，乙、丙、丁本作『疾』，誤。

〔一八八〕『也』，乙、丙、戊、壬本同，丁本無。

〔一八九〕『性』，當作『省』，據乙、丙、丁、戊、壬本改，『性』爲『省』之借字。
〔一九〇〕『無可』，丁、戊、壬本同，乙、丙本作『有何』；『懼』，乙、丁、戊、壬本同，丙本作『懼也』。
〔一九一〕『止』，當作『亡』，據乙、丙、丁、戊、壬本改。
〔一九二〕『鄭』，乙、丙、壬本同，丁本作『孔』，戊本作『鄭玄』，丁本誤。
〔一九三〕『惡』，丙、丁、戊、壬本同，乙本作『惡疾恐』。
〔一九四〕『止』，戊本作『之』，當作『亡』，據乙、丙、丁、壬本改。
〔一九五〕『弟』，乙、丙、戊、壬本同，丁本作『弟也』。
〔一九六〕『聞』，乙、戊、壬本同，丙、丁本作『問』，『問』爲『聞』之借字。
〔一九七〕『爲』，乙、丙、丁、戊本同，壬本無；『弟』，丁、戊本同，乙、丙、壬本作『弟也』。
〔一九八〕『何』，丙、丁、戊、壬本同，乙本作『可』，均可通；『無兄弟』，乙、丙、戊、壬本同，丁本脱；『也』，乙、壬本同，丙、丁、戊本無。
〔一九九〕『苞』，丙本同，戊本作『苞氏』，當作『包』，據乙、丁、壬本改，『苞』爲『包』之借字。
〔二〇〇〕『相』，乙、丙、丁、戊本同，壬本脱；『親』，丁、戊、壬本同，乙本作『親也』，丙本作『親親也』。
〔二〇一〕『浸潤』，丙、丁、戊、壬本同，乙本作『侵潤』，誤。
〔二〇二〕『也』，戊、壬本同，乙、丙、丁本無；『已』，丁、戊、壬本同，乙、丙本無。
〔二〇三〕『鄭』，乙、丙、丁、壬本同，戊本作『鄭玄』。
〔二〇四〕『浸潤』，丙、丁、戊、壬本同，乙本作『侵潤』，誤。
〔二〇五〕『以漸』，丙本同，乙、丁、壬本作『漸以』，戊本作『以』，《敦煌經部文獻合集》認爲底本脱『以』字，誤。
〔二〇六〕『馬』，丙、丁、壬本同，乙、戊本作『馬融』。

〔二〇七〕『之愬』，丙、壬本同，乙、丁本脱。
〔二〇八〕『其』，乙、丁、戊、壬本同，丙本作『甚』；『内』（？），乙、丁、戊、壬本同，丙本脱；『實』，乙、壬本同，丙本作『也』，丁本作『實也』。
〔二〇九〕『浸潤』，丁、戊、壬本同，乙本作『侵潤』，誤。此句至『人莫能及』，丙本脱。
〔二一〇〕『也矣』，丁、壬本同，乙本無。
〔二一一〕『馬』，乙、丁、壬本同，戊本作『馬融』。
〔二一二〕庚本始於此句。
〔二一三〕『能』，乙、戊、庚、壬本同，丁本作『之』；『及』，丁、戊、壬本同，乙、庚本作『及也』。
〔二一四〕『得』，乙、丙、丁、戊、壬本同，庚本作『德』，『德』爲『得』之借字。
〔二一五〕『三』，乙、丙、丁、戊、壬本同，庚本作『二』，誤。
〔二一六〕『曰』，乙、戊本同，丙、庚本脱，丁、壬本作『子貢曰』。
〔二一七〕『得已』，據乙、丙、丁、戊、庚、壬本補。
〔二一八〕『故』，丙本同，當作『古』，據乙、丁、戊、庚、壬本改，『故』爲『古』之借字。
〔二一九〕『民』，乙、丙、丁、庚、壬本同，戊本作『人』，『人』係避唐太宗諱改；『立』，乙、丁、戊、己、庚、壬本同，丙本作『立也』。
〔二二〇〕『孔曰』，據乙、丙、丁、己、庚、壬本補，戊本作『孔安國曰』。
〔二二一〕『死』，據乙、丙、丁、戊、己、庚、壬本補；『者』，據殘筆劃及乙、丙、丁、戊、己、庚、壬本補。
〔二二二〕『皆有』，據乙、丙、丁、己、庚、壬本補；『之』，據乙、丙、丁、戊、己、庚、壬本補。
〔二二三〕『治』，據殘筆劃及乙、丙、丁、戊、己、庚、壬本補；『信』，壬本同，乙、丙、丁、戊、己、庚本作『信也』。

〔二二四〕『文爲』，乙、丙、戊、己、庚、壬本同，丁本作『爲文』，誤。

〔二二五〕『鄭』，乙、丙、丁、己、庚、辛、壬本同，戊本作『鄭玄』。

〔二二六〕『夫』，丁、戊、壬本同，乙、丙、己、庚本作『夫也』。

〔二二七〕『子貢曰』，據乙、丙、丁、戊、己、庚、壬本補。

〔二二八〕『惜』，據殘筆劃及乙、丙、丁、戊、己、庚、壬本補；『乎』，據乙、丙、丁、戊、己、庚、壬本補。

〔二二九〕『夫子之説』，據乙、丙、丁、戊、己、庚、壬本補；『君子也』，據乙、丙、丁、戊、己、壬本補，辛本作『君子』。辛本始於此句。

〔二三〇〕『駟』，據乙、丙、丁、戊、己、庚、辛、壬本補；『舌』，乙、丁、戊、己、庚、辛、壬本同，丙本作『舌也』。

〔二三一〕『鄭』，乙、丙、丁、己、庚、辛、壬本同，戊本作『鄭玄』。

〔二三二〕『子』，丙本同，乙、丁、戊、己、庚、壬本作『子也』。

〔二三三〕『及』，乙、己、庚、壬本同，丙、丁、戊本作『及也』。

〔二三四〕『猶犬羊之』，據乙、丙、丁、戊、己、庚、辛、壬本補；『鞹』，據殘筆劃及乙、丙、丁、戊、己、庚、辛、壬本補，該字後乙、丙、己、庚、壬本有『也』字。

〔二三五〕『孔曰』，據殘筆劃及乙、丙、丁、己、庚、辛、壬本補，戊本作『孔安國曰』。

〔二三六〕『皮去毛』，據殘筆劃及乙、丙、丁、戊、己、辛、壬本補，庚本作『及去毛』；『曰』，據殘筆劃及乙、丙、丁、戊、己、庚、辛、壬本補；『鞹』，據乙、丙、丁、戊、己、庚、辛、壬本補。

參考文獻

Descriptive Catalogue of the Chinese Manuscripts from Tunhuang in the British Museum, The Trustees of the British Museum, Lon-

don 1957, p. 232（録）；《孔孟學報》一期，一九六一年，一七二至二一〇頁；《十三經注疏》，北京：中華書局，一九八〇年，二四九八至二五〇三頁；《敦煌寶藏》二五册，臺北：新文豐出版公司，一九八二年，二三八至二四四頁（圖）；《敦煌學要籥》，臺北：新文豐出版公司，一九八二年，一二七頁；《敦煌遺書總目索引》，北京：中華書局，一九八三年，一七一頁；《敦煌叢刊初集》七册，臺北：新文豐出版公司，一九八五年，二二七至二三八頁（圖）；《敦煌學輯刊》一九八七年一期，三四頁；《英藏敦煌文獻》二卷，成都：四川人民出版社，一九九〇年，一五五頁（圖）；《中國古代寫本識語集録》，東京大學東洋文化研究所，一九九〇年，四五七頁（録）；《英藏敦煌文獻》四卷，成都：四川人民出版社，一九九一年，二七二至二七四頁（圖）；《唐寫本論語鄭氏注及其研究》，北京：文物出版社，一九九一年，一四二至一四四頁（録）；《敦煌〈論語集解〉校證》，南京：江蘇古籍出版社，一九九八年，四四一至五六六頁（録）；《敦煌遺書總目索引新編》，北京：中華書局，二〇〇〇年，九二頁；《法藏敦煌西域文獻》一六册，上海古籍出版社，二〇〇一年，三〇四至三〇六頁（圖）；《法藏敦煌西域文獻》一七册，一三八頁、二四六至二四八頁（圖）；《法藏敦煌西域文獻》二二册，上海古籍出版社，二〇〇二年，一一二至一一三頁（圖）；《法藏敦煌西域文獻》二四册，八七至九一、二一二頁（圖）；《法藏敦煌西域文獻》二六册，六八頁（圖）；《新世紀敦煌學論集》，成都：巴蜀書社，二〇〇三年，三三二頁；《二〇〇〇年敦煌學國際學術討論會文集・歷史文化卷（下）》，蘭州：甘肅人民出版社，二〇〇三年，三〇三頁；《法藏敦煌西域文獻》三三册，上海古籍出版社，二〇〇五年，一三九頁（圖）；《敦煌吐魯番研究》八卷，北京：中華書局，二〇〇五年，八一頁；《英藏敦煌社會歷史文獻釋録》四卷，北京：社會科學文獻出版社，二〇〇六年，一〇三至一二五頁（録）；《敦煌經籍敘録》，北京：中華書局，二〇〇六年，三五〇至三六四頁；《敦煌經部文獻合集》四册，北京：中華書局，二〇〇八年，一六七六至一七六五頁（録）。

斯三〇一一A背　一　雜寫

釋文

矩短矩

己（？）神沙鄉

佰盈

索

水水

索員住

說明

此號已斷裂爲A、B兩片，兩片中間有缺失，不能直接綴合，正面所抄均爲『論語』，背面内容龐雜，有正書，有倒書，既非一人所抄，亦非一時所抄。以上爲A片背面第一件，其内容爲時人隨手所寫，第一個『索』字倒書。

參考文獻

《敦煌寶藏》二五册，臺北：新文豐出版公司，一九八二年，二四六頁（圖）；《英藏敦煌文獻》四卷，成都：四川人民出版社，一九九一年，二八一至二八二頁（圖）。

斯三〇一一A背　二　詩格一部抄

釋文

詩格一部

第一的名對〔一〕，第二隔句對，第三雙擬到（對）〔二〕，第四聯綿對，第五互成對，第六異類對，第七賦體〔對〕〔三〕。

説明

此件有原題，原未抄完，其内容與《文鏡秘府論》東卷《二十九種對》的前七對一致（參見《敦煌遺書總目索引》，一七一頁），張伯偉考證此『詩格』實來自唐上官儀《筆札華梁》和唐佚名《文筆式》（參見《全唐五代詩格校考》，三七、五二頁）。

校記

〔一〕『第』，底本原作『弟』，按寫本中『第』『弟』形近易混，故據文義逕釋。以下同，不另出校。

〔二〕『到』，當作『對』，據《文鏡秘府論》改，《敦煌詩集殘卷輯考》逕釋作『對』。

〔三〕『對』，據《文鏡秘府論》補，《敦煌詩集殘卷輯考》逕釋。

參考文獻

《敦煌寶藏》二五册，臺北：新文豐出版公司，一九八二年，二四五頁（圖）；《敦煌遺書總目索引》，北京：中華書局，一九八三年，一七一頁（録）；《文鏡秘府論校注》，北京：中國社會科學出版社，一九八三年，二三七至二三八頁；《英藏敦煌文獻》四卷，成都：四川人民出版社，一九九一年，二八一頁（圖）；《全唐五代詩格校考》，西安：陝西人民教育出版社，一九九六年，三七、五二頁；《敦煌遺書總目索引新編》，北京：中華書局，二〇〇〇年，九二頁（録）；《敦煌詩集殘卷輯考》，北京：中華書局，二〇〇〇年，八七四至八七五頁（録）。

斯三〇一一A背　三　雜寫

釋文

第一的名對　上句
北方大聖大王下手以張〔一〕
詩格一部　第一的名對〔二〕
詩一格部

校記

〔一〕此行倒書。
〔二〕『第』，底本原作『弟』，按寫本中『第』『弟』形近易混，故據文義逕釋。

參考文獻

《敦煌寶藏》二五册，臺北：新文豐出版公司，一九八二年，二四五頁（圖）；《英藏敦煌文獻》四卷，成都：四川人民出版社，一九九一年，二八一頁（圖）。

斯三〇一一A背　四　天青白雲外詩抄

釋文

天青白雲外〔一〕，山俊（峻）紫微中〔二〕。鳥飛誰（隨）影去〔三〕，花洛（落）逐遥風〔四〕。

説明

此詩與以上『詩格一部抄』有關，據《文鏡秘府論》，此詩是詩格『第六異類對』的引詩，但在此卷則分别抄於兩處，中間有雜寫。

校記

〔一〕『青』，《文鏡秘府論》作『清』。

〔二〕『俊』，當作『峻』，據《文鏡秘府論》改，『俊』爲『峻』之借字。

〔三〕『誰』，當作『隨』，據《文鏡秘府論》改，《敦煌詩集殘卷輯考》逕釋作『隨』，『誰』爲『隨』之借字；『影去』，《文鏡秘府論》作『去影』。

〔四〕『洛』，當作『落』，據《文鏡秘府論》改，《敦煌詩集殘卷輯考》逕釋作『落』，『洛』爲『落』之借字；『遥』，《文鏡秘府論》作『摇』，《敦煌詩集殘卷輯考》釋作『摇』，誤。

參考文獻

《敦煌寶藏》二五册，臺北：新文豐出版公司，一九八二年，二四五頁（圖）；《文鏡秘府論校注》，北京：中國社會科學出版社，一九八三年，二三七至二三八頁；《英藏敦煌文獻》四卷，成都：四川人民出版社，一九九一年，二八一頁（圖）；《敦煌詩集殘卷輯考》，北京：中華書局，二〇〇〇年，八七四至八七五頁（録）。

斯三〇一一A背　五　雜寫（兵馬使張弘慶、軍資庫司、都頭曹住信等）

釋文

方

人人

得人一牛還人一馬

得人一牛還人一馬

得人一牛還人一馬

得得得人人人

得人一牛還

得人一牛還人一〔一〕

馬人一牛還一馬

勾勾勾句　句句

定兵馬使張弘慶押牙張善和

北大像社社

天爲人演説

千字文勑員外社司言思可道幸君子則不然

軍良　之以孝天下不憨　作防判官宋

軍資庫司　今月第一的名對〔二〕第二聯綿對

伏以今月判支都頭曹住信　爲爲爲

全不來閻願（？）成伏　伏伏伏伏伏大大大大

大伏以青陽　勿告社之之之之之之之之之之

南無東方　之之之之之　之之之之之之〔三〕

之之之之之之

説明

以上文字爲時人隨手所寫，多爲倒書。

校記

〔一〕「還」，據殘筆劃及文義補。

〔二〕「第」，底本原作「弟」，按寫本中「第」「弟」形近易混，故據文義逕釋。以下同，不另出校。

〔三〕此行橫書。

參考文獻

《敦煌寶藏》二五册，臺北：新文豐出版公司，一九八二年，二四五頁（圖）；《英藏敦煌文獻》四卷，成都：四川人民出版社，一九九一年，二八一頁（圖）。

斯三〇一一B　論語集解（子路、憲問）

釋文

（前缺）

金光明寺學郎〔一〕

戊寅年十一月六日僧馬永隆手寫《論語》一卷之耳。

子路第十三 卷第七〔二〕

子路問政。子曰：『先之，勞之。』孔曰：『先導之以德，使人信之〔三〕，然後勞之也〔四〕。《易》曰：「悦以使人〔五〕，人忘其勞〔六〕。」』請益。曰：『毋倦〔七〕。』孔曰：『子路猶（嫌）其少〔八〕，故請益。曰無倦者，行此上事，無倦則可。』

仲弓爲季氏宰，問政。子曰：『先有司，王曰：『言爲政當先任有司而〔後〕責其事〔九〕。』赦小過〔一〇〕，舉賢才。』曰：『焉知賢才而舉之〔一一〕？』曰：『舉爾所知，爾所不知，人其舍諸？』孔曰：『汝所不知者〔一二〕，人將自舉之〔一三〕；各舉其所知〔一四〕，則賢才無遺。』

子路曰：『衛君待子而爲政，子將奚先？』苞（包）曰〔一五〕：『問往將何所先行。』子曰：『必也正名乎〔一六〕！』

馬曰：『正百事之名〔一七〕。』子路曰：『有是哉，子之迂也！奚其正？』苞（包）曰〔一八〕：『迂猶遠〔一九〕。言孔子之言遠於事。』子曰：『野哉〔二〇〕，由也！孔曰：『野，不達〔二一〕。』君子於其所不知，蓋闕如也。苞（包）曰〔二二〕：『君子於其所不知，當闕而勿據。今由不知正名之義，而謂之迂遠〔二三〕。』名不正則言不順，言不順則事不成，事不成則禮樂不興，禮樂不興則刑罰不中，孔曰：『禮以安上，樂以移風，二者不行，則有淫刑濫罰〔二四〕。』刑罰不中則民無所錯手足，故君子名之必可言〔二五〕，〔言〕〔之〕〔必〕〔可〕行〔二六〕。王曰：『所名之事必可得而明言，所言之事必可得而遵行。』君子於其言，無所苟而已矣。』

樊遲請學稼。子曰：『吾不而（如）老農〔二七〕。』請學爲圃。曰：『吾〔不〕如老圃〔二八〕。』馬曰：『樹五穀曰稼，樹菜蔬曰圃。』樊遲出。子曰：『小人哉，樊須也！上好禮，則民莫敢不敬。上好義，則民莫敢不服。上好信，則民莫敢不用情。孔曰：『情，情實也。言人化於上〔二九〕，各以實應〔三〇〕。』夫如是，則四方之民襁負其子而至矣，焉用稼！』苞（包）曰〔三一〕：『禮以義信〔三二〕，足以成得（德）〔三三〕，何用學稼以教人乎〔三四〕？負者以器曰襁〔三五〕。』

子曰：『誦《詩》三百，授〔之〕以政〔三六〕，不達；使於四方，不能專對，雖多，亦奚以爲？』專猶獨也。

子曰：『其身正，不令而行。其身不正，雖令不從。』王曰〔三七〕：『令，教令〔三八〕。』

子曰：『魯、衛之政，兄弟也〔三九〕。』苞（包）曰〔四〇〕：『魯，周公之封。衛，康叔之封也〔四一〕。周公、康叔既爲兄弟〔四二〕，康叔睦於周公，其國之政亦如兄弟。』

子謂衛公子荊，『善居室。王曰：『荊與蘧瑗、史鰌並爲君子。』始有，曰：「苟合矣〔四三〕」；少有，曰：「苟完矣」』，富有，曰：「苟美矣」。』

子適衛，冉有僕。孔曰：『孔子之衛〔四四〕，冉有御〔四五〕。』子曰：『庶矣哉！』孔曰：庶，衆也，言衛人衆多。』冉有曰：『既庶矣，又何加焉？』曰：『富之。』曰：『既富矣，又何加焉？』曰：『教之。』

子曰：『苟有用我者，期月而已可也〔四六〕，三年有成。』孔曰：『言成（誠）有用我於政事者〔四七〕，期年而可以行其政教〔四八〕，必三年乃有成〔四九〕。』

子曰：『「善人爲邦百年，亦可以勝殘去煞矣〔五〇〕。」王曰：『勝殘暴之人〔五一〕，使不爲惡也。去煞〔五二〕，不用煞〔五三〕。』誠哉是言也！』孔曰：『古有此言，孔子信之。』

子曰〔五四〕：『而（如）有王者〔五五〕，必世如（而）後人〔五六〕。』孔曰：『三十年曰世〔五七〕。如有受命王者，必三十年仁政乃成〔五八〕。』

子曰：『苟正其身矣，於從政乎何有？能（不）不（能）政（正）其身〔五九〕，如政（正）人何〔六〇〕？』

冉子退朝。周曰：『謂罷朝於魯君。』子曰：『何晏也？』對曰：『有正〔六一〕。』馬曰：『政者，有所改更匡政（正）〔六二〕。』子曰：『其事也。馬曰：『事者，凡行常事。』如有政，雖不吾以，吾其與聞之。』馬曰：『如有政，非常之事，我爲大夫，雖不見任用，必當與聞之。』

定公問：『一言而可以興邦，有之〔六三〕？』孔子對曰：『言不可矣若是其幾也〔六四〕。王曰：『以其太（大）要〔六五〕，〔一〕言不能政（正）興國〔六六〕。幾，近也。有近一言可以興國。』人之言曰：「爲君難，爲臣不易。」如知爲君之難也，不幾乎一言而興邦乎？』王曰〔六七〕：『事不可〔以〕〔一〕言而成〔六八〕。而（如）之（知）此〔六九〕，則可近〔七〇〕。』曰：『一言而喪邦，有諸？』孔子對曰：

『言不可以若是其幾也。人之言曰：「予無樂乎爲君，唯樂其言而莫予違也〔七一〕。」孔曰：『言無樂於爲君。所樂者，唯樂其言而不見違。』如善而莫之違也〔七二〕，不亦善乎？如不善而莫之違也，不幾乎一言而喪邦乎？』孔曰：『人君所言善，無違之者，則善〔七三〕。所言不善，而無敢違之者，則近一言而喪國。』

葉公問政。子曰：『近者説，遠者來。』

子〔夏〕〔爲〕莒父宰〔七四〕，問政。鄭曰：『舊説云：莒父，魯下邑。』子曰：『毋欲〔速〕〔七五〕，毋見小利〔七六〕。欲速則不達，見小利則大事不成。』孔曰：『事不可以速成，而欲其速則不達矣。小利妨大〔七七〕，則大事不成。』

葉公語孔子曰：『吾黨有直躬者，孔曰：『直躬，直身而行〔七八〕。』其父攘羊，而子證之。』周曰：『有國（因）而魯（盜）〔曰〕攘〔七九〕。』孔子曰：『吾黨之直者異於是。父爲子隱，子爲父隱〔八〇〕。直在其中矣。』

樊遲問仁。子曰：『居家（處）恭〔八一〕，執事敬，與人忠。雖之夷狄，不可棄也〔八二〕。』苞（包）曰〔八三〕：『雖之夷狄無禮儀（義）之處〔八四〕，猶不可棄去而不行〔八五〕。』

子貢問曰：『何如斯可謂之士矣？』子曰：『行己有恥，孔曰：『有恥者〔八六〕，有所不爲。』使於四方，不辱君命也〔八七〕，可謂士矣。』曰：『敢問其次。』曰〔八八〕：『宗族稱孝矣焉〔八九〕，鄉黨稱悌焉〔九〇〕。』曰〔九一〕：『敢問其次。』曰：『言必信，行必果，硜硜然小人也〔九二〕！抑亦可以爲次矣。』鄭曰：『行必果〔九三〕，所欲行必果敢爲之〔九四〕。硜者〔九五〕，小人之貌〔九六〕。抑亦其次，言可次（以）爲次〔九七〕。』曰：『今之從政者何如？』子曰：『噫！斗筲之人，何足算也？』鄭曰：『噫，心不平之聲。笞（筲）〔九八〕，竹器〔九九〕，容斗〔二〕〔升〕〔一〇〇〕。算，數也〔一〇一〕。』

子曰：『不得中行而与之，必也狂、捐（狷）乎〔一〇二〕！』苞（包）曰〔一〇三〕：『中行，行得其中者〔一〇四〕。言不得中行，則欲得狂、捐（狷）〔一〇五〕。』狂者進取，捐（狷）者有所不爲〔一〇六〕。』苞（包）曰〔一〇七〕：『狂者進取於善道，狷（狷）者守節無爲〔一〇八〕，欲得此二人者〔一〇九〕，以時多進退，取其恆一。』

子曰：『南人有言曰：「人而無恆，不可以作巫醫。」孔曰：『南人，南國之人。』鄭曰：『言巫醫不能〔治〕無常之人〔一一〇〕。』善夫！』苞（包）曰〔一一一〕：『善南人之言〔一一二〕。』『不恆其德，惑（或）承之羞〔一一三〕。』孔曰：『此《易·恆卦》之辭〔一一四〕，言德無常則羞辱承之〔一一五〕。』子曰：『不占而已矣。』鄭曰：『《易》所以占吉凶，無恆之人，《易》所不占〔一一六〕。』

子曰：『君子和而不周（同）〔一一七〕，小人同而不和。』君子心和，然其所見各異，故曰不周（同）〔一一八〕。小人所其（耆）好者同〔一一九〕，然各爭利，故曰不和。

子貢問曰：『鄉人皆好之，何如〔一二〇〕？』子曰：『未可也。』『鄉人皆惡之，何如？』子曰：『未可也。不如鄉人之善者好之，其不善者惡之。』孔曰：『善人善已，惡人惡已，是善〔善〕明〔一二一〕，惡〔惡〕者（著）〔一二二〕。』

子曰：『君子易事而難説者〔一二三〕。孔曰：『不責備於一人〔一二四〕，故易事〔一二五〕。』説之不以道〔一二六〕，不説也〔一二七〕。及其使人也，器之。孔曰：『度才而觀（官）之〔一二八〕。』小人難事而易説也〔一二九〕。説之雖不以道，説也〔一三〇〕。及其使〔人〕也〔一三一〕，求備焉。』

子曰：『君〔子〕泰而不憍〔一三二〕，小人憍而不泰〔一三三〕。』君子自縱泰，似憍而不憍〔一三四〕。小人拘忌，而實自憍矜也〔一三五〕。

子曰：『剛、毅、不（木）〔一三六〕、訥近人〔一三七〕。』王曰：『剛，無欲〔一三八〕；毅，果敢也〔一三九〕；不（木）〔一四〇〕，質樸也〔一四一〕；訥，遲鈍也〔一四二〕。有斯四者〔一四三〕，近於仁〔一四四〕。』

子路問曰：『何如斯可謂之士矣？』子曰〔一四五〕：『切切偲偲，怡怡如也，可謂士矣。朋友切切偲偲，兄弟怡怡〔一四六〕。』馬曰：『切切偲偲，相切責之貌〔一四七〕。怡怡，和順之貌〔一四八〕。』

子曰：『善人教民七年，亦可以即戎矣。』苞（包）曰〔一四九〕：『即，就〔一五〇〕；戎，兵〔一五一〕，可以攻戰也〔一五二〕。』

子曰：『以不教民戰〔一五三〕，是謂棄之。』馬曰：『言用不習之人〔一五四〕，使之攻戰〔一五五〕，必破敗，是謂棄之〔一五六〕。』

憲問恥第十四〔一五七〕

憲問恥。子曰：『邦有道，穀。孔曰：『穀，祿也。邦有道，當食祿也〔一五八〕。』邦無道，穀，恥也。』孔曰：『君無道而在其朝，食其祿，是恥辱〔一五九〕。』子曰：『可以『克〔一六〇〕、伐、怨、欲不行焉，可以爲仁矣？』馬曰：克〔一六一〕，好勝人。伐〔一六二〕，自伐其功〔一六三〕。怨，忌小怨。欲，貪欲〔一六四〕。』爲難矣，仁則吾不知也〔一六五〕。』苞（包）曰〔一六六〕：『四者行之難，未足以爲仁。』

子曰：『士而懷居，不足以爲士矣。』士當志道〔一六七〕，不求安。而懷〔其〕居〔一六八〕，非士〔一六九〕。』

子曰：『邦有道，危言危行。『危〔一七〇〕，厲也。邦有道，可以厲言行〔一七一〕。』邦無道，危行言遜〔一七二〕。』遜〔一七三〕，順也。厲行不隨俗，順言以遠害〔一七四〕。

子曰：『有德者必有言〔一七五〕，德不可以憶中〔一七六〕，故女（必）有言〔一七七〕。有言者不必有德。仁者必有勇，用（勇）者〔不〕必有仁〔一七八〕。』

南宮括孔曰〔一七九〕：『括〔一八〇〕，南宮敬叔〔一八一〕，魯大夫〔一八二〕。』問於孔子曰：『羿善射，奡湯（盪）舟〔一八三〕，孔曰：『羿，有窮之君〔一八四〕，篡夏后相之位。其臣寒浞煞之〔一八五〕，因其室而生夏（奡）〔一八六〕，夏（奡）多力〔一八七〕，能陸地行舟，爲夏后少康所煞也〔一八八〕。』俱不得其死然〔一八九〕。禹、稷躬稼而有天下〔一九〇〕。』夫子不答。馬曰：『禹盡力於溝洫，稷播百穀〔一九一〕，故曰躬稼。禹及其身，稷及後世〔一九二〕，皆王〔一九三〕。括意欲〔以〕禹〔一九四〕、稷比孔子〔一九五〕。孔子謙，故〔不〕答〔一九六〕。』南宮括出〔一九七〕，子曰：『君子哉若人！尚德哉若人！』孔曰：『賤不義而貴有德，故曰君子。』

子曰：『君子而不仁者有矣夫〔一九八〕，未有小人而人（仁）者也〔一九九〕。』孔曰：『雖曰君子，猶未能備也〔二〇〇〕。』

子曰：『愛之，能勿勞乎？忠焉，能勿誨乎？』孔曰：『言人有所勞（愛）〔二〇一〕，必欲勞來之〔二〇二〕；有所忠，必欲教誨之〔二〇三〕。』

子曰：『爲命，卑謀（諶）草創之〔二〇四〕，孔曰：『卑謀（諶）〔二〇五〕，鄭大夫氏名〔二〇六〕。謀於野則獲，於國〔則〕否〔二〇七〕。鄭國將有諸侯之事〔二〇八〕，則使乘車以適野，而謀作盟會之詞〔二〇九〕。』世叔討論之，行人子羽修飾之，東里子産潤色之。』馬曰：『世叔〔二一〇〕，大夫游吉〔二一一〕。討，治也。卑謀（諶）既造謀〔二一二〕，世叔復治〔而〕論之〔二一三〕，詳而審之。行人，掌使之官。子羽，公孫揮〔二一四〕。子産居東里，因以爲并（號）〔二一五〕。更此四賢而成，故鮮有敗事也〔二一六〕。』

或問子産。子曰：『惠人也。』孔曰：『惠，愛也。子産，故（古）之遺愛〔二一七〕。』問子西。曰：『彼哉！彼哉！』馬曰：『子西，鄭大夫。彼哉彼哉，言無足稱〔二一八〕。』或曰：『楚令尹子西。』問管仲。曰：『人也。猶《詩》言「所謂伊人」也〔二一九〕。奪伯氏駢邑三百，飯蔬食〔二二〇〕，没齒無怨言〔二二一〕。』孔曰：『伯氏，齊大夫。駢邑，地名〔二二二〕。齒，年也。伯氏食邑三伯（百）家〔二二三〕，管仲奪之，使至疏食〔二二四〕，而没齒無怨言〔二二五〕，其當理故〔二二六〕。』

子曰：『貧而無怨難，富而無憍易〔二二七〕。』

子曰：『孟公綽爲趙、魏老則優，不可以爲滕〔二二八〕、薛大夫。』孔曰：『公綽，魯大夫。趙、魏，皆晉卿也〔二二九〕。家臣稱老。公綽性寡欲〔二三〇〕，趙、魏貪賢，家老無職，故優。滕、薛小國，大夫職煩，故不可爲〔二三一〕。』

子路問成人。子曰：『若臧武仲之智〔二三二〕，馬曰：『魯大夫臧孫紇〔二三三〕。』公綽之不欲〔二三四〕，馬曰：『孟公綽〔二三五〕。』卞莊子之勇，周曰：『卞邑大夫〔二三六〕。』冉求之藝，文之以禮樂〔二三七〕，孔曰〔二三八〕：『加之以禮樂文成之〔二三九〕。』亦可以爲成人矣。』曰：『今之成人者何必然？見利思義，馬曰：『義，然後取，不可以苟得〔二四〇〕。』見危授命，久要不忘平生之言，亦可以爲成人矣〔二四一〕。』孔曰〔二四二〕：『欠（久）要〔二四三〕，舊約〔二四四〕。平生，猶少時。』

子問公叔文子於公明賈曰：『信乎，夫子不言不笑不取乎？』孔曰〔二四五〕：『公叔文子，衛大夫公叔（孫）拔也〔二四六〕。文〔二四七〕，諡〔二四八〕。』公明賈對曰：『以告者過也〔二四九〕。夫子時然後言〔二五〇〕，人不厭其言。樂然後笑，人不厭其笑。義然後取，人不厭其取也〔二五一〕。』子曰：『其然？豈其然乎〔二五二〕？』馬曰〔二五三〕：『美其得道，嫌不能悉然〔二五四〕。』

子曰：『臧武仲〔以〕防求爲後於魯〔二五五〕，雖曰不要君，吾不信也。』孔曰〔二五六〕：『防，武仲故邑〔二五七〕。爲後，立後〔二五八〕。魯襄公二十三年，武仲爲孟氏所譖〔二五九〕，出奔邾〔二六〇〕。自邾如防〔二六一〕，使爲以大蔡納詩（請）曰〔二六二〕：「紇非敢害〔二六三〕，智不足也〔二六四〕。非敢私請。苟守先祀〔二六五〕，無廢二動（勳）〔二六六〕，敢不避邑也〔二六七〕！」乃立臧爲。紇致防而奔齊〔二六八〕。此所謂要君〔二六九〕。』

子曰：『晉文公譎而不正，鄭曰〔二七〇〕：『譎者，詐也，爲（謂）召天子而使諸侯朝之〔二七一〕。仲尼曰〔二七二〕：「以臣召君，不可以訓〔二七三〕。」故書曰〔二七四〕：「天王狩於河陽〔二七五〕。」是譎而不正也〔二七六〕。』齊恆（桓）公正而不譎〔二七七〕。』馬曰：『伐楚以公義〔二七八〕，責苞茅之貢不入〔二七九〕，問昭王南徑（征）不還〔二八〇〕，是正而不譎〔二八一〕。』

子路曰：『桓公煞公子糾〔二八二〕，召忽死之〔二八三〕，管仲不死。』曰：『未人（仁）乎〔二八四〕？』孔曰〔二八五〕：『齊襄公土（立）〔二八六〕，無常。鮑叔牙曰：「君使民慢〔二八七〕，亂將作矣。」奉公子小伯（白）出奔莒〔二八八〕。襄公從弟公孫無知煞襄公〔二八九〕，管夷吾、邵忽奉公子糾奔魯〔二九〇〕。齊人煞無知〔二九一〕。魯伐齊〔二九二〕，納子糾。小白自莒先入，是爲桓公，乃煞子糾〔二九三〕，召忽死之〔二九四〕。』子曰：『桓公九合諸侯，不以兵車，管氏之力也〔二九五〕。如其人（仁）〔二九六〕，如其人（仁）〔二九七〕。』孔曰：『誰如管仲之人（仁）〔二九八〕！』

子貢曰：『管仲非仁者與〔二九九〕？桓公煞公子糾〔三〇〇〕，不能死，又相之。』子曰：『管仲相桓公〔三〇一〕，霸諸侯，一匡天下，馬曰：『匡，正也。天子微弱，桓公帥諸侯以尊周室〔三〇二〕，一正天下〔三〇三〕。』民到于今受其賜。受其賜者，謂不被髮左衽之惠〔三〇四〕。微管仲，吾其被髮左衽矣。馬曰〔三〇五〕：『微，無也。無管仲〔三〇六〕，則君不君，臣不臣，皆爲夷狄〔三〇七〕。』豈〔若〕匹夫匹婦之爲諒也〔三〇八〕，自經於溝瀆而莫之知也〔三〇九〕？』王曰：『自經〔三一〇〕，經死於溝瀆中也〔三一一〕。管仲、召忽之於公子糾〔三一二〕，君臣之義未正成〔三一三〕，故死之未足深嘉也〔三一四〕，不死未足多非。死既難〔三一五〕，亦在於過厚〔三一六〕，故仲尼但美管仲之功〔三一七〕，亦不言召忽不當死〔三一八〕。』

公叔文子之臣大夫僎與文子同升諸公。孔曰〔三一九〕：『大夫僎本文子家臣，薦之使與己並爲大夫〔三二〇〕，同升在公朝〔三二一〕。』子文（聞）之〔三二二〕，曰：『可以爲文矣。』孔曰：『〔言〕行如此〔三二三〕，可謚爲文〔三二四〕。』

子曰衛靈公之無道〔三二五〕，康子曰：『夫如是，奚而不喪〔三二六〕？』孔子曰：『仲叔圉治賓客，祝鮀治宗廟，王孫賈治軍旅。夫如是，奚其喪？』孔曰：『言雖無道，所任者各得（當）其才〔三二七〕，何爲當止（亡）〔三二八〕？』

子曰：『其言之不怍，則其爲之也難〔三二九〕。』馬曰：『怍，慚也。內有其實〔三三〇〕，則言之不慚。積其〔實〕者〔三三一〕，爲之難〔三三二〕。』

陳成子弑簡公〔三三三〕。孔子沐浴而朝〔三三四〕，告於哀公曰：『陳恆弑其君〔三三五〕，請討之。』馬曰：『成子，齊大夫陳恆也。將告君，故先齊〔三三六〕。齊必沐浴〔三三七〕。』公曰：『告夫三子者〔三三八〕。』孔曰：『謂三卿也。』孔子曰：『以吾從大夫之後，不敢不告也〔三三九〕。君曰「告夫三子」者〔三四〇〕。』馬曰：『我禮當告君〔三四一〕，不當告三子〔三四二〕。君使我往，故復往之〔三四三〕。』之三子告〔三四四〕，不可。孔子曰：『以吾從大夫之後，不敢不告也〔三四五〕。』馬曰：『孔子由君命之三子告〔三四六〕，不可〔三四七〕，故復以此辭語之惡（而）〔止〕〔三四八〕。』

子路問事君。子曰：『勿欺也〔三四九〕，而犯之。』孔曰：『事君之道，義不可欺，當能犯顏諫爭〔三五〇〕。』

子曰：『君子上達，小人下達。』孔曰〔三五一〕：『本爲上，末爲下。』

子曰：『古之學者爲己〔三五二〕，今之學者爲人。』孔曰：『爲己，履而行之。爲人，從（徒）能言之〔三五三〕。』

蘧伯玉使人於孔子〔三五四〕。孔子与之坐而問焉，孔曰：『伯玉，衛大夫蘧瓊（瑗）之〔三五五〕。』曰：『夫子何爲〔三五六〕？』對曰〔三五七〕：『夫子欲寡其過而未能也〔三五八〕。』言夫子欲寡過（其）其（過）而未能無過〔三五九〕。使者出。子曰：『使乎！使乎！』陳曰〔三六〇〕：『再言「使乎」者，善之〔三六一〕。言使得其人〔三六二〕。』

子曰：『不在其位，不謀其政〔三六三〕。』曾子曰：『君子思不出其位〔三六四〕。』孔曰〔三六五〕：『不出其職〔三六六〕。』

子曰：『君子恥其言之過其行也〔三六七〕。』

子曰：『君子道者三，我無能焉：仁者不優（憂）〔三六八〕，智者不惑〔三六九〕，勇者不懼。』子貢曰：『夫子自道也。』

子貢方人。孔曰：『比方人〔三七〇〕。』子曰：『賜也賢乎哉？夫我則不暇。』孔曰：『不暇比方之人〔三七一〕。』子曰：『不患人之不己知，患其不能也〔三七二〕。』王曰：『徒患己之無能。』子曰：『不逆詐，不億不信〔三七三〕，抑亦先覺者，是賢乎！』孔曰：『先覺人情者，是寧能爲賢乎？或時反怨人〔三七四〕。』微生畝謂孔子曰〔三七五〕：『丘何爲是栖栖者與〔三七六〕？無乃爲佞乎？』苞（包）曰〔三七七〕：微生，姓也〔三七八〕。畝，名〔三七九〕。孔子曰〔三八〇〕：『非敢爲佞〔三八一〕，疾固也〔三八二〕。』苞（包）曰〔三八三〕：『疾世固陋〔三八四〕，欲行道以化之。』子曰：『驥不稱其力，而稱其德〔三八五〕。』鄭曰：『德者〔三八六〕，調良之謂。』或曰：『以德報報怨〔三八七〕，何如？』子曰：『何以報德？』德〔三八八〕，因（恩）惠之德〔三八九〕。以直報怨，以德報德〔三九〇〕。』子曰：『莫我知也夫！』子貢曰：『何爲其莫知子也〔三九一〕？』子貢怪夫子言何爲其莫知己〔三九二〕，故問〔三九三〕。子曰：『不怨天，不尤人，馬曰：『孔子不用於世[而]不怨天〔三九四〕，不知己亦不尤人〔三九五〕。』下學而上達。孔曰：『下學人事，上知天命〔三九六〕。』知我者其天乎！』聖人與天地合德〔三九七〕，故曰唯天知己〔三九八〕。

公伯寮愬子路於季孫。馬曰：『愬，譖也。伯寮，魯人，弟子〔三九九〕。』子服景伯以告，孔曰〔四〇〇〕：『魯大夫子服何（忌）〔四〇一〕。告〔四〇二〕，告孔子。』曰：『夫子固有惑志，孔曰：『季孫信讒，恚子路路〔四〇三〕。』於公伯寮也〔四〇四〕，吾力猶能肆諸市知朝〔四〇五〕。』鄭曰〔四〇六〕：『吾勢力能辯子路之無罪於季孫〔四〇七〕，使之誅寮而肆之。有罪既刑，陳其屍曰肆〔四〇八〕。』子曰：『道之將行也與〔四〇九〕，命也。道之〔將〕廢也與〔四一〇〕，命也。

公伯寮其如命何〔四一一〕！』

子曰：『賢者避世〔四一二〕，孔曰：『世主莫德而臣〔四一三〕。』其次避地〔四一四〕，馬曰〔四一五〕：『去亂國而（適）治邦〔四一六〕。』其次避色〔四一七〕，孔曰：『色斯舉矣。』其次避言〔四一八〕。孔曰：『有惡言乃去〔四一九〕。』子曰：『作者七人矣〔四二〇〕。』苞（包）曰〔四二一〕：『作，爲也。爲之者凡七人，謂長沮、桀溺、丈人、石門、荷蕢〔四二二〕、儀封人〔四二三〕、楚狂接輿〔四二四〕。』

子路宿於石門〔四二五〕。晨門曰〔四二六〕：『奚自？』晨門者，閽人也〔四二七〕。子路曰：『自孔氏〔四二八〕。』曰〔四二九〕：『是知其不可而爲之者與〔四三〇〕？』苞（包）曰〔四三一〕：『言孔（子）知世不可爲而無（强）爲之〔四三二〕。』

子擊磬於衛，有荷蕢而過孔氏之門〔者〕〔四三三〕，曰：『有心哉，擊磬乎！』蕢〔四三四〕，草器也〔四三五〕。有心哉〔四三六〕，謂契契然〔四三七〕。既而曰：『鄙哉〔四三八〕，硜硜乎！莫己知也，斯己而已矣〔四三九〕。此硜硜〔四四〇〕，徒信也（己）而已〔四四一〕，言亦無益〔四四二〕。深則厲，淺則揭。』苞（包）曰〔四四三〕：『以衣涉水爲厲。揭，褰衣〔四四四〕。言隨世以行己〔四四五〕，若過水必以濟，知其不可則當不爲。』子曰：『果哉！末之難矣！』末之（知）己志而便譏己〔四四六〕，所以爲果也〔四四七〕。末，無也。無難者，以其不〔能〕解己之道也〔四四八〕。

子張曰：『《書》云：「高宗諒陰，三年不言。」何謂也？』孔曰〔四四九〕：『高宗，殷之中興王武丁也。諒，信也〔四五〇〕。陰〔四五一〕，猶默也〔四五二〕。』子曰：『何必高宗，古之人皆然〔四五三〕。君薨，百官總己，馬曰：『己，己百官〔四五四〕。』以聽冢宰三年〔四五五〕。』孔曰：『冢宰，天官卿〔四五六〕，佐王治者〔四五七〕。三年喪畢，然後王自聽政。』

子曰：『上好禮，則民易使也〔四五八〕。』民莫敢不敬〔四五九〕，故易使〔四六〇〕。

子路問君子〔四六一〕。子曰：『修己以敬。』孔曰〔四六二〕：『敬其身。』曰：『而（如）斯而已乎〔四六三〕？』曰：『修己以安人〔四六四〕。』孔曰：『人，謂朋友九族。』曰：『如斯而已乎〔四六五〕？』曰：『修己以安百姓。修己以安百姓，堯、舜其猶病諸！』孔曰：『病，猶難也〔四六六〕。』

原壤〔夷〕俟〔四六七〕。馬曰：『原壤，魯人〔四六八〕，孔子故舊。夷，踞〔四六九〕；俟，待〔四七〇〕。踞待孔子〔四七一〕。』子曰：『幼而不愻悌〔四七二〕，長而無述焉；老而不死，是爲賊。』賊爲（謂）賊害〔四七三〕。以杖叩其脛〔四七四〕。孔曰：『叩〔四七五〕，擊也〔四七六〕。脛，腳脛〔四七七〕。』

闕黨童子將命〔四七八〕。馬曰：『闕黨〔童〕〔子〕將命者〔四七九〕，傳賓主之語出入〔四八〇〕。』或問之曰〔四八一〕：『益者与〔四八二〕？』子曰：『吾見其居於位也〔四八三〕，童子隅坐無位〔四八四〕，成人乃有位〔四八五〕。見其與先生並行也〔四八六〕。非求益者也〔四八七〕，欲速成者也〔四八八〕。』苞（包）曰〔四八九〕：『先王（生）〔四九〇〕，成人也〔四九一〕。並行〔四九二〕，不差在後〔四九三〕，違禮〔四九四〕。欲速成人者〔四九五〕，則非求益也〔四九六〕。』

論語卷第七〔四九七〕

説明

此件與斯三〇一一A片之關係及兩片之抄寫格式等情況，均請參看斯三〇一一A片之『説明』。此件首缺尾殘，存『子路第十三』全部，至《憲問》篇末，尾題『論語卷第七』。

此件起首兩行應爲原斯三〇一一A卷尾之題記，翟理斯（Lionel Giles）認爲其中之『戊寅年』爲公元八五八年（參看 *Descriptive Catalogue of the Chinese Manuscripts from Tunhuang in the British Museum,* p. 232），李正宇（《敦煌學郎題記輯注》，《敦煌學輯刊》一九八七年一期，三四頁）、郝春文（《唐後期五代宋初中印文化對敦煌寺院的影響》，《新世紀敦煌學論集》，三三二頁）、榮新江、余欣（《沙州歸義軍史事繫年》，《敦煌吐魯番研究》八卷，八一頁）均贊同其説；池田温（《中國古代寫本識語集録》，四五七頁）、徐俊（《敦煌先唐詩考》，《二〇〇〇年敦煌學國際學術討論會文集·歷史文化卷》（下），三〇三頁）則認爲是公元九一八年。卷首題記與下文『子路』篇題行間另書兩個『大』字，應係時人隨手所寫，未録。

現知敦煌文獻中保存的與此件内容有重合的文書尚有六件，其中Дx九五三首全尾缺，僅存上半部分，起『論語子路第十三』篇題，訖《子路》『如有王者，必世而後仁』之注『必三十年仁政乃成』之『年』；伯二五九七首尾均缺，起《子路》『見小利則大事不成』之注『小利妨大』之『利』，訖《憲問》『夫子何爲』；伯三六〇七首尾均缺，起《子路》『君子泰而不驕，小人驕而不泰』之注『而實自驕矜』，訖《憲問》『行人子羽修飾之，東里子産潤色之』之注『世叔，鄭大夫游吉也』之『世叔』；Дx八五八〇首尾均缺，起《憲問》『有德者必有言』之『德者』，訖《憲問》『禹、稷躬稼而有天下』之『禹、稷』；伯二七一六首缺尾全，起《憲問》『問管仲。曰：人也』之注『猶《詩》言所謂伊人』，訖《憲問》篇末，尾題『論語卷第七』，尾題後有題記兩行（『大中九三月廿二日學生令狐再晟寫記。海原押。咸通五年四月十二童子令狐文進書記』。）；伯三三五九首尾均缺，起《憲問》『賢者避世』之『避世』，訖《憲問》篇末注文『則非求益也』。

以上釋文以斯三〇一一B爲底本，用Дх九五三（稱其爲甲本）、伯二五九七（稱其爲乙本）、伯三六〇七（稱其爲丙本）、Дх八五八〇（稱其爲丁本）、伯二七一六（稱其爲戊本）、伯三三五九（稱其爲己本）和流行較廣的《十三經注疏》（中華書局，一九八〇年）中之《論語注疏》（稱其爲庚本）參校。

校記

〔一〕『金光明寺學郎』，據殘筆劃及文義補。

〔二〕『子』，庚本同，甲本作『論語子』；『卷第七』，甲本同，庚本無。此句後庚本另有『何晏集解』。

〔三〕『人』，庚本作『民』，『人』係避唐太宗諱改。

〔四〕『也』，庚本無。

〔五〕『悦』，庚本作『説』，『説』有『悦』義；『人』，庚本作『民』，『人』係避唐太宗諱改。

〔六〕『人』，庚本作『民』，『人』係避唐太宗諱改。

〔七〕『毋』，庚本作『無』。

〔八〕『猶』，當作『嫌』，據庚本改。

〔九〕『後』，據庚本補。

〔一〇〕『赦』，庚本同，甲本作『敊』，誤。

〔一一〕『知』，庚本同，甲本作『智』，『智』爲『知』之借字；『才』，庚本同，甲本脱。

〔一二〕『汝』，甲本同，庚本作『女』，『女』有『汝』義。

〔一三〕『之』，甲本同，庚本無。
〔一四〕『各舉』，甲本同，庚本無。
〔一五〕『苞』，當作『包』，據庚本改，『苞』爲『包』之借字。
〔一六〕『必』，庚本同，甲本脱。
〔一七〕『百』，庚本同，甲本作『者』，誤；『名』，庚本同，甲本作『名也』。
〔一八〕『苞』，當作『包』，據庚本改，『苞』爲『包』之借字。
〔一九〕『遠』，庚本作『遠也』。
〔二〇〕『野』，庚本同，甲本作『也』，『也』爲『野』之借字。
〔二一〕『不』，甲本同，庚本作『猶不』；『達』，庚本同，甲本作『達也』。
〔二二〕『苞』，當作『包』，據庚本改，『苞』爲『包』之借字。
〔二三〕『遠』，庚本同，甲本作『遠也』。
〔二四〕『有』，庚本同，甲本脱；『刑』，庚本同，甲本脱。
〔二五〕『言』，甲、庚本作『言也』。
〔二六〕『言之必可』，據甲、庚本補；『行』，甲、庚本作『行也』。
〔二七〕『而』，當作『如』，據庚本改，『而』爲『如』之借字。
〔二八〕『不』，據庚本補。
〔二九〕『人』，甲本同，庚本作『民』，『人』係避唐太宗諱改；『於』，庚本同，甲本脱。
〔三〇〕『應』，庚本同，甲本作『應之』。
〔三一〕『苞』，當作『包』，據甲、庚本改，『苞』爲『包』之借字。

〔三二〕「以義」，甲、庚本作「義與」。
〔三三〕「得」，當作「德」，據甲、庚本改，「得」爲「德」之借字。
〔三四〕「人」，甲、庚本作「民」，「人」係避唐太宗諱改。
〔三五〕「襁」，庚本同，甲本作「襁也」。
〔三六〕「之」，據庚本補。
〔三七〕「王曰」，庚本無。
〔三八〕「令」，庚本作「令也」。
〔三九〕「弟」，庚本同，甲本作「第」，但因寫本中「弟」「第」形近易混，故可視作「弟」；「也」，庚本同，甲本無。
〔四〇〕「苞」，當作「包」，據甲、庚本改，「苞」爲「包」之借字。
〔四一〕「也」，庚本無。
〔四二〕「弟」，庚本同，甲本作「第」，但因寫本中「弟」「第」形近易混，故可視作「弟」。
〔四三〕「合」，甲、庚本同，底本原作「荅」，蓋係涉上字「苟」而成之類化俗字。
〔四四〕「孔」，庚本同，甲本作「孔孔」，按第二個「孔」係衍文。
〔四五〕「冉」，庚本同，甲本作「舟」，誤；「御」，庚本同，甲本作「御也」。
〔四六〕「可也」，庚本同，甲本作「矣」。
〔四七〕「成」，當作「誠」，據庚本改，「成」爲「誠」之借字。
〔四八〕「年」，庚本作「月」，均可通。
〔四九〕「成」，庚本作「成功」。
〔五〇〕「煞」，甲本同，庚本作「殺」，「煞」有「殺」義。

〔五一〕『勝』，庚本作『勝殘』，疑誤。

〔五二〕『煞』，庚本作『殺』，『煞』有『殺』義。

〔五三〕『用』，庚本作『用刑』；『煞』，庚本作『殺也』。

〔五四〕『子曰』，底本原抄兩遍『子曰』，一在行末，另一在次行行首，屬於當時的一種提行添字例，第二遍『子曰』應不讀，故未録。

〔五五〕『而』，當作『如』，據甲、庚本改，『如』爲『而』之借字。

〔五六〕『如』，當作『而』，據甲、庚本改，『如』爲『而』之借字；『人』，甲、庚本作『仁』，當讀作『仁』。

〔五七〕『三十』，庚本同，甲本作『卅』。

〔五八〕『三十』，庚本同，甲本作『卅』。甲本止於此句。

〔五九〕『能』，當作『不』，據庚本改；『不』，當作『能』，據庚本改；『政』，當作『正』，據庚本改。

〔六〇〕『政』，當作『正』，據庚本改。

〔六一〕『正』，庚本作『政』，『正』通『政』。

〔六二〕『政』，當作『正』，據庚本改。

〔六三〕『之』，庚本作『諸』，均可通。

〔六四〕『矣』，庚本作『以』。

〔六五〕『太』，當作『大』，據庚本改。

〔六六〕『一』，據庚本補；『政』，當作『正』，據庚本改。

〔六七〕『王』，庚本作『孔』。

〔六八〕『以一』，據庚本補。

〔六九〕「而」，當作「如」，據庚本改，「而」爲「如」之借字；「之」，當作「知」，據庚本改，「之」爲「知」之借字。

〔七〇〕「近」，庚本作「近也」。

〔七一〕「樂」，庚本脱。

〔七二〕「如」，庚本作「如其」。

〔七三〕「善」，庚本作「善也」。

〔七四〕「夏爲」，據庚本補。

〔七五〕「毋」，庚本作「無」；「速」，據庚本補。

〔七六〕「毋」，庚本作「無」。

〔七七〕乙本始於此句。

〔七八〕「行」，庚本同，乙本作「行也」。

〔七九〕「國」，當作「因」，據乙、庚本改；「魯」，當作「盜」，據乙、庚本改；「曰」，據乙、庚本補。《敦煌經部文獻合集》認爲底本係將「盜曰」二字誤合而訛變爲「魯」。

〔八〇〕「子爲父隱」，乙、庚本同，《敦煌經部文獻合集》認爲底本脱，按底本此句朱筆書於下句「直在其」之右側。

〔八一〕「家」，當作「處」，據乙、庚本改。

〔八二〕「棄」，庚本同，乙本作「葉」，誤；「也」，庚本同，乙本無。

〔八三〕「苞」，當作「包」，據乙、庚本改，「苞」爲「包」之借字。

〔八四〕「儀」，當作「義」，據乙、庚本改，「儀」爲「義」之借字。

〔八五〕第二個「不」，庚本同，乙本脱。

〔八六〕「者」，庚本同，乙本無。

〔八七〕『也』，乙、庚本無。
〔八八〕『曰』，乙、庚本同，《敦煌經部文獻合集》認爲底本脱，按底本此字朱筆書於『宗』之右上角。
〔八九〕『矣』，乙、庚本無，據文義係衍文，當删。此句後乙本另有『鄉黨稱孝焉』，據文義係衍文。
〔九〇〕『悌』，乙本同，庚本作『弟』，『弟』有『悌』義。
〔九一〕『曰』，乙、庚本同，《敦煌經部文獻合集》認爲底本脱，按底本此字朱筆書於『敢』之右上角。
〔九二〕『也』，乙本同，庚本作『哉』。
〔九三〕『必』，庚本同，乙本作『女』，誤；『果』，庚本同，乙本作『果者』。
〔九四〕『欲』，庚本同，乙本無。
〔九五〕『硜』，乙、庚本作『硜硜』；『者』，庚本同，乙本作『然』。
〔九六〕『貌』，乙、庚本作『貌也』。
〔九七〕第一個『次』，當作『以』，據乙、庚本改；第二個『次』，庚本同，乙本作『次也』。
〔九八〕『筲』，當作『筲』，據乙、庚本改。
〔九九〕『器』，庚本同，乙本作『器也』。
〔一〇〇〕『二』，據乙、庚本補；『升』，據庚本補，乙本作『斗』，誤。此句後乙本有『也』字。
〔一〇一〕『也』，庚本同，乙本無。
〔一〇二〕『捐』，當作『狷』，據乙、庚本改，『捐』爲『狷』之借字。
〔一〇三〕『苞』，當作『包』，據乙、庚本改，『苞』爲『包』之借字。
〔一〇四〕『行』，乙、庚本作『行能』；『其』，庚本同，乙本無；『者』，庚本同，乙本作『也』。
〔一〇五〕『捐』，當作『狷』，據乙、庚本改，『捐』爲『狷』之借字。此句後乙本有『也』字，庚本有『者』字。

〔一〇六〕「捐」，當作「狷」，據乙、庚本改，「捐」爲「狷」之借字；「爲」，庚本作「爲也」。自「所不爲」至下句經文之「南人有」，乙本脱。
〔一〇七〕「苞」，當作「包」，據庚本改，「苞」爲「包」之借字。
〔一〇八〕「狷」，當作「狷」，據庚本改。
〔一〇九〕「者」，庚本同，底本朱筆書於「以」之右上角，《敦煌經部文獻合集》漏録。
〔一一〇〕「治」，據乙、庚本補；「常」，乙、庚本作「恆」。
〔一一一〕「苞」，當作「包」，據乙、庚本改，「苞」爲「包」之借字。
〔一一二〕「言」，乙、庚本作「言也」。
〔一一三〕「惑」，當作「或」，據乙、庚本改，「惑」爲「或」之借字。
〔一一四〕「之」，庚本同，乙本作「受」，誤。
〔一一五〕「言」，庚本同，乙本無。
〔一一六〕「所」，庚本同，乙本作「所以」，按「以」字係衍文；「占」，庚本同，乙本作「占也」。
〔一一七〕「周」，當作「同」，據乙、庚本改。
〔一一八〕「周」，當作「同」，據乙、庚本改。
〔一一九〕「其」，當作「耆」，《敦煌經部文獻合集》據文義校改，「其」爲「耆」之借字，乙、庚本作「嗜」，「耆」有「嗜」義。
〔一二〇〕「如」，乙、庚本同，《敦煌經部文獻合集》認爲底本脱，按底本此字朱筆書於「子」之右上角。
〔一二一〕「是」，庚本同，乙本脱；第二個「善」，據乙、庚本補。
〔一二二〕第二個「惡」，據乙、庚本補；「者」，當作「著」，據乙、庚本改。

〔一二三〕「説」，庚本同，乙本作「悦」，「説」有「悦」義；「者」，乙、庚本作「也」，《敦煌經部文獻合集》認爲作「也」爲是。
〔一二四〕「備於」，庚本同，乙本脱。
〔一二五〕「事」，庚本同，乙本作「事也」。
〔一二六〕「説」，庚本同，乙本作「悦」，「説」有「悦」義。
〔一二七〕「説」，庚本同，乙本作「悦」，「説」有「悦」義。
〔一二八〕「才」，庚本同，乙本作「材」；「觀」，當作「官」，據乙、庚本改，「觀」爲「官」之借字；「之」，庚本同，乙本無。
〔一二九〕「也」，庚本同，乙本無。
〔一三〇〕「説」，庚本同，乙本作「悦」，「説」有「悦」義。
〔一三一〕「人」，據乙、庚本補。
〔一三二〕「子」，據乙、庚本補；「憍」，乙本同，庚本作「驕」，「憍」通「驕」。
〔一三三〕「憍」，乙本同，庚本作「驕」，「憍」通「驕」。
〔一三四〕兩個「憍」，乙本同，庚本作「驕」，「憍」通「驕」。
〔一三五〕「憍」，乙本同，丙、庚本作「驕」，「憍」通「驕」；「矜」，乙、丙本同，庚本作「矜」，《敦煌經部文獻合集》認爲作「矜」字爲是，凡經典「矜」字皆「矜」之訛；「也」，乙本同，丙、庚本無。丙本始於此句。
〔一三六〕「不」，當作「木」，據丙、庚本改，乙本作「術」，誤。
〔一三七〕「近」，乙、庚本同，丙本作「近於」；「人」，乙、丙、庚本作「仁」，當讀作「仁」。
〔一三八〕「欲」，庚本同，乙、丙本作「欲也」。

〔一三九〕『也』，丙本同，乙、庚本無。
〔一四〇〕『不』，當作『木』，據乙、丙、庚本改。
〔一四一〕『也』，丙本同，乙、庚本無。
〔一四二〕『也』，乙、丙本同，庚本無。
〔一四三〕『斯』，乙、庚本同，丙本作『此』。
〔一四四〕『仁』，庚本同，乙、丙本作『仁也』。
〔一四五〕『子曰』，乙、丙、庚本同，《敦煌經部文獻合集》認爲底本脱，按底本此二字朱筆書於『切切』之右側。
〔一四六〕『弟』，丙、庚本同，乙本作『第』，但因寫本中『第』『弟』形近易混，故可視作『弟』；第二個『怡』，丙、
庚本同，乙本作『怡如也』。
〔一四七〕『貌』，乙、庚本同，丙本作『貌也』。
〔一四八〕『和順』，丙、庚本同，乙本作『順和』；『貌』，丙、庚本同，乙本作『貌也』。
〔一四九〕『苞』，當作『包』，據乙、丙、庚本改，『苞』爲『包』之借字。
〔一五〇〕『就』，乙、丙本同，庚本作『就也』。
〔一五一〕『兵』，乙、丙本同，庚本作『兵也』。
〔一五二〕『可』，乙、丙本同，庚本作『言』，《敦煌經部文獻合集》認爲丙本作『言』，誤；『也』，乙、丙、庚本無。
此句《敦煌經部文獻合集》認爲乙本無，誤。
〔一五三〕『以』，丙、庚本同，乙本無；『民』，乙、庚本同，丙本作『人』，『人』係避唐太宗諱改。
〔一五四〕『人』，丙本同，乙、庚本作『民』，『人』係避唐太宗諱改。
〔一五五〕『攻』，丙、庚本同，乙本無。

〔一五六〕「謂」，乙、庚本同，丙本作「爲」。
〔一五七〕「恥」，丙本同，乙、庚本無，據文義係衍文，當删；「第」，乙、丙、庚本同，底本原作「弟」，按寫本中「第」「弟」形近易混，故可據文義逕釋。丙、庚本後有「何晏集解」。
〔一五八〕「也」，乙、丙、庚本無。
〔一五九〕「辱」，丙、庚本同，乙本作「辱也」。
〔一六〇〕「克」，丙、庚本同，乙本作「尅」。
〔一六一〕「克」，丙、庚本同，乙本作「尅」。
〔一六二〕「伐」，乙、庚本同，丙本脱。
〔一六三〕「伐」，丙、庚本同，乙本脱。
〔一六四〕「欲」，乙、丙、庚本作「欲也」。
〔一六五〕「也」，乙、庚本同，丙本作「矣」。
〔一六六〕「苞」，當作「包」，據乙、丙、庚本改，「苞」爲「包」之借字。
〔一六七〕「士」，乙、庚本同，丙本作「志」，誤。
〔一六八〕「其」，據乙、丙、庚本補。
〔一六九〕「士」，乙、丙、庚本作「士也」。
〔一七〇〕「危」，丙本同，乙本作「包危」，庚本作「包曰危」。
〔一七一〕「可」，乙、庚本同，丙本作「所」，誤；「行」，丙本同，乙、庚本作「行也」。
〔一七二〕「遜」，丙本同，乙本作「愻」，庚本作「孫」，均可通。
〔一七三〕「遜」，丙本同，乙本作「愻」，庚本作「孫」，均可通。

〔一七四〕『害』，丙、庚本同，乙本作『害也』。

〔一七五〕丁本始於此句。

〔一七六〕『憶』，乙、丙、庚本作『億』。此句及下句本屬注文，底本誤作單行大字而羼入經文，兹據乙、丙、庚本改作雙行小字。

〔一七七〕『女』，當作『必』，據乙、丙、庚本改。

〔一七八〕『用』，當作『勇』，據乙、丙、庚本改，『用』爲『勇』之借字；『不』，據乙、丙、庚本補。

〔一七九〕『括』，乙、丙、庚本作『适』，按『适』當讀作『括』。

〔一八〇〕『括』，乙本無，丙、庚本作『适』，按『适』當讀作『括』。

〔一八一〕『宫』，丙、丁、庚本同，乙本脱。

〔一八二〕『夫』，丙、丁、庚本同，乙本作『夫也』。

〔一八三〕『湯』，當作『盪』，據乙、丙、庚本改，『湯』爲『盪』之借字。

〔一八四〕『窮』，乙本同，丙、庚本作『窮國』；『之』，丙、庚本同，乙本作『之國』。

〔一八五〕『煞』，乙、丙本同，庚本作『殺』，『煞』有『殺』義。

〔一八六〕『夏』，當作『奡』，據乙、丙、庚本改。

〔一八七〕『夏』，當作『奡』，據乙、丙、庚本改。

〔一八八〕『煞』，乙、丙本同，庚本作『殺』，『煞』有『殺』義；『也』，乙、丙、庚本無。底本『也』後有二重文符號，係補白，應不讀。

〔一八九〕此句後丙、庚本均另有雙行小字注文，丙本作『孔曰：此二子皆不得以壽終』，庚本作『孔曰：此二子者皆不得以壽終』。

〔一九〇〕丁本止於此句。
〔一九一〕「播」，乙、庚本同，丙本作「播植」。
〔一九二〕「及」，丙、庚本同，乙本作「乃」，誤。
〔一九三〕「皆」，乙、丙、庚本同，底本原作「比日」，係抄寫者因形近而將「皆」誤分書爲二。
〔一九四〕「括」，乙、丙、庚本作「适」，按「适」當讀作「括」；「以」，據乙、丙、庚本補。
〔一九五〕「稷」，乙、庚本同，丙本脱。
〔一九六〕「故」，乙、庚本同，丙本無；「不」，據乙、丙、庚本補；「答」，乙、丙、庚本作「答也」。按底本「答」後有一殘筆劃，《敦煌經部文獻合集》釋作「也」，兩者差異太大，或係補白，應不録。
〔一九七〕「括」，乙、丙、庚本作「适」，按「适」當讀作「括」。
〔一九八〕「而」，庚本同，乙、丙本作「而有」。
〔一九九〕第二個「人」，當作「仁」，據乙、丙、庚本改；「也」，乙、庚本同，丙本無。
〔二〇〇〕「也」，乙、丙本同，庚本無。
〔二〇一〕「勞」，當作「愛」，據乙、丙、庚本改。
〔二〇二〕「來」，丙、庚本同，乙本作「賚」。
〔二〇三〕「之」，庚本同，乙本作「之也」。
〔二〇四〕「卑」，乙、丙本同，庚本作「裨」；「謀」，當作「諶」，據乙、丙、庚本改。
〔二〇五〕「卑」，乙、丙本同，庚本作「裨」；「謀」，當作「諶」，據乙、丙、庚本改。
〔二〇六〕「名」，乙、丙本同，庚本作「名也」。
〔二〇七〕「則」，據乙、庚本補。

〔二〇八〕『事』，乙、丙本同，庚本作『辭』，誤。
〔二〇九〕『謀』，乙、庚本同，《敦煌經部文獻合集》校改作『諶』，疑未當；『會』，乙、丙、庚本同，底本原作『會』，係『會』之添筆俗字；『詞』，乙本作『辭也』，丙、庚本作『辭』。
〔二一〇〕丙本止於此句。
〔二一一〕『大』，乙本同，庚本作『鄭大』；『吉』，乙、庚本作『吉也』。
〔二一二〕『卑』，乙本同，庚本作『裨』；第一個『謀』，當作『諶』，據乙、庚本改；『既造謀』，庚本同，乙本脱。
〔二一三〕『而』，據乙、庚本補。
〔二一四〕『揮』，庚本同，乙本作『翬也』。
〔二一五〕『并』，當作『號』，據乙、庚本改。
〔二一六〕『也』，乙本同，庚本無。
〔二一七〕『故』，當作『古』，據乙、庚本改，『故』爲『古』之借字。
〔二一八〕『稱』，庚本同，乙本作『稱也』。
〔二一九〕『言』，戊、庚本同，乙本作『之言』；『也』，乙、戊本同，庚本無。戊本始於此句。
〔二二〇〕『蔬』，乙本同，庚本作『疏』，『疏』有『蔬』義。
〔二二一〕『没』，庚本同，乙本作『設』，誤；『無』，庚本同，乙本作『而無』。
〔二二二〕『名』，乙、庚本同，戊本作『名地名』，按『地名』二字係衍文。
〔二二三〕『伯』，當作『百』，據乙、庚本改，『伯』爲『百』之借字。
〔二二四〕『疏』，庚本同，乙、戊本作『蔬』，『疏』有『蔬』義。
〔二二五〕『没』，庚本同，乙本作『設』，誤。

〔二二六〕『其』，乙、庚本作『以其』；『故』，乙本作『故也』，庚本作『也』。
〔二二七〕『無』，戊、庚本同，乙本脱；『憍』，乙、戊、庚本作『驕』。
〔二二八〕『以』，庚本同，乙本無。
〔二二九〕『也』，乙、庚本無。
〔二三〇〕『性』，乙、庚本同，戊本作『姓』，『姓』爲『性』之借字。
〔二三一〕『爲』，乙、庚本同，戊本作『爲也』。
〔二三二〕『智』，乙、戊本同，庚本作『知』，『知』有『智』義。
〔二三三〕『紘』，戊、庚本同，乙本作『從』，誤。此句後乙本有『也』字。
〔二三四〕『公』，戊、庚本同，乙本作『孟公』，《敦煌〈論語集解〉校證》認爲『孟』字恐涉注文而衍。
〔二三五〕『綽』，戊、庚本同，乙本作『綽魯大夫也』。
〔二三六〕『卞』，乙、庚本同，戊本作『下』，誤；『邑』，戊、庚本同，乙本作『邑魯』，《敦煌〈論語集解〉校證》認爲『魯』字係妄增。
〔二三七〕『文』，戊、庚本同，乙本作『加』，《敦煌〈論語集解〉校證》認爲恐涉注文而誤。
〔二三八〕『孔曰』，乙、庚本同，戊本無。
〔二三九〕第一個『之』，戊、庚本同，乙本無；第二個『之』，戊、庚本無，乙本作『之也』。
〔二四〇〕『可以』，乙、戊、庚本無；『得』，庚本同，乙本作『得也』，戊本作『得爲』，《敦煌經部文獻合集》疑戊本『爲』乃『焉』之形誤。
〔二四一〕『可』，戊、庚本同，乙本無。
〔二四二〕『孔曰』，庚本同，乙、戊本無。

〔二四三〕『欠』，當作『久』，據乙、戊、庚本改；『要』，乙、庚本同，戊本作『爲』，誤。

〔二四四〕『約』，乙本同，庚本作『約也』。

〔二四五〕『孔曰』，庚本同，乙、戊本無。

〔二四六〕『叔』，當作『孫』，據乙、戊、庚本改；『拔』，乙、戊本同，庚本作『枝』，阮元認爲『枝』乃『拔』之形近訛字；『也』，乙、戊、庚本無。

〔二四七〕『文』，戊、庚本同，乙本作『之』，誤。

〔二四八〕『謚』，戊、庚本同，乙本作『謚也』。

〔二四九〕『告』，乙、庚本同，戊本作『吉』，誤。

〔二五〇〕『時』，乙、庚本同，戊本無。

〔二五一〕『也』，乙、戊、庚本無。

〔二五二〕自此句至下一章經文之『防求爲』，乙本脱。

〔二五三〕『馬曰』，庚本同，戊本無。

〔二五四〕『然』，庚本同，戊本作『然也』。

〔二五五〕『以』，據戊、庚本補。

〔二五六〕『孔曰』，庚本同，乙、戊本無。

〔二五七〕『邑』，庚本同，乙、戊本作『邑也』。

〔二五八〕『後』，戊、庚本同，乙本作『復』，誤；乙、庚本句末有『也』字。

〔二五九〕『爲』，戊、庚本同，乙本作『爲爲』，一在行末，另一在次行行首，屬於當時的一種提行添字例，第二個『爲』字應不讀；『譖』，乙、庚本同，戊本作『潛』，誤。

〔二六〇〕『出』，乙、庚本同，戊本無；『邾』，戊、庚本同，乙本作『郝』，誤。
〔二六一〕『自』，乙、庚本同，戊本脱；『邾』，庚本同，戊本脱，乙本作『利』，誤；『如防』，乙、庚本同，戊本作『妨如』，誤。
〔二六二〕『大』，戊、庚本同，乙本作『文大』，按『文』據文義係衍文；『詩』，當作『請』，據乙、戊、庚本改。
〔二六三〕『敢』，乙、戊本同，庚本作『能』；『害』，乙、戊、庚本作『害也』。
〔二六四〕『智』，乙、戊本同，庚本作『知』，『知』有『智』義；『也』，乙、庚本同，戊本無。
〔二六五〕『守』，乙、庚本同，戊本作『宗』，誤。
〔二六六〕『動』，戊本同，當作『勳』，據乙、庚本改。
〔二六七〕『避』，乙、戊本同，庚本作『辟』，『辟』有『避』義；『也』，乙、戊、庚本無。
〔二六八〕『防』，戊、庚本同，乙本作『内』，誤。
〔二六九〕『謂』，乙、戊、庚本同，《敦煌經部文獻合集》釋作『請』，誤；『君』，戊、庚本同，乙本作『君也』。
〔二七〇〕『鄭曰』，庚本同，乙、戊本無。
〔二七一〕『爲』，乙本無，當作『謂』，據戊、庚本改，『爲』爲『謂』之借字。
〔二七二〕『尼』，乙、庚本同，戊本作『居』，誤。
〔二七三〕『以』，戊、庚本同，乙本無。
〔二七四〕『故』，戊、庚本同，乙本作『敬』，誤。
〔二七五〕『河』，乙、庚本同，戊本作『何』，『何』爲『河』之借字。
〔二七六〕『譎』，戊、庚本同，乙本作『語』，誤；『也』，戊、庚本同，乙本作『之也』。
〔二七七〕『恆』，戊本同，當作『桓』，據乙、庚本改；『正』，乙、庚本同，戊本脱；『不』，戊、庚本同，乙本作

「大」，誤。

〔二七八〕「以」，戊、庚本同，乙本作「似」，誤。

〔二七九〕「責」，戊、庚本同，乙本作「責之」；「苞」，庚本同，乙、戊本作「包」，「包」有「苞」義。

〔二八〇〕「昭」，庚本同，乙、戊本作「照」，「照」爲「昭」之借字；「徑」，當作「征」，據乙、戊、庚本改。

〔二八一〕「譎」，乙、戊本同，庚本作「譎也」。

〔二八二〕「煞」，乙本同，戊、庚本作「殺」，「煞」有「殺」義。

〔二八三〕「召」，乙、庚本同，戊本作「邵」。

〔二八四〕「人」，當作「仁」，據乙、戊、庚本改。

〔二八五〕「孔曰」，乙、庚本同，戊本無。

〔二八六〕「襄」，戊、己、庚本同，乙本作「桓」，誤；「土」，當作「立」，據乙、戊、己、庚本改。

〔二八七〕「民」，乙、庚本同，戊本作「人」，「人」係避唐太宗諱改。

〔二八八〕「伯」，乙本作「日」，當作「白」，據戊、庚本改，「伯」爲「白」之借字；「出」，乙、庚本同，戊本無。

〔二八九〕「弟」，乙、庚本同，戊本作「第」，但因寫本中「弟」「第」形近易混，故可視作「弟」；「煞」，乙本同，戊、庚本作「殺」，「煞」有「殺」義。

〔二九〇〕「邵」，戊本同，乙、庚本作「召」；「忽」，戊、庚本同，乙本作「惣」，誤；「奔」，乙、戊本同，庚本作「出奔」。

〔二九一〕「煞」，乙、戊本同，庚本作「殺」，「煞」有「殺」義。

〔二九二〕「伐」，庚本同，乙、戊本作「代」，誤。

〔二九三〕「煞」，乙、戊本同，庚本作「殺」，「煞」有「殺」義。

〔二九四〕『召』，乙、庚本同，戊本作『邵』；『之』，庚本同，乙、戊本作『之也』。
〔二九五〕『氏』，乙、戊、庚本作『仲』。
〔二九六〕『人』，當作『仁』，據乙、戊、庚本改。
〔二九七〕『人』，當作『仁』，據乙、戊、庚本改。
〔二九八〕『誰』，乙、庚本同，戊本作『誰能』；『人』，當作『仁』，據乙、戊、庚本改。此句後戊本有『也』字。
〔二九九〕『與』，乙、庚本同，戊本作『歟』，均可通。
〔三〇〇〕『煞』，乙、戊本同，庚本作『殺』，『煞』有『殺』義；『公』，戊、庚本同，乙本脱。
〔三〇一〕『桓』，戊、庚本同，乙本作『恒』，誤。
〔三〇二〕『帥』，庚本同，乙本作『率』，戊本作『師』，誤。
〔三〇三〕『下』，庚本同，乙、戊本作『下也』。
〔三〇四〕『謂』，乙、戊本同，庚本作『爲』，『爲』爲『謂』之借字。
〔三〇五〕『馬曰』，乙、庚本同，戊本無。
〔三〇六〕『無』，乙、庚本同，戊本脱。
〔三〇七〕『狄』，乙、庚本同，戊本作『秋』，誤。
〔三〇八〕『若』，據乙、戊、庚本補；『匹』，庚本同，乙、戊本作『疋』，均可通；『爲』，乙、庚本同，戊本作『謂』，『謂』爲『爲』之借字；『也』，戊、庚本同，乙本無。
〔三〇九〕『經』，乙、庚本同，戊本作『徑』，誤；『也』，戊、庚本同，乙本無。
〔三一〇〕『自』，乙、戊、庚本無，據文義係衍文，當删；『經』，乙、庚本同，戊本無。
〔三一一〕『經』，乙、庚本同，戊本無；『也』，乙、庚本同，戊本無。

〔三一二〕『召』，乙、庚本同，戊本作『邵』。
〔三一三〕『正』，戊、庚本同，乙本無。
〔三一四〕『也』，乙、戊、庚本無。
〔三一五〕『死』，戊本同，乙本作『事』，庚本作『死事』。
〔三一六〕『厚』，戊、庚本同，乙本作『後』，『後』爲『厚』之借字。
〔三一七〕『之』，乙、庚本同，戊本脱。
〔三一八〕『召』，乙、庚本同，戊本作『邵』；『死』，庚本同，乙、戊本作『死也』。
〔三一九〕『孔曰』，乙、庚本同，戊本無。
〔三二〇〕『薦』，庚本同，底本及乙、戊本原作『廌』，係『薦』之省旁俗字；『之』，戊、庚本同，乙本作『文』，誤。
〔三二一〕『在』，乙、庚本同，戊本無；『朝』，乙、庚本同，戊本作『朝也』。
〔三二二〕『文』，乙本作『問』，當作『聞』，據戊、庚本改，『文』『問』均爲『聞』之借字。
〔三二三〕『言』，戊本亦脱，據乙、庚本補；『此』，乙、戊、庚本作『是』。
〔三二四〕『文』，庚本同，乙、戊本作『文也』。
〔三二五〕『曰』，乙本同，戊本作『謂』，庚本作『言』，《敦煌經部文獻合集》認爲『曰』字誤；『靈』，乙、庚本同，戊本作『虚』，但因寫本中『靈』『虚』形近易混，故可視作『靈』；『道』，乙、戊、庚本作『道也』。
〔三二六〕『奚』，乙、庚本同，戊本作『矣』，誤。
〔三二七〕『任』，乙、庚本同，戊本作『狂』，誤；『者』，乙、庚本同，戊本作『用者』；『得』，當作『當』，據乙、戊、庚本改。
〔三二八〕『當』，乙、庚本同，戊本作『當喪』；『止』，當作『亡』，據乙、戊、庚本改。此句後乙本有『乎』字，戊本有『也』字。

〔三二九〕『其』，乙、戊本同，庚本無。

〔三三〇〕『其』，戊、庚本同，乙本無。

〔三三一〕『實』，據乙、戊、庚本補。

〔三三二〕『之』，戊、庚本同，乙本作『之也』；『難』，乙、庚本同，戊本作『難成也』。

〔三三三〕『弑』，庚本同，乙本作『煞』，戊本作『殺』，『煞』有『殺』義、『殺』有『弑』義；『簡』，乙、庚本同，戊本作『籣』，誤。

〔三三四〕『沐』，乙、庚本同，戊本作『洙』，誤；『浴』，乙、庚本同，戊本作『洛』，誤。

〔三三五〕『弑』，乙、庚本同，戊本作『殺』，『殺』有『弑』義。

〔三三六〕『齊』，乙、戊本同，庚本作『齋』，『齊』有『齋』義。

〔三三七〕『齊』，乙、戊本同，庚本作『齋』，『齊』有『齋』義；『必』，戊、庚本同，乙本作『女』，誤；『沐』，乙、庚本同，戊本作『洙』，誤；『浴』，戊、庚本同，乙本作『浴也』。

〔三三八〕『夫三』，乙、庚本同，戊本作『三夫』，誤；『者』，乙、戊、庚本無。

〔三三九〕『也』，庚本同，乙、戊本無。

〔三四〇〕『告』，戊、庚本同，乙本脱；『夫三』，乙、庚本同，戊本作『三夫』，誤；『子』，戊、庚本同，乙本脱。

〔三四一〕『禮』，戊、庚本同，乙本無。

〔三四二〕『不』，戊、庚本同，戊本作『子』，誤。

〔三四三〕『之』，庚本無，乙本作『告』，戊本作『耳』。

〔三四四〕『之』，乙、庚本同，戊本作『二』，誤。

〔三四五〕『也』，庚本同，乙、戊本無。
〔三四六〕『告』，乙、庚本同，戊本作『吉』，誤。
〔三四七〕戊本注文此句『可』字及下句『故』字因誤作單行大字而羼入經文之中。
〔三四八〕『故』，戊、庚本同，乙本無；『惡』，當作『而』，據乙、戊、庚本改；『止』，據乙、庚本補，戊本作『正』，誤。此句後戊本有『也』字。
〔三四九〕『也』，乙、庚本同，戊本無。
〔三五〇〕『爭』，乙、庚本同，戊本作『静』，均可通。此句後乙本有『也』字。
〔三五一〕『孔曰』，乙、戊、庚本無。
〔三五二〕『古』，庚本同，乙本作『故』，『故』爲『古』之借字，戊本作『右』，但因寫本中『古』『右』形近易混，故可視作『古』。
〔三五三〕『從』，戊本同，當作『徒』，據乙、庚本改。
〔三五四〕『蘧』，乙、庚本同，戊本作『璩』，誤。
〔三五五〕『衛』，乙、庚本同，戊本作『爲』，『爲』爲『衛』之借字；『蘧』，乙、庚本同，戊本作『璩』，誤；『瓊』，戊本作『蘧』，當作『瑗』，據庚本改；『之』，庚本無，當係補白，乙、戊本作『也』。
〔三五六〕乙本止於此句。
〔三五七〕『對』，庚本同，戊本作『子』，誤。
〔三五八〕『也』，庚本同，戊本無。
〔三五九〕『過其』，當作『其過』，據戊、庚本改。
〔三六〇〕『陳』，庚本同，戊本作『陳群』。

〔三六一〕『善之』，戊本無，庚本作『善之也』。
〔三六二〕『人』，庚本同，戊本作『人也』。
〔三六三〕『謀』，庚本同，戊本作『諆』，誤。
〔三六四〕『思』，庚本同，戊本作『思而』。
〔三六五〕『孔曰』，庚本同，戊本無。
〔三六六〕『出』，庚本作『越』，均可通。此句戊本無。
〔三六七〕『子』，庚本同，戊本脱；『之』，戊、庚本作『而』；『也』，戊、庚本無。
〔三六八〕『優』，當作『憂』，據戊、庚本改，『優』爲『憂』之借字。
〔三六九〕『智』，戊本同，庚本作『知』，『知』有『智』義；『惑』，庚本同，戊本作『或』，『或』有『惑』義。
〔三七〇〕『人』，戊、庚本作『人也』。
〔三七一〕『之』，戊、庚本無，據文義係衍文，當刪；『人』，戊本同，庚本作『人也』。
〔三七二〕『其不能』，庚本同，戊本作『己不知人』，誤。
〔三七三〕『不信』，庚本同，戊本脱。
〔三七四〕『反』，庚本同，戊本作『久』，誤。
〔三七五〕『微』，庚本同，戊本脱；『謂』，庚本同，戊本作『爲』，『爲』爲『謂』之借字。
〔三七六〕『與』，庚本同，戊本作『歟』，均可通。
〔三七七〕『苞』，當作『包』，據戊、庚本改，『苞』爲『包』之借字。
〔三七八〕『也』，戊、庚本無。
〔三七九〕『名』，庚本同，戊本作『名也』。

〔三八〇〕『曰』，庚本同，戊本作『對曰』。
〔三八一〕『倿』，庚本同，戊本作『接』，誤。此句後戊、庚本有『也』字。
〔三八二〕『也』，庚本同，戊本無。
〔三八三〕『苞』，當作『包』，據戊、庚本改，『苞』爲『包』之借字。
〔三八四〕『世』，庚本同，戊本作『代』，『代』係避唐太宗諱改。
〔三八五〕『而』，戊本同，庚本無；『德』，戊本同，庚本作『德也』。
〔三八六〕『德』，庚本同，戊本作『得』，『得』爲『德』之借字。
〔三八七〕第二個『報』，戊、庚本無，據文義係衍文，當删；『怨』，庚本同，戊本脱。
〔三八八〕『德』，庚本同，戊本作『報』，誤。
〔三八九〕『因』，當作『恩』，據戊、庚本改；『德』，庚本同，戊本作『德也』。
〔三九〇〕第二個『德』，庚本同，戊本作『得』，『得』爲『德』之借字。
〔三九一〕『莫知子也』，庚本同，戊本作『智』，恐脱文。
〔三九二〕『其』，庚本無，戊本作『而』；『知』，庚本同，戊本作『之』，『之』爲『知』之借字。
〔三九三〕『問』，庚本同，戊本作『問之也』。
〔三九四〕『孔』，庚本同，戊本作『夫』；『用』，庚本同，戊本作『周』，誤；『世』，庚本同，戊本作『代』，『代』係避唐太宗諱改；『而』，據戊、庚本補。
〔三九五〕第一個『不』，戊本同，庚本作『人不』；『人』，庚本同，戊本作『人也』。
〔三九六〕『命』，庚本同，戊本作『命也』。
〔三九七〕『合』，戊本同，庚本作『合其』；『德』，庚本同，戊本作『得』，『得』爲『德』之借字。

〔三九八〕『己』，庚本同，戊本作『己也』。

〔三九九〕『弟』，庚本同，戊本作『第』，但因寫本中『弟』『第』形近易混，故可視作『弟』；『子』，戊本同，庚本作『子也』。

〔四〇〇〕『孔曰』，庚本同，戊本無。

〔四〇一〕『大』，庚本同，戊本作『夫』，誤；『子』，庚本同，戊本脱；『忌』，據戊、庚本補。此句後庚本有『也』字。

〔四〇二〕『告』，庚本同，戊本脱。

〔四〇三〕『恚』，庚本同，戊本作『悉』，誤；『路』，庚本同，戊本作『路也』。底本『路』後有一重文符號，《敦煌經部文獻合集》認爲是抄者誤衍，疑此重文符號與校記〔一九六〕、〔四一九〕處之重文符號一樣，均係補白，應不録。

〔四〇四〕『也』，戊本同，庚本無。

〔四〇五〕『知』，戊、庚本無，據文義係衍文，當删。

〔四〇六〕『鄭』，庚本同，戊本作『鄭玄』。

〔四〇七〕『能』，戊、庚本作『猶能』；『辯』，戊本同，庚本作『辨』，均可通。

〔四〇八〕『肆』，庚本同，戊本作『肆也』。

〔四〇九〕『也』，庚本同，戊本脱；『與』，庚本同，戊本作『歟』，均可通。

〔四一〇〕『將』，據戊、庚本補；『與』，庚本同，戊本作『歟』，均可通。

〔四一一〕『如』，庚本同，戊本作『而』，『而』爲『如』之借字。

〔四一二〕『避』，戊、己本同，庚本作『辟』，『辟』有『避』義；『世』，己、庚本同，戊本作『代』，係避唐太宗諱改。己本始於此句。

〔四一三〕「世」，己、庚本同，戊本作「大」，《敦煌經部文獻合集》認爲「大」爲「代」之借字；「德」，戊本同，己、庚本作「得」，「得」爲「德」之借字；「臣」，己、庚本同，戊本作「臣也」。

〔四一四〕「避」，戊、己本同，庚本作「辟」，「辟」有「避」義。

〔四一五〕「馬」，戊、庚本同，己本作「孔」。

〔四一六〕「而」，當作「適」，據戊、己、庚本改；「治」，己、庚本同，戊本作「理」，「理」係避唐高宗諱改；「邦」，己、庚本同，戊本作「邦也」。

〔四一七〕「避」，戊、己本同，庚本作「辟」，「辟」有「避」義。

〔四一八〕「避」，戊、己本同，庚本作「辟」，「辟」有「避」義。

〔四一九〕「乃」，己、庚本同，戊本作「必」；「去」，庚本同，戊本作「去之」，己本作「去也」。底本「去」後有一重文符號，《敦煌經部文獻合集》疑乃「之」之誤，疑此重文符號係補白，應不録。

〔四二〇〕「者」，己、庚本同，戊本脱。

〔四二一〕「苞」，當作「包」，據戊、己、庚本改，「苞」爲「包」之借字。

〔四二二〕「蕢」，戊、庚本同，己本作「遺」，「遺」爲「蕢」之借字。

〔四二三〕「儀」，己、庚本同，戊本脱。

〔四二四〕「輿」，庚本同，戊、己本作「輿也」。

〔四二五〕「門」，己、庚本同，戊本作「門者」。

〔四二六〕「晨門曰」，己、庚本同，戊本脱。

〔四二七〕「闇」，庚本同，戊、己本作「門」，誤。

〔四二八〕「自」，己、庚本同，戊本脱。

〔四二九〕『曰』，己、庚本同，戊本無。
〔四三〇〕『可』，戊、庚本同，己本作『可也』。
〔四三一〕『苞』，當作『包』，據戊、己、庚本改，『苞』爲『包』之借字。
〔四三二〕『子』，據戊、己、庚本補；『世』，己、庚本同，戊本作『代』，係避唐太宗諱改；『無』，當作『强』，據戊、己、庚本改。
〔四三三〕『蕢』，戊、庚本同，己本作『蕢』，『蕢』爲『蕢』之借字；『者』，據戊、己、庚本補。
〔四三四〕『蕢』，戊、庚本同，己本作『蕢』，『蕢』爲『蕢』之借字。
〔四三五〕『草』，戊、庚本同，己本作『荷草』，按『荷』字據文義係衍文；『也』，己、庚本同，戊本無。
〔四三六〕『哉』，戊、己、庚本無。
〔四三七〕第二個『契』，己、庚本同，戊本脱。
〔四三八〕『哉』，庚本同，戊、己本作『哉鄙哉』。
〔四三九〕『斯已』，己、庚本同，戊本作『如斯』；『而已』，戊、庚本同，己本無。
〔四四〇〕第二個『硜』，戊本同，己、庚本作『硜者』。
〔四四一〕『也』，己本脱，當作『已』，據戊、庚本改。
〔四四二〕『益』，戊、庚本同，己本作『信也』。
〔四四三〕『苞』，當作『包』，據戊、己、庚本改，『苞』爲『包』之借字。
〔四四四〕『褰』，戊、己本同，庚本作『揭』；『衣』，戊本同，己、庚本作『衣也』。
〔四四五〕『世』，庚本同，戊本脱，己本作『代』，係避唐太宗諱改；『行』，戊、庚本同，己本脱。
〔四四六〕『之』，當作『知』，據戊、己、庚本改，『之』爲『知』之借字。

〔四四七〕『也』，戊本同，己、庚本無。

〔四四八〕『不』，戊、庚本同，己本作『能』，誤；『能』，據戊、己、庚本補；『之』，戊、庚本同，己本無；『也』，戊、己本同，庚本無。

〔四四九〕『孔』，戊、庚本同，己本作『馬』。

〔四五〇〕『信』，己、庚本同，戊本作『也』，誤；『也』，庚本同，己本無，戊本作『信』，誤。

〔四五一〕『陰』，戊、庚本同，己本作『陽』，誤。

〔四五二〕『默』，己、庚本同，戊本作『嘿』。

〔四五三〕『古』，己、庚本同，戊本作『右』，但因寫本中『古』『右』二字形近易混，故可視作『古』。

〔四五四〕『己』，己本同，戊、庚本無；『官』，己、庚本同，戊本作『官也』。

〔四五五〕『聽』，戊、己、庚本作『聽於』。

〔四五六〕戊本『官卿』右側行間有朱筆『天』字，疑係對墨筆『天』字之提示。

〔四五七〕『佐』，己、庚本同，戊本作『仕』。

〔四五八〕『民』，戊、庚本同，己本作『仁』，《敦煌經部文獻合集》認爲『仁』爲『人』之借字；『也』，戊、庚本同，己本無。

〔四五九〕『民』，戊、庚本同，己本作『臣』，誤。

〔四六〇〕『使』，戊、庚本同，己本作『使也』。

〔四六一〕『君子』，己、庚本同，戊本作『事君』，誤。

〔四六二〕自此注文『孔曰：「敬其身」』至經文『修己以安人』，戊本脱。

〔四六三〕『而』，當作『如』，據己、庚本改，『而』爲『如』之借字。

〔四六四〕此句後己本又有『曰：脩己以安人』，據文義係衍文。
〔四六五〕『而』，己、庚本同，戊本作『如』，『如』爲『而』之借字。
〔四六六〕『也』，戊、庚本同，己本無。
〔四六七〕『夷』，據戊、己、庚本補。
〔四六八〕『人』，戊、庚本同，己本作『人也』。
〔四六九〕『踞』，己、庚本同，戊本作『居』，『居』爲『踞』之借字。
〔四七〇〕『待』，戊本同，己、庚本作『待也』。
〔四七一〕『子』，己、庚本同，戊本作『子也』。
〔四七二〕『愻』，戊本同，己本作『遜』，庚本作『孫』，均可通；『悌』，戊、己本同，庚本作『弟』，『弟』有『悌』義。
〔四七三〕第一個『賊』，戊、庚本同，己本無；『爲』，戊本同，當作『謂』，據庚本改，『爲』爲『謂』之借字，己本無；『賊害』，戊、庚本同，己本無。
〔四七四〕『杖』，戊、庚本同，己本脱；『叩』，己、庚本同，戊本作『扣』，『扣』爲『叩』之借字。
〔四七五〕『叩』，己、庚本同，戊本作『扣』，『扣』爲『叩』之借字。
〔四七六〕『也』，戊、庚本同，己本無。
〔四七七〕『脛』，戊、庚本同，己本作『脛也』。
〔四七八〕『命』，戊、庚本同，己本作『命者』。
〔四七九〕『黨』，戊本同，己、庚本作『黨之』；『童子』，據戊、己、庚本補。
〔四八〇〕『賓』，己、庚本同，戊本作『賓客』；『入』，庚本同，戊、己本作『入也』。
〔四八一〕『曰』，據殘筆劃及戊、己、庚本補。

〔四八二〕「与」，庚本作「與」，戊、己本作「歟」，均可通。

〔四八三〕「也」，己、庚本同，戊本無。

〔四八四〕「童」，己、庚本同，戊本作「孔曰童」；「隅」，庚本同，戊、己本作「偶」，誤。

〔四八五〕「人」，己、庚本同，戊本脱；「位」，己、庚本同，戊本作「爲」，「爲」爲「位」之借字。

〔四八六〕「與先」，據戊、己、庚本補；「生」，據戊、庚本補，己本作「王」，誤；「並行」，據己、戊、庚本補；「也」，戊本無，據己、庚本補。

〔四八七〕「非求」，據戊、己、庚本補；「也」，庚本同，戊、己本無。

〔四八八〕「成」，己、庚本同，戊本作「成人」；「者」，戊、庚本同，己本無；「也」，己、庚本同，戊本無。

〔四八九〕「苞」，當作「包」，據戊、己、庚本改，「苞」爲「包」之借字。

〔四九〇〕「王」，當作「生」，據戊、己、庚本改。

〔四九一〕「也」，庚本同，己本無，戊本作「者」。

〔四九二〕「行」，據殘筆劃及戊、己、庚本補。

〔四九三〕「不差在後」，據戊、己、庚本補。

〔四九四〕「違」，據己、庚本補，戊本作「爲」，「爲」爲「違」之借字；「禮」，據戊、己、庚本補。

〔四九五〕「欲速成」，據戊、己、庚本補；「人」，據戊、庚本補，己本亦脱；「者」，據戊、己、庚本補。

〔四九六〕「則非求益也」，據戊、己、庚本補。己、庚本止於此句。

〔四九七〕「論」，據殘筆劃及戊本補；「第」，戊本同，底本原作「弟」，按寫本中「第」「弟」形近易混，故可據文義逕釋。戊本尾題下另有一「大」字，應係雜寫。

參考文獻

Descriptive Catalogue of the Chinese Manuscripts from Tunhuang in the British Museum, The Trustees of the British Museum, London 1957, p. 232；《孔孟學報》一九六一年一期，一七二至二一〇頁；《十三經注疏》，北京：中華書局，一九八〇年，二五〇六至二五一六頁；《敦煌寶藏》二五册，臺北：新文豐出版公司，一九八二年，二四〇至二四四頁（圖）；《敦煌寶藏》一二二册，臺北：新文豐出版公司，一九八五年，三七二至三七四頁（圖）；《敦煌寶藏》一二三册，臺北：新文豐出版公司，一九八五年，四四二至四四四頁（圖）；《敦煌寶藏》一二八册，臺北：新文豐出版公司，一九八五年，二四頁（圖）；《敦煌寶藏》一二九册，臺北：新文豐出版公司，一九八五年，二五一至二五二頁（圖）；《敦煌學輯刊》一九八七年一期，三四頁；《中國古代寫本識語集録》，東京大學東洋文化研究所，一九九〇年，四五七頁（録）；《英藏敦煌文獻》四卷，成都：四川人民出版社，一九九一年，二七五至二八〇頁（圖）；《俄藏敦煌文獻》七册，上海古籍出版社，一九九六年，彩頁九、二二四頁（圖）；《敦煌〈論語集解〉校證》，南京：江蘇古籍出版社，一九九八年，五六七至六六二頁（録）；《俄藏敦煌文獻》一四册，上海古籍出版社，二〇〇〇年，六五頁（圖）；《法藏敦煌西域文獻》一六册，上海古籍出版社，二〇〇一年，一八〇至一八二頁（圖）；《法藏敦煌西域文獻》一七册，上海古籍出版社，二〇〇一年，三三六至三三七頁（圖）；《法藏敦煌西域文獻》二三册，上海古籍出版社，二〇〇二年，三四四頁（圖）；《法藏敦煌西域文獻》二六册，上海古籍出版社，二〇〇二年，六九頁（圖）；《新世紀敦煌學論集》，成都：巴蜀書社，二〇〇三年，三三二頁；《二〇〇〇年敦煌學國際學術討論會文集·歷史文化卷》（下），蘭州：甘肅民族出版社，二〇〇三年，三〇三頁；《敦煌吐魯番研究》八卷，北京：中華書局，二〇〇五年，八一頁；《敦煌經籍敘録》，北京：中華書局，三五三至三五五、三六四至三六八頁；《敦煌經部文獻合集》四册，北京：中華書局，二〇〇八年，一七二七至一七六五頁（録）。

斯三〇一一B背　一　乳酪菜茹抄

釋文

官著乳酪菜茹一斗，限今典（？）將。王（？）

説明

此件爲記録乳酪菜茹等物收支的單筆帳目，時人稱爲『抄』。此件後另抄有雇工契、詩格和其他雜寫，這些内容有正書，有倒書，既非一人所抄，亦非一時所抄。

參考文獻

《敦煌寶藏》二五册，臺北：新文豐出版公司，一九八二年，二五〇頁（圖）；《英藏敦煌文獻》四卷，成都：四川人民出版社，一九九一年，二八五頁（圖）。

斯三〇一一B背　二　雜寫（沙州索君使等）

釋文

吴
沙州索君使
沙州敦煌
雜抄
宀
今

參考文獻

《敦煌寶藏》二五册，臺北：新文豐出版公司，一九八二年，二五〇頁（圖）；《英藏敦煌文獻》四卷，成都：四川人民出版社，一九九一年，二八五頁（圖）。

斯三〇一一B背　三　今朝到此寺詩並題名

釋文

今朝到此寺，壁上亭壹字〔一〕。戊寅年十月十七日僧馬永隆撰〔二〕。

説明

此詩又見於Дx四五六八。『馬永隆』名見此卷正面及伯二三二五〇背『龍興寺乾元寺開元寺永安寺金光明寺僦狀』。池田温認爲此『戊寅年』爲五代後梁貞明四年，即公元九一八年（參見《中國古代寫本識語集録》，四五七頁）。

校記

〔一〕『壹』，《敦煌詩集殘卷輯考》釋作『臺』。

〔二〕『隆撰』，此二字書於此句右側。

參考文獻

《敦煌寶藏》二五册，臺北：新文豐出版公司，一九八二年，二五〇頁（圖）；《中國古代寫本識語集録》，東京大學東洋文化研究所，一九九〇年，四五七頁；《英藏敦煌文獻》四卷，成都：四川人民出版社，一九九一年，二八五頁（圖）；《敦煌詩集殘卷輯考》，北京：中華書局，二〇〇〇年，八七五頁。

斯三〇一一B背　四　雜寫

釋文

九　　　　之文

要　　九　　九

説明

以上第一行位於上件『今朝到此寺詩並題名』與下件『書儀抄（與表弟書）』之間。第二行位於『書儀抄（與表弟書）』首行與次行之間。

參考文獻

《敦煌寶藏》二五册，臺北：新文豐出版公司，一九八二年，二五〇頁（圖）；《英藏敦煌文獻》四卷，成都：四川人民出版社，一九九一年，二八四頁（圖）。

斯三〇一一B背　五　書儀抄（與表弟書）

釋文

不見顔貌，已經多時。望兄語而根（恨）隔千山〔一〕，向弟遥逞（程）萬里〔二〕。季夏極〔熱〕〔三〕，伏惟表弟尊體起居萬福，即潤（？）乃□，顧咸蒙恩。伏惟順時，倍加保重，遠誠所所望〔四〕。

説明

此件爲書儀抄，其内容是『與表弟書』。

校記

〔一〕『根』，當作『恨』，據文義改，『根』爲『恨』之借字。

〔二〕『弟』，底本似『第』，因二字形近，在手書中易混，故可據文義判定其歸屬，此逕釋作『弟』，以下同，不另出校；『逞』，當作『程』，據文義改，『逞』爲『程』之借字。

〔三〕『熱』，據伯三三七五《十二相辯文》補。

〔四〕第二個『所』，據文義係衍文，當删。

參考文獻

《敦煌寶藏》二五册，臺北：新文豐出版公司，一九八二年，二五〇頁（圖）；《英藏敦煌文獻》四卷，成都：四川人民出版社，一九九一年，二八四頁（圖）。

斯三〇一一B背　六　雜寫

釋文

麨

付與

參考文獻

《敦煌寶藏》二五册，臺北：新文豐出版公司，一九八二年，二四九頁（圖）；《英藏敦煌文獻》四卷，成都：四川人民出版社，一九九一年，二八四頁（圖）。

斯三〇一一B背　七　粟豆抄

釋文

茭子每一斗，粟豆（？）一升（？）（押）。

參考文獻

《敦煌寶藏》二五册，臺北：新文豐出版公司，一九八二年，二四九頁（圖）；《英藏敦煌文獻》四卷，成都：四川人民出版社，一九九一年，二八四頁（圖）。

斯三〇一一B背　八　雜寫

釋文

之見

其

其官而之此則知斤一言如成　三十如慕

社司　轉帖有

廿勑

道

說明

以上內容爲時人隨手所寫，其中『之見』係倒書。

參考文獻

《敦煌寶藏》二五册，臺北：新文豐出版公司，一九八二年，二四八至二四九頁（圖）；《英藏敦煌文獻》四卷，成都：四川人民出版社，一九九一年，二八三至二八四頁（圖）。

斯三〇一一B背　九　場地兩畝半

釋文

場（?）地二畝半

舍西一段，東西八十四步。南北六十七。又一（?）段（?）二十東西八十一〔一〕。又□□一畦，東西二十六，南北二十四。舍東（?）地〔一〕段〔二〕，東西四十四，南北五十九。兩畦□河地東田一片，東西二十一，南北三十一。舍東道邊地一段，東西四十二，南北五十三。東南兩畦，東西二十七，南北三〔十〕四〔三〕。道西（?）園，西地（?）一段，東西一百一十七，南北五十一。又南邊地一片子，南北一十八，東西二十七。姚家舍西大地一畦，東西五十二，南北四十八。又曲（渠）子南北二十九〔四〕，東西九十六（?）。河西地一段，東西七十八，南北五十三。又西邊并南渠子北地，東西四十三，南北三十六。又渠子南地東頭，東西二十七，南〔北〕一十五〔五〕，北邊地兩畦，南北四十三，東西三十。又渠河大地，東西五十三，南北六十。道南園，東西二十一。道北舍後岸上地，東〔西〕二十二〔六〕。舍東園，南北二十二。舍南園子，東西一十八。

説明

此件内容爲兩畝半地的方位和四至，用途不詳。

校記

〔一〕『東西』，據殘筆劃及文義補。

〔二〕『一』，據文義補。

〔三〕『十』，據文義補。

〔四〕『曲』，當作『渠』，據文義改，『曲』爲『渠』之借字。

〔五〕『北』，據文義補。

〔六〕『西』，據文義補。

參考文獻

《敦煌寶藏》二五册，臺北：新文豐出版公司，一九八二年，二四八頁（圖）；《英藏敦煌文獻》四卷，成都：四川人民出版社，一九九一年，二八三頁（圖）。

斯三〇一一B背　一〇　雜寫

釋文

南無東方不可思
府府君之相貌真

説明

此件係倒書。

參考文獻

《敦煌寶藏》二五册，臺北：新文豐出版公司，一九八二年，二四七頁（圖）；《英藏敦煌文獻》四卷，成都：四川人民出版社，一九九一年，二八三頁（圖）。

斯三〇一一B背　一一　昔聞先代古人名詩

釋文

昔聞先代古人名，本住南方號并（丙）丁[一]。東有孟津深萬仗（丈）[二]，西連御水碧金金。瓮中常浮澄澄水，池裹無枝湛湛清。報道伺門勞（牢）把捉[三]，莫交（教）知己到門庭[四]。

説明

此件係倒書。

校記

〔一〕『并』，當作『丙』，據文義改，『并』爲『丙』之借字。
〔二〕『仗』，當作『丈』，據文義改，『仗』爲『丈』之借字。
〔三〕『勞』，當作『牢』，據文義改，『勞』爲『牢』之借字。
〔四〕『交』，當作『教』，據文義改，『交』爲『教』之借字。

參考文獻

《敦煌寶藏》二五册，臺北：新文豐出版公司，一九八二年，二四七頁（圖）；《英藏敦煌文獻》四卷，成都：四川人民出版社，一九九一年，二八三頁（圖）。

斯三〇一一B背　一二　雜寫

釋文

榆樹　□令　無語分書一道　竊

説明

『無語分書一道竊』係倒書。

參考文獻

《敦煌寶藏》二五册，臺北：新文豐出版公司，一九八二年，二四七頁（圖）；《英藏敦煌文獻》四卷，成都：四川人民出版社，一九九一年，二八三頁（圖）。

斯三〇一一B背　一三　辛酉年（公元九六一年）十二月神沙鄉百姓李繼昌雇工契抄

釋文

辛酉年十二月十五日立契。〔神〕沙鄉百姓（姓）李繼昌〔一〕，伏緣家内闕乏人力，遂雇慈惠鄉百姓（姓）吴再通男住兒〔二〕，造作一年，斷作月價，每月麥粟衆亭一馱〔三〕。見與春三個月價，更殘六個月價，到秋填還〔四〕。

説明

此件係倒書。據下件『張吉昌身亡轉帖抄』，此辛酉年應爲公元九六一年，沙知認爲此篇的性質爲習字（參見《敦煌契約文書輯校》，二七八頁）。

校記

〔一〕『神』，《敦煌社會經濟文獻真蹟釋録》據文義校補；『性』，當作『姓』，《中國歷代契約會編考釋》據文義校改，

《敦煌社會經濟文獻真蹟釋録》《敦煌契約文書輯校》逕釋作『姓』，『性』爲『姓』之借字。

〔二〕『性』，當作『姓』，《中國歷代契約會編考釋》據文義校改，《敦煌社會經濟文獻真蹟釋録》《敦煌契約文書輯校》逕釋作『姓』，『性』爲『姓』之借字。

〔三〕『衆』，《敦煌契約文書輯校》校改作『中』。

〔四〕『到』，《中國歷代契約會編考釋》《敦煌契約文書輯校》漏録；『秋』，《中國歷代契約會編考釋》《敦煌契約文書輯校》釋作『秋□』，誤；『填』，《敦煌社會經濟文獻真蹟釋録》釋作『後』，誤。

參考文獻

《敦煌資料》一輯，北京：中華書局，一九六一年，三四八頁（録）；《敦煌寶藏》二五册，臺北：新文豐出版公司，一九八二年，二四六至二四七頁（圖）；《隋唐五代經濟史料彙編校注》一編下，北京：中華書局，一九八七年，六八九頁（録）；《敦煌社會經濟文獻真蹟釋録》二輯，北京：全國圖書館文獻縮微複製中心，一九九〇年，五七頁（録）；《英藏敦煌文獻》四卷，成都：四川人民出版社，一九九一年，二八三頁（圖）；《中國歷代契約會編考釋》（上），北京：北京大學出版社，一九九五年，六五三頁（録）；《敦煌契約文書輯校》，南京：江蘇古籍出版社，一九九八年，二七八頁（録）。

斯三〇一一B背　一四　雜寫（張吉昌身亡轉帖等）

釋文

社司　轉

雲

金（今）朝到此寺[一]，壁上亭壹字[二]。

社司　轉帖

　右緣張吉昌身亡，唯（準）例合有贈送[三]，人各餠卅翻。

之之

之　雲　雨

此是

八

說明

以上文字爲時人隨手所書，社司轉帖中之『張吉昌』又見於斯五六三二『丁卯年（公元九六七年）二月八日張憨兒母亡轉帖』，如果這兩個張吉昌爲同一人，此件當抄於公元九七六年後（參看《敦煌寫本社邑文書年代彙考（一）》，《首都師範大學學報》一九九三年四期，三七頁）。

校記

〔一〕『金』，當作『今』，據此卷第三件『今朝到此寺詩』改。

〔二〕『上亭壹字』，據殘筆劃及此卷第三件『今朝到此寺詩』補。

〔三〕『唯』，當作『準』，據文義改，《敦煌社邑文書輯校》逕釋作『準』。

參考文獻

《敦煌寶藏》二五册，臺北：新文豐出版公司，一九八二年，二四六至二四七頁（圖）；*Tun Huang And Turfan Documents Concerning Social And Economic History*（IV），東京：東洋文庫，一九八九年，六〇頁；《首都師範大學學報》一九九三年四期，三七頁；《英藏敦煌文獻》四卷，成都：四川人民出版社，一九九一年，二八二頁（圖）；《敦煌社邑文書輯校》，南京：江蘇古籍出版社，一九九七年，一〇五至一〇六頁（録）。

斯三〇一四　大乘無量壽經題記

釋文

李弁子。

説明

此件《英藏敦煌文獻》未收，現予增收。

參考文獻

Descriptive Catalogue of the Chinese Manuscripts from Tunhuang in the British Museum, The Trustees of the British Museum, London 1957, p. 146（録）；《敦煌寶藏》二五册，臺北：新文豐出版公司，一九八二年，二六五頁（圖）；《敦煌學要籥》，臺北：新文豐出版公司，一九八二年，一二七頁（録）；《敦煌遺書總目索引》，北京：中華書局，一九八三年，一七一頁（録）；《中國古代寫本識語集録》，東京大學東洋文化研究所，一九九〇年，三九〇頁（録）；《敦煌遺書總目索引新編》，北京：中華書局，二〇〇〇年，九二頁（録）。

斯三〇一六　太上元陽經卷第十

釋文

（前缺）

明朗惟進〔一〕，三界智慧〔二〕，威德□善念〔三〕，諸仙法海，窮深極□勝敬怒，聖人承無，人雄□功勳廣大〔四〕，智慧深妙〔五〕，光明威□道，齊仙法王，過度衆生生死，靡不解脱〔六〕。布施調意，我思惟精進，如是三界，智慧爲上。五（吾）誓得仙道〔七〕，普行此願，一切恐懼，爲作大安。假令有骨〔八〕，百千億萬，無量大聖，數如河沙，養育一切。斯等諸尊，不如求道〔九〕，堅心正意，譬如河沙，諸仙世界，復不可計，無數道士，光明悉照，遍此諸國。如是惟進，威神難量，令我作仙，國土第一。其衆奇妙，道場起（超）絶〔一〇〕，國如琉璃，而無等雙。我當哀愍，度脱一切。十方來生，心悦清淨。已到我國，快樂安隱。達仙信明，是我真證。發願於彼，力精所欲。十方世界，智慧無閡。常令此尊，知我心行。假令身止，諸苦毒中。我行惟進思，終不悔也。

元陽仙公告弟子等：无（天）下九十六種道[一一]，無極最尊；九十六種法，神仙最真；九十六種弟子，赤松子最上。所以者何？吾從十二萬劫以來，發願誠諦，願令積德，誓爲衆生開導。無男無女，頭面血肉，以用布施，無戀愛之心。有若虚空，無所不覆，六度四等，衆善備德。惠城仙品神通[一二]，遨遊飛行世界，天上天下天中。我尊相好無比，去來見在，無不照然朗達，三界尊仙，諸天不及。我言信重，震動天地。其有衆生，發一敬心，向元陽仙庭者，勝獲大千世界珍奇好寶。説卅七品十二部仙經，分别罪福，言皆至誠，開三明六通之教。若得奉聞者，歡喜樂欲出世，信我行法，志尚清高。衆仙之中，有四雙八輩十二賢士，捨世貪靜，道世開福，天人路通，衆仙之由矣，甚爲最尊無上之道。諸仙弟子，緣此天亭，應真皆從中出，教化一切，度脱群生。我説是時，天帝衆仙，一切衆會，皆發無上正真大道，不可稱計。時天人等得法，徹眼皆見元陽仙宫，諸城聚落人民，都市國王臣民，香林世界，諸七寶樹下，坐高廣坐，妙不可稱計，猶如靈端華也。

栴檀香樹、琉璃妙香樹、七寶樹、金樹、銀樹、琉璃樹、頗梨樹、珊瑚樹、馬瑙樹、車渠樹，金樹銀葉華果、銀樹金葉華果、珊瑚樹馬瑙爲葉華果[一三]、馬瑙樹琉璃爲葉華果、車渠樹衆果爲葉華果也。

有七寶樹，紫金爲本，白銀爲莖，琉璃爲枝，水精爲條，珊瑚爲葉，馬瑙爲華，車渠爲實。

或爲（有）寶樹[一四]，白銀爲本，琉璃爲莖，水精爲枝，珊瑚爲條，馬瑙爲葉，車渠爲華，紫金爲實。

或有寶樹，琉璃爲本，水精爲莖，珊瑚爲枝，馬瑙爲條，車渠爲葉，紫金爲華，白銀爲實。

或有寶樹，水精爲本，珊瑚爲莖，馬瑙爲枝，車渠爲條，紫金爲葉，白銀爲華，琉璃爲實。

或有寶樹，琉璃爲本，馬瑙爲莖，車渠爲枝，紫金爲條，白銀爲葉，珊瑚爲華，水精爲實。

或有寶樹，馬瑙爲本，車渠爲莖，紫金爲枝，白銀爲條，琉璃爲葉，水精爲華，珊瑚爲實。

或有寶樹，車渠爲本，紫金爲莖，白銀爲枝，琉璃爲條，水精爲葉，珊瑚爲華，馬瑙爲實。

行行相對，莖莖相望，枝枝相準，葉葉相向，華華相順，實實相當，榮色光曜，不可稱視。清風時發，出五種音聲，微妙宫商，自然相和。天人普集，坐千樹下，廣坐高妙。樹高四百萬丈，其本周圍五千餘尺，枝葉四布卌七里。一切衆寶，自然合成。以月光摩尼持海輪寶，衆妙之仙而莊嚴之。周匝條間，垂寶瓔珞，百千萬色，種種異變，八十萬光明，照曜無極太上。無數彌妙寶縵，羅覆其上，一切莊嚴，隨應而見。微風條動，吹諸枝葉，演出十二萬億妙法音聲，其聲流遍諸仙世界〔國〕土[一五]。其間人民，聞其音者，得染法慧，住不退轉心，至成仙品，不遭苦患。目睹其色[一六]，鼻知其香，口甘其味，身觸其光，心以法〔緣〕[一七]，皆得甚深法品，太上上清玄道，氣（六）六（氣）相徹[一八]，都無所煩惱。若彼國天人見樹者，皆當往生妙樂世界，成我元陽第三弟子。一者〔名〕音雲王真人[一九]，二者名柔順王真人，三者名無上生法法忍真人，此皆元陽壽真弟子。威神力故，本願力故，滿足願故，明了願故，堅固願故，究竟願故。

元陽仙師告諸弟子：世間帝王有百千音樂，自我宮商乃至第六天上，伎樂音聲展轉，勝千億萬倍，不如我許。假使第六天上，萬種樂音，不如我界衆仙上品。吾有無量七寶樹一種，音聲千種，億萬億（倍）勝於下方[二〇]。第六天宮亦有自然萬種伎樂，有（又）其樂聲[二一]，無非法音，清揚和雅，其音哀亮，十方世界，音聲之中，仙品最上，妙樂第一。有種種講堂、淨室、宮殿、樓觀、仙臺，皆以七寶莊嚴，自然化成，復以真珠、明月摩尼衆寶，以〔爲〕交露[二二]，覆蓋其上。内外左右，諸香浴池，或十由旬，廿卅乃至百千由旬[二三]，縱廣深淺卅萬丈，直東南流八十六百萬億。諸所經歷衆仙界土，功德之水，湛然盈滿，清淨香潔，味如甘露。黄金池者，底有白銀沙；白銀池者，底有黄金沙；水精池者，底有琉璃沙；琉璃池者，底有水精沙；珊瑚池者，底有虎碧沙[二四]；虎碧池者[二五]，底有珊瑚沙；車渠池者，底有馬瑙沙；馬瑙池者〔二六〕，底有紫金沙；紫金池者，底有白玉沙。或有二寶三寶，乃至七寶，轉共合成。其池岸上有旃檀樹〔二七〕，華葉垂布，香氣普勳（薰）〔二八〕。天仙妙香、葉林曇雲日香、未吒甘香、紫珠薰香等，雜色光茂，彌覆水上。彼諸仙人，乃（及）大仙都伯〔二九〕，清信男女等，若入寶池，彼意欲令水没足，水即没足；欲令至膝，水即至膝；欲令至腰，水即至腰；欲令至項，水即至項；欲令灌身，自然灌身；欲令還復，水輒還復。調和冷暖，自然隨意。開神仙歷悦體〔三〇〕，蕩除穢汙，漱洗垢膩，去清明涕澄漢（汗）淨〔三一〕。若無人頂，視之無形，寶眇映徹，無深不照。微蘭（瀾）迴流〔三二〕，轉相還住（注）〔三三〕，安詳除（徐）折（逝）〔三四〕，不遲不務不疾。波揚無量，自然妙聲，隨〔其〕所應〔三五〕，莫不聞者。或〔聞〕仙人妙聲歌欲〔三六〕，或聞赤松子法聲清淨，或聞男女歌聲俗嚮〔三七〕，或爲〔清〕淨玄中之音〔三八〕，空無我聲。我有大慈悲想，聲振大千世界，下至卌八地獄，上至大竟太清無極天宫。或十方世雄（界）無畏天下不共法聲〔三九〕、諸通慧聲、無所〔作〕聲〔四〇〕、不起滅聲、無生忍聲，乃至甘露灌頂衆妙法聲，如是等聲，稱其所聞者，輒得歡喜無際。隨順清淨離欲，寂滅無言，真實之義。隨順元陽仙亭，力無所畏，不共之法，元陽爲師。隨順通慧所行之道，無有三塗苦難之名，但有自然快樂之音。是故元陽仙境，名曰最勝安樂。諸仙神人，百千萬億，皆當往生妙樂世界，具足三明，學道六通。如是清淨色身，諸妙音聲，神通功德。所處宫殿、衣盈（服）〔四一〕、飲食、衆妙華香莊嚴之具，猶第六天自然之物。若欲食時，七寶槃器，自然在前，諸仙玉女，雲隤送觴。金銀、琉璃、車渠、馬瑙、珊瑚、虎珀、明月真珠，如是諸器，隨意而至。百味飲食，自然盈足。雖有此食，實無食者。但見色女，行香供養，神以爲食，自然飽滿，身心柔濡，無所味著。事以（已）化去[四二]，時至復現。元陽國土，清淨安隱，微妙快樂，次於無爲長樂我淨神通之道。其靈壇廣衆仙宅，諸天仙人，智慧高明，神通洞達。大同一類，形無異狀，但因順餘方，故有天人之〔名〕[四三]，類（顔）狠（貌）端正[四四]，超世希有，容色微妙，非天〔非〕人[四五]，皆受自然虛空之身、無極之體，與道氣合成天地也。

太上元陽經卷第十

説明

此件首缺尾全，起「明朗　惟進」，尾題「太上元陽經卷第十」。《太上元陽經》約出於南北朝，撰人、卷數不詳。此件存一百三十三行，其内容襲取《佛説無量壽經》卷上，與《正統道藏》所收之《太上元陽經》卷十截然不同（王卡《敦煌道教文獻研究：綜述·目録·索引》，一一七頁），《中華道藏》有釋文。

此件中之「虎」「愍」「世」「民」字缺筆，應係唐代抄本。

校記

〔一〕『明朗』，據殘筆劃及文義補；『惟』，據殘筆劃及文義補，《中華道藏》釋作『精』，誤。
〔二〕『慧』，據殘筆劃及文義補。
〔三〕『威』，據殘筆劃及《佛説無量壽經》補；『德』，據殘筆劃及《佛説無量壽經》補，《中華道藏》釋作『神』；『善』，《中華道藏》釋作『喜』，誤。
〔四〕『功勳』，據殘筆劃及《佛説無量壽經》補。
〔五〕『深』，《中華道藏》釋作『神』，誤。
〔六〕『不』，據殘筆劃及《佛説無量壽經》補。
〔七〕『五』，當作『吾』，據《佛説無量壽經》改。
〔八〕『骨』，疑當作『尊』或『仙』。
〔九〕『如』，《中華道藏》釋作『知』，誤。
〔一〇〕『起』，當作『超』，《中華道藏》據文義校改。
〔一一〕『无』，當作『天』，《中華道藏》據文義校改。
〔一二〕『惠』，《中華道藏》疑當作『慧』，按『惠』通『慧』。
〔一三〕『馬』，《中華道藏》釋作『瑪』，雖義可通而字誤。
〔一四〕『爲』，當作『有』，《中華道藏》據文義校改。
〔一五〕『國』，《中華道藏》據文義校補。
〔一六〕『睹』，《中華道藏》釋作『霔』，誤。
〔一七〕『心』，《中華道藏》校補作『心覺』；『緣』，據《佛説無量壽經》補。

〔一八〕『氣六』，當作『六氣』，《中華道藏》據文義校改。
〔一九〕『名』，《中華道藏》據文義校補。
〔二〇〕第二個『億』，當作『倍』，《中華道藏》據文義校改。
〔二一〕『有』，當作『又』，據《佛説無量壽經》改。
〔二二〕『爲』，據《佛説無量壽經》補。
〔二三〕『卅』，《中華道藏》校補作『卅由旬』。
〔二四〕『碧』，疑當作『珀』。
〔二五〕『碧』，疑當作『珀』。
〔二六〕『馬』，《中華道藏》釋作『瑪』，雖義可通而字誤。
〔二七〕『旃』，《中華道藏》釋作『栴』，誤。
〔二八〕『勳』，當作『薰』，《中華道藏》據文義校改，『勳』爲『薰』之借字。
〔二九〕『乃』，當作『及』，據文義改。
〔三〇〕『仙歷』，《中華道藏》認爲係衍文。
〔三一〕『漢』，當作『汗』，據文義改，『漢』爲『汗』之借字。《中華道藏》認爲此句與下句文字有訛誤，疑當作『清明潔澄，淨若無人』。
〔三二〕『蘭』，當作『瀾』，據《佛説無量壽經》改，『蘭』爲『瀾』之借字，《中華道藏》逕釋作『瀾』。
〔三三〕『住』，當作『注』，據《佛説無量壽經》改，『住』爲『注』之借字。
〔三四〕『除折』，當作『徐逝』，據《佛説無量壽經》改。《中華道藏》認爲此句與下句文字有訛誤，疑當作『安詳徐折，不遲不疾』。

〔三五〕『隨』，《中華道藏》校補作『聲隨』；『其』，據《佛説無量壽經》補。

〔三六〕『聞』，《中華道藏》據文義校補；『歌』，《中華道藏》疑當作『所』。

〔三七〕『嚮』，通『響』，《中華道藏》逕釋作『響』。

〔三八〕『清』，《中華道藏》據文義校補。

〔三九〕『雄』，《中華道藏》釋作『唯』，誤，當作『界』，《中華道藏》據文義校改。

〔四〇〕『作』，據《佛説無量壽經》補，《中華道藏》校補作『畏』。

〔四一〕『盈』，當作『服』，據《佛説無量壽經》改。

〔四二〕『以』，當作『已』，據《佛説無量壽經》改。

〔四三〕『名』，據《佛説無量壽經》補。

〔四四〕『類』，當作『顔』，據《佛説無量壽經》改，《中華道藏》斷於上句；『狠』，當作『貌』，據《佛説無量壽經》改，《中華道藏》逕釋作『貌』，校補作『形貌』。

〔四五〕第一個『非』，《中華道藏》校補作『非常』；第二個『非』，據《佛説無量壽經》補。

參考文獻

《敦煌道經·圖録編》二，東京：福武書店，一九七九年，一八五至一八九頁（圖）；《敦煌道經·目録編》三，東京：福武書店，一九七九年，一〇二至一〇三頁；《敦煌寶藏》二五册，臺北：新文豐出版公司，一九八二年，二六九至二七二頁（圖）；《英藏敦煌文獻》四卷，成都：四川人民出版社，一九九一年，二八五至二八八頁（圖）；《中華道藏》四册，北京：華夏出版社，二〇〇四年，七四三頁至七四六（録）；《敦煌道教文獻研究：綜述·目録·索引》，北京：中國社會科學出版社，二〇〇四年，一一七頁；《敦煌道經與中古道教》，蘭州：甘肅教育出版社，二〇一三年，二九一至三〇七。

斯三〇一六背　心海集（迷執篇、解悟篇、勤苦篇、至道篇、菩提篇）

釋文

心海集迷執篇

迷子念佛聲切哀，勤苦長齋讚善哉。方（萬）惡絲毫不肯改〔一〕，憑賢求禮覓菩提。

迷子持戒捨娑婆，求生極樂念彌陀。持戒生天受福盡，還沈苦海入泥渦。

迷子精勤轉毗尼，不解調伏欲貪癡。精勤報盡還沈没，漂流苦海更寃（怨）誰〔二〕。

迷子勤苦不辭疲，披尋聖教念牟尼。雖知虔誠求至道，不肯捨斷惡貪癡。

迷子怕罪禮牟尼，坐禪貪福不辭疲。倚恃精勤求道果〔三〕，輕欺含識長貪癡。

迷子常學脩禪戒，晝夜披尋聖教文。勤苦虔誠求至道，自心不肯斷貪嗔。

迷子念誦貪功德，晝夜求佛覓福田。不知貪求心是罪，當來還變作飢寒。

心海集解悟篇

解悟成佛易易哥〔四〕，不勞恃（持）誦外求他〔五〕。若能揚簸貪瞋卻〔六〕，高昇彼岸出泥河。

解悟成佛易易哥，輕賤自身貴重他。恭敬一切常行是，諮陳含識捨娑婆〔七〕。
解悟成佛易易哥，無爲無諍任從他。調心行是常爲好，見聞歡喜若彌陀。
解悟成佛易易哥，不行寸步出娑婆。觀身自見心中佛，明知極樂没彌陀。
解悟成佛易易哥，是心是佛没彌陀。是心作佛無別佛，明知極樂是娑婆。
解悟成佛易易哥，不勞辛苦漫多羅。銷鎔煩惱爲船筏，還將運渡死生河〔八〕。
解悟成佛易易哥，不忻極樂厭娑婆。一念無依百種足，何須淨土覓彌陀。
解悟成佛易易哥，調心理念語温和。出言中然皆合道，見聞迴向順伏他。
解悟成佛易易哥，雕鏤貪瞋作釋伽。莊嚴一切周圓足，見聞歸命受教訶。
解悟成佛絶不難，安心無處離中邊。了見涅槃生死際，似有實無若水天。
解悟成佛絶不難，獨行物外履無端。無端無依無處所，無處所故久長安。
解悟成佛絶不難，無爲無作履清閑。清閑無伴無儔侶，獨居物外自盤跚。
解悟成佛絶不難，刊（利）他濟物不求安〔九〕。運渡衆生若不盡〔一〇〕，誓不取證入泥洹。
解悟成佛絶不難，調練身心出世間。蠲除想念攀緣盡，如空獨秀迴依然。
解悟成佛絶不難，幻生妄死若雲煙。五蘊皆空含識盡，遣誰修證出籠纏。
解悟成佛絶不難，本無修證出籠纏。迷妄衆生不了幻，假説文字誠修禪。
解悟成佛祇到（道）易〔一一〕，捨財弁（棄）色辭名利〔一二〕。簡卻三毒我人心，行用慈悲一切智。

解悟成佛衹到（道）易，觀心無處無依止[一三]。清淨猶若太虛空，不關涅槃生死事。

解悟成佛衹到（道）易，無我無人無彼此。運渡他人若自身，直至菩提極果地。

解悟成佛衹到（道）易，想念不行出生死。得出生死不求佛[一四]，彼既丈夫我亦爾。

解悟成佛衹到（道）易，無想無念無生死。無生死故不求佛，兩貴相逢不相事。

解悟成佛非別物，本是含識下愚之（知）[一五]。鐫磨教訓調伏得，翻爲三界指南師。

解悟成佛非別巧，調伏貪瞋練煩惱。教詔將作出塵仁（人）[一六]，運渡含靈即是道。

解悟成佛奇省要，訓誨萬惡教爲好。迴融憍倨作虔恭，諮諫有情行正道。

解悟成佛出塵身，寶惜慳貪不與人。鐫雕將作慈悲主，運渡含識作梁津[一七]。

解悟成佛證理人，貴重貪瞋輕賤身。剜剖鐫磨煩惱樸（璞）[一八]，以爲三界出塵尊。

解悟成佛可笑人，佯憨似騃没貪嗔。隨類現形相拯濟[一九]，還如運度自家身。

解悟成佛下弱人，恭勤敬愛以爲身。儜軟同伴嫌拋卻[二〇]，無侶孤行出俗塵。

解悟成佛縱橫説，辯答無端意義深。迷子少聞雖不會，還稱廣見悟人心。

解悟成佛行蹤少，迷子邪途腳跡多。道深智淺人難會，譏嫌信謗任從他。

解悟成佛説精微，言深會者實稀奇。迷子見聞皆不解，無個不怪競生疑。

解悟成佛猶若道，萬類踏行不顧看。貴極不識人輕賤，擎將惡用博泥團[二一]。

解悟成佛隨時語，不失軌儀合尺度。迷子遥聞不許可，悟者尋讀相敬遇。
解悟成佛百種道，辯説無端合正教。悟者遥聞相讚美，迷子披尋返（反）嗤笑〔二二〕。
解悟成佛離言名，研心契理合圓成。迷子尋文自不悟〔二三〕，嗔他證者椀鳴聲。
解悟成佛不異人，祇是無我没貪瞋。居止有情含識裏〔二四〕，隨類同塵不染塵。
解悟成佛實是仁，憂濟含〔識〕若己身〔二五〕。運度有情三界苦，誓盡方自出籠塵。
解悟成佛出三界，還來六道作橋津。運渡愛何（河）含識盡〔二六〕，不辭功畢若灰塵。
解悟成佛三界師，分身百億引無知。隨類現形相運渡，衆生界盡不辭疲。
解悟成佛無處所，隨形萬類作人師。訓誨有情煩惱盡，還如自性涅槃時。
解悟成佛無處所，應現含識想思心。運渡有情功行畢，如火薪盡没根尋。
解悟成佛無處所，猶若鍾聲杵擊鳴〔二七〕。鳴聲不居鍾杵裏，貫窮終始自别行。
解悟成佛無處所，如響隨聲唤應人。計合捧戴擎持得，良由尊極没心身〔二八〕。
解悟成佛無處所，猶如水月現波中。圓明皎潔無依據〔二九〕，今吉（古）常恒貫始終〔三〇〕。
解悟成佛無處所，猶如波月水中明。内外尋求漉不得，無方無所逐人行。
解悟成佛無處所，猶如水月響中聲。眼見耳聞取不得，爲是三界物精靈。
解悟成佛不邪偏，無依獨立離中邊。眼見分明取不得，清虚猶若水中天。

解悟成佛快矣哉，清虚裸露没塵埃。堂堂顯現如明月，無處團圓不見來。
解悟成佛若太山，無想無思出世間。如空不動無依處，貫窮終始久長安。
解悟成佛不可論，七寶莊嚴法界身。如空獨秀無依據，貫窮終始儼然新。
解悟成佛七寶身，高貴尊極不須論。百種周圓一切足，所須皆與不違人。
心海集勤苦篇
勤苦穿鑿菩提道，盡夜鐫雕心路門〔三一〕。功深若能開闔得，無端掩閉作梁津。
梁津要路守心關，捉搦思想斷攀緣。教得無念精勤子，將昇彼岸出籠纏。
出纏無據離中邊，猶如波月迴依然。頂戴虔誠捧不得，塵劫算數不知年。
教君脩道覓菩提，菩提猶如腳底泥。從他踐踏如塵土，不辭逐吹往東西。
東西風行塵不去，遍歷十方元舊處〔三二〕。所以了此法根原〔三三〕，良爲多時依淨慮。
〔淨〕〔慮〕安心何處安〔三四〕，尋逐起處用心看。看見安心不安處，了見安處在無端。
快哉巧智辯無端〔三五〕，縱横成破離中邊。應物逗機權變説，曾來開悟幾千般。
心海集七言至道篇
道誓運度衆生盡，叉路分歧數百千。嶮隘峻處爲繩約〔三六〕，逢河遇海作橋船。
〔橋〕〔船〕拯濟去來人〔三七〕，四生要路作梁津。運度有情煩惱盡，不辭功畢若灰塵。
灰塵如故人不知，情慮都捐不變移。示現幻身功行畢，還如自性涅槃時。

道者心跡非別物，往來遊履逐蹤生〔三八〕。雖然移步腳踏出，不知心遣是身行。
身行心使幾千强，六道輪迴方寸場。逐念形生如響應，輪迴三有没家鄉。
何物清淨若虛空，唯有靈通皎潔心。圓明洞澈無依據，貫窮終始去來今。
至道停軟本孤貧，卑微寒碎不中論。有情皆嫌共不用，吾今自取出囂塵。
道在腳底不東西，半邊著地若塵灰。三界有情皆踐踏，貫窮終始不崩摧。
不南不北不東西，不觸不惹土塵埃。萬類有形踏不著〔三九〕，住在無端不去來。
衆生諸佛履無端，起滅猶若水中天。身心往來無去住，生死聚散若雲煙。
大道本際住無端，不來不去離中邊〔四〇〕。文字語言詮不得，如空無據迴依然。

心海集菩提篇五言四十二首

菩提無住宅，居止不思議。分身千百億，隨類作人師。
菩提没我人，假作釋伽尊。真身隨六趣，拔苦拯沈倫（淪）〔四一〕。
菩提功行深，利物逐人心。運窮含識苦，不憚自身沈。
菩提誓願深，拔苦似還沈。十方恭敬禮，無限大悲心。
菩提濟有情，隨類現其形。般舁三界苦〔四二〕，誓盡没期程。
菩提不可論，六道作橋津。誓空三界獄，險路引迷人。
菩提大力哉，塵劫濟人來。衆生界不盡，誓不出泥犁。

菩提百鍊鋼，爲劍利如霜。剖宰迷疑網，割斷百思量。
菩提智海囊，詞劍透冰霜。言中相訓誨，語裏作津梁〔四三〕。
菩提萬路長，智海没邊疆。貫窮終始劫，香美遠聞香。
菩提語裏宣，口海湧如衆（泉）〔四四〕。教詔含識類，解悟出籠纏。
菩提無故新，非妄復非真。遊行言語裏，辯説利他人。
菩提演言教，言中辯是非。是非言語教，成破昔迷疑。
菩提如水月，無方在眼光。迷人河裏漉，塵劫不相當。
菩提正真言，實語不邪偏。説心如水月，無處不移遷。
菩提似水天，虚白離中邊。無方共人語，猶若響中言。
菩提猶若響〔四五〕，隨逐語言音。分明宣吐出，教勸有情心。
□□□□響〔四六〕，無形語裏尋。談揚般若海，灌注有情心。
□□□□□〔四七〕，有聲應語音〔四八〕。更無來往處，往（住）在有情心〔四九〕。
□□□□□貫窮終如（始）劫〔五〇〕，不離語言心。
□□□□□無形無相貌，應答語言心。
□□□□□□聲逐語變，利物即爲之。

□□呼谷響〔五一〕，還似喚來聲。

□

□見□

（後缺）

說明

此件首全尾缺，抄於《太上元陽經》卷十紙背，第四紙左端地脚處有半截朱印，内容有待辨識。前有標題『心海集迷執篇』，存『迷執篇』（七首）、『解悟篇』（五十一首）、『勤苦篇』（七首）、『至道篇』（十一首）、『菩提篇』（原題『五言四十二首』，殘存二十四首）。其内容是以詩歌的形式闡發禪學義蘊及脩禪要道，摻揉了佛教各宗派的思想。關於『心海集』的抄寫年代，徐俊根據敦煌地區道觀及道教的存亡消長，認爲其抄寫在德宗建中二年（公元七八一年）吐蕃管轄敦煌之後（參見《敦煌詩集殘卷輯考》，五九二頁）。

現知敦煌文獻中保存的『心海集』還有斯二二九五背，其内容與此件全不相同。具體情況可參本書第十一卷斯二二九五背說明。

校記

〔一〕『方』，當作『萬』，據文義改，《敦煌詩集殘卷輯考》《敦煌石窟僧詩校釋》均逕釋作『萬』。

〔二〕『冤』，當作『怨』，《敦煌詩集殘卷輯考》據文義校改，『冤』爲『怨』之借字。

〔三〕『恃』，《敦煌石窟僧詩校釋》釋作『侍』，誤。

〔四〕『哥』，《敦煌詩集殘卷輯考》校改作『歌』，《敦煌石窟僧詩校釋》逕釋作『歌』，按『哥』爲『歌』之古字，不改亦通。以下同，不另出校。

〔五〕『恃』，當作『持』，據文義改，『恃』爲『持』之借字，《敦煌詩集殘卷輯考》《敦煌石窟僧詩校釋》均逕釋作『持』。

〔六〕『瞋』，《敦煌詩集殘卷輯考》校改作『嗔』，按不改亦通。

〔七〕此句後有『切常行是，諮陳含識捨娑婆』，首部似有删除符號，未録。

〔八〕『渡』，《敦煌詩集殘卷輯考》釋作『度』，校改作『渡』，誤。

〔九〕『刋』，當作『利』，《敦煌詩集殘卷輯考》據文義校改，《敦煌石窟僧詩校釋》逕釋作『利』。

〔一〇〕『渡』，《敦煌詩集殘卷輯考》釋作『度』，校改作『渡』，誤。

〔一一〕『到』，當作『道』，《敦煌詩集殘卷輯考》據文義校改，『到』爲『道』之借字。以下同，不另出校。

〔一二〕『弃』，當作『棄』，《敦煌詩集殘卷輯考》據文義校改，《敦煌石窟僧詩校釋》逕釋作『棄』。

〔一三〕『觀』，《敦煌詩集殘卷輯考》釋作『歡』，誤；『止』，《敦煌詩集殘卷輯考》釋作『寄』，按底本原作『寄』，於右側另書『止』字。

〔一四〕『生』，《敦煌詩集殘卷輯考》釋作『身』，誤。

〔一五〕『之』，當作『知』，據文義改，『之』爲『知』之借字。

〔一六〕『仁』，當作『人』，據文義改，『仁』爲『人』之借字，《敦煌石窟僧詩校釋》逕釋作『人』。

〔一七〕『作』，《敦煌石窟僧詩校釋》釋作『和』，誤。

〔一八〕『剖』，《敦煌石窟僧詩校釋》釋作『割』；『煩』，《敦煌詩集殘卷輯考》釋作『槙』，誤；『樸』，當作『璞』，據文義改。

〔一九〕「拯」，《敦煌石窟僧詩校釋》釋作「極」，誤。

〔二〇〕「儜軟」，《敦煌石窟僧詩校釋》校改作「寧願」，不必。

〔二一〕「博」，《敦煌石窟僧詩校釋》釋作「搏」，誤。

〔二二〕「返」，當作「反」，《敦煌詩集殘卷輯考》據文義校改，「返」爲「反」之借字，《敦煌石窟僧詩校釋》釋作「還」，誤。

〔二三〕「悟」，《敦煌石窟僧詩校釋》釋作「語」，誤。

〔二四〕「止」，《敦煌詩集殘卷輯考》釋作「心」，誤。

〔二五〕「識」，《敦煌詩集殘卷輯考》據文義校補，《敦煌石窟僧詩校釋》校補作「生」。

〔二六〕「何」，當作「河」，《敦煌詩集殘卷輯考》據文義校改，「何」爲「河」之借字，《敦煌石窟僧詩校釋》逕釋作「河」。

〔二七〕「聲」，原補寫於「鍾杵」右側。《敦煌石窟僧詩校釋》將此句釋作「猶若鐘杵擊鳴聲」。

〔二八〕「身」，《敦煌詩集殘卷輯考》釋作「人」，誤。

〔二九〕「晈」，《敦煌石窟僧詩校釋》《敦煌詩集殘卷輯考》均釋作「皎」，以下同，不另出校；「潔」，《敦煌詩集殘卷輯考》釋作「絜」，校改作「潔」，誤。

〔三〇〕「吉」，當作「古」，《敦煌詩集殘卷輯考》據文義校改。

〔三一〕「盡」，《敦煌石窟僧詩校釋》釋作「晝」，誤。

〔三二〕「元」，《敦煌石窟僧詩校釋》釋作「無」。

〔三三〕「原」，《敦煌石窟僧詩校釋》釋作「源」，誤。

〔三四〕『淨慮』，《敦煌詩集殘卷輯考》據文義校補。《敦煌石窟僧詩校釋》將下句之『尋逐』斷入此句，疑未當。

〔三五〕『辯』，《敦煌詩集殘卷輯考》釋作『辨』，誤。

〔三六〕『礿』，《敦煌詩集殘卷輯考》釋作『物』，《敦煌石窟僧詩校釋》釋作『約』。

〔三七〕『橋船』，《敦煌石窟僧詩校釋》據文義校補。

〔三八〕『蹤』，《敦煌石窟僧詩校釋》釋作『衆』，誤。

〔三九〕『形』，《敦煌石窟僧詩校釋》釋作『情』，誤。

〔四〇〕『不來』兩字左側似有一字，未能辨識。

〔四一〕『倫』，當作『淪』，《敦煌詩集殘卷輯考》據文義校改，『倫』爲『淪』之借字，《敦煌石窟僧詩校釋》逕釋作『淪』。

〔四二〕『般』，《敦煌石窟僧詩校釋》校改作『搬』，《敦煌詩集殘卷輯考》釋作『艘』，誤。

〔四三〕『作』，《敦煌石窟僧詩校釋》釋作『任』，誤。

〔四四〕『衆』，當作『泉』，《敦煌石窟僧詩校釋》據文義校改，《敦煌詩集殘卷輯考》逕釋作『泉』。

〔四五〕『菩提』，據殘筆劃及文義補。

〔四六〕『□』，《敦煌石窟僧詩校釋》校補作『菩提猶若』。

〔四七〕『□』，《敦煌石窟僧詩校釋》校補作『菩提猶若聲』。

〔四八〕『有』，《敦煌石窟僧詩校釋》據文義校補。

〔四九〕『往』，當作『住』，據文義改，《敦煌石窟僧詩校釋》逕釋作『住』。

〔五〇〕『貫』，據殘筆劃及文義補；『如』，當作『始』，據文義改，《敦煌石窟僧詩校釋》《敦煌詩集殘卷輯考》均逕釋作『始』。

〔五一〕『谷』，《敦煌詩集殘卷輯考》釋作『路』，誤。

參考文獻

《敦煌寶藏》二五册，臺北：新文豐出版公司，一九八二年，二七三至二七六頁（圖）；《敦煌學園零拾》，臺北：商務印書館，一九八六年，一七八至二一四頁（録）；《英藏敦煌文獻》四卷，成都：四川人民出版社，一九九一年，二八八至二九一頁（圖）；《敦煌詩集殘卷輯考》，北京：中華書局，二〇〇〇年，五八八至六〇四頁（録）；《敦煌石窟僧詩校釋》，香港和平圖書出版公司，二〇〇二年，一五九至一六三頁（録）；《全敦煌詩》一〇册，北京：作家出版社，二〇〇六年，四二二七至四二九七頁（録）。

斯五九九六+斯三〇一七　六禪師與貴賤等酬答

釋文

（前缺）

無心無油燈即滅〔一〕，第一將護須避風〔二〕。

說偈已訖〔三〕，即至夜〔四〕，更贈五更轉〔五〕。禪師依次各轉一更〔六〕。□〔七〕

一更淨（靜）座（坐）觀剎那〔八〕，生滅忘（妄）想遍娑婆〔九〕。客塵煩惱積成劫，以〔劫〕除劫轉更多〔一〇〕。

二更淨（靜）坐息心神〔一一〕，喻若日月去浮雲。未識心時除忘（妄）想〔一二〕，只此忘（妄）想本來真。真忘（妄）元來同一體〔一三〕，一物兩名難合會。〔合〕會不二大丈夫〔一四〕，歷劫相隨今始解。

三更淨（靜）坐入禪林〔一五〕，息罔（妄）歸真達本心〔一六〕。本心清淨無個物，只爲無物悉包融〔一七〕。包融一切含萬境，色空不異何相礙〔一八〕。故知萬法一心如〔一九〕，卻將法財施一切。

四更念定悟總持，無明海底取蓮藕絲。取思（絲）出水花即死〔二〇〕，不取思（絲）時花即痿〔二一〕。二疑中間難啓會，勸君學道莫懈怠〔二二〕。念念精進須向前，菩提煩惱難摎（料）簡〔二三〕。摎（料）簡煩惱是癡人，心心數法不識真〔二四〕。一物不念始合道，說即得道是禺（愚）人〔二五〕。

五更隱在五蔭山〔二六〕，叢林斗暗侵半天〔二七〕。無想道師結跏坐〔二八〕，入定虛凝證涅槃。〔涅〕〔槃〕生死皆是幻〔二九〕，無有此岸非彼岸。三世共作一刹那，影見世間出三界〔三〇〕。若人達此理真如，行住坐臥皆三昧。

第六禪師默然〔三一〕，無更可轉，即作『勸諸人』一偈。勸君學道莫言說，言說行恒空。不斷貪癡愛，坐禪浪用功。用功計法數，實是大愚庸。俱得無心想〔三二〕，自合太虛空〔三三〕。

貴賤等蒙禪師說偈〔三四〕，兼與『五更轉』〔三五〕，把得尋思〔三六〕，即愛慕禪師〔三七〕，不知爲計，留得共住脩道〔三八〕。貴賤等各自思維〔三九〕，各作『行路難』一首。

第一〔四〇〕：

丈夫恍忽憶家鄉，歸去從來無所歸〔四一〕。來去百過空來去，一個不見舊住處〔四二〕。〔住〕〔處〕皆是枷鎖杻〔四三〕，勸君學道須避就。法界平等一如如，理中無有的親疏〔四四〕。行路難〔四五〕，路難道上無蹤跡〔四六〕。

第二〔四七〕：

始知虚空已（以）爲屋宅〔四八〕，大地以爲牀席。水火畢竟相隨，如風無有蹤跡。合即五家共一〔四九〕，離散各不相知〔五〇〕。既知自身狀跡〔五一〕，何處更有諸親〔五二〕。行路難，路難道上無蹤跡〔五三〕。

第三〔五四〕：

父母皆從貪嗔癡愛生，我祖父先是廿五有〔五五〕。眷屬元是色聲香味觸〔五六〕，妻兒即是色境五欲〔五七〕。萬法畢竟相隨，微塵以爲同學。行路難，路難道上無蹤跡〔五八〕。

第四〔五九〕：

衆生常被色財纏縛，役（没）溺愛[河]〔六〇〕。[沈]論（淪）[生死]〔六一〕，[處處]經過〔六二〕。八風常動，六識氏（昏）波〔六三〕。常念[五欲]〔六四〕，（下缺）

説明

此件由斯五九九六與斯三〇一七拼合而成，兩件拼接後的文本仍是首尾均缺，其内容是六禪師與『貴賤等』以詩酬答。饒宗頤最早發現兩件筆跡相同，且上下文銜接，爲同一抄件（參見《敦煌曲》，一一六頁）。斯五九九六起『無心無油燈即滅』之『滅』字，訖『菩提煩惱難料簡』之『菩』字；斯三〇一七首尾均缺，起『菩提煩惱難料簡』之『提』字，訖『常念五欲』之『常念』。需要説明的是，兩件雖内容可以銜接，但兩紙拼接處紙縫不能完全彌合。

此件内容亦見於伯三四〇九，該件首缺尾全。斯三〇一七中之『貴賤等』在伯三四〇九中被稱爲『弟子』『弟子等』。

李正宇將此件擬名爲『禪師衛士遇逢因緣』，并認爲此件創作年代應在唐貞觀十年（公元六三六年）至天寶十一載（公元七五二年）之間，抄寫時間下限在唐建中二年（公元七八一年）之前，是具有佛教勸道性質的原始諸宫調作品（參見《試論敦煌所出〈禪師衛士遇逢因緣〉——兼談諸宫調的起源》，《文學遺産》一九八九年三期，四八至五六頁；《敦煌學導論》，七八至七九頁）。《英藏敦煌文獻》將斯三〇一七擬名爲『五更轉』『勸諸人偈』『行路難』，斯五九九六則被定名爲『六禪師七衛士酬答故事』。《法藏敦煌西域文獻》將伯三四〇九擬名爲『五陰山逢六個禪師』『六禪師偈』『五更轉』『行路難』『安心難』。可以看出，《英藏敦煌文獻》編者對斯三〇一七的擬名和《法藏敦煌西域文獻》編者思路一致，是將此件分爲若干部分分别定名，而《英藏敦煌文獻》編者對斯五九九六的定名則和李正宇相同，將其看作一個整體。從斯五九九六＋斯三〇一七和伯三四〇九抄寫情況來看，兩件的抄寫者都是將文本内容當作一個整體看待的，故將此件擬名爲『六禪師與貴賤等酬答』。

以上釋文以斯五九九六＋斯三〇一七爲底本，用伯三四〇九（稱其爲甲本）參校。

校記

〔一〕『無心無油燈即』，據甲本補。斯五九九六始於此句。

〔二〕『護須避風』，據甲本補。
〔三〕『説偈已訖』，據甲本補。
〔四〕『即至夜』，據甲本補。
〔五〕第一個『更』，甲本作『並』。
〔六〕『依次』，甲本無；『轉』，甲本作『作』。
〔七〕底本僅存『礻』旁，甲本無。
〔八〕『淨』，甲本同，當作『靜』，《敦煌歌辭總編》據文義校改；『座』，當作『坐』，據甲本改，『座』爲『坐』之借字。
〔九〕『忘』，當作『妄』，據甲本改，『忘』爲『妄』之借字。以下同，不另出校。
〔一〇〕『以』，甲本作『已』，『已』爲『以』之借字，《敦煌歌辭總編》校改作『成』，誤；第一個『劫』，據甲本補。
〔一一〕『淨』，甲本同，當作『靜』，《敦煌歌辭總編》據文義校改。
〔一二〕『想』，甲本作『相』。
〔一三〕『元』，甲本同，《敦煌歌辭總編》釋作『原』，誤。
〔一四〕『合』，據甲本補。
〔一五〕『淨』，甲本同，當作『靜』，《敦煌歌辭總編》據文義校改。
〔一六〕『罔』，當作『妄』，據甲本改，『罔』爲『妄』之借字。
〔一七〕『包融』，甲本作『苞容』，『苞』爲『包』之借字。以下同，不另出校。
〔一八〕『礙』，甲本同，《敦煌歌辭總編》釋作『得』，誤。
〔一九〕『如』，甲本作『生』。

〔二〇〕「思」，當作「絲」，據甲本改，「思」爲「絲」之借字。

〔二一〕「取」，甲本脱；「思」，當作「絲」，據甲本改，「思」爲「絲」之借字；「痿」，甲本作「萎」，均可通，《敦煌歌辭總編》校改作「萎」，不必。

〔二二〕「君」，甲本作「今」。

〔二三〕「摎」，甲本作「撩」，當作「料」，據文義改，「摎」「撩」爲「料」之借字，《敦煌歌辭總編》校改作「了」，以下同，不另出校；「簡」，甲本同，《敦煌歌辭總編》校改作「解」，以下同，不另出校。斯三〇一七始於此句。

〔二四〕「數法」，甲本同，《敦煌歌辭總編》校改作「法數」。

〔二五〕「禺」，當作「愚」，據甲本改，「禺」爲「愚」之借字。

〔二六〕「蔭」，甲本作「陰」。

〔二七〕「斗」，甲本同，《敦煌歌辭總編》校改作「陡」，不必；「暗」，甲本作「闇」，均可通。

〔二八〕「想」，甲本作「明」。

〔二九〕「涅槃」，據甲本補。

〔三〇〕「見」，甲本作「現」。

〔三一〕「默然」，甲本無。

〔三二〕「俱」，甲本作「但」；「想」，甲本作「相」。

〔三三〕「太」，甲本作「大」，「大」通「太」。

〔三四〕「贵賤等」，甲本作「弟子」；「師」，甲本作「師等」。

〔三五〕「兼與」，甲本作「并」；「轉」，甲本作「轉及勸善文」。

〔三六〕「把得尋思」，甲本無。

〔三七〕『即愛』，甲本作『弟子等戀』。
〔三八〕『共』，甲本作『禪師共』。
〔三九〕『贵賤等』，甲本無；『維』，甲本作『惟』。
〔四〇〕『第一』，甲本無。
〔四一〕甲本此句前有『歸去來』三字，疑係衍文。
〔四二〕『一個不見』，甲本作『不見一個』。
〔四三〕『住處』，據甲本補；『杻』，甲本作『紉』。
〔四四〕『理』，甲本作『裹』。
〔四五〕甲本此句前有『君不見』。以下同，不另出校。
〔四六〕『路』，甲本同，《敦煌歌辭總編》釋作『行路』，誤。
〔四七〕『第二』，甲本無。
〔四八〕『已』，當作『以』，據甲本改，『已』爲『以』之借字。
〔四九〕『合即五家共一』，甲本同，《敦煌歌辭總編》釋作『離散各不相知』，誤。
〔五〇〕『離散各不相知』，甲本同，《敦煌歌辭總編》釋作『合即五家共一』，誤。
〔五一〕『知』，甲本作『委』。
〔五二〕『諸親』，甲本同，《敦煌歌辭總編》釋作『親戚』，誤。
〔五三〕『路』，甲本同，《敦煌歌辭總編》釋作『行路』，誤。
〔五四〕『第三』，甲本無。
〔五五〕『廿』，甲本作『二十』。

〔五六〕『元』，甲本同，《敦煌歌辭總編》校改作『原』，不必。

〔五七〕『五』，底本原有兩個『五』字，一在行末，一在次行行首，此爲當時的一種抄寫習慣，可以稱爲『提行添字例』，第二個『五』字應不讀，故未録。

〔五八〕『路』，甲本同，《敦煌歌辭總編》釋作『行路』，誤。甲本此句後有『衆生大大癡，不肯著如來衣。常卧無明被，昏昏長夜睡。念念求財色，不覺死時至。空手入三塗，何期悔來此。君不見行路難，路難道上無蹤跡』。

〔五九〕『第四』，甲本無。

〔六〇〕『役』，當作『没』，據甲本改；『河』，據殘筆劃及甲本補。

〔六一〕『沈』，據殘筆劃及甲本補；『論』，當作『淪』，據甲本改，『論』爲『淪』之借字；『生死』，據殘筆劃及甲本補。

〔六二〕『處處』，據殘筆劃及甲本補。

〔六三〕『氏』，當作『昏』，據甲本改。

〔六四〕『五欲』，據甲本補。

參考文獻

《敦煌曲》，巴黎：法國國立科學研究中心，一九七一年，一一六頁；《敦煌寶藏》二五册，臺北：新文豐出版公司，一九八二年，二七七頁（圖）；《敦煌寶藏》四四册，臺北：新文豐出版公司，一九八二年，六四六頁（圖）；《敦煌遺書總目索引》，北京：中華書局，一九八三年，一七一頁；《敦煌寶藏》一二八册，臺北：新文豐出版公司，一九八五年，二二九至二三一頁（圖）；《敦煌歌辭總編》，上海古籍出版社，一九八七年，五一三至五一五、九八七至一〇〇三、一四一二至一四二三頁（録）；《文學遺産》一九八九年三期，四八至五六頁；《英藏敦煌文獻》四卷，成都：四川人民出版社，一九九一年，二九一頁（圖）；《英藏敦煌文獻》一〇卷，成都：四川人民出版社，一九九四年，一六頁（圖）；《敦煌遺書總目索引新編》，北京：中華書局，二〇〇〇年，九二頁至九三頁；《法藏敦煌西域文獻》二四册，上海古籍出版社，二〇〇二年，一二七頁至一二九頁（圖）；《全敦煌詩》一二册，北京：作家出版社，二〇〇六年，五三六五至五三九〇頁（録）；《全敦煌詩》一四册，北京：作家出版社，二〇〇六年，六五六七至六五六八頁（録）；《敦煌學導論》，蘭州：甘肅人民出版社，二〇〇八年，七八至七九頁。

斯三〇一八　金剛頂瑜伽理趣般若經勘經題記

釋文

兑。兑。兑。兑。兑。兑。兑。

説明

以上文字大字書寫於《金剛頂瑜伽理趣般若經》天頭，表示此紙佛經已經作廢，可兑换新紙重抄。《英藏敦煌文獻》未收，現予增收。

參考文獻

Descriptive Catalogue of the Chinese Manuscripts from Tunhuang in the British Museum, The Trustees of the British Museum, London 1957, p. 15;《敦煌寶藏》二五册，臺北：新文豐出版公司，一九八二年，二七七至二七八頁（圖）。

斯三〇二一　大涅槃經卷第廿六題記

釋文

亡道人普惠所寫，與弟弘翊供養。

説明

此件《英藏敦煌文獻》未收，現予增收。池田温認爲此件大約寫於公元五世紀（參見《中國古代寫本識語集録》，九六頁）。

參考文獻

《鳴沙餘韻》，東京：岩波書店，一九三三年，九六頁（圖）；*Descriptive Catalogue of the Chinese Manuscripts from Tunhuang in the British Museum*, The Trustees of the British Museum, London 1957, p. 49（録）；《鳴沙餘韻·解説篇》，京都：臨川書店，一九八〇年，二八八頁（録）；《敦煌寶藏》二五册，臺北：新文豐出版公司，一九八二年，二九九頁（圖）；《敦煌學要籥》，臺北：新文豐出版公司，一九八二年，一二七頁（録）；《敦煌遺書總目索引》，北京：中華書局，一九八三年，一七一頁（録）；《中國古代寫本識語集録》，東京大學東洋文化研究所，一九九〇年，九六頁（録）；《敦煌遺書總目索引新編》，北京：中華書局，二〇〇〇年，九三頁（録）。

斯三〇二四背　一　雜寫

釋文

遠遠⺌ 當還還　那那　進　辶辶進

當

當

説明

此件及下件原抄於《佛説觀彌勒菩薩上生兜率天經》卷背。

參考文獻

《敦煌寶藏》二五册，臺北：新文豐出版公司，一九八二年，三一一頁（圖）；《英藏敦煌文獻》四卷，成都：四川人民出版社，一九九一年，二九二頁（圖）。

斯三〇二四背　二　妙法經中在詩

釋文

妙法經中在，先施至心説〔一〕。
貴要傳後世，退圻今破裂。

説明

此件後有三行大字書佛號『南無釋迦尊佛』『南無彌勒佛』『南無阿陀佛』。

校記

〔一〕『施』，《敦煌遺書總目索引》釋作『師』，誤；『至』，《敦煌遺書總目索引》釋作『聖』，《敦煌遺書總目索引新編》釋作『主』，均誤。

參考文獻

《敦煌寶藏》二五册，臺北：新文豐出版公司，一九八二年，三一一頁（圖）；《敦煌遺書總目索引》，北京：中華書局，一九八三年，一七一頁（録）；《英藏敦煌文獻》四卷，成都：四川人民出版社，一九九一年，二九二頁（圖）；《敦煌遺書總目索引新編》，北京：中華書局，二〇〇〇年，九三頁（録）；《敦煌詩集殘卷輯考》，北京：中華書局，二〇〇〇年，八七五頁（録）。

斯三〇三二　大乘無量壽經題記

釋文

張英環〔一〕。

説明

此件《英藏敦煌文獻》未收，現予增收。池田温認爲此件大約寫於公元九世紀前期（參見《中國古代寫本識語集録》，三八九頁）。

校記

〔一〕『環』，《中國古代寫本識語集録》釋作『讓』。

參考文獻

Descriptive Catalogue of the Chinese Manuscripts from Tunhuang in the British Museum, The Trustees of the British Museum, Lon-

don 1957, p. 146（録）；《敦煌寶藏》二五册，臺北：新文豐出版公司，一九八二年，三五九頁（圖）；《中國古代寫本識語集録》，東京大學東洋文化研究所，一九九〇年，三八九頁（録）。

斯三〇三三　大乘無量壽經題記

釋文

李弁子。

説明

此件《英藏敦煌文獻》未收，現予增收。

參考文獻

Descriptive Catalogue of the Chinese Manuscripts from Tunhuang in the British Museum, The Trustees of the British Museum, London 1957, p. 146（録）；《敦煌寶藏》二五册，臺北：新文豐出版公司，一九八二年，三六二頁（圖）；《中國古代寫本識語集録》，東京大學東洋文化研究所，一九九〇年，三九〇頁（録）；《敦煌遺書總目索引新編》，北京：中華書局，二〇〇〇年，九三頁（録）。

斯三〇三四　大乘無量壽經題記

釋文

汜華〔一〕。

説明

此件《英藏敦煌文獻》未收，現予增收。

校記

〔一〕『汜』，《敦煌遺書總目索引新編》未能釋讀；『華』，《敦煌遺書總目索引新編》釋作『□華』，誤。

參考文獻

Descriptive Catalogue of the Chinese Manuscripts from Tunhuang in the British Museum, The Trustees of the British Museum, London 1957, p. 146（録）；《敦煌寶藏》二五册，臺北：新文豐出版公司，一九八二年，三六五頁（圖）；《中國古代寫本

識語集録》，東京大學東洋文化研究所，一九九〇年，三九一頁（録）；《敦煌遺書總目索引新編》，北京：中華書局，二〇〇〇年，九三頁（録）。

斯三〇三五　大乘無量壽經題記

釋文

孔宣。

説明

以上題名倒書於《大乘無量壽經》尾部。《英藏敦煌文獻》未收，現予增收。

參考文獻

Descriptive Catalogue of the Chinese Manuscripts from Tunhuang in the British Museum, The Trustees of the British Museum, London 1957, p. 146（録）；《敦煌寶藏》二五册，臺北：新文豐出版公司，一九八二年，三六九頁（圖）；《敦煌資料考屑》上册，臺北：商務印書館，一九八七年，一五頁；《中國古代寫本識語集録》，東京大學東洋文化研究所，一九九〇年，三九三頁（録）；《敦煌遺書總目索引新編》，北京：中華書局，二〇〇〇年，九三頁（録）。

斯三〇三六　大乘無量壽經題記

釋文

王瀚。

説明

此件《英藏敦煌文獻》未收，現予增收。

參考文獻

Descriptive Catalogue of the Chinese Manuscripts from Tunhuang in the British Museum, The Trustees of the British Museum, London 1957, p. 146（録）；《敦煌寶藏》二五册，臺北：新文豐出版公司，一九八二年，三七二頁（圖）；《中國古代寫本識語集録》，東京大學東洋文化研究所，一九九〇年，三九〇頁（録）；《敦煌遺書總目索引新編》，北京：中華書局，二〇〇〇年，九三頁（録）。

斯三〇三七　大乘無量壽經題記

釋文

汜華〔一〕。

説明

此件《英藏敦煌文獻》未收，現予增收。

校記

〔一〕『汜』，《敦煌遺書總目索引新編》未能釋讀；『華』，《敦煌遺書總目索引新編》釋作『□業』，誤。

參考文獻

Descriptive Catalogue of the Chinese Manuscripts from Tunhuang in the British Museum, The Trustees of the British Museum, London 1957, p. 146（録）；《敦煌寶藏》二五册，臺北：新文豐出版公司，一九八二年，三七五頁（圖）；《敦煌遺書總目索引新編》，北京：中華書局，二〇〇〇年，九三頁（録）。

斯三〇三八　大乘無量壽經題記

釋文

索慎言。

説明

此件《英藏敦煌文獻》未收，現予增收。

參考文獻

Descriptive Catalogue of the Chinese Manuscripts from Tunhuang in the British Museum, The Trustees of the British Museum, London 1957, p. 146（録）；《敦煌寶藏》二五册，臺北：新文豐出版公司，一九八二年，三七八頁（圖）；《中國古代寫本識語集録》，東京大學東洋文化研究所，一九九〇年，三九〇頁（録）；《敦煌遺書總目索引新編》，北京：中華書局，二〇〇〇年，九三頁（録）。

斯三〇四六　般心讚一本

釋文

一靜取世間欽俗□榮與利寧
一曲諂種慢異著聲高化便覺
我煩息愛愚見繫明廣歎方老
人惱不貪憎别深唱音真悲病
立益恆日日漸加若空原慈死
名稠時時空皆竟究知常大相
求林恚怒寂隨萬竟始樂佛寢
心
各各沈漂輪由總恆吟際普勸
滅消内每迴六趣流長脱解黎
針塵外毒三縛意轉鎮道虚庶

癡勞平等路歌揚法句要清速
拔結提履任淨婬邪斷須取追
鑷涅菩踐堪脩徒妄念止欲尋
惠槃正理自戒盲執去來今體
持堅口身防定未現過無曾實

説明

此件首尾完整，卷中每字間有朱筆勾連，標識其閱讀順序，全文起於且終於中間『心』字，是一首回文禪僧詩。其背面有『般心讚一本』，翟理斯最早將其看作此件背題，兹從之。此件僧詩字詞佈局順序大致構成一『卍』字雙勾圖案，其佈局結構受到華嚴宗智儼所制《一乘法界圖》的影響。以下按閱讀順序復原該詩，錯訛處用括號將正字置於誤字之後：

心隨萬竟（境）恆流轉，意縛（敷）三毒每漂沈。
各各求名立人我，一一諍（爭）取世間欽。
異見別憎愚慢種，諂曲煩惱益稠林。
恚怒時時恆不息，愛貪日日漸加深。
繫著俗□榮與利，寧覺老病死相寢（侵）。
佛大慈悲方便化，高聲明唱若空音。

廣歎真原常樂際，普勸黎庶速追尋。
體實曾無過現未，盲徒妄執去來今。
欲取清虚解脱道，要須止念斷邪婬。
淨脩戒定防身口，堅持惠鑷拔癡針。
滅消内外塵勞結，涅槃正理自堪任。
履踐菩提平等路，歌揚法句鎮長吟。
始知究竟皆空寂，輪迴六趣總由心。

此件前五句又見於斯八二五二，但該件是僧詩雜抄，並未採用回文形式。

參考文獻

Descriptive Catalogue of the Chinese Manuscripts from Tunhuang in the British Museum, The Trustees of the British Museum, London 1957, p. 194；《敦煌寶藏》二五册，臺北：新文豐出版公司，一九八二年，四〇六頁（圖）；《英藏敦煌文獻》四卷，成都：四川人民出版社，一九九一年，二九二頁（圖）；《敦煌書法藝術》，上海人民出版社，一九九四年，一七三頁；《敦煌詩集殘卷輯考》，北京：中華書局，二〇〇〇年，九〇九頁。

斯三〇四六背　背題（般心讚一本）

釋文

般心讚一本

説明

以上文字字跡與正面回文禪僧詩相似，應係背題。

參考文獻

Descriptive Catalogue of the Chinese Manuscripts from Tunhuang in the British Museum, The Trustees of the British Museum, London 1957, p. 194（録）；《敦煌寶藏》二五册，臺北：新文豐出版公司，一九八二年，四〇七頁（圖）；《英藏敦煌文獻》四卷，一九九一年，成都：四川人民出版社，二九三頁（圖）。

斯三〇四八　丙辰年（公元九五六年）東界羊籍（附丁巳年至辛酉年注記）

釋文

丙辰年東界羊籍

吴保德羊一口。張清兒羊四口，又一口。

賀遷子羊一口，又一口付本主〔一〕，又一口是荆曹午羊〔二〕。

石憨子羊一口〔三〕，又一口，又一口，又一口，□羊一口。

朱保山羊一口，又一口，四月一日一口〔四〕，又一口〔五〕，又兩口，又一口〔六〕，又兩口，又一口，又一口〔七〕。

宋灰郎羊一口，又一口，又一口，又一口，又一口，又兩口。

曹延子羊一口，又一口，一口。康福全壹口，四月一日一口，又兩口，又兩口，又一口。流定一口，阿朵捉一口，又兩口，又兩口。

張阿孫羊一口，又一口。

氾盈達羊一口，又一口，七月羊兩口〔八〕，八月十日羊肆口，又壹口，十月廿三日兩口，又一口。

劉擖搕羊一口，又一口。張星羊陸口。流定捉羊一口〔九〕，又壹口，又壹口，四月十二日氾保子羊一口〔一〇〕。

延（？）定郎君羊兩口〔一一〕，又壹口，又兩口，又一口，又一口，又一口，又一口，又一口，又兩口，又兩口，又兩口，十月廿九納羊五口足〔一二〕。

安保子羊兩口。　賀録子羊一口，四月廿四日一口，又一口，又一口，又參口。丁巳年六月二日宋捉羊一口〔一三〕。

辛酉年六月十日一口〔一四〕，廿（？）示納羊四口〔一五〕。

竇（？）四大口羊一口〔一六〕，又兩口，又一口，又一口，又一口。曹憨子一口〔一七〕，又一口，正月廿九日羊兩口，四月十二日羊一口〔一八〕。

吴延德羊兩口〔一九〕，羊兩口，付本主〔二〇〕。　張及（？）全羊肆口〔二一〕，七月羊兩口，內一口付本主〔二二〕。八月十三日一口〔二三〕，又壹口，又兩口，又兩口，又一口〔二四〕。

陰慶弘羊壹口〔二五〕。

令狐員住羊一口，流定捉一口，七月一口〔二六〕，二月二日羊一口〔二七〕，廿三日一口。

韓清兒壹口〔二八〕。　梁清奴兩口〔二九〕，又一口〔三〇〕，又一口，又羊兩口〔三一〕

李歡（？）君羊一口〔三二〕。

羅中中（？）男羊四口〔三三〕。

庫官安都頭二月阿朵捉羊拾口，留定捉羊三口〔三四〕，又兩口〔三五〕，十〔三六〕□參（？）口〔三七〕。

説明

此件正面首尾完整，前半部分下沿殘缺，文中墨跡濃淡不匀，起首題『丙辰年東界羊籍』，訖『又羊兩口』；背面僅存四行文字，起『李歡（？）君』，訖『參（？）口』，其中，第一行與第二行中空數行。從其內容及性質來看，背面應是接續正面抄寫，故將其正面、背面合爲一件文書釋録。

此件是『丙辰年』官府交付給東界各牧羊人羊只口數的記録，行間有『丁巳年』『辛酉年』等年羊只變化等情況的注記。唐耕耦、陸宏基認爲『丙辰年』係公元九五六年（參見《敦煌社會經濟文獻真蹟釋録》三輯，五八五、五八六頁），鄭炳林認爲『東界』在常樂鎮轄區的苦水流域（參見《敦煌歸義軍史專題研究》，二一六頁）。

校記

〔一〕『主』，《敦煌社會經濟文獻真蹟釋録》未能釋讀。

〔二〕『午羊』，《敦煌社會經濟文獻真蹟釋録》未能釋讀。

〔三〕『憨』，《敦煌社會經濟文獻真蹟釋録》釋作『通』，誤。

〔四〕『四』，《敦煌社會經濟文獻真蹟釋録》未能釋讀；第一個『一』，《敦煌社會經濟文獻真蹟釋録》未能釋讀；『日』，《敦煌社會經濟文獻真蹟釋録》釋作『又』，誤。

〔五〕『又一口』，《敦煌社會經濟文獻真蹟釋録》漏録。

〔六〕『又一口』，《敦煌社會經濟文獻真蹟釋録》漏録。

〔七〕『一口』，《敦煌社會經濟文獻真蹟釋録》漏録。

〔八〕『月』，《敦煌社會經濟文獻真蹟釋録》釋作『月一日』，誤。

〔九〕『流定』，《敦煌社會經濟文獻真蹟釋録》未能釋讀。

〔一〇〕『氾』，《敦煌社會經濟文獻真蹟釋録》未能釋讀；『保』，《敦煌社會經濟文獻真蹟釋録》釋作『捉』；『子』，《敦煌社會經濟文獻真蹟釋録》漏録。

〔一一〕『延（？）』，《敦煌社會經濟文獻真蹟釋録》疑作『流』。

〔一二〕『九』，《敦煌社會經濟文獻真蹟釋録》釋作『日』，誤；『納』，《敦煌社會經濟文獻真蹟釋録》未能釋讀；
『足』，《敦煌社會經濟文獻真蹟釋録》漏録。
〔一三〕『丁巳年六月二日宋捉羊一口』，《敦煌社會經濟文獻真蹟釋録》漏録。
〔一四〕『辛』，《敦煌社會經濟文獻真蹟釋録》漏録。
〔一五〕『甘（？）示納』，《敦煌社會經濟文獻真蹟釋録》未能釋讀。
〔一六〕『竇（？）四大口』，《敦煌社會經濟文獻真蹟釋録》未能釋讀。
〔一七〕『憨』，《敦煌社會經濟文獻真蹟釋録》釋作『通』，誤。
〔一八〕『十』，《敦煌社會經濟文獻真蹟釋録》釋作『廿』，誤。
〔一九〕底本『吴延德羊兩口』六字似被墨筆圈掉。
〔二〇〕『本主』，《敦煌社會經濟文獻真蹟釋録》漏録。
〔二一〕『及（？）』，《敦煌社會經濟文獻真蹟釋録》釋作『不』。
〔二二〕『本』，《敦煌社會經濟文獻真蹟釋録》疑作『寺』，誤。
〔二三〕『八』，《敦煌社會經濟文獻真蹟釋録》未能釋讀。
〔二四〕『一口』，《敦煌社會經濟文獻真蹟釋録》未能釋讀。
〔二五〕『陰慶弘羊壹口』，《敦煌社會經濟文獻真蹟釋録》漏録。
〔二六〕『口』，《敦煌社會經濟文獻真蹟釋録》釋作『日』，誤。
〔二七〕『二月二日羊一口』，《敦煌社會經濟文獻真蹟釋録》未能釋讀。
〔二八〕『壹』，《敦煌社會經濟文獻真蹟釋録》釋作『羊一』，誤。
〔二九〕『梁清奴』，《敦煌社會經濟文獻真蹟釋録》未能釋讀；『兩口』，《敦煌社會經濟文獻真蹟釋録》未能釋讀。

〔三〇〕『又一口』，《敦煌社會經濟文獻真蹟釋録》未能釋讀。
〔三一〕『又羊兩口』，《敦煌社會經濟文獻真蹟釋録》漏録。
〔三二〕『歡（？）』，《敦煌社會經濟文獻真蹟釋録》疑作『願』。
〔三三〕『羅』，《唐五代敦煌寺院的牧羊人》釋作『罷』；『中中（？）』，《唐五代敦煌寺院的牧羊人》認爲有一『中』字係衍文，當删。
〔三四〕『留定捉羊三口』，《敦煌社會經濟文獻真蹟釋録》漏録。
〔三五〕『又兩口』，《敦煌社會經濟文獻真蹟釋録》漏録。
〔三六〕『十』，《敦煌社會經濟文獻真蹟釋録》漏録。
〔三七〕『參（？）口』，《敦煌社會經濟文獻真蹟釋録》漏録。

參考文獻

《敦煌寶藏》二五册，臺北：新文豐出版公司，一九八二年，四〇八至四〇九頁（圖）；《蘭州學刊》一九八四年二期，六一、六三頁；《敦煌社會經濟文獻真蹟釋録》三輯，北京：全國圖書館文獻縮微複製中心，一九九〇年，五八五至五八六頁（録）；《英藏敦煌文獻》五卷，成都：四川人民出版社，一九九二年，一頁（圖）；《敦煌歸義軍史專題研究》，蘭州大學出版社，一九九七年，二一六頁；《敦煌研究》二〇〇二年二期，四一至四二頁。

斯三〇五〇　雜寫

釋文

之

之

之

說明

以上文字爲時人隨手寫於《千眼千臂觀世音菩薩陀羅尼神咒經》首題前及地脚處。《英藏敦煌文獻》未收，現予增收。

參考文獻

《敦煌寶藏》二五册，臺北：新文豐出版公司，一九八二年，四一一頁（圖）。

斯三〇五〇背　一　雜寫（竊以敦煌勝境等）

釋文

竊以敦煌勝境　此人定得

太子

説明

以上文字爲時人隨手寫於《千眼千臂觀世音菩薩陀羅尼神呪經》卷背紙端。此件後抄有『雜抄（竊以業緣雖大等）』和『善惠借花獻佛因緣』。

參考文獻

《敦煌寶藏》二五册，臺北：新文豐出版公司，一九八二年，四一二頁（圖）；《英藏敦煌文獻》五卷，成都：四川人民出版社，一九九二年，二頁（圖）。

斯三〇五〇背　二　雜抄（竊以業緣雖大等）

釋文

竊以業緣雖大，心言絶之而自消；佛道雖玄，次第修之而得到（道）〔一〕。粤有此院，真釋子矣，並天生性直〔二〕，神與智才〔三〕。

説明

此件原未抄完，中間有塗改。

校記

〔一〕『到』，當作『道』，據文義改，『到』爲『道』之借字。

〔二〕《敦煌變文集》誤將此句『直』字録入下件文書『善惠借花獻佛因緣』中。

〔三〕『智』，《敦煌變文集新書》釋作『知』，誤。《敦煌變文集》誤將此句録入下件文書『善惠借花獻佛因緣』中。

參考文獻

《敦煌變文集》下册，北京：人民文學出版社，一九五七年，八一九頁；《敦煌學》四輯，香港：敦煌學會，一九七九年，一九至二〇頁（録）；《敦煌寶藏》二五册，臺北：新文豐出版公司，一九八二年，四一二頁（圖）；《敦煌變文集校議》，長沙：岳麓書社，一九九〇年，四六〇至四六一頁；《英藏敦煌文獻》五卷，成都：四川人民出版社，一九九二年，二頁（圖）；《敦煌變文集新書》，臺北：文津出版社，一九九四年，八一一頁（録）；《敦煌變文校注》，北京：中華書局，一九九七年，一一三五頁（録）。

斯三〇五〇背　三　善惠借花獻佛因緣

釋文

昔時大雪山南面〔一〕，有一梵志婆羅門僧，教學八萬個徒弟，善惠爲上座。六年苦行，八萬伽他之偈，并五部佛心（經）〔二〕，無有不識，無有不會。善惠卻往還家〔三〕，和上又遺三般物色：一是五百文金錢，二、五百個金舍勒，三、五百個金三故（股）〔四〕。過大雪山北面〔五〕，言道王舍大城有一大富長者，常年四月八日設個無遮大會，供養八萬個僧，并是猛（盲）聾音啞〔六〕，無數供養。八萬個僧，各布施五百文金錢，五百個金舍勒，五百個金三故（股）。

善惠四月八日至到王舍大城，到是大富長者宅內，四部僧衆齊坐念誦。善惠發四弘盛願，言道：『四部僧衆，不先是上界菩薩，不先是下界腰（妖）精望（魍）兩（魎）〔七〕？』『便是〔八〕。』善惠口稱：『我是上界菩薩，不是下界腰（妖）精網（魍）兩（魎）〔九〕？』『不是〔一〇〕。』善惠卻問僧衆：『大雪山南面，有一梵志婆羅門僧，教學八萬個徒弟，曾聞不聞？』四部僧衆卻道：『之（知）聞〔一一〕。』『八萬個徒弟，上坐善惠，曾聞不聞？』『曾聞。』『記（既）若知聞〔一二〕，某乙便是善惠。』四部僧衆便請爲上坐。常年四月八日發願，舊上坐數年發願，今日是者個童子替其某乙，心中便是發其惡心：你得佛聲佛酬，得人聲人酬。喫齋散來，善惠〔發〕其大願〔一三〕。

給孤長者心中大越（悦）〔一四〕，偏布施五百頭童男〔一五〕、五百個童女、五百頭牸牛并犢子、金錢、舍勒、三故（股），便是請佛爲王説法。給孤長者問耆陀太子，言道：『某乙不知。』後問貧波娑羅王，王卻問給孤長者：『有其何事？』長者啓貧波娑羅王：『別無何事，請佛爲王説法。』給孤長者啓王：『王園計地多少？』『其園八十傾（頃）〔一六〕。』貧波娑羅王言道：『樹價金錢〔一七〕，地滿銀鑿。』給孤長者言道：『便得。』貧波娑羅王同發盛心，記樹千年（金）〔一八〕，地滿銀鑿，當還過，請佛園中説法，千二百五十人俱聽法。『罔（因）何爲給孤長者〔一九〕？』『箭（接）濟貧人〔二〇〕，并戀（攣）僻（躄）貝（背）漏（僂）〔二一〕、猛（盲）聾音啞，捨財無數，名爲給孤長者。』

善惠説法已必（畢）〔二二〕，卻歸大雪山南面。到蓮花城中，付（敷）設道場〔二三〕，縣零（鈴）打鈸〔二四〕。善惠問其僧衆有何事意，僧衆言道：『蓮花城中然燈〔二五〕，城中有然燈佛出世。』善惠大雪山南面不到，蓮花成（城）中如（而）住〔二六〕，數處覓其蓮花，並總不得。蓮花成（城）節度使出勑〔二七〕：須（誰）人買（賣）卻蓮花者〔二八〕，罰五百文金錢〔二九〕。須（誰）人並總不肯買（賣）卻蓮花。善惠便無敬（盡）思量〔三〇〕，在一流水邊如（而）坐〔三一〕，心中便是思惟者之事，世尊到來，不用者七珍八寶，則要蓮花。轉巽（瞬）〔三二〕，有一個小下女人族（取）水如（而）來〔三三〕，瓨中有七支蓮花便〔是〕〔三四〕。善惠言道：『娘娘賣其蓮化（花）兩支〔三五〕，與五百文金錢。』婢女言道：『某乙蓮花並總不買（賣），名（明）日然燈佛到蓮花成（城）中〔三六〕，供養世尊。』善惠卻便〔道〕〔三七〕：『發心供養，一支兩支便足，不用廣多。』婢女卻道：『不用與價，某乙今劫女人之身，爲他人使，不得自在如（而）行〔三八〕，〔衣〕不改（蓋）形〔三九〕，食不充口。到後劫之中，某乙得個自在女人之身，和上後劫之中，本得個孩子之身，共爲夫妻之者，得罪磨？』善惠便道：『逢著兒兒布施，逢著女女布施，逢妻妻布施，得罪磨？』女人卻道：『得。』七支連（蓮）花都與善惠〔四〇〕，同其一會，到第二日早去。世尊到來，善惠便是供養如（而）行〔四一〕。世尊取其連（蓮）化（花）〔四二〕，兩手如（而）把〔四三〕，五支僻著一面與行，兩支僻著一面與行。

說明

此件首尾完整，《英藏敦煌文獻》擬名爲《善惠借花獻佛因緣》（參見《英藏敦煌文獻》五卷，二頁），此從之。

此件爲因緣類作品，敘述了上座善惠在王舍城發四弘願及在蓮花城買花獻佛的故事。善惠事跡在

《佛本行集經》卷三《受決定記品》、《過去現在因果經》、《修行本起經》卷上《現變品》、《佛説太子瑞應本起經》卷上等佛典中均有記載，但此件語言更爲簡潔通俗，口語化强，又附會增益了建造祇樹給孤獨園的故事，體現了説因緣的特色（參見周紹良《敦煌卷子〈善惠買花獻佛因緣〉本事考》，《敦煌吐魯番學研究論集》，一二頁）。

校記

〔一〕『昔』字右側原有『驚』字，按此件體例應爲改字，然『驚時』不詞，故未録。

〔二〕『心』，當作『經』，據文義改。

〔三〕『家』，《敦煌變文集》《敦煌變文集新書》《敦煌變文集校議》《敦煌變文校注》《敦煌變文講經文因緣輯校》均釋作『不』，《敦煌變文集校議》《敦煌變文校注》疑其爲衍文，《敦煌變文講經文因緣輯校》認爲此字誤，均誤。

〔四〕『故』，當作『股』，《敦煌語言文字學研究》據文義校改，『故』爲『股』之借字。以下同，不另出校。

〔五〕『過』，《敦煌變文集校議》《敦煌變文校注》疑當作『道』，《敦煌變文校注》認爲此字或當删去，誤。《敦煌變文校注》認爲下句『言道』二字當乙至此句句首。

〔六〕『猛』，當作『盲』，《敦煌變文集》據文義校改，『猛』爲『盲』之借字，以下同，不另出校；『音』，《敦煌變文集》《敦煌變文校注》均校改作『暗』，按不改亦可通，以下同，不另出校。

〔七〕『腰』，當作『妖』，《敦煌變文集》據文義校改，『腰』爲『妖』之借字；『望』，當作『魍』，《敦煌變文集》據文義校改，『望』爲『魍』之借字；『兩』，當作『魎』，《敦煌變文集》據文義校改，『兩』爲『魎』之借字。

〔八〕《敦煌變文校注》《敦煌變文講經文因緣輯校》均疑此處有脱誤。

〔九〕『腰』，當作『妖』，《敦煌變文集新書》據文義校改，『腰』爲『妖』之借字；『網』，當作『魍』，《敦煌變文集》據文義校改，『網』爲『魍』之借字；『兩』，當作『魎』，《敦煌變文集》據文義校改，『兩』爲『魎』之借字。

〔一〇〕『不是』，《敦煌變文集》《敦煌變文講經文因緣輯校》疑係衍文，《敦煌變文集校議》認爲此二字當乙至上文『便是』之後，以『便是不是』作句讀，後用問號。

〔一一〕『之』，當作『知』，《敦煌變文校注》據文義校改，『之』爲『知』之借字。

〔一二〕『記』，當作『既』，《敦煌變文集》據文義校改，『記』爲『既』之借字。

〔一三〕『發』，據文義補。

〔一四〕『越』，當作『悦』，《敦煌變文集》據文義校改，『越』爲『悦』之借字。

〔一五〕底本『百』下有一符號，《敦煌變文校注》認爲係誤衍之重文符號，故未録。

〔一六〕『傾』，當作『頃』，《敦煌變文集新書》據文義校改，『傾』爲『頃』之借字。

〔一七〕『價』，《敦煌變文校注》疑當作『掛』。

〔一八〕『記』，《敦煌變文校注》認爲當讀作『繫』，《敦煌變文講經文因緣輯校》校改作『繫』；『年』，當作『金』，《敦煌變文校注》據文義校改。

〔一九〕『罔』，當作『因』，據文義改，《敦煌變文集》《敦煌變文集新書》《敦煌變文集校議》《敦煌變文校注》《敦煌變文講經文因緣輯校》均逕釋作『因』。

〔二〇〕『箭』，當作『接』，《敦煌變文集》據文義校改，『箭』爲『接』之借字。

〔二一〕『戀』，當作『攣』，《敦煌變文集校記録略》據文義校改，『戀』爲『攣』之借字；『僻』，當作『甓』，《敦煌變文集校記録略》據文義校改；『貝』，當作『背』，《敦煌變文集校記録略》據文義校改，『貝』爲『背』之借字；『漏』，當作『僂』，《敦煌變文集校記録略》據文義校改，『漏』爲『僂』之借字。

〔二二〕「必」，當作「畢」，《敦煌變文集新書》據文義校改，「必」爲「畢」之借字。

〔二三〕「付」，當作「敷」，《敦煌變文集》據文義校改，「付」爲「敷」之借字。

〔二四〕「零」，當作「鈴」，《敦煌變文集》據文義校改，「零」爲「鈴」之借字。

〔二五〕底本「蓮花」二字右上側有勾勒符號。

〔二六〕「成」，當作「城」，《敦煌變文集新書》據文義校改，《敦煌變文集》《敦煌變文校注》逕釋作「城」，「成」爲「城」之借字；「如」，當作「而」，《敦煌變文校注》據文義校改，「如」爲「而」之借字。

〔二七〕「成」，當作「城」，《敦煌變文集新書》據文義校改，「成」爲「城」之借字。

〔二八〕「須」，當作「誰」，《敦煌變文校勘零拾》據文義校改，「須」爲「誰」之借字，以下同，不另出校；「買」，當作「賣」，《敦煌變文集新書》據文義校改，「買」爲「賣」之借字，以下同，不另出校。

〔二九〕「罰」，《敦煌變文集》《敦煌變文集新書》《敦煌變文校注》《敦煌變文講經文因緣輯校》均釋作「付」，誤。

〔三〇〕「無」，《敦煌變文集》《敦煌變文集新書》《敦煌變文校注》《敦煌變文講經文因緣輯校》均釋作「元」，《敦煌變文講經文因緣輯校》又校改作「無」；「敬」，當作「盡」，據文義改，《敦煌變文講經文因緣輯校》校改作「計」，《敦煌變文集》《敦煌變文集新書》《敦煌變文校注》均釋作「欲」，誤。

〔三一〕「如」，當作「而」，《敦煌變文集》據文義校改，「如」爲「而」之借字。

〔三二〕「巽」，當作「瞬」，《敦煌卷子〈善惠買花獻佛因緣〉本事考》據文義校改，「巽」爲「瞬」之借字。

〔三三〕「族」，當作「取」，《敦煌變文校注》據文義校改，《敦煌變文集新書》校改作「逐」；「如」，當作「而」，《敦煌變文集》據文義校改，「如」爲「而」之借字。

〔三四〕「是」，據文義補。

〔三五〕「化」，當作「花」，《敦煌變文集新書》據文義校改，《敦煌變文集》《敦煌變文校注》《敦煌變文講經文因緣輯校》均逕釋作「花」，「化」爲「花」之借字。

〔三六〕「名」，當作「明」，《敦煌變文集》據文義校改，「名」爲「明」之借字；「成」，當作「城」，《敦煌變文集》據文義校改，「成」爲「城」之借字。

〔三七〕「道」，據文義補。

〔三八〕「如」，當作「而」，《敦煌變文校注》據文義校改，「如」爲「而」之借字；「行」，《敦煌變文校注》校改作「衣」。

〔三九〕「衣」，據文義補；「改」，當作「蓋」，《敦煌變文校注》據文義校改，「改」爲「蓋」之借字。

〔四〇〕「連」，當作「蓮」，《敦煌卷子〈善惠買花獻佛因緣〉本事考》據文義校改，《敦煌變文集》《敦煌變文集新書》《敦煌變文校注》均逕釋作「蓮」，「連」爲「蓮」之借字。以下同，不另出校。

〔四一〕「如」，當作「而」，《敦煌變文講經文因緣輯校》據文義校改，「如」爲「而」之借字。

〔四二〕「化」，當作「花」，《敦煌變文集新書》據文義校改，《敦煌變文集》《敦煌變文校注》均逕釋作「花」，「化」爲「花」之借字。

〔四三〕「如」，當作「而」，《敦煌變文校注》據文義校改，「如」爲「而」之借字。

參考文獻

《敦煌變文集》下集，北京：人民文學出版社，一九五七年，八一九至八二二頁（録）；《杭州大學學報》一九六二年一期，一四三至一四四頁；《敦煌學》四輯，香港：敦煌學會，一九七九年，一四至二三頁（録）；《敦煌寶藏》二五册，臺北：新文豐出版公司，一九八二年，四一二至四一三頁（圖）；《敦煌遺書總目索引》，北京：中華書局，一九八三年，一七二頁（録）；《中國語文》一九八四年一期，六八頁；《敦煌文學》，蘭州：甘肅人民出版社，一九八九年，八三頁（録）；《敦煌變文集校議》，長沙：岳麓書社，一九九〇年，四六〇至四六三頁；《英藏敦煌文獻》五卷，成都：四川人民出版社，一九九二年，二頁（圖）；《敦煌變文集新書》，臺北：文津出版社，一九九四年，八〇九至八一三頁（録）；《敦煌吐魯番學研究論集》，北京：書目文獻出版社，一九九六年，一〇至一二頁（録）；《敦煌變文校注》，北京：中華書局，一九九七年，一一三四至一一三八頁（録）；《敦煌變文講經文因緣輯校》，南京：江蘇古籍出版社，一九九八年，一〇〇五至一〇〇九頁（録）；《敦煌學大辭典》，上海辭書出版社，一九九八年，五八一頁；《敦煌遺書總目索引新編》，北京：中華書局，二〇〇〇年，九三至九四頁（録）；《敦煌語言文字學研究》，蘭州：甘肅教育出版社，二〇〇二年，一六八頁。

斯三〇五四　觀世音經一卷題記

釋文

時貞明參（肆）年歲次戊寅十一月廿八日〔一〕，報恩寺僧海滿發心敬寫此經一卷，奉爲先亡考妣，不溺幽冥，承此善因〔二〕，早遇彌勒〔三〕。現存之者〔四〕，所有業障，並皆消滅，永充供養。比丘僧勝智手寫〔五〕。

説明

此件《英藏敦煌文獻》未收，現予增收。『貞明參年』非戊寅年，戊寅年應爲貞明四年，即公元九一八年（參見池田温《中國古代寫本識語集録》，四五七頁）。

校記

〔一〕『參』，當作『肆』，《中國古代寫本識語集録》據干支紀年校改，《敦煌學要籥》《敦煌遺書總目索引》《敦煌遺書總目索引新編》《姜亮夫全集》（十一）均釋作『三』。

〔二〕『承』，《敦煌學要籥》《敦煌遺書總目索引》《敦煌遺書總目索引新編》《姜亮夫全集》（十一）均釋作『乘』，誤。

〔三〕『遇』，*Descriptive Catalogue of the Chinese Manuscripts from Tunhuang in the British Museum*、《敦煌遺書總目索引》、《姜亮夫全集》（十一）均釋作『過』，《敦煌學要籥》《敦煌遺書總目索引新編》釋作『過』，又校改作『遇』，均誤。

〔四〕『存之』，《敦煌遺書總目索引新編》釋作『之存』，誤。

〔五〕『勝』，《敦煌學要籥》《敦煌遺書總目索引》《敦煌遺書總目索引新編》《姜亮夫全集》（十一）均未能釋讀。

參考文獻

Descriptive Catalogue of the Chinese Manuscripts from Tunhuang in the British Museum, The Trustees of the British Museum, London 1957, p. 87（録）；《敦煌寶藏》二五册，臺北：新文豐出版公司，一九八二年，四四四頁（圖）；《敦煌學要籥》，臺北：新文豐出版公司，一九八二年，一二八頁（録）；《敦煌遺書總目索引》，北京：中華書局，一九八三年，一七二頁（録）；《中國古代寫本識語集録》，東京大學東洋文化研究所，一九九〇年，四五七至四五八頁（録）；《敦煌遺書總目索引新編》，北京：中華書局，二〇〇〇年，九四頁（録）；《姜亮夫全集》（十一），昆明：雲南人民出版社，二〇〇二年，四六二頁（録）；《歸義軍史研究——唐宋時代敦煌歷史考索》，上海古籍出版社，二〇一五年，五二、五八頁。

斯三〇六一　太上洞玄靈寶中元玉京玄都大獻經

釋文

（前缺）

[受斯]楚毒〔一〕。[　][如]衆開悟〔二〕，仰受聖恩。

天尊曰〔三〕：斯罪人也，皆由前緣。不見明教，不聞法音。慳貪無度，煞害無辜〔四〕。口是心非，攻擊賢人〔五〕。飲酒食肉，濁亂五神〔六〕。罵詈呪咀（詛）〔七〕，叫喚神明。欺師罔道，穢慢三光。篡君煞父，侵暴宗親。心懷諂曲，不念衆生。潛行竊盜，嗔嗃無端。割奪功德，以饒一身。不肯布施，散乞貧人。乃受斯苦〔八〕，以酬宿愆〔九〕。其因如此〔一〇〕，今爲卿等略説是言〔一一〕：

篡煞於君父，煞害無辜人，死魂受搥考〔一二〕，鐵杖不去身。

乘闇入人家〔一三〕，略奪人財物〔一四〕，死魂隨（墮）幽獄〔一五〕，歷劫難可出〔一六〕。

姦婬好細滑〔一七〕，穢慢於三光，死魂受幽閉，後生顛癡狂〔一八〕。

凶横作口舌，鬬亂於宗親，死被融銅灌〔一九〕，後生恆吠人〔二〇〕。

啖食於衆生〔二一〕，飲酒亂五神，死受鑊湯煑，痛切恆在身〔二二〕。
噴嗃虛爲實，欺誘益己取〔二三〕，死受拔舌報，後生不能語〔二四〕。
欺師不信道，叫喚於神明，流曳三塗中，後生六畜形〔二五〕。
讒謗繫賢人〔二六〕，諂曲作無端，無變爲小蟲〔二七〕，展轉無時歡〔二八〕。
減割功德物，以從慳貪情〔二九〕，死魂爲餓鬼，飢則食火精〔三〇〕。
侮慢於耆德，不敬有道人，後生爲下賤，報處邊裔身〔三一〕。

天尊説此言已〔三二〕，太上道君前進作禮，上白天尊：今日欣會，慶亦難言。天尊垂昞〔三三〕，賜告罪根。審斯罪人〔三四〕，皆有眷屬，見在親羅，爲當即身，更無後根〔三五〕。天尊告曰：雖有男女，種前業根，不脩功德，不作因緣，何由可免？展轉增篤，沈倫（淪）罪因（田）〔三六〕，億劫辛苦，無由得還。衆惡備履，望反綿綿。道君稽首，又問〔三七〕：作何因緣，得離衆苦？行何福善〔三八〕，得還人中？』天尊告曰：斯等罪人，造罪既多，非是一類。若欲救拔，亦難可同。非一人力，得以濟免。當依玄都舊法〔三九〕，正月十五日〔四〇〕、七月十五日、十月十五日〔四一〕，三元之晨（辰）〔四二〕，地官校勾〔四三〕，搜選衆民〔四四〕，分別善惡，諸天聖仙〔四五〕，普詣靈華宮中〔四六〕，簡定劫數、簿録及餓鬼囚徒〔四七〕。世間當以其日清淨室宅〔四八〕，夜則燒香燃燈〔四九〕，是時起願〔五〇〕，照曜諸天及九幽長夜八門之中〔五一〕。又學上聖靈真〔五二〕，作玄都大獻於玉京山〔五三〕。法下界應採諸妙花果〔五四〕，盡世間所有衆奇異

〔物〕〔五五〕、甘彌上饌〔五六〕、幡幢寶蓋〔五七〕，莊嚴供養〔五八〕，遥心丹到〔五九〕，獻諸衆聖及諸道士〔六〇〕。於其日夜，講誦是經〔六一〕，各爲其家九玄七祖父母〔六二〕，一切眷屬〔六三〕，廣及他人〔六四〕，懺悔諸罪〔六五〕，發心殷勤〔六六〕，則囚徒餓鬼當得解脱〔六七〕，與食俱飽〔六八〕，免於衆苦，得還人中，隨業受樂〔六九〕。自非如斯，難可拔贖〔七〇〕。

爾時，太上道君得聞命旨，稽首作禮而作頌曰〔七一〕：

前緣（生）有緣會〔七二〕，今得見天尊〔七三〕。勤行脩至道，勿與有爲窓〔七四〕。
貪欲爲大患〔七五〕，嗔癡爲禍源。斷除煩惱障，三業自清閑。
邪婬不能亂〔七六〕，豈遭地獄艱？遊涉琳瑯窓（苑）〔七七〕，高出（步）七寶園〔七八〕。
逍遥恣無欲，善種睹天尊〔七九〕。

爾時，十方聖衆齊得開悟〔八〇〕，一時歡喜稽首〔八一〕，受命而退〔八二〕。

太上洞玄靈寶中元玉京玄都大獻經〔八三〕

太上洞玄靈寶中元玉〔京〕玄都大獻經〔八四〕

説明

此件首缺尾全，中間有多處殘破，有界欄，文中有塗抹及補字痕跡，起『受斯楚毒』，訖尾題『太上洞玄靈寶中元玉〔京〕玄都大獻經』。卷末有後人另筆所書經題，該經題與原尾題間隔有八行空白。

『太上洞玄靈寶中元玉京玄都大獻經』被收入《正統道藏》洞玄部本文類，題作『太上洞玄靈寶三元玉京玄都大獻經』。《中華道藏》以《正統道藏》爲底本，用此件作校本，對該經進行了釋録（參見《中華道藏》四册，一六七、一七〇至一七五頁）。

以上釋文以斯三〇六一爲底本，用《中華道藏》四册所收之《太上洞玄靈寶三元玉京玄都大獻經》（稱其爲甲本）參校，不出校甲本注文部分之異文。

校記

〔一〕『受斯』，據甲本補；『毒』，甲本作『痛』。

〔二〕『如』，據甲本補；『衆』，甲本作『蒙』。

〔三〕『曰』，甲本作『告曰』。

〔四〕『煞』，甲本作『殺』，『煞』有『殺』義。以下同，不另出校。

〔五〕『攻擊』，甲本作『禁繫』。

〔六〕『濁』，甲本作『禍』。

〔七〕『咀』，當作『詛』，據甲本改。

〔八〕『乃』，甲本作『今』。

〔九〕『惌』，甲本作『怨』，均可通。

〔一〇〕此句甲本無。

〔一一〕『今爲卿等略』，甲本作『天尊以次而』；『是』，甲本作『偈』。

〔一二〕『魂受搥考』，甲本作『受金鎚打』。
〔一三〕『人』，甲本作『他』。
〔一四〕『略』，甲本作『掠』，均可通。
〔一五〕『隨』，當作『墮』，據甲本改。
〔一六〕『歷』，甲本作『萬』；『難可』，甲本作『不得』。
〔一七〕『姦』，甲本作『奢』。
〔一八〕『顛』，甲本作『並』。
〔一九〕『被』，甲本作『受』；『融』，甲本作『鎔』，均可通。
〔二〇〕『生』，甲本作『身』。
〔二一〕『啖食』，甲本作『食啖』。
〔二二〕『痛切恆在』，甲本作『鐵杖不去』。
〔二三〕『益己取』，甲本作『頑益己』，疑誤。
〔二四〕『能』，甲本作『得』。
〔二五〕『形』，甲本作『身』。
〔二六〕『繫』，甲本作『擊』。
〔二七〕此句甲本作『死墮毒獸盤』。
〔二八〕『展』，甲本作『輾』，均可通，以下同，不另出校；『時』，甲本作『一』。
〔二九〕『從』，甲本作『縱』，均可通；『情』，甲本作『心』。
〔三〇〕『則』，甲本作『渴』；『食』，甲本作『飲』。

〔三一〕「邊裔身」，甲本作「六畜形」，甲本校記認爲底本「裔」爲「夷」字，誤。

〔三二〕「言」，甲本作「偈」。

〔三三〕「眄」，甲本作「盻」，均可通。

〔三四〕「審」，甲本作「未審」；「斯」，甲本作「斯等」。

〔三五〕「根」，甲本作「嗣」。

〔三六〕「倫」，當作「淪」，據甲本改，「倫」爲「淪」之借字；「因」，當作「田」，據甲本改。

〔三七〕「問」，甲本作「問天尊」。

〔三八〕「善」，甲本作「業」。

〔三九〕「舊」，甲本作「大獻」。

〔四〇〕此句甲本無。

〔四一〕此句甲本無。

〔四二〕「三」，甲本作「中」；「晨」，當作「辰」，據甲本改，「晨」爲「辰」之借字。

〔四三〕「勾」，甲本作「戒」。

〔四四〕「捜」，甲本作「擢」，均可通；「民」，甲本作「人」。

〔四五〕「聖仙」，甲本作「大聖」。

〔四六〕「靈華」，甲本無。

〔四七〕「簿」，甲本作「人鬼簿」；「及」，甲本無。甲本此句後有「一時俱集」四字。

〔四八〕「世間當」，甲本無；「清淨室宅」，甲本無。

〔四九〕「則」，甲本無；「燃」，甲本作「然」，均可通。

〔五〇〕此句甲本無。
〔五一〕『曜』，甲本作『耀』，均可通；『及』，甲本無。
〔五二〕此句甲本無。
〔五三〕『於』，甲本作『倣』。
〔五四〕『法下界應』，甲本無；『妙』，甲本無。
〔五五〕『盡』，甲本作『依以五色』；『物』，據甲本補。
〔五六〕『甘彌上饌』，甲本作『道具名珍、綾文錦綺、氍弄服飾』。
〔五七〕『幡』，甲本作『十絶旛』。
〔五八〕『養』，甲本作『養之具，餚膳飲食』。
〔五九〕『遥心丹到』，甲本作『百味芬芳』。
〔六〇〕『諸道士』，甲本作『道士等』。
〔六一〕『誦』，甲本作『説』。
〔六二〕此句甲本作『十方大聖齊詠靈篇』。
〔六三〕此句甲本無。
〔六四〕此句甲本無。
〔六五〕此句甲本無。
〔六六〕此句甲本無。
〔六七〕『則』，甲本無。
〔六八〕『與食』，甲本作『一』；『飽』，甲本作『飽滿』。

〔六九〕此句甲本無。
〔七〇〕甲本此句後有『於是十方及道士等』至『勿爲罪由也』共十餘行文字。
〔七一〕『作頌曰』，甲本作『説偈言』。
〔七二〕『緣』，當作『生』，據甲本改。
〔七三〕甲本此句後有『先説今劫已，復告後劫愆』。
〔七四〕『窓』，甲本作『怨』，均可通。
〔七五〕『爲』，甲本作『成』。
〔七六〕『婬』，甲本作『魔』。
〔七七〕『窓』，當作『苑』，據甲本改，『窓』爲『苑』之借字。
〔七八〕『出』，當作『步』，據甲本改。
〔七九〕『善種睹』，甲本作『稽首禮』。
〔八〇〕『聖衆』，甲本作『衆聖』；『齊』，甲本無；『開』，甲本作『聞天尊妙法，拔度之因，聞所未聞，悟所未』。
〔八一〕『一時』，甲本作『遂乃同聲讚善』；『稽首』，甲本作『奉行』。
〔八二〕此句甲本無。甲本此句後有『太上道君、十方大聖，説偈頌已』至『一時歡喜，作禮而去』共三十餘行文字。
〔八三〕『中』，甲本作『三』。
〔八四〕『京』，據《太上洞玄靈寶中元玉京玄都大獻經》經名補。此行係後人另筆所書。

參考文獻

《敦煌道經·圖録編》，東京：福武書店，一九七九年，一三〇頁下、一三一頁上、下（圖）；《敦煌寶藏》二五册，臺北：新文豐出版公司，一九八二年，四七八至四七九頁（圖）；《敦煌學》一二輯，臺北：敦煌學會，一九八七年，八〇至八二頁（録）；《道藏》六册，文物出版社、上海書店、天津古籍出版社，一九八八年，二六九至二七四頁；《敦煌學散策新集》，臺北：新文豐出版公司，一九八九年，三四九至三五三頁（録）；《英藏敦煌文獻》五卷，成都：四川人民出版社，一九九二年，三至四頁（圖）；《道家文化研究》一三輯，北京：三聯書店，一九九八年，七四頁；《中華道藏》四册，北京：華夏出版社，二〇〇四年，一六七、一七〇至一七五頁；《敦煌道教文獻研究：綜述·目録·索引》，北京：中國社會科學出版社，二〇〇四年，一〇七至一〇八頁。

羽六七三＋斯三〇七一　金録晨夜十方懺

釋文

（前缺）

示明真之典式〔一〕。黄籙定簡〔二〕，十四之罪條通〔三〕，九幽之懺啓請。鏡花含象〔四〕，流輝東北之方；褰樹浮光，散影西南之土〔五〕。實衆妙之逾妙，廼重玄之又玄，標天地之元根，爲帝王之楷式。謹有大唐皇帝運天策而安九鼎，杖神威而静萬拜（邦）〔六〕。道類崆峒，德齊姑射，猶恐政乖淳化，德爽上皇，思崇金録之齋〔七〕，以謁玉晨之帝。臣等謹爲皇帝，依上元金録簡文明真下宫科品〔八〕，建立黄壇，法天象地，敢披玄藴，敷露真文，并賷龍璧紋繒，歸命西南方無極太上靈寶天尊、梵氣天君、西南鄉諸靈官。今故立齋，燒香然燈，朗耀諸天。願以是功德歸流皇帝七廟尊靈、九祖昭穆，即得開度，身入光明。願皇帝德風遐被於西（四）海〔九〕，道化彌流於八宏。窮九變之精奇，行五德之盛禮。春風普扇，木不驚條〔一〇〕；夏雨遍霑，田無破塊。丹甑浮彩〔一一〕，式表於年和；銅雀飛音，爰彰於歲稔。三光調理，五緯順常，帝道興隆，萬姓安樂。今故云云。

伏聞玉寶司方〔一二〕，耀仙姿於梵府；瑶真問罪，佇靈煦於陰宫〔一三〕。莫不妙闡玄符，光敷道印〔一四〕，反四迷於上善〔一五〕，度十苦於中天。廿四生，啓瑶圖而薦福〔一六〕，八十一好，含瑞景而通幽。燮鳳曆之鴻基〔一七〕，翊飛龍之景運〔一八〕。謹有大唐皇帝玄精啓曆〔一九〕，鼎運克昌〔二〇〕，埏埴百王，範圍千古。處青蒲之上〔二一〕，有切於乘奔〔二二〕；居黄屋之下〔二三〕，無忘於齋醮。臣等謹爲皇帝，依上元金録簡文明真太陰宫科品〔二四〕，建立黄壇，法天象地，敢披玄藴，敷露真文，并賫龍璧紋繒，歸命西北方無極太上靈寶天尊、梵氣天君、西北鄉諸靈官。今故立齋，燒香然燈，朗耀諸天。願以是功德歸流皇帝七廟尊靈、九祖昭穆，即得開度，身入光明。願皇帝聖曆永昌，皇風遐振，靜符萬福，動合千祥。三晨（農）會銅雀之鳴〔二五〕，五緯叶珠囊之度。邊烽息焰，炎徼歸淳〔二六〕，帝道興隆，萬姓安樂〔二七〕。今故云云。

伏聞乾寓（宇）重光〔二八〕，秘九關而獨化〔二九〕；星宫積耀，敝（敞）三洞而高居〔三〇〕。玉都列無上之尊〔三一〕，瓊簡演大乘之教。卅二帝拱璿極而津梁〔三二〕，廿八天御碧空而輔化〔三三〕。神功潛運，幽贊邦家。謹有大唐皇帝受命昊天，君臨四海，道參三大，德並二儀。但恐道不常夷，時或屯蹇，憂虞在念，怵惕居心。伏冕歸誠〔三四〕，虔修齋醮。臣等謹爲皇帝，依上元金録簡文明真上宫科品，建立黄壇，法天象地，敢披玄蘊，敷露真文，并賫龍璧紋繒，歸命上方無極太上靈寶天尊、卅二天帝君、玉京玄都紫微上宫真人、玉女神仙諸靈官〔三五〕。今故立齋，燒香然燈，朗耀諸天。願以是功德歸流皇帝七廟尊靈、九祖昭穆，即得開度，身入光明。願皇帝明齊日月，德總乾坤。聖祚無彊〔三六〕，邁宗周之七百；鴻基永固，超大漢之二京。九穀豐登，車書混一，寘階薦祉〔三七〕

（後缺）

説明

此件由羽六七三和斯三〇七一兩紙組成。兩紙筆跡行款相同，均有界欄，内容銜接，當爲同一抄件，但兩紙拼接處紙縫不能完全密合。其中羽六七三首尾均缺，尾部上端殘缺，起『示明真之典式』，訖『謹有大唐』，上沿及文中有數行古藏文，應爲後人所寫；斯三〇七一首尾均缺，起『皇帝玄精啓曆』，訖『寘階薦祉』。另日本國立國會圖書館藏件WB三二（三），首題『金録晨夜十方懺』，存經文五十三行，與此件亦係同一抄本，雖内容不直接相連，（參見王卡《敦煌道教文獻研究：綜述·目録·索引》，一〇九頁），但可據該件將此件擬名爲『金録晨夜十方懺』。

『金録晨夜十方懺』是道教靈寶金籙齋儀所用之齋文，專爲帝王國主請福延祚，十方即東、南、西、北、東北、東南、西南、西北、上、下。此經《正統道藏》未收，《中華道藏》收録其釋文（參見《中華道藏》四三册，一頁），王卡將其擬名爲『靈寶金籙齋懺方儀』（參見《敦煌道教文獻研究：綜述・目録・索引》，一〇九頁）。

此件之内容見於伯二九八九，該件首尾均缺，首行文字殘留半邊，起『係伯陽之仙蹤』，訖『馭國若履深泉之』，第一六五行處題『金録齋十方懺文』。

以上釋文以羽六七三＋斯三〇七一爲底本，用伯二九八九（稱其爲甲本）參校。

校記

〔一〕『示明真』，據甲本補；『典式』，據殘筆劃及甲本補。

〔二〕『黄籙』，據殘筆劃及甲本補；『定簡』，據甲本補。

〔三〕『十四之罪』，據殘筆劃及甲本補。

〔四〕『鏡花』，據甲本補；『含』，據殘筆劃及甲本補。

〔五〕『西』，據甲本補。

〔六〕『拜』，甲本同，當作『邦』，據文義改，《中華道藏》逕釋作『邦』。

〔七〕『思』，甲本作『恩』。

〔八〕『録』，甲本同，《中華道藏》釋作『籙』。以下同，不另出校。

〔九〕『西』，甲本同，當作『四』，《中華道藏》據文義校改。

〔一〇〕『木』，甲本同，《中華道藏》釋作『禾』，誤；『條』，甲本同，《中華道藏》釋作『蓧』，誤。

〔一一〕『甑』，底本及甲本均作『甀』，疑爲『甑』字草書楷化結果，故逕釋作『甑』。

〔一二〕『伏』，據甲本補。
〔一三〕『佇靈』，據甲本補。
〔一四〕『印』，據甲本補。
〔一五〕『反』，據甲本補；『於』，據殘筆劃及甲本補。
〔一六〕『啓』，據甲本補。
〔一七〕『變』，甲本作『變』，誤；『基』，據殘筆劃及甲本補。
〔一八〕『翊』，據甲本補；『飛』，據殘筆劃及甲本補。
〔一九〕斯三〇七一始於此句之『大唐』。
〔二〇〕『昌』，甲本脱。
〔二一〕『蒲』，甲本同，《中華道藏》釋作『蒲』，誤，《敦煌願文集》校改作『蒲』，按『蒱』通『蒲』，不煩校改。
〔二二〕『切』，甲本同，《敦煌願文集》《中華道藏》釋作『功』，誤。
〔二三〕『居』，底本和甲本原作古文『屋』，釋文已改作今文。以下同，不另出校。
〔二四〕『録』，甲本同，《敦煌願文集》校改作『籙』。以下同，不另出校。
〔二五〕『晨』，甲本同，當作『農』，據文義改，《敦煌願文集》校改作『辰』，誤。
〔二六〕『徼』，甲本同，《敦煌願文集》校改作『澆』，誤。
〔二七〕『安』，甲本同，《中華道藏》釋作『歡』，誤。
〔二八〕『寓』，甲本同，當作『宇』，《敦煌願文集》據文義校改，『寓』爲『宇』之借字。
〔二九〕『闕』，甲本同，《中華道藏》釋作『闕』，误。
〔三〇〕『敝』，當作『敞』，據甲本改。

〔三一〕『上』，甲本同，《敦煌願文集》釋作『無』，校改作『元』，誤。

〔三二〕『卅』，甲本同，《敦煌願文集》釋作『三十』。以下同，不另出校。

〔三三〕『廿』，甲本同，《敦煌願文集》釋作『二十』。

〔三四〕『冕』，甲本同，《敦煌願文集》釋作『冤』，誤。

〔三五〕『玉』，甲本作『王』。

〔三六〕『彊』，甲本同，《中華道藏》釋作『疆』，雖義可通而字誤，《敦煌願文集》校改作『疆』，按『彊』通『疆』，不煩校改。

〔三七〕『蓂』，甲本作『萱』，誤；『祉』，據甲本補。

參考文獻

《敦煌道經·目録編》，東京：福武書店，一九七八年，八二頁下；《敦煌寶藏》二五册，臺北：新文豐出版公司，一九八二年，五三一頁（圖）；《敦煌遺書總目索引》，北京：中華書局，一九八三年，一七二頁（録）；《敦煌研究》一九九二年一期，六六頁（録）；《英藏敦煌文獻》五卷，成都：四川人民出版社，一九九二年，四頁（圖）；《敦煌願文集》，長沙：岳麓書社，一九九五年，一四六至一四七頁（録）；《敦煌研究》一九九九年一期，一三九頁；《敦煌遺書總目索引新編》，北京：中華書局，二〇〇〇年，九四至九五頁（録）；《法藏敦煌西域文獻》二〇册，上海古籍出版社，二〇〇二年，三三九至三四〇頁（圖）；《中華道藏》四三册，北京：華夏出版社，二〇〇四年，一、三至四頁（録）；《敦煌道教文獻研究：綜述·目録·索引》，北京：中國社會科學出版社，二〇〇四年，一〇九至一一〇頁；《敦煌經史論叢》，成都：巴蜀書社，二〇〇七年，三五一至三五三頁（録）；《敦煌秘笈·影片册》九，大阪：武田科學振興財團，二〇一三年，二八頁（圖）。

斯三〇七一背＋羽六七三背　巳年午年沙州諸寺請、付、收經歷

釋文

（前缺）

部，八卷。《修行道地經》一部[一]，六卷。《菩薩本行集》三部[二]，九卷。並付寺妙善[三]。《大般若》廿卷[四]。付寺主[五]。又《般若》廿卷[六]。欠一袟[七]。又付《新般若》第廿袟[八]。《無盡意經》等十卷。欠《般若》三卷[九]。

道士文書並無用處。

大乘：六人[一〇]。《大灌頂經》一部，十二卷。《大樹緊那羅經》三部，十卷。並付善智。又付《放光般若》廿卷[一一]。付善智。《大般若》卌卷[一二]。又付《新般若》第卌七袟[一三]、第十七袟、第三袟、第卌九袟[一四]、第二袟。

普光：八人。《觀佛三昧經》一部[一五]，十卷。《五千五百佛名經》一部，八卷。《阿惟越智（致）遮經》等三部[一六]，九卷。並付勝覺[一七]。《大般若》五十卷[一八]。付勝覺[一九]。又《般若》廿卷[二〇]。又付《新般若》第五十袟[二一]、卌三袟[二二]。付勝覺[二三]。

又付《新般若》第十二袟〔二四〕、第廿二欠一卷〔二五〕、第十四袟、第十一袟、卅一袟〔二六〕、五十二袟〔二七〕。

修：十二人。《法集經》等兩部，十卷。《大集賢護經》一部，五卷。《大乘方便經》等四部，十二卷。並付覺明（？）〔二八〕。《大般若》五十卷。付覺明〔二九〕。又《般若》廿卷〔三〇〕。欠一袟〔三一〕。又《新般若》第廿一袟〔三二〕、第七袟、第十九袟〔三三〕、第卅三袟〔三四〕、第四袟欠一卷〔三五〕。

聖光〔三六〕：《普曜經》八卷。付法律。又《般若經》一袟。

午年正月十八日，僧崇英請《般若經》轉一遍。取第十一袟、十二袟〔三七〕、十三袟、卅九袟、卅四袟、第八袟、廿八袟、十七袟、卌七袟、十六袟。並分付崇英。卅日又請第卅袟、卅一、廿三、五十六、五十一、卅三、廿五、第一袟、十五、卌袟、卌三、第十袟、廿二、第二袟、卌二袟。並足分付崇英。又取第六十袟、五十七、五十八、五十五、第七袟、卌四袟、卅二、卌六、第六袟、廿四。足付崇英。

三月四日，又請第卅六袟〔三八〕、卌九、第五袟、卅八、廿七、廿、廿一、第九、五十二、卌五。足分付僧崇英。十三日，又請第四袟、卅七、廿六、十四、卅五、卌一、第三袟、廿九、五十四、卌八、十九、五十九、五十、十八、五十三袟欠一卷，并帛袟。崇英。

午年七月五日，李敬俊寫經收領經本：《花嚴經》第一袟四卷，第二袟四卷，第三袟六卷，第四袟足，第五袟五卷，第六袟六卷，第七袟三卷，第八袟三卷。《大寶積經》第一足，第二欠一，三足，四足，五足，七欠一，八足，九足，十足，十一足，十二欠二。

□月五日，陰法律請《觀佛三昧經》十卷，《大菩薩藏經》十卷，□經十三卷〔三九〕，《大灌頂經》十卷，《寶如來三昧經》□卷、《□經》等九卷，《花手經》十三卷，□經□

（後缺）

說明

此件由斯三〇七一背和羽六七三背兩部分組成，二者筆跡、行款相同，當爲同一抄件，但兩紙拼接處紙縫不能完全密合。兩件合成後仍是首尾均缺，字體墨色濃淡不均，起『部，八卷』，訖『《花手經》十三卷，□經□』，其内容爲沙州諸寺請、付、收經的記録。現存部分保留了付大乘、普光、靈修、聖光等尼寺經及僧崇英、陰法律請經的記録，各寺間或有數行空白。文中經名、部分卷袟數及寺名處多見點勘符號，應爲相關佛經已取走或歸還的標記。後半部分請經人前均註明『午年』某月某日，推測其前的記録應爲巳年。另，兩件文中均書有『道士文書並無用處』（羽六七三背的『道士』二字殘缺），應爲當時僧人針對此件正面的道教文書『金録晨夜十方懺』而寫。

王卡認爲日本國會藏件WB三二（三）背與此件亦係同一抄本，但中間有缺失，不能直接綴合。三件的次序是：斯三〇七一背+羽六七三背+（中間有殘缺）日本國會藏件WB三二（三）背（參見《敦煌道教文獻研究：綜述·目録·索引》，一〇九頁）。

校記

〔一〕『地』，《吐蕃支配期の敦煌》釋作『現』，《敦煌文書〈諸寺付經歷〉芻議》釋作『化』，均誤。

〔二〕『集』，《吐蕃支配期の敦煌》釋作『經等』，《敦煌佛教經録輯校》釋作『經木』，均誤。

〔三〕『妙』，《吐蕃支配期の敦煌》釋作『主』，誤。此句《敦煌佛教經録輯校》未能釋讀。

〔四〕『大』，《敦煌佛教經録輯校》未能釋讀；『若』，《敦煌文書〈諸寺付經歷〉芻議》釋作『若經』，誤；『廿』，《敦煌佛教經録輯校》釋作『二十』。

〔五〕『寺』，《敦煌佛教經録輯校》《敦煌文書〈諸寺付經歷〉芻議》均未能釋讀；『主』，《敦煌佛教經録輯校》釋作『重』，誤，《敦煌文書〈諸寺付經歷〉芻議》未能釋讀。

〔六〕『若』，《敦煌文書〈諸寺付經歷〉芻議》釋作『若經』，衍一『經』字；『廿』，《敦煌佛教經録輯校》釋作『二十』。

〔七〕『欠一』，《吐蕃支配期の敦煌》釋作『並』，誤。

〔八〕『廿』，《敦煌佛教經録輯校》釋作『二十』。

〔九〕『欠』，《吐蕃支配期の敦煌》《敦煌佛教經録輯校》均釋作『大』，誤。

〔一〇〕『六』，《敦煌佛教經録輯校》釋作『二』，誤。

〔一一〕『若』，《敦煌文書〈諸寺付經歷〉芻議》釋作『若經』，衍一『經』字；『廿』，《敦煌佛教經録輯校》釋作『二十』。

〔一二〕『若』，《敦煌文書〈諸寺付經歷〉芻議》釋作『若經』，衍一『經』字；『卌』，《敦煌佛教經録輯校》釋作『四十』；『卷』，《吐蕃支配期の敦煌》釋作『卷付覺』，《敦煌佛教經録輯校》釋作『卷三帙』，均誤，按底本『卷』字後原有『欠一袟』三字，已被圈除。

〔一三〕『若』，《敦煌文書〈諸寺付經歷〉芻議》釋作『若經』，衍一『經』字；『卌』，《敦煌佛教經録輯校》釋作『四十』。

〔一四〕『卌』，《敦煌佛教經録輯校》釋作『四十』。

〔一五〕『觀』，《敦煌文書〈諸寺付經歷〉芻議》釋作『勸』，誤。

〔一六〕『惟』，《敦煌文書〈諸寺付經歷〉芻議》未能釋讀；『智』，當作『致』，《敦煌佛教經録輯校》據歷代經録校改，『智』爲『致』之借字。

〔一七〕『並』，《敦煌文書〈諸寺付經歷〉芻議》漏録；『勝覺』，《敦煌佛教經録輯校》未能釋讀。

〔一八〕『若』，《敦煌文書〈諸寺付經歷〉芻議》釋作『若經』，衍一『經』字。

〔一九〕此句《敦煌佛教經録輯校》未能釋讀。

〔二〇〕此句《敦煌佛教經録輯校》未能釋讀。

〔二一〕『十』，《吐蕃支配期の敦煌》《敦煌佛教經録輯校》均釋作『十五』，《敦煌文書〈諸寺付經歷〉芻議》釋作『十二』，均誤，按底本『十』字後原有『五』字，已被塗掉。

〔二二〕『卌』，《敦煌佛教經録輯校》釋作『四十』。

〔二三〕此句《敦煌佛教經録輯校》未能釋讀。

〔二四〕『又付《新般若》』，《敦煌佛教經録輯校》未能釋讀。

〔二五〕『廿』，《敦煌佛教經録輯校》釋作『二十』；『二』，《敦煌文書〈諸寺付經歷〉芻議》釋作『二袟』，按底本實無『袟』字；『欠』，《吐蕃支配期の敦煌》釋作『又』，誤。

〔二六〕此句《敦煌佛教經録輯校》未能釋讀。

〔二七〕此句《敦煌佛教經録輯校》未能釋讀。

〔二八〕『明』，《吐蕃支配期の敦煌》釋作『智』，《敦煌文書〈諸寺付經歷〉芻議》釋作『勝』，《敦煌佛教經録輯校》未能釋讀。

〔二九〕『明』，《吐蕃支配期の敦煌》釋作『智』，《敦煌文書〈諸寺付經歷〉芻議》釋作『勝』，均誤。此句《敦煌佛教經録輯校》未能釋讀。

〔三〇〕『般』，《敦煌文書〈諸寺付經歷〉芻議》釋作『若』，誤。此句《敦煌佛教經録輯校》未能釋讀。

〔三一〕『欠』，《吐蕃支配期の敦煌》釋作『第』，誤。此句《敦煌佛教經録輯校》未能釋讀。

〔三二〕『又』，《敦煌佛教經録輯校》未能釋讀。

〔三三〕此句《敦煌佛教經録輯校》未能釋讀。

〔三四〕『卅』，《敦煌佛教經録輯校》釋作『三十』；『三』，《敦煌佛教經録輯校》釋作『二』，誤。

〔三五〕『欠』，《吐蕃支配期の敦煌》漏録；『一』，《敦煌佛教經録輯校》漏録。

〔三六〕羽六七三背始於此句。

〔三七〕『袟』，據殘筆劃及文義補。

〔三八〕『第』，底本作『弟』，按寫本中『弟』『第』形近易混，故據文義逕釋。以下同，不另出校。

〔三九〕『經』，據殘筆劃及文義補。

參考文獻

《東方學報》三一册，一九六一年，二七四至二七五頁（録）；《敦煌寶藏》二五册，臺北：新文豐出版公司，一九八二年，五三二頁（圖）；《英藏敦煌文獻》五卷，成都：四川人民出版社，一九九二年，五頁（圖）；《敦煌佛教經録輯校》（下），南京：江苏古籍出版社，一九九七年，七七九至七八二頁（録）；《敦煌學輯刊》一九九九年一期，四七至四八頁（録）；《敦煌道教文獻研究：綜述・目録・索引》，北京：中國社會科學出版社，二〇〇四年，一〇九頁；《敦煌秘笈・影片册》九，大阪：武田科學振興財團，二〇一三年，三〇頁（圖）。

斯三〇七四　高僧傳略（康僧會、鳩摩羅什、竺道生、法顯、釋弘明、佛圖澄）

釋文

（前缺）

釋迦者，淨飯王子，轉輪王孫，託蔭王宮〔一〕，右脅而誕□滅〔二〕，無去無來，示名如來，十號稱尊，願王察也。帝問曰〔三〕：『釋□大聖靈驗如何〔四〕？』會答曰：『如來化後，有真心者，我一（？）舍□〔五〕。』帝乃誠心：『願師爲我祈請，只就獄內，七日得之。』七日至□□求不得〔六〕。帝問：『何爲不遂？』會〔七〕：『近緣至此，心尚未專。更□必舍利天雨　帝前〔八〕。』帝問：『真僞須知〔九〕，如何爲誠〔一〇〕？』會□〔一一〕：『火不能然〔一二〕，砧鎚不碎〔一三〕。』是日也，鎚下有五色光現〔一四〕，帝即□自歎〔一五〕：『其身靈造，人身不逢，於佛何期，正法臻矣，□□息議者哉！』因茲吴地佛法大興，盛行於世也。

羅什法師譯經院

法師，中天三藏〔一六〕，漢譯口之微言〔一七〕，[道]典〔一八〕。戒德孤隼，若隟（巢）桂之千尋〔一九〕；行業剋標，等松[ ]乘危遠涉，見業興焉；歷苦經過，梵本臻矣。[對]德〔二〇〕，擲筆空中，經論若合佛心，七日而莫下。人倫合雜，道俗駢闐（闐）〔二一〕，人者具瞻〔二二〕，神通叵測，不可思議也。四輩有依，救苦蒼生，三塗免溺。圖晝（畫）行歷〔二三〕，示以未知；續以神姿〔二四〕，未見當見。

鳩摩羅者〔二五〕，什法師是也，本是五天人。父爲國相男，甚聰明，不樂輔臣，誓擬離俗；母亦樂道，厭棄相家。既發斯心，其母證得初果。什年七歲，母攜往罽賓，訪以明師，志存求學。罽賓王見什神情爽朗，怪而以（異）之〔二六〕。集外道共論，其日無能當者。於是歷諸國，尋大乘，訪聖蹤，求佛教。至卅五，將梵本屆大唐。秦帝奉迎，譯諸經論。是時，譯《維摩經》一部，文至『芥子納須彌』，帝乃疑心。什知其意，便納衣鏡在灌（澡）澡（罐）之中〔二七〕。帝問：『映鏡何在？』什報曰：『鏡在澡灌（罐）〔二八〕』。帝甚異焉。帝問：『出得以否？』什報曰：『得。』登時瀉出，鏡復如常。什即啓言：『羅什凡夫，猶内鏡於澡灌（罐）〔二九〕，何妨維摩大士芥子納須彌〔三〇〕？』帝乃信之〔三一〕，悔謝也。

宋揚都龍光寺法師竺道生圖讚〔三二〕

生法師者，姓魏，寓居彭城，家爲士族〔三三〕。生幼而穎悟，聰慜若神〔三四〕。值沙門法沐（汰）〔三五〕，因兹受業〔三六〕。擕思獨朗，超然異出。志學之年，登坐披講〔三七〕，酬抗吐納，莫不推焉。初入廬山，幽栖七載，求其志也。常以入道之要，無超慧津，故鑽酌群經，略其標致，於是立『善不受報論』『頓悟成佛論』『法身無色論』『佛無淨土〔論〕〔三八〕』。六卷《泥洹》初至，生剖析經旨，知阿闡提人皆得成佛。於時，孤明獨舉，舊學以爲邪說，遂顯擯遣之。生於大衆正容曰：『若我說返（反）於經義〔三九〕，請於現身癘疾〔四〇〕；若與實相不違，願壽終。』其年，佛殿龍昇於天〔四一〕，因改爲龍光寺。歎曰：『龍既去矣〔四二〕，我亦行矣。』在於高座，端身而率（卒）也〔四三〕。

顯法師姓龔〔四四〕，平揚（陽）人〔四五〕，三歲出家，志行明慜。常慨經律未備，決志西尋。以晉隆安中，與同學十人，發自長安。西至流沙，上無飛鳥，下無走獸，四顧茫茫，莫測所之，惟視日以知東西〔四六〕，〔望〕人〔骨〕以標行路耳〔四七〕。又有熱風惡鬼，遇者必死。顯任業而行，直遇（過）嶮難〔四八〕。至葱嶺，冬夏積雪，惡龍吐毒，風〔雨〕砂礫〔四九〕，山路危懸，壁立千刃〔五〇〕。昔有穿石通路，傍施梯道，凡度七白（百）梯〔五一〕。又躡懸絙過河數十處〔五二〕，皆漢張騫、甘父所不至也。孤行卅餘國〔五三〕，達王舍，上耆闍崛山，燒香禮拜。三里（黑）師子舐脣搖尾在顯前〔五四〕，顯一心誦經念佛，師子乃低頭下尾，便以手摩之。誦經竟，師子良久遂去。

永明中，會稽釋弘明者，止雲門寺，誦《法華》，禮懺爲業。每旦，水瓶自滿，實天童子爲給使也。又虎來入室，伏牀前，久之乃去。又見小兒來聽經，云昔是此寺沙彌，盜僧廚食，今墮清中〔五五〕，聞上人誦經〔五六〕，故力來聽〔五七〕，〔願〕助方便〔五八〕，免斯累也。明爲説法，領解方隱。後山精來惱，明乃捉取〔五九〕，腰繩繫之，鬼謝，遂放，因之永絶。是知《法華經》力不可思議，持誦者自利利人，救他自益。經云：擔負乾草，入火不燒。能持是經〔六〇〕，甚爲難也。其經具三乘之義〔六一〕，含五部之文〔六二〕，顯四諦之因緣，藏十二之微密也。

佛圖澄者，中天竹（竺）國人也〔六三〕。幼年入道而求出家，誦經數百萬言，善解文義。雖未誦此土儒史，論辨而無疑滯〔六四〕。苦志弘大法〔六五〕，善誦神呪，能役鬼神。以麻油塗掌，千里事徹見掌中，如對面焉。又聽鈴音，使（便）知萬事〔六六〕。石勒、石虎尊之甚重。虎詔曰：和尚，國之大寶，榮爵不加，高位不受，何以旌德？從此已往〔六七〕，乘以雕輦〔六八〕，朝會之日，和尚昇殿。澄身長八丈（尺）〔六九〕，風姿詳雅〔七〇〕，僧詣澄講説矣〔七一〕。□

（後缺）

説明

此件首尾均缺，首部十餘行下沿殘，失題，起『釋迦者，淨飯王子』，訖『僧詣澄講説矣』。其内容係簡述康僧會等高僧的生平事跡，所記與《高僧傳》互有異同。《英藏敦煌文獻》擬名爲『高僧傳略（康僧會、鳩摩羅什、竺道生、法顯、佛圖澄）』，遺漏釋弘明。

此件中有關佛圖澄的事跡又見於斯一六二五背之『佛圖澄和尚因緣』，另斯三八一『鳩摩羅什傳』、斯五五六『竺道生傳』，亦與此件相應内容略同。

校記

〔一〕『託』，《〈英藏敦煌文獻〉第五卷敘録》釋作『脱』，誤。

〔二〕『誕』，據殘筆劃及文義補，《〈英藏敦煌文獻〉第五卷敘録》校補作『降』；此處之缺文，《〈英藏敦煌文獻〉第五卷敘録》漏作標記；『滅』，《〈英藏敦煌文獻〉第五卷敘録》釋作『誠』，誤。

〔三〕『問』，據殘筆劃及文義補，《〈英藏敦煌文獻〉第五卷敘録》逕釋作『問』。

〔四〕此處之缺文，《〈英藏敦煌文獻〉第五卷敘録》校補作『迦』。

〔五〕此處之缺文，《〈英藏敦煌文獻〉第五卷敘録》校補作『利現』。

〔六〕『至』，《〈英藏敦煌文獻〉第五卷敘録》據《高僧傳》及殘筆劃校補；『□□』，《〈英藏敦煌文獻〉第五卷敘録》校補作『舍利』。

〔七〕『會』，《〈英藏敦煌文獻〉第五卷敘録》校補作『會曰』。

〔八〕此處之缺文，《〈英藏敦煌文獻〉第五卷敘録》校補作「請七日」。
〔九〕「僞」，《〈英藏敦煌文獻〉第五卷敘録》釋作「爲」，校改作「僞」，誤。
〔一〇〕「誠」，《〈英藏敦煌文獻〉第五卷敘録》釋作「識」，誤。
〔一一〕「□」，《〈英藏敦煌文獻〉第五卷敘録》校補作「曰」。
〔一二〕「火」，據《高僧傳·魏吴建業建初寺康僧會》補；「然」，《〈英藏敦煌文獻〉第五卷敘録》校改作「燃」，不必。
〔一三〕「鎚」，《〈英藏敦煌文獻〉第五卷敘録》釋作「槌」，誤。
〔一四〕「鎚」，《〈英藏敦煌文獻〉第五卷敘録》釋作「椎」，誤。
〔一五〕此處之缺文，《〈英藏敦煌文獻〉第五卷敘録》校補作「慨」；「自」，《〈英藏敦煌文獻〉第五卷敘録》漏録；「歎」，《〈英藏敦煌文獻〉第五卷敘録》釋作「歎曰」，「誤」。
〔一六〕「天」，《〈英藏敦煌文獻〉第五卷敘録》校補作「天竺」，不必。
〔一七〕「微」，《〈英藏敦煌文獻〉第五卷敘録》釋作「徽」，誤。
〔一八〕「道」，據殘筆劃及文義補，《〈英藏敦煌文獻〉第五卷敘録》釋作「是」。
〔一九〕「隙」，當作「巢」，據文義改，《〈英藏敦煌文獻〉第五卷敘録》逕釋作「巢」。
〔二〇〕「對」，據殘筆劃及文義補。
〔二一〕「驥」，當作「闃」，據文義改，「驥」爲「闃」之借字，《〈英藏敦煌文獻〉第五卷敘録》逕釋作「闃」。
〔二二〕「具」，《〈英藏敦煌文獻〉第五卷敘録》釋作「俱」，誤。
〔二三〕「晝」，當作「畫」，據文義改，《〈英藏敦煌文獻〉第五卷敘録》逕釋作「畫」。
〔二四〕「繢」，《〈英藏敦煌文獻〉第五卷敘録》釋作「繪」，誤。
〔二五〕「鳩」，據殘筆劃及文義補。

〔二六〕『以』，當作『異』，《〈英藏敦煌文獻〉第五卷敘録》據文義校改，『以』爲『異』之借字。

〔二七〕『灌』，當作『澡』，據文義改，《〈英藏敦煌文獻〉第五卷敘録》校改作『鑵』；『澡』，當作『鑵』，據文義改。

〔二八〕『灌』，當作『鑵』，《〈英藏敦煌文獻〉第五卷敘録》據文義校改。以下同，不另出校。

〔二九〕『内』，《〈英藏敦煌文獻〉第五卷敘録》校改作『納』，不必。

〔三〇〕『子』，《〈英藏敦煌文獻〉第五卷敘録》釋作『於』，誤。

〔三一〕『乃』，《〈英藏敦煌文獻〉第五卷敘録》釋作『不』，誤；『信』，《〈英藏敦煌文獻〉第五卷敘録》釋作『佶』，校改作『詰』，誤。

〔三二〕『揚』，《〈英藏敦煌文獻〉第五卷敘録》漏録。

〔三三〕『士』，《〈英藏敦煌文獻〉第五卷敘録》釋作『世』，誤。

〔三四〕『慜』，《〈英藏敦煌文獻〉第五卷敘録》釋作『敏』，誤。以下同，不另出校。

〔三五〕『值』，《〈英藏敦煌文獻〉第五卷敘録》釋作『從』，誤；『沐』，當作『汰』，據《高僧傳·宋京師龍光寺竺道生》改，《〈英藏敦煌文獻〉第五卷敘録》釋作『休』，校改作『汰』。

〔三六〕『業』，《〈英藏敦煌文獻〉第五卷敘録》釋作『之』，誤。

〔三七〕『坐』，《〈英藏敦煌文獻〉第五卷敘録》釋作『座』，誤。

〔三八〕『論』，據《高僧傳·宋京師龍光寺竺道生》補。

〔三九〕『返』，當作『反』，據《高僧傳·宋京師龍光寺竺道生》改，『返』爲『反』之借字。

〔四〇〕『癘』，《〈英藏敦煌文獻〉第五卷敘録》釋作『疠』，誤。

〔四一〕『於』，《〈英藏敦煌文獻〉第五卷敘録》釋作『子』，誤。

〔四二〕『既』，《〈英藏敦煌文獻〉第五卷敘録》釋作『已』，誤。

〔四三〕『率』，當作『卒』，據文義改，《〈英藏敦煌文獻〉第五卷敘録》逕釋作『卒』。
〔四四〕『師』，《〈英藏敦煌文獻〉第五卷敘録》釋作『師者』，按底本『者』字右側有删除符號，故不録。
〔四五〕『揚』，當作『陽』，據《高僧傳・宋江陵辛寺釋法顯》改，《〈英藏敦煌文獻〉第五卷敘録》逕釋作『陽』，『揚』爲『陽』之借字。
〔四六〕『惟』，《〈英藏敦煌文獻〉第五卷敘録》釋作『唯』，誤。
〔四七〕『望』，據《高僧傳・宋江陵辛寺釋法顯》補；『骨』，據《高僧傳・宋江陵辛寺釋法顯》補。
〔四八〕『遇』，當作『過』，據《高僧傳・宋江陵辛寺釋法顯》改。
〔四九〕『雨』，據《高僧傳・宋江陵辛寺釋法顯》補。
〔五〇〕『刃』，《〈英藏敦煌文獻〉第五卷敘録》釋作『仞』，雖義可通而字誤。
〔五一〕『白』，當作『百』，據《高僧傳・宋江陵辛寺釋法顯》改，『白』爲『百』之借字。
〔五二〕『絚』，《〈英藏敦煌文獻〉第五卷敘録》釋作『緪』，誤。
〔五三〕『卌』，《〈英藏敦煌文獻〉第五卷敘録》釋作『三十』。
〔五四〕『里』，當作『黑』，據《高僧傳・宋江陵辛寺釋法顯》改。
〔五五〕『清』，《〈英藏敦煌文獻〉第五卷敘録》校改作『圕』，按『清』通『圕』，不煩校改。
〔五六〕『人』，《〈英藏敦煌文獻〉第五卷敘録》釋作『入』，誤。
〔五七〕『力』，《〈英藏敦煌文獻〉第五卷敘録》漏録。
〔五八〕『願』，據《高僧傳・齊永興柏林寺釋弘明》補。
〔五九〕『捉』，據殘筆劃及《高僧傳・齊永興柏林寺釋弘明》補，《〈英藏敦煌文獻〉第五卷敘録》逕釋作『捉』。
〔六〇〕『是』，《〈英藏敦煌文獻〉第五卷敘録》釋作『此』，誤。

〔六一〕『具』，《〈英藏敦煌文獻〉第五卷敘録》釋作『奥』，誤。

〔六二〕『五部』，《〈英藏敦煌文獻〉第五卷敘録》釋作『部五』，誤，按底本『部』字右下方有倒乙符號；『之』，《〈英藏敦煌文獻〉第五卷敘録》釋作『之□』，按『之』字下方原有一字，其旁疑有删除符號，故未録。

〔六三〕『竹』，當作『竺』，據斯一六二五背之『佛圖澄和尚因緣』改，『竹』爲『竺』之借字。

〔六四〕『辨』，《〈英藏敦煌文獻〉第五卷敘録》釋作『辯』，誤。

〔六五〕『苦』，底本似『若』，按寫本中『苦』『若』形近易混，故據文義逕釋。

〔六六〕『使』，當作『便』，據斯一六二五背之『佛圖澄和尚因緣』改。

〔六七〕『往』，據斯一六二五背之『佛圖澄和尚因緣』補。

〔六八〕『乘以雕』，據殘筆劃及斯一六二五背之『佛圖澄和尚因緣』補。

〔六九〕『丈』，當作『尺』，據斯一六二五背之『佛圖澄和尚因緣』改。《〈英藏敦煌文獻〉第五卷敘録》將『八丈』釋作『丈八』，按底本『丈』字右下方有倒乙符號。

〔七〇〕『詳雅』，據斯一六二五背之『佛圖澄和尚因緣』補。

〔七一〕『僧詣』，據殘筆劃及斯一六二五背之『佛圖澄和尚因緣』補。

參考文獻

Descriptive Catalogue of the Chinese Manuscripts from Tunhuang in the British Museum, The Trustees of the British Museum, London 1957, p. 212（録）；《敦煌寶藏》一三五册，臺北：新文豐出版公司，一九八二年，五四四至五四五頁（圖）；《敦煌遺書總目索引》，北京：中華書局，一九八三年，一七二頁；《英藏敦煌文獻》三卷，成都：四川人民出版社，一九九

〇年，一一二頁（圖）；《英藏敦煌文獻》五卷，成都：四川人民出版社，一九九二年，六至七頁（圖）；《高僧傳》，北京：中華書局，一九九二年，一四至二一、四五至六〇、八七至九二、二五五至二五九、三四五至三六〇、四六八至四六九頁；《英國收藏敦煌漢藏文獻研究：紀念敦煌文獻發現一百周年》，北京：中國社會科學出版社，二〇〇〇年，一二九至一三一頁（録）；《敦煌遺書總目索引新編》，北京：中華書局，二〇〇〇年，九五頁；《英藏敦煌社會歷史文獻釋録》七卷，北京：社會科學文獻出版社，二〇一〇年，三九〇至三九一頁（録）。

斯三〇七四背　吐蕃時期某寺破歷

釋文

（前缺）

□金縈〔一〕，充送惠通〔二〕。

五月一日，出白麵捌斗，付和南，充官囑齋用。

九日，出白麵陸斗，付安大娘，充外莊直歲食。

六月一日，出出白麵捌碩〔三〕，付金縈，充擀氈博士食。

十五日，出白麵陸碩，付寺主，充窟用。

廿日，出白麵兩碩，付金縈，充起氈博士食〔四〕。

同日，出白麵叁斗，修兆（桃）園衆僧食〔五〕，付金縈。

同日，出白麵肆斗，入氈料造麵美（羹）〔六〕，付金縈。

同日，出白麵叁斗，付金縈，造蓽（饆）羅（饠）〔七〕，官齋上用。

廿六日，出粟兩碩伍斗，付惠炬，充莊頭人糧。

同日，出白麵壹斗伍勝，付朱判官，充送翟良清。
七月十三日，出白麵參碩，付金縈，充賫七〔月〕十五日供養佛盆〔八〕。
同日，出白麵貳斗，付金縈，充賫盆博士食。
十六〔日〕〔九〕，出白麵參碩，付金縈，充供養僧破盆日。
廿六日，白麵肆斗，付龍真英，充屈水官。
廿九日，出白麵玖斗，付善得，充屈草宅使。
八月一日，出白麵參斗，付金縈，充供養四天王。
同日，出白麵壹碩伍斗，付張履玖，充窟設吐渾阿師。
同日，出白麵陸斗，付昔家阿婆，充修磑輪價。
十六日，出白麵兩碩，付金縈，充旋椀博士食〔一〇〕。
同日，出白麵貳斗，付金縈，充莊頭四人送麥來食。
九月六日，出白麵陸斗，付金縈，充蕃寺卿東來日食。
十一日，出白麵陸斗，付金縈，充剪羊博士食。
同日，出麵肆斗，付金縈，充東來蕃寺卿食。
十二日，出白麵參碩壹斗，付金縈，充窟上衆僧食。
十九日，出白麵柒斗，付金縈，充本寺修造在後罰席（？）上用〔一一〕。

同日，出白麵伍勝、麨柒勝、米伍勝，付朱判官差科頭納。
十月一日，出白麵兩碩，付金〔縈〕〔一二〕，充衆僧十月舟（晝）日食〔一三〕。
三日，出白麵伍斗，付惠炬，充七月糧〔一四〕，外莊直歲。
十五日，出白麵壹碩伍斗，付惠林，充衆〔僧〕堂食〔一五〕。
廿一日，出白麵壹碩壹斗貳勝，付吐蕃，充持（治）羊皮價〔一六〕。
同日，出白麵兩碩陸斗，付惠林，充衆僧堂食。
廿三日，出白麵參斗，付惠林，充峰（縫）皮裘吐蕃食〔一七〕。
十一月一日，〔出〕白麵兩碩〔一八〕，付賀國清，充衆僧窟頭堂食。
同日，出白麵壹碩陸斗，付智英，充衆僧堂食。
三日，出恪（䴴）麵貳斗〔一九〕，付金縈，充押油人食。
八日，出白麵兩碩，付智英，充衆僧堂食。
十六日，出白麵壹碩伍斗，付利珍，充衆〔僧〕堂食〔二〇〕。
廿日，出白麵柒斗，付利珍，充衆〔僧〕堂食〔二一〕。
同日，出白麵肆碩貳斗〔二二〕，付令狐穚奴〔二三〕，充先舉麥平麵與。
同日，出白麵壹碩捌斗，付利珍，充造文書衆僧食。
廿四日，出白麵參碩，付利珍，充冬至衆僧節料。

同日，出恪（硌）麵陸斗，付荔菲，充莊頭人糧。
同日，出粟麵參斗，付張什二，充迴造時八日（？）内食。
廿五日，出白麵壹碩貳斗，付利〔珍〕〔二四〕，充衆僧堂食。
十二月一日，出白麵壹碩貳斗，付張什二，充衆僧堂食。
三日，出白麵參斗，付張什二，充衆僧堂食。
同日，出恪（硌）麵陸斗，付金縈，充峰（縫）皮裘及押油人食。
六日，出白麵肆碩陸斗，付金縈，充衆僧小食。
同日，出白麵壹碩柒斗，付陰胡胡，充迴造次納。
七日，出白麵兩碩，付智清，充衆僧堂食。
同日出恪（硌）麵捌斗，付縈子〔二五〕，充莊頭人糧。
九日，出白麵壹碩伍斗，付朝奴〔二六〕，充□莊（？）人食〔二七〕。
同日，出白麵貳斗，付朱判官，充楊師下□〔二八〕。
十日，出白麵壹碩貳斗，付付陰法師充糧〔二九〕。
十六〔日〕〔三〇〕，出白麵兩碩捌斗，付金縈，充衆僧堂食。

說明

此件首缺尾全，起『金縈』，訖『十六〔日〕』，出白麵兩碩捌斗，付金縈，充衆僧堂食』，其内容爲吐蕃管轄敦煌時期某寺支出白麵、粟、麨、米、饹（𩞄）麵、粟麵的記録。

校記

〔一〕『金』，《敦煌社會經濟文獻真蹟釋録》漏録；『縈』，據殘筆劃及文義補。

〔二〕『充』，《敦煌社會經濟文獻真蹟釋録》未能釋讀。

〔三〕第二個『出』，據文義係衍文，當删。

〔四〕『起』，底本原作『⿺麥巳』，應係涉上文『麵』字而成之類化俗字。

〔五〕『兆』，當作『桃』，據文義改，《敦煌社會經濟文獻真蹟釋録》逕釋作『桃』。

〔六〕『美』，當作『羹』，據文義改。

〔七〕『華』，當作『饆』，據文義改，『華』爲『饆』之借字；『羅』，當作『饠』，據文義改，『羅』爲『饠』之借字。

〔八〕『月』，《敦煌社會經濟文獻真蹟釋録》據文義校補。

〔九〕『日』，據文義補，《敦煌社會經濟文獻真蹟釋録》逕釋。

〔一〇〕『旋』，《敦煌歸義軍史專題研究》釋作『楦』，校改作『旋』，誤；『博』，底本原作『榑』，係涉上文『椀』字而成之類化俗字。

〔一一〕『席』，《敦煌社會經濟文獻真蹟釋録》釋作『蓆』。

〔一二〕『縈』，《敦煌社會經濟文獻真蹟釋録》據文義校補。

〔一三〕『舟』，當作『晝』，據文義改，《敦煌社會經濟文獻真蹟釋録》未能釋讀。
〔一四〕『七』，《敦煌社會經濟文獻真蹟釋録》釋作『十』，誤。
〔一五〕『僧』，《敦煌社會經濟文獻真蹟釋録》據文義校補。
〔一六〕『持』，當作『治』，《敦煌籍帳文書釋詞》據文義校改，『持』爲『治』之借字。
〔一七〕『充』，《敦煌社會經濟文獻真蹟釋録》漏録；『峰』，當作『縫』，《唐五代敦煌寺户制度》據文義校改，『峰』爲『縫』之借字，以下同，不另出校。
〔一八〕『出』，據文義補，《敦煌社會經濟文獻真蹟釋録》逕釋。
〔一九〕『恪』，當作『絡』，據文義改，『恪』爲『絡』之借字。以下同，不另出校。
〔二〇〕『僧』，《敦煌社會經濟文獻真蹟釋録》據文義校補。
〔二一〕『僧』，據文義補。
〔二二〕『貳』，《敦煌社會經濟文獻真蹟釋録》疑作『壹』。
〔二三〕『穚』，底本原爲『礻』旁，按寫本中『礻』『禾』形近易混，故據文義逕釋。
〔二四〕『珍』，《唐後期五代宋初敦煌僧尼的社會生活》據文義校補。
〔二五〕『縈』，《敦煌社會經濟文獻真蹟釋録》釋作『榮』，誤。
〔二六〕『朝奴』，《敦煌社會經濟文獻真蹟釋録》釋作『乾願』，誤。
〔二七〕『莊』，《敦煌社會經濟文獻真蹟釋録》疑作『店』。
〔二八〕『□』，《敦煌社會經濟文獻真蹟釋録》釋作『簷』。
〔二九〕第二個『付』，據文義係衍文，當刪。
〔三〇〕『日』，據文義補，《敦煌社會經濟文獻真蹟釋録》逕釋作『日』。

參考文獻

Descriptive Catalogue of the Chinese Manuscripts from Tunhuang in the British Museum, The Trustees of the British Museum, London 1957, p. 212；《敦煌寶藏》二五册，臺北：新文豐出版公司，一九八二年，五四六至五四七頁（圖）；《唐五代敦煌寺户制度》，北京：中華書局，一九八七年，七五至七七頁（録）；《敦煌社會經濟文獻真蹟釋録》三輯，北京：全國圖書館文獻縮微複製中心，一九九〇年，一六九至一七一頁（録）；《英藏敦煌文獻》五卷，成都：四川人民出版社，一九九二年，八頁（圖）；《敦煌歸義軍史專題研究》，蘭州大學出版社，一九九七年，二四〇至二四一頁；《唐後期五代宋初敦煌僧尼的社會生活》，北京：中國社會科學出版社，一九九八年，一一七至一一八頁；《唐五代敦煌飲食文化研究》，北京：民族出版社，二〇〇四年，一一、七九、二一三、三七二至三七三頁；《出土文獻與古文字研究》二輯，上海：復旦大學出版社，二〇〇八年，三四〇頁。

斯三〇七九　妙法蓮華經卷第四題記

釋文

咸亨二年十月十二日經生郭德寫。
用紙廿二張。
裝潢手解善集裝。
初校經生郭德。
再校西明寺僧法顯。
三校西明寺僧思侃〔一〕。
詳閲太原寺大德神符。
詳閲太原寺大德嘉尚。
詳閲太原寺主慧立〔二〕。
詳閲太原寺上座道成。
判官少府監掌治署令向義感〔三〕。

使太中大夫行少府少監兼檢校將作少匠永興縣開國公虞昶〔四〕。

説明

此件《英藏敦煌文獻》未收，現予增收。咸亨二年即公元六七一年。

校記

〔一〕『西明寺僧』，《敦煌遺書總目索引》《敦煌遺書總目索引新編》釋作『同上』，誤。

〔二〕『寺』，《敦煌遺書總目索引》《敦煌遺書總目索引新編》釋作『寺寺』，誤。

〔三〕『府』，《敦煌遺書總目索引》《敦煌遺書總目索引新編》釋作『内』，誤。

〔四〕『太』，《敦煌遺書總目索引》《敦煌遺書總目索引新編》釋作『大』，雖義可通而字誤；『匠』，《中國中古經濟與社會史論稿》釋作『監』，誤；『昶』，《敦煌遺書總目索引》《敦煌遺書總目索引新編》釋作『昶監』，按底本『昶』之後實無『監』字。

參考文獻

Descriptive Catalogue of the Chinese Manuscripts from Tunhuang in the British Museum, The Trustees of the British Museum, London 1957, p. 74（録）；《敦煌寶藏》二五册，臺北：新文豐出版公司，一九八二年，五九七頁（圖）；《敦煌遺書總目索引》，北京：中華書局，一九八三年，一七三頁（録）；《中國古代寫本識語集録》，東京大學東洋文化研究所，一九九〇

年，二一二至二一三頁（録）；《敦煌遺書總目索引新編》，北京：中華書局，二〇〇〇年，九五頁（録）；《莫高窟年表》，昆明：雲南人民出版社，二〇〇二年，二四〇頁（録）；《中國中古經濟與社會史論稿》，武漢：湖北教育出版社，二〇〇五年，一六五頁（録）；《虎頭金粟影：維摩詰變相研究》，北京大學出版社，二〇一三年，二〇〇頁（録）。

斯三〇八二　妙法蓮華經卷第五題記

釋文

弟子李智通及法界衆〔生〕共同拱（供）養〔一〕。

説明

此件《英藏敦煌文獻》未收，現予增收。

校記

〔一〕『生』，*Descriptive Catalogue of the Chinese Manuscripts from Tunhuang in the British Museum* 據文義校補；『拱』，當作『供』，*Descriptive Catalogue of the Chinese Manuscripts from Tunhuang in the British Museum* 據文義校改，《敦煌遺書總目索引》《敦煌學要籥》《中國古代寫本識語集録》《敦煌遺書總目索引新編》均逕釋作『供』，『拱』爲『供』之借字。

參考文獻

Descriptive Catalogue of the Chinese Manuscripts from Tunhuang in the British Museum, The Trustees of the British Museum, Lon-

don 1957, p. 78（録）；《敦煌寶藏》二五册，臺北：新文豐出版公司，一九八二年，六二六頁（圖）；《敦煌學要籥》，臺北：新文豐出版公司，一九八二年，一二九頁（録）；《敦煌遺書總目索引》，北京：中華書局，一九八三年，一七三頁（録）；《中國古代寫本識語集録》，東京大學東洋文化研究所，一九九〇年，二五二頁（録）；《敦煌音義匯考》，杭州大學出版社，一九九六年，一一八七頁（録）；《敦煌研究》一九九七年二期，一二三頁；《敦煌遺書總目索引新編》，北京：中華書局，二〇〇〇年，九五頁（録）。

斯三〇八三　妙法蓮華經卷第二題記

釋文

菩薩戒弟子鄧衡爲亡妻索氏敬寫。

説明

此件《英藏敦煌文獻》未收，現予增收。池田温推測其大約抄寫於八世紀（參見《中國古代寫本識語集録》，三二三頁）。趙和平據《中國文化遺産研究院藏西域文獻遺珍》之一一六號《妙法蓮華經》卷七尾題『維大唐顯慶二年正月十五日，菩薩戒弟子錢塘縣開國男南陽鄧衡爲亡息弘愻敬寫法華經一部，願亡者神生淨土』，推測此件的抄寫年代與顯慶二年（公元六五七年）相去不遠，應爲七世紀寫本（《書評：〈中國文化遺産研究院藏西域文獻遺珍〉》，《敦煌吐魯番研究》十六卷，四二九頁）。

參考文獻

Descriptive Catalogue of the Chinese Manuscripts from Tunhuang in the British Museum, The Trustees of the British Museum, Lon-

don 1957, p. 68（録）；《敦煌寶藏》二五册，臺北：新文豐出版公司，一九八二年，六三三頁（圖）；《敦煌學要籥》，臺北：新文豐出版公司，一九八二年，一二九頁（録）；《敦煌遺書總目索引》，北京：中華書局，一九八三年，一七三頁（録）；《中國古代寫本識語集録》，東京大學東洋文化研究所，一九九〇年，三三三頁（録）；《敦煌遺書總目索引新編》，北京：中華書局，二〇〇〇年，九五頁（録）；《敦煌吐魯番研究》十六卷，上海古籍出版社，二〇一六年，四二九頁。

斯三〇八七　雜寫

釋文

南無善見佛　南無阿彌陀佛
次　次禮十方諸大菩薩
南無常舉手菩薩　南無常慘菩薩
南無觀世音菩薩　南無地藏菩薩
南無觀世音菩薩　南　乃乃乃
乃乃乃　乃　乃乃乃
乃　乃
乃乃乃乃乃乃乃乃乃乃

説明

此件爲時人隨手所寫，其中『乃』字均爲倒書，《英藏敦煌文獻》未收，現予增收。

參考文獻

《敦煌寶藏》二五册，臺北：新文豐出版公司，一九八二年，六四九頁（圖）。

斯三〇九二　一　阿彌陀佛供養受持文抄

釋文

夫欲念佛修行求生淨國者，先於淨處置此尊像，隨分香花以爲供養。每至尊前，冥心合掌，離諸散動，專注一緣，稱名禮敬。

南無極樂世界四十八願大慈大悲阿彌陀佛，願共諸衆生，一心歸命禮。十拜。

南無極樂世界大慈大悲諸尊菩薩、一切賢聖。一拜。

然後正坐，一心專注。念阿彌陀佛，或萬或千；觀世音、大勢志諸尊菩薩〔一〕，各一百八。念已，稱云：以此稱揚念佛功德，資益法界一切念（含）定（生）〔二〕，願承是善聲，同得正念，往生無量壽國。更禮三拜，即出道場。

説明

此卷首部完整，尾部上沿殘，所抄内容可分爲兩部分。正面第一部分是阿彌陀佛供養受持文抄，第二部分是『還魂記』，背面接續正面『還魂記』内容。兩部分筆跡相同，當爲一人所抄。

此件首尾完整，起『夫欲念佛修行求生淨國者』，訖『即出道場』，《英藏敦煌文獻》定名爲《歸願文》，汪娟擬題爲『西方淨土禮文』（參看《敦煌禮懺文研究》，三〇七頁）。現知與此件相關的敦煌文書尚有三件印本：法國國家圖書館藏伯四五一四（三）A、英國國家圖書館藏S.P一四、英國博物館藏Ch. xliii. 〇〇三，三件印本的文字内容與圖像相同，上部均爲阿彌陀佛畫像，畫像兩側分別印有『四十八願阿彌陀佛』、『普勸供養受持』，下部印願文及禮拜方法，與此件内容相同，郭味蕖將其定名爲《阿彌陀佛供養受持箋》（參看《郭味蕖藝術文集》，二六八頁）。此件僅有文字而無圖像，故本書將其定名爲《阿彌陀佛供養受持文抄》。

以上釋文以斯三〇九二爲底本，用伯四五一四（三）A（稱其爲甲本）、S.P一四（稱其爲乙本）、Ch. xliii. 〇〇三（稱其爲丙本）參校。

校記

〔一〕『志』，甲、乙、丙本作『至』。

〔二〕『念定』，當作『含生』，據甲、乙、丙本改。

參考文獻

《敦煌寶藏》二五册，臺北：新文豐出版公司，一九八二年，六六七頁（圖）；《英藏敦煌文獻》五卷，成都：四川人民出版社，一九九二年，九頁（圖）；《敦煌禮懺文研究》，臺北：法鼓文化事業股份有限公司，一九九八年，三〇七頁；《郭味蕖藝術文集》，北京：人民美術出版社，二〇〇八年，二六八頁。

斯三〇九二　二　還魂記

釋文

謹案《還魂記》〔一〕：

襄州開元寺僧道明，去大曆十三年二月八日，依（於）本院巳時後午前〔二〕，見二黄衣使者云：『奉閻羅王勑令，取和尚暫往冥司要對會。』道明自念，出家已來，不虧齋戒，冥司追來，亦何所懼！遂與使者徐步同行。須臾之間，即至衙府。使者先入奏閻羅王〔三〕：『臣奉　勑令，取襄州開元寺僧道明，其僧見到〔四〕，謹取進　旨。』王即唤入，再三詢問〔五〕：『據此儀表〔六〕，不合追來，審勘寺額法名〔七〕，莫令追擾善人，妨脩道業〔八〕。』有一主者將狀奏閻羅王〔九〕：『臣當司所追，是龍興寺僧道明，其寺額不同，伏請放還生路。』道明既蒙洗雪，情地豁然，辭王欲歸人世〔一〇〕，舉頭西顧，見一禪僧，目比青蓮，面如滿月，寶蓮承足，纓絡裝嚴〔一一〕，錫振金鐶〔一二〕，納裁雲水〔一三〕。

菩薩問道明〔一四〕：『汝識吾否？』道明曰：『耳目凡殘（賤）〔一五〕，不識尊容。』『汝熟視之，吾是地藏也。』『彼處形容與此不同。如何閻浮提形□襴〔一六〕，手持志（至）寶〔一七〕，露頂不覆，垂珠花纓。』『此傳之者謬□殿堂亦吝焉〔一八〕。閻浮提衆生多不相識。汝子細觀我□色短長，一一分明，傳之於世。汝勸一切衆生，念吾真言□啼耶。聞吾名者，罪消滅；見吾形者，福生。於此殿，□者〔一九〕，我誓必當相救。』道明既蒙誨誘，喜行難□虔誠〔二〇〕，暫荷恩德，臨欲辭去，再視尊容，乃觀□師子〔二一〕。道明問菩薩：『此是何畜也，敢近賢聖？傳寫之時〔二二〕，要知來處。』『想汝不識。此是大聖文殊菩薩化見在身，共吾同在幽冥，救諸苦難。』道明便去〔二三〕，刹那之間，至本州院内，再蘇息，彼會列丹青〔二四〕，圖寫真容，流傳於世。

説明

此件抄於『阿彌陀佛供養受持文抄』之後，起『謹案《還魂記》』，訖『流傳於世』，『於此殿』之後的文字抄於背面。此件所存内容係釋家宣教故事，是研究中國古代地藏信仰的重要文獻（參看王惠民《中唐以後敦煌地藏圖像考察》，《敦煌研究》二〇〇七年一期，二四至二五頁）。

校記

〔一〕「案」，《敦煌遺書總目索引新編》《〈道明還魂記〉校定》釋作「按」，雖義可通而字誤。

〔二〕「依」，當作「於」，《舊學新知》據文義校改，時「依」與「於」可互换使用；「巳」，《敦煌學海探珠》《〈道明還魂記〉校定》釋作「已」，《敦煌本佛教靈驗記校注並研究》釋作「已」，校改作「已」。

〔三〕「王」，《敦煌學海探珠》校補作「王曰」，按不補亦可通。

〔四〕「見」，《敦煌本佛教靈驗記校注並研究》校改作「現」，按不改亦可通。以下同，不另出校。

〔五〕「再三詢問」，《敦煌學海探珠》在此句後校補「且曰」。

〔六〕「此」，《敦煌學海探珠》校改作「其」。

〔七〕「審」，《敦煌學海探珠》校補作「當審」。

〔八〕「脩」，《敦煌本佛教靈驗記校注並研究》釋作「修」，雖義可通而字誤。

〔九〕「王」，《敦煌學海探珠》校補作「王曰」。

〔一〇〕「辭」，《敦煌學海探珠》據文義校補。

〔一一〕「裝」，《敦煌遺書總目索引新編》《中唐以後敦煌地藏圖像考察》釋作「莊」，雖義可通而字誤，《敦煌本佛教靈驗記校注並研究》《〈道明還魂記〉校定》據文義校改作「莊」，按不改亦可通。

〔一二〕「鐶」，《〈道明還魂記〉校定》認爲係「環」受上文「金」類化影響而成的换旁俗字。

〔一三〕「納」，《敦煌本佛教靈驗記校注並研究》校改作「衲」。

〔一四〕「菩薩問道明」，《敦煌學海探珠》在此句後校補「曰」。

〔一五〕「殘」，當作「賤」，《〈道明還魂記〉校定》據文義校改，《敦煌學海探珠》《敦煌遺書總目索引》《敦煌本〈佛説十王經〉校録研究》《敦煌遺書總目索引新編》《敦煌本佛教靈驗記校注並研究》逕釋作「賤」。

〔一六〕「□」，《〈道明還魂記〉校定》校補作「容身披錦」。

〔一七〕「志」，當作「至」，《敦煌本佛教靈驗記校注並研究》據文義校改，「志」爲「至」之借字，《敦煌學海探珠》《敦煌遺書總目索引》《敦煌本〈佛説十王經〉校録研究》《敦煌遺書總目索引新編》《中唐以後敦煌地藏圖像考察》逕釋作「至」。

〔一八〕「各」，《敦煌本佛教靈驗記校注並研究》釋作「怪」。

〔一九〕背面始於此句。

〔二〇〕「行」，《敦煌學海探珠》校改作「形」。

〔二一〕「師」，《敦煌本佛教靈驗記校注並研究》校改作「獅」，按不改亦可通。

〔二二〕「傳寫之時」，《敦煌學海探珠》在此句前校補「菩薩曰」。

〔二三〕「便」，《〈道明還魂記〉校定》據殘筆劃及文義校補，《敦煌學海探珠》《敦煌遺書總目索引》《敦煌本〈佛説十王經〉校録研究》《敦煌遺書總目索引新編》《敦煌本佛教靈驗記校注並研究》逕釋作「便」。

〔二四〕「彼」，《〈道明還魂記〉校定》疑當校改作「後」；「會」，《敦煌學海探珠》《敦煌遺書總目索引》《敦煌遺書總目索引新編》《〈道明還魂記〉校定》校改作「繪」，按不改亦可通。

參考文獻

Descriptive Catalogue of the Chinese Manuscripts from Tunhuang in the British Museum, The Trustees of the British Museum, London 1957, p. 199；《敦煌學海探珠》，臺北：商務印書館，一九七九年，三三八至三三九（録）；《敦煌寶藏》二五册，臺北：新文豐出版公司，一九八二年，六六七至六六八頁（圖）；《敦煌遺書總目索引》，北京：中華書局，一九八三

年，一七三頁（録）；《英藏敦煌文獻》五卷，成都：四川人民出版社，一九九二年，九頁（圖）；《山鳥下聽事，簷花入酒中——唐五代文學論叢》，嘉義：中正大學中國文學系，一九九八年，六九三至七三五頁（録）；《敦煌遺書總目索引新編》，北京：中華書局，二〇〇〇年，九五至九六頁（録）；《敦煌研究》二〇〇七年一期，二四至二五頁；《敦煌本佛教靈驗記校注並研究》，蘭州：甘肅人民出版社，二〇〇九年，三七五至三七七頁（録）；《南京師範大學文學院學報》二〇一〇年三期，一八七頁（録）；《敦煌小説合集》，杭州：浙江文藝出版社，二〇一〇年，二六四至二六五頁（録）。

斯三〇九四　妙法蓮華經卷第二題記

釋文

儀鳳二年五月廿一日書手劉意師寫〔一〕。
用紙二十一張〔二〕。
裝潢手解善集。
初校書手劉儼。
再校書手劉儼。
三校書手劉儼。
詳閲太原寺大德神符。
詳閲太原寺大德嘉尚。
詳閲太原寺主慧德〔三〕。
詳閲太原寺上座道成。
判官上林署令李德。
使朝散大夫守尚舍奉御閻玄道監。

説明

此件《英藏敦煌文獻》未收，現予增收。儀鳳二年即公元六七七年。

校記

〔一〕『師』，《敦煌學要籥》《敦煌遺書總目索引》《敦煌遺書總目索引新編》均釋作『思』，誤。

〔二〕『二十』，《敦煌學要籥》《敦煌遺書總目索引》《敦煌遺書總目索引新編》均釋作『廿』。

〔三〕『德』，《敦煌學要籥》《敦煌遺書總目索引》《敦煌遺書總目索引新編》均釋作『立』，誤。

參考文獻

Descriptive Catalogue of the Chinese Manuscripts from Tunhuang in the British Museum, The Trustees of the British Museum, London 1957, p. 68（録）；《敦煌寶藏》二五册，臺北：新文豐出版公司，一九八二年，六八六頁（圖）；《敦煌學要籥》，臺北：新文豐出版公司，一九八二年，一二九至一三〇頁（録）；《敦煌遺書總目索引》，北京：中華書局，一九八三年，一七三頁（録）；《中國古代寫本識語集録》，東京大學東洋文化研究所，一九九〇年，二三一至二三二頁（録）；《敦煌遺書總目索引新編》，北京：中華書局，二〇〇〇年，九六頁（録）；《莫高窟年表》，昆明：雲南人民出版社，二〇〇二年，二四六頁（録）；《中國歷史文物》二〇一〇年五期，一五至一六頁；《敦煌文獻·考古·藝術綜合研究：紀念向達先生誕辰一一〇周年國際學術研討會論文集》，北京：中華書局，二〇一一年，二九一至二九二頁；《虎頭金粟影：維摩詰變相研究》，北京大學出版社，二〇一三年，二〇三頁（録）。

斯三〇九六　一　大乘淨土讚

釋文

法鏡臨空照〔一〕，心通五色見〔二〕，見心淨妙察〔三〕，法界亦通然〔四〕。
意取（珠）恆自淨〔五〕，身光照十方〔六〕，至心無住處〔七〕，解脱得清凉〔八〕。
觀想（相）如無想（相）〔九〕，高聲不染聲，料知無所有〔一〇〕，惠鏡浪（朗）然明〔一一〕。
策子油（由）空淨〔一二〕，悟裏無所緣〔一三〕，坐臥空消（霄）裏〔一四〕，照出裏（離）人天〔一五〕。
暫到除（池）邊立〔一六〕，洗卻意中泥〔一七〕，情（清）淨無塵垢〔一八〕，願以證菩提〔一九〕。
惠鏡無靈（令）闇〔二〇〕，知者常用明〔二一〕，塵勞雖（須）斷卻〔二二〕，寶藏自然明〔二三〕。
池裏金沙水〔二四〕，連（蓮）中法性流〔二五〕，花開化生子〔二六〕，談我本恨（根）油（由）〔二七〕。
住想常觀察〔二八〕，三妹（昧）寶王真〔二九〕，巡還三藏教〔三〇〕，弗（拂）卻意中泥〔三一〕。
有人專念佛〔三二〕，念佛入深禪〔三三〕，初夜端心坐〔三四〕，西方在目前。

念則知無念〔三五〕，無念是珍（真）如〔三六〕，若料（了）此中意〔三七〕，是名法性珠〔三八〕。

淨土在心頭，遇（愚）人向外求〔三九〕，深（心）中有寶鏡〔四〇〕，不識一生休〔四一〕。

諸佛在心頭〔四二〕，如（汝）此（自）不能求〔四三〕，甚（慎）物（勿）靈（令）希（虛）有（過）〔四四〕，急手早勤修〔四五〕。

寶鏡人皆有〔四六〕，遇（愚）人不解磨〔四七〕，不能返自照〔四八〕，塵垢更曾（增）多〔四九〕。

寶鏡人家（皆）有〔五〇〕，知人則解磨〔五一〕，勤勤返自照〔五二〕，塵垢莫來過〔五三〕。

意取（珠）恆名（明）徹〔五四〕，自惟（性）本無（圓）名（明）〔五五〕，悟理之（知）莫（真）趣〔五六〕，念佛即無生。

碎末爲金鑌（鑛）〔五七〕，鑌（鑛）衆（中）不現金〔五八〕，知者容（鎔）消（銷）練（鍊）〔五九〕，真金腹内見〔六〇〕。

佛想（相）空無想（相）〔六一〕，真如寂不言〔六二〕，口談文字教，此界妄相禪〔六三〕。

涅盤未談法〔六四〕，秘密不交（教）傳〔六五〕，心同（通）常自用〔六六〕，威當度有緣〔六七〕。

三乘無不識〔六八〕，外道未曾聞〔六九〕，小恨（根）多許（毀）寶（謗）〔七〇〕，盛（誓）願莫流傳〔七一〕。

道逢梁（良）賢〔七二〕，把手相傳〔七三〕，道逢不梁（良）賢，子父莫交（教）傳〔七四〕。

説明

此卷首尾完整，所抄内容可分爲兩部分。正面第一部分是『大乘淨土讚』，第二部分是『太子成道變文』，背面接續正面内容。兩部分筆跡不同，當爲不同人所抄。

此件首尾完整，起『法鏡臨空照』，訖『子父莫交（教）傳』。敦煌文獻中被題作《大乘淨土讚》、《大乘讚》或《淨土法身讚》的同類文獻尚有斯三八二、斯四四七、斯五五六九、斯六一〇九、伯三六四五、伯二九六三、伯二六九〇背、伯二四八三、斯四六五四、北敦三九二五（生二五）背、Дх一〇四七。本書在對斯三八二號進行釋録時，曾以此件和斯四四七、斯三〇九六、斯五五六九、斯六一〇九、伯三六四五爲校本。其餘寫本情況分别爲：伯二九六三，首尾完整，起首題『淨土法身讚　此讚通一切處釋法照』，訖『子父不相傳』；伯二六九〇背，首尾完整，自左向右抄寫文字，起首題『大乘淨土讚』，訖『大乘讚一本』；伯二四八三，首全尾缺，起首題『大乘淨土讚壹本』，訖『鑛中不現金』；斯四六五四，首尾完整，起首題『大乘淨土讚』，訖『子父莫相傳』；北敦三九二五背，首尾完整，起首題『大乘淨土讚一本』，訖『慈父莫教傳』；Дх一〇四七，首全尾缺，起首題『淨土法身讚』，訖『急循早勤修』之『急循』。

以上釋文以斯三〇九六爲底本，用此前未曾參校之伯二九六三（稱其爲甲本）、伯二六九〇背（稱其爲乙本）、伯二四八三（稱其爲丙本）、斯四六五四（稱其爲丁本）、北敦三九二五背（稱其爲戊本）、Дх一〇四七（稱其爲己本）參校。其他各本之異同可參看本書第二卷斯三八二的釋文和校記。

校記

〔一〕『臨』，甲、乙、戊、己本同，丙、丁本作『林』，『林』爲『臨』之借字。甲本此句前有『淨土法身讚　此讚通一切處　釋法照』，乙本此句前有『大乘淨土讚』，丙本此句前有『大乘淨土讚壹本』，丁本此句前有『大乘淨土讚』，戊本此句前有『大乘淨土讚一本』。

〔二〕『心』，甲、丙、丁、戊本同，乙、己本作『身』；『通』，甲、乙、丙、戊、己本同，丁本作『中』；『五』，乙、丙、丁、戊、己本同，甲本作『悟』，『悟』爲『五』之借字；『見』，乙、丙、丁、戊、己本作『現』，甲本作『堅』，『堅』爲『見』之借字。

〔三〕『見心』，乙、丙、丁、戊、己本同，甲本作『神通』；『察』，乙、丙、丁、戊本同，甲、己本作『剎』。甲本此句後有一『土』字。

〔四〕『亦』，乙、丁、戊本同，甲、丙、己本作『總』；『通』，乙、丙、丁、戊、己本同，甲本作『同』，『同』爲『通』之借字。

〔五〕『取』，甲本作『殊』，丙、戊本作『諸』，丁本作『之』，當作『珠』，據乙、己本改，『殊』『諸』『之』均爲『珠』之借字；『自』，甲、乙、丙、戊、己本同，丁本作『里』，誤；『淨』，甲、乙、丙、戊、己本同，丁本脱。

〔六〕『身』，乙、丙、丁、戊、己本同，甲本作『神』；『照』，乙、丙、丁、戊、己本同，甲本作『遍』。

〔七〕『至』，乙、丙、丁、戊本同，甲、己本作『知』；『住』，乙、己本同，甲、丙、丁、戊本作『處』；『處』，乙、丁、己本同，甲本作『所』，丙本作『住』，戊本作『亻』，當係『住』未寫完。

〔八〕『涼』，甲、乙、丁、己本同，丙、戊本作『梁』，『梁』爲『涼』之借字。

〔九〕第一個『想』，乙本同，甲本作『像』，當作『相』，據丙、丁、戊、己本改，『想』『像』均爲『相』之借字；

『如』，乙、戊本同，甲、丙、丁、己本作『而』，『而』爲『如』之借字；第二個『想』，乙本同，甲、戊本作『像』，當作『相』，據丙、丁、己本改，『想』『像』均爲『相』之借字。

〔一〇〕『料』，甲、乙、丙、丁、戊、己本作『了』；『知』，甲、乙、丙、己本同，丁本作『之』，戊本作『諸』，『之』『諸』均爲『知』之借字；『所』，甲、乙、丙、丁、己本同，戊本作『數』，誤。

〔一一〕『鏡』，甲、乙、丙、丁、己本同，戊本作『竟』，『竟』爲『鏡』之借字；『浪』，乙、丙、丁、戊本同，當作『朗』，據甲、己本改，『浪』爲『朗』之借字。

〔一二〕『策』，乙、丁、戊本同，甲本作『寂』，丙本作『算』，己本作『側』；『子』，乙、丙、丁、戊本同，甲本作『寂』，己本作『則』；『油』，丙本同，甲本作『幽』，乙、己本作『游』，戊本作『猶』，當作『由』，據丁本改，『油』『幽』『游』『猶』均爲『由』之借字；『空』，乙、丙、丁、己、戊本同，甲本作『靈』；『淨』，丙、丁、戊本同，甲本作『靜』，乙、己本作『正』。

〔一三〕『悟』，乙、丙、戊、己本同，甲本作『恬』，誤，丁本作『五』，『五』爲『悟』之借字；『裏』，甲本作『然』，乙、己本作『則』，丙、丁本作『李』，戊本作『埋』，甲、戊本誤，『李』爲『裏』之借字；『緣』，甲、乙、戊、己本同，丙、丁本作『元』。

〔一四〕『坐』，甲、丁、戊本同，乙、丙、己本作『座』，『座』爲『坐』之借字；『消』，丙、丁、戊本同，當作『霄』，據甲、乙、己本改，『消』爲『霄』之借字；『裏』，甲、乙、丁、己本同，丙本作『埋』，誤，戊本作『慮』，『慮』爲『裏』之借字。

〔一五〕『照』，甲、乙、丙、丁、己本作『超』，戊本作『趙』，『趙』爲『照』之借字；『裏』，戊本作『利』，當作『離』，據甲、乙、丙、丁、己本改，『裏』『利』均爲『離』之借字。

〔一六〕『到』，乙、丙、丁、戊、己本同，甲本作『引』；『除』，當作『池』，據甲、乙、丙、丁、戊、己本改。

〔一七〕『洗』，甲、乙、丁、戊、己本同，丙本作『燒』，誤。

〔一八〕『情』，當作『清』，據甲、乙、丙、丁、戊、己本改，『情』爲『清』之借字。

〔一九〕『以』，乙本同，甲、丙本作『汝』，丁本作『而』，戊本作『如』，己本作『女汝』，誤。

〔二〇〕『鏡』，甲、丙、丁、己本同，乙、戊本作『境』，『境』爲『鏡』之借字；『無』，甲、丙、丁、戊本同，乙、己本作『勿』；『靈』，當作『令』，據甲、乙、丙、丁、戊、己本改，『靈』爲『令』之借字。

〔二一〕『知』，乙、丙、己本同，甲、丁、戊本作『智』，均可通；『者』，丙、丁、戊本同，甲本作『珠』，乙本作『中』，己本作『中相』，誤。

〔二二〕『塵』，甲、乙、丙、丁、戊、己本同，己本原有兩個『塵』字，分别抄於行末和下一行行首，這是當時的一種抄寫習慣，可以稱爲『提行添字例』，第二個『塵』字應不讀；『雖』，當作『須』，據甲、乙、丙、丁、戊、己本改，『雖』爲『須』之借字。

〔二三〕『藏』，乙、丙、丁本同，甲、己本作『坐』，戊本作『座』；『明』，乙、丙、丁本同，甲、戊本作『迎』，己本作『迷』，『迎』『迷』均爲『明』之借字。

〔二四〕『裹』，丙、丁本同，乙本作『令』，戊本作『利』，己本作『全』，誤，『令』『利』均爲『裹』之借字；『沙』，丙、戊、己本同，丁本作『砂』；『水』，丙、丁、戊本同，乙、己本作『數』，『數』爲『水』之借字。此句至『談我本根由』，甲本脱。

〔二五〕『連』，乙、丁、戊、己本同，當作『蓮』，據丙本改，『連』爲『蓮』之借字；『性』，乙、丙、丁、己本同，戊本作『住』，誤；『流』，乙、丙、丁、戊本同，己本脱。

〔二六〕『花』，乙、丙、丁、己本同，戊本作『化』；『化』，乙、丁、己本同，丙、戊本作『花』；『生』，乙、丁、戊、己本同，丙本脱。

〔二七〕『談』，乙、丙、丁、戊、己本作『説』；『恨』，當作『根』，據乙、丙、丁、戊、己本改；『油』，丙本同，乙、己本作『猶』，當作『由』，據丁、戊本改，『油』『猶』均爲『由』之借字。

〔二八〕『住』，戊本同，甲、乙、己本作『注』，丙、丁本作『處』，『注』『處』均爲『住』之借字；『想』，甲、乙、丁、己本同，丙、戊本作『相』。

〔二九〕『三』，甲、乙、丙、丁、戊本同，己本脱；『妹』，丁本同，丙本作『味』，當作『昧』，據甲、乙、戊、己本改；『真』，乙、丙本同，甲本作『珍』，丁本作『求』，戊本作『泥』，己本作『塵』，丁、戊、己本誤。

〔三〇〕『巡』，丙、丁本同，甲、己本作『洞』，乙本作『同』，戊本作『搥』，誤；『還』，丙、丁、戊本同，甲本作『閑』，乙、己本作『闤』，誤；『藏』，甲、乙、丙、戊、己本同，丁本作『乘』。

〔三一〕『弗』，丁、戊本同，丙本作『沸』，己本作『佛』，當作『拂』，據甲、乙本改，『弗』『沸』『佛』均爲『拂』之借字。

〔三二〕『有』，乙、丙、丁、戊、己本同，甲本作『人』；『人』，乙、丙、丁、戊、己本同，甲本作『今』；『專』，甲、乙、丁、戊、己本同，丙本作『轉』，『轉』爲『專』之借字。丁本此句後有『無念是真而，若了次中意，是名法性除。淨土在心頭』四句，與後文重複，『無念』上有勾勒符號，『若』邊有卜煞符號，應係删除這四句之意。

〔三三〕『佛』，乙、丙、丁、戊、己本同，甲本作『者』；『深』，甲、乙、丁、戊、己本同，丙本作『心』。

〔三四〕『坐』，甲、乙、丁、戊、己本同，丙本作『座』，『座』爲『坐』之借字。

〔三五〕『則』，丙、丁、戊本同，甲、乙、己本作『即』；『知』，甲、乙、丙本同，丁、戊本作『智』，『智』爲『知』之借字。

〔三六〕『珍』，當作『真』，據甲、乙、丙、丁、戊、己本改，『珍』爲『真』之借字。

〔三七〕『若』，甲、丙、丁、戊、己本同，乙本作『爲』；『料』，當作『了』，據甲、乙、丙、丁、戊、己本改，『料』爲

『了』之借字；『此』，甲、乙、己本同，丙、丁本作『次』，『次』爲『此』之借字，戊本作『聖』。

〔三八〕『是』，乙、丙、丁、戊、己本同，甲本作『名』；『名』，乙、丙、丁、己本同，甲本作『爲』，戊本作『明』，『明』爲『名』之借字；『性』，甲、乙、丙、丁、己本同，戊本作『聖』；『珠』，甲、乙本同，丙、丁本作『除』，戊本作『朱』，『除』『朱』均爲『珠』之借字。

〔三九〕『遇』，丁、戊本同，當作『愚』，據甲、乙、己本改，『遇』爲『愚』之借字，丙本作『⿺辶愚』，乃『愚』之增旁俗字。

〔四〇〕『深』，當作『心』，據甲、乙、丙、丁、戊、己本改，『深』爲『心』之借字。

〔四一〕『識』，甲、乙、丙、丁、己本同，戊本作『息』，誤。

〔四二〕『諸』，甲、乙、丙、戊本同，丁本作『之』，『之』爲『諸』之借字。

〔四三〕『如』，丙、戊本同，丁本作『而』，當作『汝』，據甲、乙、己本改，『如』『而』均爲『汝』之借字；『此』，丙本同，丁本作『次』，當作『自』，據甲、乙、戊、己本改，『此』『次』均爲『自』之借字。

〔四四〕『甚』，丙、丁、戊本同，當作『慎』，據甲、乙、己本改，『甚』爲『慎』之借字；『物』，丙、丁本同，當作『勿』，據甲、乙、戊、己本改，『物』爲『勿』之借字；『靈』，乙、己本同，當作『令』，據甲、丙、丁、戊本改，『靈』爲『令』之借字；『希』，丁本同，當作『虛』，據甲、乙、丙、戊、己本改，『希』爲『虛』之借字；『有』，丙本作『遇』，當作『過』，據甲、乙、丁、戊、己本改。

〔四五〕『手』，甲、丁本同，乙、戊、己本作『循』，丙本作『守』，『守』爲『手』之借字；『早』，甲、乙、丙、戊本同，丁本作『造』，『造』爲『早』之借字；『勤』，甲、乙、丙、戊本同，丁本作『勒』，誤；『修』，乙、丙、丁、戊本同，甲本作『求』。己本止於此句。

〔四六〕『皆』，甲本同，乙、戊本作『家』，丁本作『家家』，誤。此句至『塵垢更曾多』，丙本脱。

〔四七〕「遇」，丁、戊本同，當作「愚」，據甲、乙本改，「遇」爲「愚」之借字；「磨」，甲、乙、丁本同，戊本作「摩」，「摩」爲「磨」之借字。
〔四八〕「能」，乙、丁、戊本同，甲本作「曾」；「返」，乙、戊本同，甲、丁本作「反」，均可通。
〔四九〕「垢」，甲、乙本同，丁、戊本作「勞」，誤；「曾」，當作「增」，據甲、乙、丁、戊本改，「曾」爲「增」之借字。
〔五〇〕「家」，甲、乙、丙、丁、戊本同，當作「皆」，據文義改，「家」爲「皆」之借字。
〔五一〕「知」，乙、丙、戊本同，甲、丁本作「智」，均可通；「則」，乙、丙、丁、戊本同，甲本作「即」；「磨」，甲、乙本同，丙、丁、戊本作「摩」，「摩」爲「磨」之借字。
〔五二〕「勤勤」，甲、乙、丙、丁本同，戊本作「不能」；「返」，甲、乙、戊本同，丙、丁本作「反」，均可通。
〔五三〕「垢」，甲、乙、丙、戊本同，丁本作「勞」，誤；「莫」，丁、戊本同，甲、乙本作「不」，丙本作「其」。
〔五四〕「取」，丙、戊本作「諸」，丁本作「足」，當作「珠」，據甲、乙本改，「諸」「足」均爲「珠」之借字；「名」，丁本同，甲本作「瑩」，乙本作「榮」，當作「明」，據丙、戊本改，「名」爲「明」之借字；「徹」，甲、乙、丁本同，丙本作「微」，誤，戊本作「截」，亦誤。
〔五五〕「惟」，當作「性」，據甲、乙、丙、丁、戊本改；「無」，丁、戊本同，丙本作「須」，當作「圓」，據甲、乙本改；「名」，當作「明」，據甲、乙、丙、丁、戊本改，「名」爲「明」之借字。
〔五六〕「悟」，甲、乙、丁本同，丙本作「五」，戊本作「吾」，「五」「吾」均爲「悟」之借字；「理」，甲、乙、戊本同，丙本作「李」，丁本作「里」，「李」「里」均爲「理」之借字；「之」，丁、戊本同，丙本作「如」，當作「知」，據甲、乙本改，「之」爲「知」之借字；「莫」，乙本作「中」，當作「真」，據甲、丙、丁、戊本改；「趣」，甲、乙、丁、戊本同，丙本作「取」，誤。

〔五七〕『末』，甲、乙、丁、戊本同，丙本作『沫』；『鏔』，甲、丁、戊本作『礦』，當作『鑛』，據乙、丙本改，以下同，不另出校。

〔五八〕『衆』，當作『中』，據甲、乙、丙、丁、戊本改，『衆』爲『中』之借字；『現』，乙、丙、丁、戊本同，甲本作『見』，均可通。丙本止於此句。

〔五九〕『知』，乙、戊本同，甲本作『智』，均可通，丁本作『至』，『至』爲『知』之借字；『容』，戊本同，甲、丁本作『用』，當作『鎔』，據乙本改，『容』爲『鎔』之借字；『消』，甲、丁、戊本同，當作『銷』，據乙本改，『消』爲『銷』之借字；『練』，戊本同，當作『鍊』，據甲、乙、丁本改，『練』爲『鍊』之借字。

〔六〇〕『腹』，甲、乙、丁本同，乙本作『腸』，戊本作『復』，『復』爲『腹』之借字；『見』，乙本同，甲、丁、戊本作『現』，均可通。

〔六一〕兩個『想』，丁本同，當作『相』，據甲、乙、戊本改，『想』爲『相』之借字。

〔六二〕『真』，甲、乙、丁本同，戊本作『直』，誤；『如』，甲、乙、戊本同，丁本作『而』，『而』爲『如』之借字；『寂』，甲、乙、丁本同，戊本作『直』。

〔六三〕『此』，甲、丁、戊本同，乙本作『四』，『四』爲『此』之借字；『界』，甲、乙、丁本同，戊本作『戒』，『戒』爲『界』之借字；『妄』，乙、丁本同，甲本作『忘』，戊本作『望』，『忘』『望』均爲『妄』之借字；『相』，甲、戊本同，乙、丁本作『想』。

〔六四〕『涅』，乙、丁、戊本同，甲本作『温』，誤；『談』，甲、丁本作『鋏』，乙本作『藏』，戊本作『與』，均誤。

〔六五〕『秘』，甲、乙、丁本同，戊本作『彼』，誤；『密』，甲、戊本同，乙、丁本作『蜜』，『蜜』爲『密』之借字；『交』，乙、丁本同，戊本作『流』，當作『教』，據甲本改，『交』爲『教』之借字；『傳』，甲、乙、丁本同，戊本作『專』，『專』爲『傳』之借字。

〔六六〕『同』，乙本作『中』，當作『通』，據甲、丁、戊本改，『同』爲『通』之借字；『自』，甲本同，乙本作『不』，丁本作『日』，戊本作『目』，均誤。

〔六七〕『當』，甲、丁本同，乙本作『度』，誤，戊本作『光』。

〔六八〕『識』，甲、丁本同，乙本作『乘』，戊本作『息』，均誤。

〔六九〕『曾』，甲、乙、戊本同，丁本作『增』，『增』爲『曾』之借字。

〔七〇〕『小』，甲、丁本同，乙、戊本作『少』；『恨』，當作『根』，據甲、乙、丁、戊本改；『許』，當作『毀』，據甲、乙、丁、戊本改；『寶』，甲、戊本作『傍』，當作『謗』，據乙、丁本改。

〔七一〕『盛』，當作『誓』，據甲、乙、丁、戊本改；『莫』，乙、丁本同，甲、戊本作『不』。

〔七二〕『逢』，甲、乙、戊本同，丁本作『逢好』；『梁』，當作『良』，據甲、乙、丁、戊本改，『梁』爲『良』之借字，以下同，不另出校。

〔七三〕『相傳』，甲、乙本同，丁本作『則相傳』，戊本作『相轉』。

〔七四〕『子』，甲、乙、丁本同，戊本作『慈』；『莫』，乙、丁、戊本同，甲本作『不』；『交』，當作『教』，據戊本改，『交』爲『教』之借字，甲、丁本作『相』，乙本作『流』，均可通。乙本此句後有『大乘讚一本』，戊本此句後有『知進牽殘子自手題記之耳』。

參考文獻

Descriptive Catalogue of the Chinese Manuscripts from Tunhuang in the British Museum, The Trustees of the British Museum, London 1957, p. 195；《敦煌寶藏》二六册，臺北：新文豐出版公司，一九八二年，二頁（圖）；《敦煌研究》一九八六年四

期，五〇頁；《英藏敦煌文獻》五卷，成都：四川人民出版社，一九九二年，一〇頁（圖）；《英藏敦煌文獻》六卷，成都：四川人民出版社，一九九二年，二〇五至二〇六頁（圖）；《俄藏敦煌文獻》七册，上海古籍出版社，一九九六年，二八二頁（圖）；《法藏敦煌西域文獻》一四册，上海古籍出版社，二〇〇一年，二六〇頁（圖）；《法藏敦煌西域文獻》一七册，上海古籍出版社，二〇〇一年，二六二至二六三頁（圖）；《法藏敦煌西域文獻》二〇册，上海古籍出版社，二〇〇二年，二六五頁（圖）；《英藏敦煌社會歷史文獻釋録》二卷，北京：社會科學文獻出版社，二〇〇三年，二二五至二三一頁、三二七至三二九頁（録）；《國家圖書館藏敦煌遺書》五四册，北京圖書館出版社，二〇〇七年，九六至九七頁（圖）。

斯三〇九六　二　太子成道變文

釋文

（以上原缺文）

卻且住家。到五歲已上，父王便取妻與太子，於大街中縶玖從（重）綵色樓子上坐〔一〕，十六大國應有大富長者之女，隊隊如（而）過〔二〕。太子並總不看〔三〕，見前劫婢女破面與笑，色（索）取中脂（指）上金脂（指）環〔四〕，便打喜鼓，便與成親。三年之內，別牀如（而）宿。太子坐禪，夫人行道。夫人坐福（禪）〔五〕，太子行道。到七年之時，便成出家〔六〕。父王遣差五百個力助（士）四門如（而）方（防）〔七〕。四門觀看〔八〕，先到東門，見生老，惢（咨）車匿〔九〕：『罔（因）何如（而）老〔一〇〕？』車匿答曰：『有生有老〔一一〕。』太子不樂便別，卻迴如（而）入。南門見病，西門見四（死）〔一二〕，北門見削髮潔衣凡僧，便是苦行頭陀（？）〔一三〕。夜半子時，車匿、白馬、太子，三人同日如（而）去〔一四〕。太子乘馬如（而）上，妻是耶須陀羅〔一五〕，夫人並總不覺，著金邊（鞭）至（指）懷孕〔一六〕。四天王乘（承）太子馬腳〔一七〕，菩薩踰王成（城）如（而）去〔一八〕。至五更，到雪一山〔一九〕。先度歸輪。太子後成佛道，一憚（彈）脂（指）中到兜率天宮中說是（法）〔二〇〕，到頭共成無上〔菩〕〔提〕〔二一〕。

說明

此件抄於《大乘淨土讚》之後，起『卻且住家』，訖『到頭共成無上〔菩〕〔提〕』，自『四門觀看』之『看』後面的文字抄於文書背面。《敦煌變文集》《敦煌變文集新書》《敦煌變文校注》《英藏敦煌文獻》均將此件定名爲『太子成道變文』，茲從之。

校記

〔一〕『絜』，底本原作『嚛』，《敦煌變文校注》認爲係『絜』之增旁俗字；『從』，當作『重』，《敦煌變文校注》據文義校改，『從』爲『重』之借字。

〔二〕『如』，當作『而』，《敦煌變文集》據文義校改，『而』通『如』。以下同，不另出校。

〔三〕『並』，《敦煌變文校注》認爲原卷該字右有刪除符號，按底本實無刪除符號。

〔四〕『色』，當作『索』，《敦煌變文校注》據文義校改，『色』爲『索』之借字；『脂』，當作『指』，《敦煌變文集》據文義校改，『脂』爲『指』之借字，以下同，不另出校。

〔五〕『福』，《敦煌變文集》未能釋讀，《敦煌變文校注》認爲是『禪』之形訛，當作『禪』，《敦煌變文集》據文義校改。

〔六〕底本此句之前有多字空白，當有脫文。

〔七〕『助』，當作『士』，《敦煌變文校注》據文義校改；『方』，當作『防』，《敦煌變文校注》據文義校改，『方』爲

『防』之借字。

〔八〕『看』字以下抄於紙背。

〔九〕『恣』，當作『咨』，《敦煌變文集》據文義校改，『恣』爲『咨』之借字。

〔一〇〕『罔』，當作『因』，據文義改，《敦煌變文集》《敦煌變文集新書》《敦煌變文校注》逕釋作『因』。

〔一一〕『有老』，《敦煌變文校注》釋作『不免』，誤。

〔一二〕『四』，當作『死』，《敦煌變文集》據文義校改，『四』爲『死』之借字。

〔一三〕『陀』，《敦煌變文校注》釋作『子』。

〔一四〕『日』，《敦煌變文集》《敦煌變文集新書》《敦煌變文校注》未能釋讀。

〔一五〕『須』，《敦煌變文集》校改作『輸』。

〔一六〕『邊』，當作『鞭』，《敦煌變文集》據文義校改，『邊』爲『鞭』之借字；『至』，當作『指』，《敦煌變文校注》據文義校改，『至』爲『指』之借字。

〔一七〕『乘』，當作『承』，《敦煌變文校注》據文義校改，『乘』爲『承』之借字。

〔一八〕『踰王』，《敦煌變文校注》認爲底本係此二字的草書合文；『成』，當作『城』，《敦煌變文校注》據文義校改，『成』爲『城』之借字。

〔一九〕『一』，《敦煌變文集》《敦煌變文集新書》《敦煌變文校注》均未釋讀，據文義係衍文，當删。

〔二〇〕『憚』，當作『彈』，《敦煌變文集》據文義校改，『憚』爲『彈』之借字；『是』，當作『法』，據文義改，《敦煌變文校注》逕釋作『法』。

〔二一〕『菩提』，《敦煌變文校注》據文義校補。

參考文獻

Descriptive Catalogue of the Chinese Manuscripts from Tunhuang in the British Museum, The Trustees of the British Museum, London 1957, p. 195；《敦煌變文集》，北京：人民文學出版社，一九五七年，三二七頁（録）；《敦煌寶藏》二六册，臺北：新文豐出版公司，一九八二年，二頁（圖）；《敦煌遺書總目索引》，北京：中華書局，一九八三年，一七三頁；《敦煌研究》一九八六年四期，五〇頁；《敦煌研究》一九九一年三期，八八至八九頁；《英藏敦煌文獻》五卷，成都：四川人民出版社，一九九二年，一〇頁（圖）；《敦煌變文集新書》，臺北：文津出版社，一九九四年，五六九至五七〇頁（録）；《敦煌變文校注》，北京：中華書局，一九九七年，四九八至五〇〇頁（録）。

斯三一〇九　太上洞玄靈寶無量度人上品妙經

釋文

（前缺）

紫虛郁秀〔一〕，輔翼萬仙。千和萬合，自然成真〔二〕。真中有神〔三〕，長生大君。無英公子，白元尊神〔四〕。太一司命〔五〕，桃康合延。執符把録〔六〕，保命生根。上遊上清〔七〕，出入華房〔八〕。八冥之内，細微之中。下鎮人身〔九〕，泥丸絳宫〔一〇〕。中理五氣〔一一〕，混合百神。十轉迴靈，萬氣齊仙〔一二〕。仙道貴生，無量度人。上開八門，飛天法輪。罪福禁戒〔一三〕，宿命因緣。普受開度，死魂生身。身得受生，上聞諸天。諸天之上，各有生門。中有空洞，謡歌之章。魔王靈篇，辭参高真。

第一欲界，飛空之音。人道眇眇，仙道莽莽，鬼道樂兮，當人生門。天道貴生〔一四〕，鬼道貴終〔一五〕。仙道常自吉〔一六〕，鬼道常自凶。高上清靈爽，悲歌朗太空。唯願仙道成，不欲人道窮。北都泉曲府，中有萬鬼群，但欲遏人算〔一七〕，斷截人命門。阿人歌洞章〔一八〕，以攝北羅酆。束送妖魔精〔一九〕，斬馘六鬼鋒。諸天氣蕩蕩〔二〇〕，我道日興隆。

第二色界，魔王之章。落落高張，明氣四騫〔二一〕。梵行諸天，周迴十神。無量大神，皆由我身。我有洞章，萬遍成仙。仙道貴度，鬼道相連。天地眇莽〔二二〕，穢氣氛氛〔二三〕。三界樂兮，過之長存。身度我界，體入自然。此時樂兮，薄由我恩。龍漢蕩蕩，何能別真？我界難度〔二四〕，故作洞文。變化飛空，以試爾身。成敗懈退，度者幾人。笑爾不度，故爲歌音。

第三無色界。魔王歌曰：三界之上，眇眇大羅。上無色根，雲層峨峨〔二五〕。唯有元始，皓（浩）劫之家〔二六〕，部制我界，統承玄都。有過我界，身入玉虛。我位上王，匡御衆魔。空中萬變，穢氣紛葩〔二七〕。保真者少，迷或者多〔二八〕。仙道難固，鬼道易邪〔二九〕。人道者心，諒不由他。仙道貴實，人道貴華。爾不樂仙道，三界那得過？其欲轉五道，我當復奈何！

此三界之上，飛空之中，魔王歌音，音參洞章。誦之百遍，名度南宮；誦之千遍，魔王保迎；萬遍道備，飛昇太空，過度三界，位登仙公。有聞靈音，魔王敬形。勑制地祇，侍衛送迎。拔出地户，五苦八難。七祖昇遷，永離鬼官。魂度朱陵，受練更生〔三〇〕。是謂無量，普度無窮。有秘上天文，諸天共所崇。泄慢墮地獄，禍及七祖翁。

道言：此二章並是諸天上帝及至靈魔王隱秘之音，皆是大梵之言，非世上常辭〔三一〕。

言無韻麗，曲無華宛，故謂玄奥，難可尋詳。上天所寳，秘於玄都紫微上宫，依玄科，四萬劫一傳。若有至人，齎金寳質，心依具格〔三二〕，告盟十天〔三三〕，然後而付焉。

道言：夫天地運度，亦有否終；日月五星，亦有虧盈；至聖神人〔三四〕，亦有休否；末學之夫，亦有疾傷。凡有此災，同氣皆當〔三五〕。齊心脩齋，六時行香，十遍轉經〔三六〕，福德立降，消諸不祥。無量之文，普度無窮。

道言：夫末學道淺，或仙品未充〔三七〕，運應滅度，身經太陰，臨過之時〔三八〕，同學至人，爲其行香，誦經十遍〔三九〕，以度尸形。如法，魂神逕上南宫。隨其學功，計日而得更生〔四〇〕，轉輪不滅〔四一〕，便得神仙。

道言：夫天地運終，亦當脩齋、行香、誦經；星宿錯度，日月失昏，亦當脩齋、行香、誦經；四時失度，陰陽不調，亦當脩齋、行香、誦經；國主有災，兵革四興，亦當脩齋、行香、誦經；疫毒流行，兆民死傷，亦當脩齋、行香、誦經；師友命過，亦當脩齋〔四二〕、行香、誦經。夫齋戒〔四三〕、誦經，功德甚重。上消天災，保鎮帝王，下攘毒害〔四四〕，以度兆民〔四五〕。生死受賴，其福難勝。故曰無量，普度天人〔四六〕。

道言：凡有是經，能爲天地、帝主〔四七〕、兆民行是功德〔四八〕，有災之日，發心脩齋〔四九〕、燒香，誦經十過，皆諸天記名，萬神侍衛。右別至人〔五〇〕，剋得爲聖君金闕之臣。諸天記人功過，豪分無失〔五一〕，天中魔王，亦保舉爾身得道者，乃當洞明至言也。

諸天中大梵隱語無量音　道君撰《元始靈書》中篇

亶樓阿薈〔五二〕。無和觀音。須筵明首〔五三〕。法攬菩曇。

稼那阿奔。忽訶流吟。華都曲麗。鮮菩育臻。

答洛大梵。散烟慶雲。飛灑玉都。明魔上門。

無行上首。迴蹠流玄。阿陀龍四（羅）〔五四〕。象（四）象吁員〔五五〕。

南焰洞浮〔五六〕。玉眸詵詵〔五七〕。梵形落空〔五八〕。九靈推前。

澤洛菩臺〔五九〕。緣羅大千〔六〇〕。眇莽九醜。韶謠緣亶。

雲上九都〔六一〕。飛生自騫。那育郁馥〔六二〕。摩羅法輪〔六三〕。

泓（霐）持無鏡〔六四〕。攬姿運容。馥朗廓奔。神纓自宮〔六五〕。

刀利禪猷〔六六〕。婆泥咎通。宛藪滌色〔六七〕。太眇之堂〔六八〕。

流羅梵萌。景蔚蕭嵎。易邈無寂。宛首少都。

阿濫郁竺。華漠（莫）筵（延）由〔六九〕。九開自辯〔七〇〕。阿那品首。

無量扶蓋。浮羅合神。玉誕長桑。柏空度仙。

玃無自育。九日道乾〔七一〕。坤母東覆。形攝上玄。

陀羅育邈。眇氣合雲〔七二〕。飛天大醜。總監上天。

沙陀劫量。龍漢瑛鮮。碧落浮黎。空歌保珍。
惡弈無品。洞妙自真。元梵恢漠。幽寂度人。

道言：此諸天中，大梵隱語，無量之音。舊文字皆廣長一丈，天真皇人，昔書其文，以爲正音。有知其音，能齋而誦之者，諸天皆遣飛天神王，下觀其身，書其功勤，上奏諸天。萬神朝禮，地祇侍門，大勳魔王，保舉上仙。道備剋得，遊行三界，昇入金門。

此音無所不辟，無所不攘〔七三〕，無所不度，無所不成，天真自然之音也。故誦之，致飛天下觀，上帝遥唱，萬神朝禮，三界侍軒，群妖束首，鬼精自亡。琳琅振響〔七四〕，十方肅清，河海静默，山嶽吞烟，萬靈振伏，招集群仙。天無氛穢，地無妖塵，冥慧洞清，無量玄玄也〔七五〕。

太上洞玄靈寶無量度人上品妙經〔七六〕

道士柳□　道士茂林〔七七〕

說明

此件卷軸裝，首缺尾全，起『紫虛郁秀』，訖尾題『太上洞玄靈寶無量度人上品妙經　道士柳□　道士茂林』。《太上洞玄靈寶無量度人上品妙經》撰人不詳，約出於東晉，係古《靈寶經》之一，自南北朝以來在道門中流傳甚廣。《正統道藏》洞真部本文類所收《靈寶無量度人上品妙經》有六十一卷，另有唐宋元明歷代道士編撰的《度人經》校注本十餘种，分別收入《道藏》各部類，其中洞真部玉訣類所收北宋道士陳景元編《元始無量度人上品妙經四注》，其經文最接近敦煌寫本（參看王卡《敦煌道教文獻研究：綜述·目録·索引》，九九頁）。

現知敦煌文獻中保存的《太上洞玄靈寶無量度人上品妙經》還有伯二六〇六、Дх一九四六+Дх一九七九、伯二三五五+斯一〇七一四、斯六〇七六、斯八七二〇、斯三一〇九、斯六三二、伯二四四六、浙敦附〇二（温博〇一）、伯二六五一、斯五三一五、伯二四五八、Дх五〇三一、Дх三〇四九B、Дх七九六八、北敦四〇九九、石谷風藏本四八等十七件。與此件内容有重複者爲伯二六〇六、斯六三二、伯二四四六、浙敦附〇二、伯二六五一、斯五三一五、伯二四五八以及《正統道藏》本。本書第一卷在對斯六三《太上洞玄靈寶無量度人上品妙經》釋録時曾以伯二六〇六和《正統道藏》本參校，限於當時工作條件未能參校所有校本，現以此件爲底本，以其餘諸本參校。伯二四四六首尾完整，起『有千試』，訖尾題『太上洞玄靈寶無量度人上品妙經』，卷中有墨筆作句讀符號；浙敦附〇二首缺尾全，起『設延經周迴』，訖尾題『太上洞玄靈寶無量度人上品妙經』，卷末另書題記（『乾寧四年丁巳歲七月十日，鎮海軍節度左押衙銀青光禄大夫檢校工部尚書兼御史大夫上柱國諸葛福奉爲母親朱氏捨淨財敬造此經四十卷，《本際經》一部十卷，入通玄觀藏轉讀』。），卷中『民』字寫作『人』；伯二六五一首缺尾全，起『天道貴生』之『貴』字，訖尾題『太上洞玄靈寶無量度人經』；斯五三一五卷軸裝，首尾完整，起『常自吉』，訖『大量玄玄也』；伯二四五八卷軸裝，首缺尾全，起『鬼道易邪』之『邪』字，訖尾題『太上洞玄靈寶無量度人經』；斯六三卷軸裝，首缺尾全，起『命時刻昇遷』，訖尾題『太上洞玄靈寶無量度人上品妙經』。

以上釋文以斯三一〇九爲底本，用伯二四四六（稱其爲甲本）、浙敦附〇二（温博〇一）（稱其爲乙本）、伯二六五一（稱其爲丙本）、斯五三一五（稱其爲丁本）、伯二四五八（稱其爲戊本）、斯六三（稱其爲己本）參校。

校記

〔一〕『紫虛』，據甲、乙、己本補。

〔二〕『然成真』，據甲、乙、己本補。

〔三〕『真中有』，據甲、乙本補。

〔四〕『尊神』，據甲、乙、己本補。

〔五〕『太一司命』，據甲、乙、己本補。

〔六〕『録』，甲本同，乙、己本作『籙』。

〔七〕『上遊上清』，據甲、乙、己本補。

〔八〕『出』，據甲、乙、己本補。

〔九〕『身』，據殘筆劃及甲、乙、己本補。

〔一〇〕『泥丸』，據甲、乙、己本補。

〔一一〕『氣』，甲、己本同，乙本作『炁』。

〔一二〕『氣』，甲、己本同，乙本作『炁』。

〔一三〕『戒』，甲、己本同，乙本作『誡』，均可通。

〔一四〕丙本始於此句。

〔一五〕『鬼』，甲、乙、己本同，丙本作『貴』，『貴』爲『鬼』之借字。

〔一六〕丁本始於此句。

〔一七〕『算』，甲、乙、丙、己本同，乙本作『筭』。

〔一八〕『阿』，乙、丙、丁、己本同，甲本作『何』。

〔一九〕『束』，甲、乙、丁、己本同，丙本作『速』。

〔二〇〕『氣』，甲、丙、己本同，乙、丁本作『炁』。

〔二一〕『氣』，甲、丙、己本同，乙、丁本作『炁』。

〔二二〕『眇』，甲、乙、丁、己本同，丙本作『妙』，『妙』爲『眇』之借字。

〔二三〕『氣』，甲、丙、己本同，丁本作『炁』，乙本作『無』，誤；『氛氛』，甲、丙、丁、己本同，乙本作『紛紛』。

〔二四〕『界』，甲、乙、丁、己本同，丙本作『家界』，『家』係衍文。

〔二五〕『層』，甲、乙、丁、己本同，丙本作『嶒』，『嶒』爲『層』之借字，按底本原寫作『隮』，係『層』草書楷化的結果，故逕釋。

〔二六〕『晧』，甲、丙、己本同，當作『浩』，據乙、丁本改，『晧』爲『浩』之借字。

〔二七〕『氣』，甲、丙、己本同，乙、丁本作『炁』。

〔二八〕『或』，甲、乙、丙、丁、己本作『惑』，均可通。

〔二九〕戊本始於此句。

〔三〇〕『練』，甲、丙、丁、戊、己本同，乙本作『鍊』。

〔三一〕『常』，乙、丙、丁、戊、己本同，甲本脱。
〔三二〕『具』，甲、丙、戊、己本同，乙、丁本作『舊』。
〔三三〕『盟』，甲、乙、丙、戊、己本同，丁本作『明』。
〔三四〕『聖』，甲、乙、丁、戊、己本同，丙本脱。
〔三五〕『氣』，甲、丙、戊、己本同，乙、丁本作『炁』。
〔三六〕『遍』，乙、丙、丁、戊、己本同，甲本作『過』。
〔三七〕『或』，甲、乙、丙、戊、己本同，丁本無。
〔三八〕『過』，甲、乙、丁、戊、己本同，丙本脱。
〔三九〕『遍』，乙、丁、己本同，甲、丙、戊本作『過』。
〔四〇〕『而』，甲、乙、丙、丁、己本同，戊本無。
〔四一〕『轉輪』，甲、乙、丁、戊、己本同，丙本作『輪轉』。
〔四二〕『亦當』，甲、乙、丁、戊、己本同，丙本脱，丙本此處有兩字空白，上有一大墨點。
〔四三〕『戒』，甲、乙、丙、戊、己本同，丁本作『誡』，均可通。
〔四四〕『攘』，甲、丙、丁、戊、己本同，乙本作『禳』，均可通。
〔四五〕『民』，甲、丙、丁、戊、己本同，乙本作『人』，疑係避唐太宗諱而改。
〔四六〕『度天人』，甲、乙、丁、戊、己本同，丙本脱，丙本『普』下原爲空白，有一大墨點。
〔四七〕『主』，乙、丙、丁、戊、己本同，甲本作『王』。
〔四八〕『民』，甲、乙、丁、戊、己本同，丙本作『人』，疑爲避唐太宗諱而改。
〔四九〕『脩』，甲、丙、戊、己本同，乙、丁本作『行』。

〔五〇〕『右』，甲、丙、丁、戊、己本同，乙本作『有』。
〔五一〕『豪』，甲、丙、丁、戊、己本同，乙本作『毫』，均可通。
〔五二〕『樓』，甲、丙、丁、戊、己本同，乙本作『婁』；『薈』，甲、乙、丁、己本同，丙、戊本作『會』。
〔五三〕『筵』，甲、丙、丁、戊、己本同，乙本作『延』。
〔五四〕『四』，當作『羅』，據甲、乙、丙、丁、戊、己本改。
〔五五〕第一個『象』，當作『四』，據甲、乙、丙、丁、戊、己本改。
〔五六〕『焰』，甲、丙、丁、戊、己本同，乙本作『爛』。
〔五七〕『詵詵』，甲、乙、丙、戊、己本同，丁本作『洗洗』，誤。
〔五八〕『形』，甲、乙、丙、戊、己本同，丁本作『刑』，因『形』『刑』二字形近易混，故丁本此字據文義應逕釋作『形』；『落』，甲、乙、丙、戊本同，丁本作『洛』，『洛』爲『落』之借字。
〔五九〕『澤』，據殘筆劃及甲、乙、丙、丁、戊、己本補。
〔六〇〕『緣』，甲、丙、丁、戊、己本同，乙本作『録』。
〔六一〕『都』，據殘筆劃及甲、乙、丙、丁、戊、己本補。
〔六二〕『馥』，甲、乙、丙、丁、戊本同，己本作『摩』。
〔六三〕『摩』，甲、乙、丙、丁、戊本同，己本作『四』。
〔六四〕『泓』，甲、丙、戊、己本同，當作『霐』，據乙、丁本改。
〔六五〕『宫』，乙、丙、丁、戊本同，甲、己本作『害』。
〔六六〕『刀』，甲、丙、丁、戊、己本同，乙本作『忉』。
〔六七〕『藪』，據殘筆劃及甲、乙、丙、丁、戊、己本補。

〔六八〕『太』，甲、乙、丙、戊、己本同，丁本作『大』，均可通；『眇』，甲、乙、丁、戊、己本同，丙本作『妙』。
〔六九〕『漠』，甲、丙、丁、戊、己本同，當作『莫』，據乙本改，『漠』爲『莫』之借字；『筵』，甲、丙、丁、戊、己本同，當作『延』，據乙本改，『筵』爲『延』之借字。
〔七〇〕『辯』，甲、丙、丁、戊、己本同，乙本作『辨』，均可通。
〔七一〕『道』，甲、丙、丁、戊、己本同，乙本作『導』，均可通。
〔七二〕『氣』，甲、丙、戊、己本同，乙、丁本作『炁』。
〔七三〕『攘』，甲、丙、丁、戊、己本同，乙本作『禳』，均可通。
〔七四〕『振』，甲、丙、丁、戊、己本同，乙本作『震』。
〔七五〕『無』，甲、乙、丙、戊、己本同，丁本作『大』。
〔七六〕『上品妙』，甲、乙、己本同，丙、戊本無。
〔七七〕『道士柳□　道士茂林』，乙本此句作『乾寧四年丁巳歲七月十日，鎮海軍節度左押衙銀青光禄大夫檢校工部尚書兼御史大夫上柱國諸葛福奉爲母親朱氏捨淨財敬造此經四十卷，《本際經》一部十卷，入通玄觀藏轉讀』。

參考文獻

Descriptive Catalogue of the Chinese Manuscripts from Tunhuang in the British Museum, The Trustees of the British Museum, London 1957, p. 221；《敦煌寶藏》二六册，臺北：新文豐出版公司，一九八二年，八六至八八頁（圖）；《英藏敦煌文獻》一卷，成都：四川人民出版社，一九九〇年，一八至二一頁（圖）；《英藏敦煌文獻》五卷，成都：四川人民出版社，一九九二年，一一至一二頁（圖）；《英藏敦煌文獻》七卷，成都：四川人民出版社，一九九二年，三七至三八頁

（圖）；《英國圖書館藏敦煌漢文非佛教文獻殘卷目録（S. 6981—13624）》，臺北：新文豐出版公司，一九九四年，一一六頁；《浙藏敦煌文獻》，杭州：浙江教育出版社，二〇〇〇年，二六〇至二六七頁（圖）；《法藏敦煌西域文獻》一四卷，上海古籍出版社，二〇〇一年，八三至八五、一二四至一二六頁（圖）；《法藏敦煌西域文獻》一七卷，上海古籍出版社，二〇〇一年，一〇二至一〇三頁（圖）；《敦煌道教文獻研究：綜述·目録·索引》，北京：中國社會科學出版社，二〇〇四年，九九至一〇二頁；《英藏敦煌社會歷史文獻釋録》一卷，北京：科學出版社，二〇〇一年，三四至四三頁（録）；《敦煌學輯刊》二〇〇二年二期，一四五至一四八頁；《中華道藏》三册，北京：華夏出版社，二〇〇四年，六四五至六六三頁；《敦煌本〈太上洞玄靈寶無量度人上品妙經〉輯校》，成都：四川大學出版社，二〇一二年，一二七至一九五頁。

斯三一一一背　一　大業五年（公元六〇九年）六月十五日隊副賈宗申甲槊弓箭帳牒

釋文

（前缺）

［　　］隊頭汜翼下〔一〕。

［　　］合甲廿五具並明光檢，見有廿二〔二〕。

［　　］□一張。　箭五百隻。

欠二百五十隻〔三〕。

［　　］甲槊弓箭〔四〕，具帳如前。謹牒。

大業五年六月十五日隊副賈宗牒〔五〕。

說明

此件及下件均由粘貼於《金剛經疏》背面的殘片組成，共計四片，用於修補正面的《金剛經疏》。此件包括兩片，從筆跡和内容來看，這兩片似原爲一件，第二片似原應在前，故釋文將第一片内容移至第二片之後。大業五年即公元六〇九年。

《敦煌寶藏》將此件及下件標作『斯三一一〇背』，《英藏敦煌文獻》標作『斯三一一一背』。經核查原件，應爲『斯三一一一背』。

校記

〔一〕『氾』，《敦煌遺書總目索引新編》漏釋。

〔二〕『見』，《敦煌遺書總目索引新編》校改作『現』，不必。

〔三〕『隻』，《敦煌遺書總目索引新編》釋作『枚』，誤。

〔四〕『槊』，《敦煌遺書總目索引新編》釋作『梁』，誤。

〔五〕『宗』，底本原爲本人簽署；『牒』，據殘筆劃補。

參考文獻

Descriptive Catalogue of the Chinese Manuscripts from Tunhuang in the British Museum, The Trustees of the British Museum, London 1957, p. 170；《敦煌寶藏》二六册，臺北：新文豐出版公司，一九八二年，九二頁（圖）；《敦煌遺書總目索引》，北京：中華書局，一九八三年，一七三頁（録）；《莫高窟年表》，上海古籍出版社，一九八五年，一九三頁；《英藏敦煌文獻》五卷，成都：四川人民出版社，一九九二年，一三頁（圖）；《敦煌遺書總目索引新編》，北京：中華書局，二〇〇〇年，九六頁（録）。

斯三一一一背　二　隸古定尚書（大禹謨）

釋文

（前缺）

罔攸伏〔一〕，野〔無〕遺賢〔二〕，萬邦咸寧〔三〕。攸〔四〕，所〔五〕。善其言無所伏〔六〕，言必〔用〕〔七〕，如此則賢財（才）在位〔八〕，天下安寧〔九〕。稽于衆〔一〇〕，舍己從人〔一一〕，弗虐亡告〔一二〕，弗廢困窮〔一三〕，惟帝時克〔一四〕。』帝謂堯也〔一五〕，舜因嘉言無所伏，遂稱堯德，以成其義〔一六〕。考衆從人〔一七〕，狑（矜）孤愍窮〔一八〕，凡人所輕，聖人所重。益曰〔一九〕：『都！帝德廣運〔二〇〕，乃聖乃神，乃武乃文。益因舜言又美堯〔二一〕。廣，謂所覆者大，遵（運）〔二二〕，謂所及者遠。謹（聖）無〔所〕不〔二三〕。

（後缺）

説明

此件已斷裂爲兩片，但可以綴合，《英藏敦煌文獻》（五卷）圖版將兩片分别標爲斯三一一一背／4

和斯四三一一一背/3，綴合的次序是斯三一一一背/4在前，斯三一一一背/3在後，《英藏敦煌文獻》（五卷）編者誤將兩片編號次序顛倒。兩件綴合後仍是首尾均缺，其内容爲《隸古定尚書（大禹謨）》，起『罔攸伏』，訖僞孔《傳》『謹（聖）無〔所〕不』。

此件『愍』字缺筆，當爲唐寫本。

以上釋文以斯三一一一背爲底本，用《十三經注疏》（稱其爲甲本）參校。原件『罔』『攸』『野』『賢』等字均爲古文（一些古文的筆劃與現存字書有出入），釋文一律改爲今文。

校記

〔一〕『罔攸』，底本爲古文，釋文已改爲今文。

〔二〕『野』，底本爲古文，釋文已改爲今文；『無』，底本留有一字空格，據甲本補；『賢』，底本爲古文，釋文已改爲今文。

〔三〕『寧』，底本爲古文，釋文已改爲今文。

〔四〕『攸』，底本爲古文，釋文已改爲今文。

〔五〕『所』，甲本作『所也』。

〔六〕『其』，甲本無，《敦煌經部文獻合集》認爲不當有。

〔七〕『用』，據甲本補。

〔八〕『財』，當作『才』，據甲本改，『財』爲『才』之借字。

〔九〕『寧』，據甲本補。

〔一〇〕『稽』，據甲本補。

〔一一〕『從』，底本爲古文，釋文已改爲今文。

〔一二〕『弗』，甲本作『不』；『虐』，底本爲古文，釋文已改爲今文；『亡』，甲本作『無』，《敦煌經部文獻合集》認爲係古今字。

〔一三〕『弗』，甲本作『不』；『困』，底本爲古文，釋文已改爲今文。

〔一四〕『時』，底本爲古文，釋文已改爲今文；『克』，據甲本補。

〔一五〕『帝謂堯也』，據甲本補。

〔一六〕『義』，據甲本補。

〔一七〕『考』，據甲本補。

〔一八〕『狑』，當作『矜』，據甲本改。

〔一九〕『益』，底本爲古文，釋文已改爲今文。以下同，不另出校。

〔二〇〕『德廣運』，據甲本補。

〔二一〕『堯』，甲本作『堯也』。

〔二二〕『遵』，當作『運』，《敦煌經部文獻合集》據文義校改。

〔二三〕『謹』，當作『聖』，據甲本改；『所』，據甲本補。

參考文獻

《十三經注疏》，北京：中華書局，一九八〇年，一三四頁；《敦煌寶藏》二六册，臺北：新文豐出版公司，一九八二年，九三頁（圖）；《莫高窟年表》，上海古籍出版社，一九八五年，一九三頁；《英藏敦煌文獻》五卷，成都：四川人民出版社，一九九二年，一四頁（圖）；《敦煌學輯刊》一九九八年二期，二一頁；《敦煌文獻論集：紀念敦煌藏經洞發現一百周年國際學術研討會論文集》，沈陽：遼寧人民出版社，二〇〇一年，三八一頁；《敦煌文獻叢考》，北京：中華書局，二〇〇五年，六頁；《敦煌經籍敍録》，北京：中華書局，二〇〇六年，八〇至八一頁；《敦煌經部文獻合集》一册，北京：中華書局，二〇〇八年，一四七至一五〇頁（録）。

斯三一一五　佛説無量壽觀經一卷題記

釋文

蓋骨筆傳經，遠求甘露之味；剪皮寫偈，深種般若之因。沙門曇皎，普化有緣，敬寫此經千部。冀使一聞一見，俱得上品往生；一念一稱，同入彌陀之國。逮霑有〔情〕〔一〕，資此妙因。

説明

此件《英藏敦煌文獻》未收，現予增收。

校記

〔一〕『情』，據文義補。

參考文獻

Descriptive Catalogue of the Chinese Manuscripts from Tunhuang in the British Museum, The Trustees of the British Museum,

London 1957, p. 102（録）；《敦煌寶藏》二六册，臺北：新文豐出版公司，一九八二年，一二二頁（圖）；《敦煌學要籥》，臺北：新文豐出版公司，一九八二年，一三〇頁（録）；《敦煌遺書總目索引》，北京：中華書局，一九八三年，一七三頁（録）；《中國古代寫本識語集録》，東京大學東洋文化研究所，一九九〇年，二五三頁（録）；《敦煌遺書總目索引新編》，北京：中華書局，二〇〇〇年，九六頁（録）。

斯三一二一　佛説無量壽宗要經題記

釋文

汜子昇寫。

説明

此件《英藏敦煌文獻》未收，現予增收。

參考文獻

Descriptive Catalogue of the Chinese Manuscripts from Tunhuang in the British Museum, The Trustees of the British Museum, London 1957, p. 149（録）；《敦煌寶藏》二六册，臺北：新文豐出版公司，一九八二年，一三八頁（圖）；《中國古代寫本識語集録》，東京大學東洋文化研究所，一九九〇年，三九〇頁（録）。

斯三一二六背　新菩薩經一卷

釋文

新菩薩經一卷

〔勑〕　賈耽[一]，頒下諸州，衆生每日念阿彌陀佛一千口，斷惡行善。今年大熟，無人收刈。有數種病死：第一虐病死，第二天行病死，第三卒死，第四腫病死，第五産生〔病〕死[二]，第六患腹〔病〕死[三]，第七血癰〔病〕死[四]，第八風黄病死，第九水裏〔痢〕〔病〕死[五]，第十患眼〔病〕死[六]。勸諸衆生[七]，寫一本[八]，免一身；寫兩本，免一門；寫三本，免一村。若不寫者，滅門。門上牓之，得過此難。但看七八月三家使一牛，五男同一婦，僧尼巡門，勸寫此經。其經西涼州正月二日盛（城）中[九]，時雷鳴雨聲，有一石下，大如斗等，石遂兩片[一〇]，即見此經，報諸衆生，今載饒患。

新菩薩經一卷

説明

此卷首尾完整，首尾有原題，其内容是以預言災害將至的形式，勸世俗百姓抄寫此經弭災，故收入本書。此件正面爲『勑諸衆生一切苦難經』，内容也是勸世俗百姓抄寫經文彌災，性質與本件相同，筆跡亦同，係同一人所抄寫。敦煌文獻中保存的《新菩薩經》（又名《勸善經》）抄本甚多，本書前面幾卷收録多件。

以上釋文以斯三一二六背爲底本，因相關各寫本之異同已見於斯九一二『勸善經一卷』校記，故此件僅用本書第十一卷所收斯二三二〇背（一）爲校本（稱其爲甲本）校補脱文、校改錯誤，如甲本亦有脱、誤，則據其他相關文本補、改。

校記

〔一〕『勑』，據甲本補，甲本『勑』後敬空。

〔二〕『病』，甲本亦脱，據斯一五九二『新菩薩經一卷』補。

〔三〕『病』，甲本亦脱，據斯一五九二『新菩薩經一卷』補。

〔四〕『病』，據甲本補。

〔五〕『裏』，甲本作『李』，當作『痢』，據斯九一二『勸善經一卷』改，『裏』『李』均爲『痢』之借字；『病』，據甲本補。

〔六〕『病』，甲本亦脱，據斯一五九二『新菩薩經一卷』補。

〔七〕『勸』，甲本作『今勸』。

〔八〕『寫』，甲本作『寫此』。
〔九〕『盛』，甲本同，當作『城』，據斯一五九二『新菩薩經一卷』改，『盛』爲『城』之借字。
〔一〇〕『石遂』，甲本作『遂作』。

參考文獻

《敦煌寶藏》七册，臺北：新文豐出版公司，一九八一年，四四二頁（圖）；《敦煌寶藏》一二册，臺北：新文豐出版公司，一九八一年，七二頁（圖）；《敦煌寶藏》一八册，臺北：新文豐出版公司，一九八一年，三〇三頁（圖）；《敦煌寶藏》二六册，臺北：新文豐出版公司，一九八二年，一四四頁（圖）；《英藏敦煌社會歷史文獻釋録》四卷，北京：社會科學文獻出版社，二〇〇六年，三八一至三九〇頁（録）；《英藏敦煌社會歷史文獻釋録》五卷，北京：社會科學文獻出版社，二〇〇六年，二八三至二八五頁（録）；《英藏敦煌社會歷史文獻釋録》一一卷，北京：社會科學文獻出版社，二〇一四年，四五二至四五四頁（録）。

斯三一三五　太玄真一本際經卷第二

釋文

（前缺）

不敢藏情〔一〕，輒欲諮問〔二〕，唯願弘慈〔三〕，指誨可否〔四〕，進退之議（儀）〔五〕，伏惟誡示。太上道君，告來勒曰：汝積功累德，致上聖顯微（徵）〔六〕，作大法師，開導後學，有疑請決〔七〕，正是其人。時徐來勒〔八〕，斂容正服，安庠雅步，於大衆中，猶如師子〔九〕，在天寶林〔一〇〕，縱（從）容無畏〔一一〕。承道聖旨〔一二〕，往詣天尊，五體投地，稽首作禮〔一三〕，悲感涕淚〔一四〕，上白天尊：向於光中，已奉告命，重被道君，上宣勸督，不揆愚淺，輒欲諮問，唯願大慈〔一五〕，必賜哀許。於是天尊，歡喜答曰〔一六〕：善哉善哉〔一七〕。欲有所問，甚得機宜，汝今善聽。譬如國王，統領天下，具足七寶，種種庫藏。是王有時，巡行四海，以自娱樂，普益萌黎〔一八〕。王子承統〔一九〕，紹宣洪業，加以委寄。有智大臣，贊揚正治〔二〇〕，利安臣民。我亦如是，運御一切，爲大法王，欲巡至妙昇玄之域〔二一〕，以正觀心，導三清衆，悉以正真秘密寶藏委付道君〔二二〕，拯卹貧窮無善財者〔二三〕，錫授功效精進之人〔二四〕。復欲普令諸真大聖，共弘正道，隨機所稱，各開利益。亦如國王所付之臣，必選深智堪委寄者，然後付之〔二五〕，汝亦如是。又於無量微塵之劫〔二六〕，捨欲守真，精進踊（勇）猛〔二七〕，智慧明了，福德薰脩〔二八〕，故能發心諮論大法。我以圓足具福慧故，善能釋汝疑惑之心〔二九〕，知汝堪受甚深秘藏，輔助道君，弘道利物。

於是太極真人白天尊曰：敢問末世正法流行〔三〇〕，所説言辭，隨世文字〔三一〕，天魔異道，添糅真經，語似義乖〔三二〕，云何分別？願示其要，使將來世無留礙心。天尊告曰：法本無言〔三三〕，亦無文字，但爲世間無明衆生〔三四〕，愚癡觸壁，懸心冥導〔三五〕，無由悟解〔三六〕，故立世典〔三七〕，漸啓瞳（瞳）矇（矇）〔三八〕，乃寄語言宣示正道〔三九〕，假借文字〔四〇〕，著述經圖，語字乃同，非復凡俗〔四一〕。子欲識者，當一心聽，有十二印，印我正法。若諸教中，有此法印，即是正經。無此印者，即是邪説。何等十二？一者世間有爲之法，皆悉無常，即生即變，即老即滅。雖彼電光〔四二〕，莫之能比。諸天壽限，期滿亦謝，隨業流轉三惡道中〔四三〕。大期死壞，易可知覺。變易無常，世不能了。三清之人，見生滅相，覺無常苦，智明了故，體無相故。以智慧力〔四四〕，能知能覺，忘不著故，不以爲苦，而是任放，恬愉安樂，解未圓故，隨念生滅。二者一切世法，皆無有我，不得自在〔四五〕，非真實故〔四六〕。三者世間有心之法，皆是苦惱〔四七〕。何以故？逼迫無常〔四八〕，遷滅變動〔四九〕。苦有二種，一麤二細。云何爲麤？一切受生，老病死壞〔五〇〕，怨家合會，恩愛分離，所求不稱，是名麤苦。云何細苦〔五一〕？即細無常，念念損壞，冥是苦惱〔五二〕，人不能知，是名細苦。四者一切世間不淨穢惡，亦有麤細，麤者可見，細不可知。如世肉身，皮膚血脉，大小不淨，屍形臭爛，是麤不淨。煩惱結漏，慧者棄薄，是細不淨。五者萬物皆是空，無性無真實，故假合衆緣〔五三〕，皆相因待〔五四〕。六者出世昇玄，至道常住，湛體自然，無生無滅，離有爲相〔五五〕。七者真一妙智〔五六〕，自在無礙，神力所爲，隨意能辨〔五七〕，故名大我。八者離二無常，不受諸受〔五八〕，心相寂寞（滅）〔五九〕，故名清淨〔六〇〕。九者至道真實〔六一〕，非僞雜身，是金剛身，故名善有。十者是世間法〔六二〕，及出世法，皆假施設，悉是因緣，開方便道，爲化衆生，强立名字。十一者生死道場〔六三〕，等無所有〔六四〕，無得無捨〔六五〕，是名解脱〔六六〕。十二者正道真性〔六七〕，不生不滅，非有非無，名正中道。十二法印，定我法門，隨有其言〔六八〕，即宜遵奉，無此説者，不可脩行〔六九〕。吾以道眼，不動於寂〔七〇〕，遥觀衆生〔七一〕，有能分别〔七二〕，明了法印，依教行者〔七三〕，我即化身，種種示現〔七四〕，人天六道，隨緣施作〔七五〕，儵有欻無〔七六〕，權示接引〔七七〕，覆護輔持，令無留難。卿當以此正法之印〔七八〕，普教天人，咸使知識，案法奉行。太極真人，稽首奉命。

天真皇人，避席稽首，上白天尊：我於今日，欲有所問，唯垂聽許。天尊告曰：善哉善哉〔七九〕，恣意所問〔八〇〕。皇人啓[曰]〔八一〕：不審初學，未入定位，何所脩習，以爲階梯？

天尊曰：善哉皇人，乃能爲諸未悟衆生作如是問，末世男女〔八二〕，當得甚（其）恩〔八三〕。夫爲學者，初脩十事，以爲階梯，如人緣梯，從初一桄，至第二桄，乃至於頂。昇階亦爾，自下之高，要須先習此十行法，然後乃能深入正觀。何等爲十？一生善欲，有欲樂心，乃能進趣〔八四〕。二近善友，引導其心〔八五〕，深信正道。三造明師，師有妙法，廣能宣告，示以要術。四聞正教，能受讀誦。五能出家〔八六〕，常行柔弱，隨時乞告〔八七〕，以供身命〔八八〕，永斷有爲，離諸桎梏。六受正戒，防身口心。七隱山林〔八九〕，栖遁獨處〔九〇〕，永離囂塵，脩寂靜志。八念大道〔九一〕，真是法王，能度衆生，越生死海，猶如船師，拯濟沈溺〔九二〕。九念經教，是妙醫方，能示衆生，治煩惱藥。十念法師，是真父母，善能生我，法身慧命。因是十法，能令行人，增進正解，入決定位，如陟階梯，至於極頂。

皇人又問：云何名爲脩習正觀登頂之相？天尊答曰：始學之人〔九三〕，精脩十行，爲方便道，學相似空，能解衆生，無真實體，漸悟微塵，亦無真性，悉皆虛假，入一相門，堅固不退，是名登頂。如上高山，至頂得住，而無退墮〔九四〕，知不退已，進更脩習，轉得勝明，能生真道，力用增益，似於無欲。體帶（滯）著故〔九五〕，故名爲似；入真法門，故名無欲。甚深正教，能通衆生，入無欲道，復名法門。無欲增長，洞解真性，正見諸法〔九六〕，無生滅相，轉出生死，破諸魔衆，心如琉璃〔九七〕，徹照無礙〔九八〕，正中之正，畢竟永斷，名轉法輪。法輪之體，是真實智，運出三界，超踰玉清，到常湛處〔九九〕，故名法輪。是諸神尊，得是法已，復欲令彼諸衆生等〔一〇〇〕，乘此正智，出到道場〔一〇一〕，方便善巧，如所悟説，因此巧説，令得開曉，轉暗入明，由此妙教，是故復名爲正法輪。如車有輪，能運乘者，隨意所至，到安樂處。是正法輪，亦復如是〔一〇二〕，能載行者，至解脱處〔一〇三〕。又如國王，有大寶輪〔一〇四〕，能破怨敵。是法如是，能破四魔異道怨敵，是故復名正法輪也。是名脩習正解正觀登頂之相。

皇人復問：若諸大士，於惡濁世，欲教衆生，先以何法，而成熟之？願垂告誨，得兼利益。天尊告曰：譬如良醫，善知治術，然後能治一切病苦〔一〇五〕。如此經者，即世良醫，能示衆生治煩惱病之要術故〔一〇六〕。所以者何？未見此經，不識衆生，造惡根本〔一〇七〕，顛倒病相，又不能知治斷之法〔一〇八〕。如愚癡人〔一〇九〕，身嬰重病，不遇良醫，隨心自服，諸餘毒藥〔一一〇〕。病既不愈，横夭其壽。始學之人，不遇此經，亦復如是。暗習邪道，以自救度。既不得度，墮三惡道。是故應當聽受是經，識醫良術，乃能療諸妄或之病〔一一一〕，過度神仙〔一一二〕。云何爲術？行者欲度一切衆生，先當入定，察其緣起，染欲根性〔一一三〕，差別若干，貪欲偏重，説身無奇〔一一四〕，不淨臭穢，諸惡充滿，破其染愛念想之心。瞋恚多者〔一一五〕，示四等行，使學慈仁，忘我愛物〔一一六〕，解其忿對〔一一七〕，令無怨惱。愚癡重鄣，示以法門，方便教誨，令得慧解。散亂之人〔一一八〕，示令守一，拘魂制魄，專柔其心，學嬰兒行。著諸見者，示以空相，泯其分別，計劃之心〔一一九〕。多憍慢者〔一二〇〕，示無我相，無自在力，何所怙恃〔一二一〕，而起高心，不久磨滅〔一二二〕，終必死壞〔一二三〕，苦惱逼迫，無暫安時〔一二四〕。以無常苦〔一二五〕，通治諸病，常念正道〔一二六〕，等療衆疾〔一二七〕，是名成熟衆生之相。既成熟已〔一二八〕，堪任爲説重玄，兼忘平等正法，入真實際，是名大乘教化之術。此經如是，示善治法〔一二九〕，是故我説，喻如良醫，得此經者，能識衆生諸所偏病，及以等病，隨緣授藥〔一三〇〕，無不差愈〔一三一〕。如此人者，亦名醫王。依此經故，能消衆惱，是故復稱爲智慧藥，能生智慧，離煩惱病，故名智慧藥〔一三二〕。卿等當知，名義無量，或説果爲因〔一三三〕，或説因爲果〔一三四〕。如説教法爲慧藥者，是名因中而受果稱。何以故〔一三五〕？能愈病者，乃名爲藥〔一三六〕，是智慧藥，從正教生，是故正教名爲慧藥。此經非但能治或病〔一三七〕，亦能發生妙善之法，能使學者到常樂處不死之宫。譬如甘露，有服之者，終無横死，長命延年。此經如是，有服行者，必得常恒安樂之命。若有不能巧方便學〔一三八〕，一向作解，而起執滞〔一三九〕，更增煩惱，不保長生。譬如有人雖服甘露，不能將節〔一四〇〕，傷損藥性，反致毒傷。是故應當於正法門，深解方便，隨宜取悟，證甘露道〔一四一〕，是乃名爲得法利益〔一四二〕。皇人作禮，稱善復座。

上相青童君内自思惟〔一四三〕：天尊所説十種階梯〔一四四〕，爲始學者入道方便，如是之相我尚未了，初發意者豈能解耶？作是念已，從座而起，嚴整衣冠，一心庠序，到天尊前，禮畢長跪，白天尊曰：向聞十法爲行階梯〔一四五〕，愚未能解，願重告示，云何名爲善欲之心？天尊曰：善哉上相，問有二種，一者狐疑未解故問，二爲一切未解者問。上相已於久遠劫來，善解妙門，通達正法，已入道界，沐浴法流，並觀空有，善知廣略説法之要，爲衆生故，方便啓請。夫説法者有二種相〔一四六〕，一略二廣。爲鈍根者，亦略亦廣〔一四七〕。但開一門，故名爲略；若多説者智不堪故，於一事中分別説，故名之爲廣，以其難悟，指掌殷勤，故名爲廣。爲利根者，亦有廣略。備開法門，是名爲廣；智力堪故，不須曲碎而爲具解〔一四八〕，粗釋一隅，故名爲略。我爲皇人處中而説〔一四九〕，初學下根，理所未究。上相慈愍，爲來世人啓請分別，今當廣示。言善欲者，承宿習，因自然，而發信敬之念，願樂三寶，欲求出世，厭惡世間。一切衆生，凡所爲作，皆因欲生。若欲行善，則能趣善。欲行惡者，便造惡事。是欲所本，由根利鈍〔一五〇〕。福果之人，稟氣純和〔一五一〕，其根利故，能生善欲。純（鈍）根罪報〔一五二〕，受氣濁辱〔一五三〕，其根闇鈍，則生惡欲。習欲增積，成性不移，是名分別善欲之相。

青童君曰：云何復名近於善友？天尊曰：友亦二種，有敗有成。若人勸言，人生受報，任命自然，數盡則終，非關習業。如刺頭尖，火燥水濕，誰之所爲？凡聖愚智，貴賤富貧〔一五四〕，誰作之者？但當守分，達其所稟，從容自足，何須苦行求學善法，矯性自傷，勞而無獲，尚無現益〔一五五〕，何道之有？作此説者，名惡知識，不可親近，宜即遠離。若有説言，一切果報由業緣來，肉眼不睹三世業相〔一五六〕，謂言自然。此非實義，汝勿信之，當發善志，尋師問道，脩行正教，爲來生緣，轉入信根，成無上道。如是說者，名善知識；如是之人，常應親近。何以故？是能生成法身命故，能生三世福利樂故〔一五七〕。

青童君曰：始聞善友利益之相，云何名爲造事明師？天尊曰：師有二種，一華二實。所言華者，内無所解，外現解相〔一五八〕，光飾誑物，令使信從，是名愚始（師）〔一五九〕，不可歸依。所言實者，内解備故，行無缺故，衣弊履穿，謙光晦跡，外若不肖，名大丈夫。若因善友，識此師者，宜往伏（服）勤〔一六〇〕，諮稟嚴訓。若說小乘有得之義，生滅法相〔一六一〕，有有有無，有因有果，說如是等，名爲暗師。若說諸法無脩無得，無滅無生，非有非無，非因非果，而有而無，非不因果，巧解因緣，假名中道，示教是法，乃名明師。

青童君曰：如是大師，甚爲希有。云何名爲出家之相？天尊曰：夫出家者，義趣甚深，利益弘遠。家有二種，一者恩愛，二者諸有。始學之人，既值明師，志能勤苦，執事奉承，餐受妙訓。若在居家，父母妻子，愛累自纏，如處囹圄，不得自在，適意從容〔一六二〕，遠近隨師，詢請玄業。故求父母，請別妻子，捨離居室，遠遊山林〔一六三〕，依憑精舍，棄俗服玩，黃褐玄巾，捨世榮華，隨緣告乞〔一六四〕，廣建福田〔一六五〕，唯道是務，是名初出恩愛之家。既出家已，勤行齋戒，免離三塗，信根已立，學靜入空，離三界愛，登入九清，是名出離諸有之家，是名出家。

青童君曰：我今乃離三惡道家，願得出離諸有家也。不審何者名爲正教〔一六六〕？天尊曰：若有經文具十二印，應三洞者〔一六七〕，是名正經。自此之外，皆名邪法，不可受持，當自請師審定分別。

青童君曰：云何名戒？天尊曰：戒有二種，一者有得，二者無得。有得戒者，三戒、五戒〔一六八〕、九戒、十誡〔一六九〕、廿七戒〔一七〇〕、百八十戒、三百大戒，止惡防罪〔一七一〕，未達方便，名有得誡〔一七二〕，止離三塗〔一七三〕，及人中苦，未入道分。若識諸法，畢竟空寂，是名正戒，無持無犯，開四觀門〔一七四〕，爲道根本。

青童君曰：云何名爲隱處山林？天尊曰：是亦二種。下士小心，常畏諸塵之所染汙，故入巖阜林藪之間，避諸穢惡，靜然端拱，脩恬愉行〔一七五〕。上士在世，不畏塵牢（勞）〔一七六〕，雖居世間，無所染汙，猶如寶珠〔一七七〕，體性明淨，處智慧山，依無相野，是名善解山栖之相。

青童君曰：云何名爲念道之相？天尊曰：夫念道者，通能制滅一切惡根〔一七八〕，猶金剛刀，無所不斷，猶如猛火，無所不燒。念有二種。一念生身七十二相，八十一好，具足微妙，人中天上，三界特尊，是我歸依覆護之處。二念法身猶如虛空〔一七九〕，圓滿清淨，即是真道，亦名道身，亦名道性。常以正念，不間餘心，是名念道。

青童君曰：請事要言，云何復名念經之相？天尊曰：經有三種，大乘小乘，及以中乘。係心受持，常生信慕，存想不移，審知是法，是出要道〔一八〇〕，無他雜念，〔是〕〔名〕

〔念〕〔經〕〔一八一〕。若知諸法本無文字，正觀實相，達其旨趣，亦名念經，是名善解念經之相。

青童君曰：云何念師？天尊曰：師者，父也。我若無師，不能得道，是故應當遠近隨逐〔一八二〕，心眼觀想，恆在目前，不替須臾，無他雜想，是名念師。又當正念一切得道大聖衆真，通是師寶，皆能訓我，是良福田，係念歸依〔一八三〕，心心相續，邪念不起，是名念師。

青童君曰：始蒙開明，諸疑永斷，來生男女，無復迷惑〔一八四〕。禮拜畢已，依位而坐〔一八五〕。

元始天尊抗手告衆：汝等當知，我之真身，清淨無礙，猶如虛空，不生不滅，常住善寂，大智慧源，雖復窈冥，其精甚信。無量劫來，證此真體，恆安不動〔一八六〕，超絶無倫，非是小聖二乘之所知覺〔一八七〕。爲衆生故，現應受身〔一八八〕，遊入五道，稱緣開度，隨宜方便，皆使悟入，應物根性，權示色像，故名應身。而此應身，亦無生滅，無有去來，常住不變〔一八九〕，爲利一切，隱顯不同，發起精進，令無退轉。諸所應作，皆已畢訖，所未應行，道君自了〔一九〇〕。汝諸大衆，宜共奉承。勿於我所，生分別念。作是語已，即有飛雲丹霄八景玉轝〔一九一〕，幡幢寶蓋〔一九二〕，遍滿虛空，天灑香花〔一九三〕，神龍妓樂〔一九四〕，俄頃之間，一時同至。天尊於是即登玉轝〔一九五〕，昇於太空〔一九六〕。大衆極目，不復能睹。是時衆人哽咽號慕〔一九七〕，如失父母，仰空作禮，轉拜道君，而説偈曰〔一九八〕：

無上淨妙真智身，湛寂無相莫能睹〔一九九〕。

但見應體還本源〔二〇〇〕，是故各懷大憂苦〔二〇一〕。

仰賴太上無極尊，猶如失母依慈父。

我等没在憂火中，唯願時霔甘露雨〔二〇二〕。

斷絶倒想戀著心〔二〇三〕，消除諸見滅邪取（趣）〔二〇四〕。

太上道君告四座曰〔二〇五〕：汝等當知，一切諸法，皆空寂相，生死道場，性無差別，不應妄生，去來之想。若始發意，當識無常，各求自度，離生死苦。天尊遺教〔二〇六〕，戒勸分明〔二〇七〕，怒力勤脩〔二〇八〕，早求解脱，勿懷憂惱，虚喪善功。説是語已，即與侍從，還反玉京〔二〇九〕。諸餘神仙，十方來者，各禮道君，一時而退〔二一〇〕。

太玄真一本際經卷第二〔二一一〕

儀鳳三年三月廿二日，三洞女官郭金基奉爲亡師敬寫《本際經》一部。以此勝福，資益亡　　師，惟願道契九仙，神遊八境。南無。

説明

此件首缺尾全，起『不敢藏情，輒欲諮問』，訖尾題『太玄真一本際經卷第二』，其後有題記，題記最後二字『南無』爲朱筆所寫。此件有的文字右側有豎劃，含義不明。

敦煌文獻中保存的『太玄真一本際經卷第二』尚有：伯二三九三，首尾完整，首題『太玄真一本際經付囑品卷第二』，尾題『太玄真一本際經卷第二』；伯二四七五，首缺尾全，起『我住』，訖尾題『太玄真一本際經卷第二』，有題記；伯二四二二，首缺尾全，起『可否進退之儀』，訖尾題『太玄真一本際經卷第二』；伯二三五九，首全尾缺，起首題『太玄真一本際經付囑品卷第二』，訖『何者名爲』；伯二三九七，首全尾缺，起『兼蒙教令』，訖『生死道場，等』；伯三二八三，首全尾缺，起『願爲勸請無上尊』，訖『宣示正道，假』；斯三五六三，首缺尾全，起『洞者，是名』，訖尾題『太玄真一本際經卷第二』，有題記；散〇六八八（羅振玉貞松堂本），首全尾缺，起首題『太玄真一本際經付囑品卷第二』，訖『而起執滯』；Дx二七六七＋北大D一七八，首全尾缺，起『君，若諸大衆有疑』，訖『貧窮無善』；Дx一〇四三一，首尾均缺，起『立世典，漸啓瞳矇』，訖『生，老病死』。BD一四八四一，首尾均缺，起『道真性，不生不滅』，訖『天尊答曰：始學之人』；伯四九五一＋伯四六三六，首尾均缺，起『五能出』，訖『散亂之人』；伯三七八五＋伯三七八六，首尾均缺，起『處，又如』，訖『是故各懷大憂苦』，文中有部分習字和雜寫；伯二三六七，首尾均缺，起『常念』，訖『各禮道君，一時』；Дx〇〇五四一，首尾均缺，起『不能將節』，訖『亦略亦廣』；伯三一三五背，首缺尾全，起『上相青童君内自思惟』之『童』字，訖尾題『太玄真一本際經卷第二』，有題記；上圖〇七八（八一二五二五），首缺尾全，起『遊山林，依憑精舍』，訖尾題『太玄真一本際經卷第二』，有題記。

以上釋文以斯三一三五爲底本，用伯二三九三（稱其爲甲本）、伯二四七五（稱其爲乙本）、伯二四二二（稱其爲丙本）、伯二三五九（稱其爲丁本）、伯二三九七（稱其爲戊本）、伯三一八三（稱其爲己本）、斯三五六三（稱其爲庚本）、散〇六八八（稱其爲辛本）、Дx 二七六七+北大D 一七八（稱其爲壬本）、Дx 一〇四三一（稱其爲癸本）、BD 一四八四一（稱其爲甲二本）、伯四九五一+伯四六三六（稱其爲乙二本）、伯三七八五+伯三七八六（稱其爲丙二本）、伯二三六七（稱其爲丁二本）、Дx〇〇五四一（稱其爲戊二本）、伯三三三五背（稱其爲己二本）、《正統道藏》之《太玄真一本際妙經》（稱其爲庚二本）、上圖〇七八（稱其爲辛二本）參校。其中『上相青童君内自思惟』至『亦名念經』，本書第十三卷中斯二六一八曾以此卷作校本釋録，故不再一一列出各校本異同，僅以前此未曾參校過的戊二本、庚二本參校。

校記

〔一〕『不敢藏』，據甲、乙、丁、戊、己、辛、壬、庚二本補；『情』，據殘筆劃及甲、乙、丁、戊、己、辛、壬、庚二本補。

〔二〕『輒欲』，據殘筆劃及甲、乙、丁、戊、己、辛、壬、庚二本補。

〔三〕『唯願』，據殘筆劃及甲、乙、丁、戊、己、辛、壬、庚二本補；『弘』，據甲、乙、丁、戊、己、辛、壬、庚二本補；『慈』，據殘筆劃及甲、乙、丁、戊、己、辛、壬、庚二本補。

〔四〕『可』，據甲、乙、丙、丁、戊、己、辛、壬、庚二本補；『否』，甲、乙、丙、丁、戊、己、辛、壬本同，庚二本作『不』。丙本始於此句。

〔五〕『進』，據殘筆劃及甲、乙、丙、丁、戊、己、辛、壬、庚二本補；『議』，甲、乙、丁、戊、己、辛本作『宜』，當作『儀』，據丙、壬、庚二本改，『議』『宜』均爲『儀』之借字。

〔六〕『徴』，丙、丁、己、壬本同，當作『徵』，據甲、乙、戊、辛、庚二本改。

〔七〕『決』，甲、乙、丙、丁、戊、己、辛、壬本同，庚二本作『訣』，『訣』爲『決』之借字。

〔八〕『時』，甲、乙、丙、丁、戊、己、辛、壬本同，庚二本作『爾時』。

〔九〕『師』，甲、乙、丙、丁、戊、己、辛、壬本同，庚二本作『獅』，均可通。

〔一〇〕『天寶』，甲、乙、丙、丁、戊、己、辛、壬本同，庚二本作『旃檀』。

〔一一〕『縱』，丙、己、壬本同，當作『從』，據甲、乙、丁、戊、辛、庚二本改。

〔一二〕『聖』，甲、乙、丙、丁、戊、己、辛、壬本同，庚二本作『君』。

〔一三〕『稽首』，丙、壬本同，甲、乙、丁、戊、己、辛、庚二本作『叉手』。

〔一四〕『淚』，甲、乙、丙、丁、戊、己、辛、庚二本同，壬本作『泣』。

〔一五〕『唯願』，據甲、乙、丙、丁、戊、己、辛、壬、庚二本補。

〔一六〕『答』，據甲、乙、丙、丁、戊、己、辛、壬、庚二本補。

〔一七〕『哉』，據甲、乙、丙、丁、戊、己、辛、壬、庚二本補。

〔一八〕『萌』，甲、乙、丙、丁、戊、己、辛、壬本同，庚二本作『民』。

〔一九〕『王子』，丙、壬本同，甲、乙、丁、戊、己、辛、庚二本作『儲君』。

〔二〇〕『贊』，甲、乙、丙、丁、戊、己、辛、壬本同，庚二本作『讚』。

〔二一〕『域』，甲、乙、丁、戊、己、辛、壬、庚二本同，丙本作『城』。

〔二二〕『密』，甲、乙、丙、丁、戊、辛、壬、庚二本同，己本作『蜜』，『蜜』爲『密』之借字。

〔二三〕『卹』，甲、乙、丁、戊、己、辛、壬、庚二本同，丙本作『恤』。壬本止於此句。

〔二四〕『錫』，丙本同，甲、乙、丁、戊、己、辛、庚二本作『班』；『授』，丙本同，甲、乙、戊、己、辛、庚二本作『錫』，丁本作『賜』。

〔二五〕『後』，辛本此字上有一劃線。

〔二六〕『又』，甲、乙、丙、丁、戊、己、辛本同，庚二本作『人』，誤。

〔二七〕『踊』，當作『勇』，據甲、乙、丙、丁、戊、己、辛、庚二本改，『踊』爲『勇』之借字。

〔二八〕『薰』，甲、乙、丙、丁、戊、己、辛本同，庚二本作『熏』，均可通。

〔二九〕『惑』，乙、丙、戊、己、庚二本同，甲、丁、辛本作『或』，均可通。

〔三〇〕『末』，甲、乙、丙、丁、戊、己、辛本同，庚二本作『季』。

〔三一〕『世文字』，甲、乙、丙、丁、戊、己、辛本同，庚二本作『從世典』。

〔三二〕『似』，甲、乙、丙、丁、戊、己、辛本同，庚二本作『以』，誤。

〔三三〕『法』，甲、乙、丙、丁、戊、己、辛本同，庚二本作『道』。

〔三四〕『無』，甲、乙、丁、戊、己、辛、庚二本同，丙本作『四』，誤；『明』，甲、乙、丁、戊、己、辛、庚二本同，丙本作『迷』，『迷』爲『明』之借字。

〔三五〕『導』，甲、乙、丁、戊、己、辛本同，丙、庚二本作『道』，均可通。

〔三六〕『悟』，甲、乙、丙、丁、戊、己、辛本同，庚二本作『解』；『解』，丙本同，庚二本作『悟』，甲、乙、丁、戊、己、辛本作『懈』，疑爲涉上文而成之類化俗字。

〔三七〕癸本始於此句。

〔三八〕『曈』，甲、丙、戊、己、辛本同，當作『瞳』，據乙、丁、癸本改，『曈』爲『瞳』之借字，庚二本作『童』，『瞳』通『童』；『曚』，甲、丙、戊、己、辛本同，當作『矇』，據乙、丁、癸本改，『曚』爲『矇』之借字，庚二本作『蒙』，亦可通。

〔三九〕『正』，甲、乙、丙、戊、己、辛、癸、庚二本同，丁本作『政』，『政』爲『正』之借字。

〔四〇〕己本止於此句。

〔四一〕『凡』，甲、乙、丙、丁、戊、辛、癸本同，庚二本作『流』。

〔四二〕『雖』，丙、癸本同，甲、乙、丁、辛、戊、庚二本作『逝』；『彼』，丙、戊、癸本同，甲、乙、丁、辛、庚二本作『水』；『光』，甲、乙、丙、丁、戊、辛、癸本同，庚二本作『光駿馬飈風』。

〔四三〕『轉』，甲、乙、丙、丁、戊、辛、癸本同，庚二本作『傳』，『傳』爲『轉』之借字。

〔四四〕『力』，甲、乙、丙、丁、戊、辛、癸本同，庚二本作『故』。

〔四五〕『得自在』，甲、乙、丙、丁、戊、辛、癸本同，庚二本作『自在故』。

〔四六〕庚二本此句後有『相因待故』。

〔四七〕『是』，甲、乙、丙、丁、戊、辛、癸、庚二本作『悉』。

〔四八〕『逼』，甲、乙、丙、丁、戊、辛、癸本同，庚二本作『可逼』；『迫』，甲、乙、丙、丁、戊、辛、癸本同，庚二本作『迫故可違逆故』。

〔四九〕『變動』，甲、乙、丙、丁、戊、辛、癸本同，庚二本作『故』。

〔五〇〕癸本止於此句。

〔五一〕『何』，乙、丙、丁、戊、辛、庚二本同，甲本脱。

〔五二〕『冥』，甲、乙、丙、丁、戊、辛本同，庚二本作『實』。

〔五三〕『故』，甲、丙、辛、庚二本同，乙、丁、戊本無；『合』，甲、乙、丙、丁、戊、辛本同，庚二本脱；『緣』，甲、乙、丙、丁、戊、辛本同，庚二本作『緣故』。

〔五四〕『因』，乙、丙、丁、戊、辛本同，甲本脱。此句庚二本無。

〔五五〕『爲』，甲、乙、丁、戊、辛、庚二本同，丙本作『相』，誤。

〔五六〕『真一』，甲、乙、丙、丁、戊、辛本同，庚二本作『一切』。

〔五七〕『辨』，甲、乙、丁、戊、辛本同，丙、庚二本作『辯』，均可通。

〔五八〕第二個『受』，甲、乙、丙、戊、辛本同，丁、庚二本作『愛』，誤。

〔五九〕『相』，甲、乙、丙、丁、戊、辛本同，庚二本作『想』，『想』爲『相』之借字；『寞』，當作『滅』，據甲、乙、丙、丁、戊、辛、庚二本改。

〔六〇〕『清淨』，甲、乙、丙、丁、戊、辛本同，庚二本作『安樂』。

〔六一〕『至道真實』至『故名善有』，甲、乙、丙、丁、戊、辛本同，庚二本作『真性靈通離一切相，無染無穢，是名清靜』。

〔六二〕『是世間法』至『强立名字』，甲、乙、丙、丁、戊、辛本同，庚二本作『至道真實，非僞雜身，是金剛身，故名善有』。

〔六三〕『生死道場』，甲、乙、丙、丁、辛本同，庚二本作『是世間法』。

〔六四〕『等無所有』，甲、乙、丁、辛本同，丙本作『等所無有』，庚二本作『及出世法』。戊本止於此句。

〔六五〕『無得無捨』，甲、乙、丙、丁、辛本同，庚二本作『假施設』，誤。

〔六六〕『是名解脱』，甲、乙、丙、丁、辛本同，庚二本作『悉是因緣，開方便道，爲化衆生，强立名字』。

〔六七〕甲二本始於此句。
〔六八〕『有』，甲、乙、丙、辛、甲二、庚二本同，丁本脱。
〔六九〕『可』，甲、乙、丁、辛、甲二、庚二本同，丙本作『有』，誤。
〔七〇〕『不動於寂』，甲、乙、丙、丁、辛、甲二本同，庚二本作『遥於寂地』。
〔七一〕『遥觀』，甲、乙、丙、丁、辛、甲二本同，庚二本作『觀察』。
〔七二〕『别』，甲、乙、丁、辛、甲二、庚二本同，丙本作『明』。
〔七三〕『教』，甲、乙、丙、丁、辛、甲二本同，庚二本作『法』。
〔七四〕『現』，丙、甲二、庚二本同，甲、乙、丁、辛本作『見』。
〔七五〕『緣』，甲、乙、丙、丁、辛、甲二本同，庚二本作『宜』；『作』，甲、乙、辛、庚二本同，丙、丁、甲二本作『行』。
〔七六〕『欻』，甲、乙、丙、丁、辛、甲二本同，庚二本作『歘』。
〔七七〕『權』，甲、乙、丙、丁、辛、甲二本同，庚二本作『勸』，『勸』爲『權』之借字。
〔七八〕『正』，甲、乙、丙、丁、辛、甲二本同，庚二本無；『之』，甲、乙、丙、丁、辛、甲二本同，庚二本無。
〔七九〕第二個『哉』，甲、乙、丙、辛、甲二、庚二本同，丁本作『我』，誤。
〔八〇〕『意』，甲、乙、丙、丁、辛、甲二、庚二本作『隨』。
〔八一〕『曰』，據甲、乙、丙、丁、辛、甲二、庚二本補。
〔八二〕『末』，甲、乙、丙、丁、辛、甲二本同，庚二本作『凡』。
〔八三〕『甚』，當作『其』，據甲、乙、丙、丁、辛、甲二、庚二本改。
〔八四〕『趣』，甲、乙、丙、丁、辛、甲二本同，庚二本作『取』。

〔八五〕『引』，甲、乙、丙、丁、辛、甲二本同，庚二本作『遇善友故引』；『導』，甲、乙、丁、辛、庚二本同，丙、甲二本作『道』，均可通。

〔八六〕乙二本始於此句。

〔八七〕『乞告』，丙本同，甲、乙、丁、辛、甲二本作『告乞』。庚二本無此句。

〔八八〕『供』，甲、乙、丙、丁、辛、甲二本同，庚二本作『固』。

〔八九〕『隱』，甲、乙、辛、庚二本同，丙、丁、甲二本作『幽隱』。

〔九〇〕『遁』，甲、乙、丙、丁、辛、甲二、乙二本同，庚二本作『遯』。

〔九一〕『念』，甲、乙、丁、辛、甲二、庚二本同，丙本脱。

〔九二〕『拯』，甲、乙、丙、丁、辛、乙二、庚二本同，甲二本作『極』，誤。

〔九三〕甲二本止於此句。

〔九四〕『而無退』，乙、丙、丁、辛、乙二、庚二本同，甲本作『而無退，而無退』，一在行末，一在次行行首，此爲當時之換行添字抄寫體例，後一『而無退』應不讀。

〔九五〕『帶』，丙、乙二本同，當作『滯』，據甲、乙、丁、辛、庚二本改。

〔九六〕『正』，乙、丙、丁、辛、乙二、庚二本同，甲本作『正正』，一在行末，一在次行行首，此爲當時之換行添字抄寫體例，第二個『正』應不讀。

〔九七〕『琉』，甲、乙、丙、丁、辛、庚二本同，乙二本作『瑠』，均可通。

〔九八〕『徹』，乙、丙、乙二本同，甲、丁、辛、庚二本作『映』；『照』，乙、丙、乙二本同，甲、丁、辛、庚二本作『徹』；『礙』，甲、乙、丙、丁、辛、乙二本同，庚二本作『閡』，均可通。

〔九九〕『湛』，丙、乙二本同，甲、乙、丁、辛、庚二本作『寂』。

〔一〇〇〕『彼』，甲、乙、丙、丁、辛、乙二本同，庚二本作『汝』。

〔一〇一〕『埸』，甲、乙、丙、丁、乙二、庚二本同，辛本作『傷』，誤。

〔一〇二〕『亦復』，甲、乙、丙、丁、辛、乙二、庚二本同，丙二本作『復又』。丙二本始於此句。

〔一〇三〕『至』，甲、乙、丙、丁、辛、乙二本同，庚二本作『到』。

〔一〇四〕『寶輪』，丙、乙二、庚二本同，甲、乙、丁、辛本作『輪寶』。

〔一〇五〕『能』，甲、乙、丙、丁、辛、乙二、丙二本同，庚二本作『乃能』；『苦』，甲、乙、丙、丁、辛、乙二、丙二本同，庚二本無。

〔一〇六〕『病』，甲、乙、丙、丁、辛、乙二、丙二本同，庚二本作『藥病』，誤；『故』，甲、乙、丙、丁、辛、乙二、丙二本同，庚二本脱。

〔一〇七〕『本』，甲、乙、丙、丁、辛、乙二、丙二本同，庚二本作『源』。

〔一〇八〕『法』，甲、乙、丙、丁、辛、乙二、丙二本同，庚二本作『術』。

〔一〇九〕『愚』，甲、乙、丙、丁、辛、乙二、丙二本同，庚二本作『遇』。

〔一一〇〕『餘』，甲、乙、丙、丁、辛、乙二、丙二本同，庚二本作『飲』，誤。

〔一一一〕『或』，甲、乙、丁、辛本同，丙、乙二、丙二、庚二本作『惑』，均可通。

〔一一二〕『過』，甲、乙、丙、丁、辛、乙二、丙二本同，庚二本作『遇』。

〔一一三〕『染』，甲、乙、丙、丁、辛、乙二、丙二本同，庚二本作『樂』，誤。

〔一一四〕『説』，甲、乙、丙、丁、辛、乙二、丙二本同，庚二本作『脱』；『奇』，甲、乙、丙、丁、辛、乙二、丙二本同，庚二本作『寄』。

〔一一五〕『瞋』，甲、乙、丁、辛、乙二、丙二、庚二本同，丙本作『顛』，誤。

〔一一六〕『忘』，甲、乙、丙、辛、乙二、丙二、庚二本同，丁本作『妄』，『妄』爲『忘』之借字；『愛』，甲、乙、丁、辛、庚二本同，丙、乙二、丙二本作『受』，誤。

〔一一七〕『懟』，甲、乙、丁、辛、乙二本同，丙、丙二、庚二本作『對』，『對』爲『懟』之借字。

〔一一八〕乙二本止於此句。

〔一一九〕『劃』，甲、乙、丙、丁、辛、丙二本同，庚二本作『畫』。

〔一二〇〕『憍』，甲、乙、丙、丁、辛、庚二本同，丙二本作『慢』，誤。

〔一二一〕『怙恃』，甲、乙、丙、丁、辛、丙二、庚二本作『恃怙』，均可通。

〔一二二〕『磨』，甲、乙、丁、辛、丙二、庚二本同，丙本作『魔』，『魔』爲『磨』之借字。

〔一二三〕『壞』，甲、乙、丙、丁、辛、庚二本同，丙二本作『懷』，誤。

〔一二四〕『暫』，甲、乙、辛、庚二本同，丙本作『慚』，丁、丙二本作『慙』，均誤。

〔一二五〕『無常』，甲、乙、丁、辛、丙二、庚二本同，丙本作『常無』，誤。

〔一二六〕丁二本始於此句。

〔一二七〕『疾』，甲、乙、丙、丁、辛、丙二、丁二本同，庚二本作『病』。

〔一二八〕『熟』，甲、乙、丙、丁、辛、丙二、庚二本同，丁二本作『孰』，均可通。

〔一二九〕『治』，甲、乙、丙、丁、辛、丙二、丁二本同，庚二本作『持』。

〔一三〇〕『緣』，丙、丙二本同，甲、乙、丁、辛、庚二本作『宜』。

〔一三一〕『愈』，甲、乙、丁、辛、丁二、庚二本同，丙、丙二本作『喻』，『喻』爲『愈』之借字。

〔一三二〕『智』，甲、乙、丙、丁、辛、丙二、丁二、庚二本無。

〔一三三〕『果爲因』，甲、乙、丙、丁、辛、丙二、丁二本同，庚二本作『因爲果』。

〔一三四〕『或説因爲果』，乙、丙、丁、丙二本同，甲、辛、丁二本作『説因爲果』，庚二本作『或説果爲因』。

〔一三五〕『何』，乙、丙、丁、辛、丙二、庚二本同，甲、丁二本作『何何』，一在行末，一在次行行首，此爲當時之换行添字抄寫體例，第二個『何』應不讀。

〔一三六〕『藥』，甲、乙、丁、辛、丙二、丁二、庚二本同，丙本作『愈』，誤。

〔一三七〕『但』，甲、乙、丁、辛、丙二、丁二、庚二本同，丙本作『但』，誤；『或』，甲、乙、丙、丁、辛、丙二、丁二本同，庚二本作『惑』，均可通。

〔一三八〕『巧』，甲、乙、丙、丁、辛、丙二、丁二本同，庚二本作『善巧』。

〔一三九〕辛本止於此句。

〔一四〇〕戊二本始於此句。

〔一四一〕『道』，甲、乙、丁、丙二、丁二、戊二、庚二本同，丙本脱。

〔一四二〕『是』，甲、乙、丁、丙二、丁二、戊二、庚二本同，丙本作『是是』，一在行末，一在次行行首，此爲當時之换行添字抄寫體例，第二個『是』應不讀。

〔一四三〕己二本始於此句。

〔一四四〕『説』，戊二本同，庚二本作『記』。

〔一四五〕『階』，庚二本同，戊二本作『階楷』，『楷』據文義係衍文。

〔一四六〕『者』，戊二、庚二本同，底本作『者者』，一在行末，一在次行行首，此爲當時之换行添字抄寫體例，第二個『者』應不讀。

〔一四七〕戊二本止於此句。

〔一四八〕『爲』，庚二本作『能』。

〔一四九〕『而』，庚二本作『爲』。
〔一五〇〕『利鈍』，庚二本作『鈍利』。
〔一五一〕『氣』，庚二本作『炁』。
〔一五二〕『純』，當作『鈍』，據庚二本改。
〔一五三〕『氣』，庚二本作『炁』。
〔一五四〕『富貧』，庚二本作『貧富』。
〔一五五〕『現』，庚二本作『見』。
〔一五六〕『業』，庚二本作『報』。
〔一五七〕『三』，庚二本作『二』。
〔一五八〕『現』，庚二本作『見』。
〔一五九〕『始』，當作『師』，據庚二本改，『始』爲『師』之借字。
〔一六〇〕『伏』，當作『服』，據庚二本改，『伏』爲『服』之借字。
〔一六一〕『法相』，庚二本作『相法』。
〔一六二〕『意』，庚二本作『志』。
〔一六三〕辛二本始於此句。
〔一六四〕此句庚二本無。
〔一六五〕此句庚二本無。
〔一六六〕丁本止於此句。
〔一六七〕庚本始於此句。

〔一六八〕庚二本此句後有『八戒』。
〔一六九〕『誡』，庚二本作『戒』。
〔一七〇〕『廿』，庚二本作『二十』。
〔一七一〕『罪』，庚二本作『非』。
〔一七二〕『誡』，庚二本作『戒』。
〔一七三〕『止』，庚二本作『出』。
〔一七四〕『四』，庚二本作『正』。
〔一七五〕『恬愉』，庚二本作『寂滅』。
〔一七六〕『牢』，當作『勞』，據庚二本改，『牢』爲『勞』之借字。
〔一七七〕『寶珠』，庚二本作『珠如玉』。
〔一七八〕『通』，庚二本作『道』。
〔一七九〕『二』，庚二本作『一』。
〔一八〇〕『要』，庚二本作『世』。
〔一八一〕『是名念經』，據庚二本補。
〔一八二〕『隨』，甲、乙、丙、庚、丙二、丁二、庚二、辛二本同，己二本脱。
〔一八三〕『歸』，甲、乙、丙、丙二、丁二、己二、庚二、辛二本同，庚本作『師』，誤。
〔一八四〕『迷』，甲、乙、丙、庚、丙二、丁二、己二、辛二本同，庚二本作『疑』；『惑』，丙、丙二、丁二、己二、庚二本同，甲、乙、庚、辛二本作『或』，均可通。
〔一八五〕『坐』，甲、乙、丙、庚、丙二、丁二、己二、辛二本同，庚二本作『座』，『座』爲『坐』之借字。

〔一八六〕『恆安』，丙、丙二、己二、庚二本同，甲、乙、庚、丁二、辛二本作『安恆』。
〔一八七〕此句甲、乙、丙、庚、辛、丙二、丁二、己二、辛二本同，庚二本作『非聖所知，非凡所解』。
〔一八八〕『現應』，甲、乙、丙、庚、丙二、丁二、己二、辛二本同，庚二本作『應見』。
〔一八九〕『住』，甲、乙、丙、丙二、丁二、己二、庚二、辛二本同，庚本作『位』，誤。
〔一九〇〕『自』，甲、乙、丙、庚、丙二、丁二、己二、辛二本同，庚二本作『白』，誤。
〔一九一〕『玉』，甲、乙、丙、庚、丙二、丁二、庚二、辛二本同，己二本作『王』，誤；『曇』，丙、丙二、己二本同，甲、乙、庚、丁二、庚二、辛二本作『輿』。
〔一九二〕『幡幢』，甲、乙、丙、庚、丙二、丁二、己二、庚二、辛二本作『幢幡』。
〔一九三〕『花』，甲、乙、庚、丁二、庚二、辛二本同，丙、丙二、己二本作『華』，『華』通『花』。
〔一九四〕『妓』，甲、乙、庚、丙二、丁二、己二、辛二本同，丙、庚二本作『伎』。
〔一九五〕『曇』，甲、丙、丙二、己二本同，乙、庚、庚二、辛二本作『輿』，丁二本作『舉』，誤。
〔一九六〕『昇於太』，甲、乙、丙、庚、丙二、丁二、己二、辛二本同，當作『冉冉昇』，據庚二本改。
〔一九七〕『人』，甲、乙、丙、庚、丙二、丁二、己二、辛二本同，庚二本作『仙』。
〔一九八〕『曰』，甲、乙、庚、庚二、辛二本同，丙、丙二、丁二、己二本作『言』。
〔一九九〕『湛寂』，丙、丙二、己二本同，甲、乙、庚、丁二、庚二、辛二本作『寂滅』。
〔二〇〇〕『體』，甲、乙、丙、庚、丙二、丁二、己二、辛二本同，庚二本作『身』。
〔二〇一〕丙二本止於此句。
〔二〇二〕『霔』，甲、乙、庚、丁二、庚二、辛二本同，丙、己二本作『注』，『注』爲『霔』之借字。
〔二〇三〕『想』，甲、乙、丙、庚、丁二、己二、辛二本同，庚二本作『相』，『相』爲『想』之借字。

〔二〇四〕『取』，甲、乙、丙、庚、丁二、己二、辛二本同，當作『趣』，據庚二本改。

〔二〇五〕『座』，丙、己二、庚二本同，甲、乙、庚、丁二、辛二本作『坐』，『坐』通『座』。

〔二〇六〕『遺』，甲、乙、丙、庚、丁二、己二、庚二本同，辛二本作『貴』，誤。

〔二〇七〕『戒』，丙、庚二本同，甲、乙、庚、丁二、己二、辛二本作『誡』。

〔二〇八〕『怒』，甲、乙、庚、丁二、己二、辛二本同，丙、庚二本作『努』，均可通。

〔二〇九〕『反』，丙、己二本同，甲、乙、庚、丁二、庚二、辛二本作『返』，均可通；『玉』，甲、乙、丙、丁二、己二、庚二、辛二本同，庚本作『王』，誤。

〔二一〇〕『退』，甲、乙、庚、庚二、辛二本同，丙、己二本作『去』。丁二本止於此句。

〔二一一〕『經卷第二』，甲、乙、丙、庚、己二、辛二本均同，庚二本作『妙經』。

參考文獻

《敦煌寶藏》二六冊，臺北：新文豐出版公司，一九八二年，一八〇至一八六頁（圖）；《敦煌學要籥》，臺北：新文豐出版公司，一九八二年，二〇二頁（録）；《正統道藏》二四冊，文物出版社、上海書店、天津古籍出版社，一九八八年，六五三至六五九頁；《中國古代寫本識語集録》，東京大学東洋文化研究所，一九九〇年，二三二頁（録）；《英藏敦煌文獻》四卷，成都：四川人民出版社，一九九一年，一三〇至一三一頁（圖）；《英藏敦煌文獻》五卷，成都：四川人民出版社，一九九二年，一五至一九、一二四至一二五頁（圖）；《敦煌講座》五《敦煌漢文文獻》，東京：大東出版社，一九九二年，七七頁；《北京大學藏敦煌文獻》二冊，上海古籍出版社，一九九五年，一九三頁（圖）；《俄藏敦煌文獻》六冊，上海古籍出版社，一九九六年，三五二頁（圖）；《上海圖書館藏敦煌吐魯番文獻》二冊，上海古籍出版社，一九九九年，二六五至二六六頁（圖）；《敦煌遺書總目索引新編》，北京：中華書局，二〇〇〇年，九七頁；《法藏敦煌西域文獻》一二册，上海古籍出版社，二〇〇〇年，三六八至三七二頁（圖）；《法藏敦煌西域文獻》一三册，上海古籍出版社，二〇〇〇年，四一至四四、一八八至一九四、二〇三至二〇四、三二四至三二九頁（圖）；《俄藏敦煌文獻》一四册，上海古籍出版社，二〇〇〇年，二八八頁（圖）；《敦煌研究》二〇〇〇年三期，一三二頁；《法藏敦煌西域文獻》一四册，上海古籍出版社，二〇〇一年，二二一至二二七頁（圖）；《法藏敦煌西域文獻》二二册，上海古籍出版社，二〇〇二年，二五七至二五九頁（圖）；《法藏敦煌西域文獻》二三册，上海古籍出版社，二〇〇二年，四二至四三頁（圖）；《敦煌道教文獻研究：綜述·目録·索引》，北京：中國社會科學出版社，二〇〇四年，一九三至一九八頁；《中華道藏》五册，北京：華夏出版社，二〇〇四年，二二一至二二六頁（録）；《法藏敦煌西域文獻》二八册，上海古籍出版社，二〇〇四年，五七至六〇頁（圖）；《法藏敦煌西域文獻》三二册，上海古籍出版社，二〇〇五年，二二四頁（圖）；《法藏敦煌西域文獻》三三册，上海古籍出版社，二〇〇五年，二九八至二九九頁（圖）。

斯三一三九　太玄真一本際經證實品卷第五

釋文

太玄真一本際經證實品卷第五

無上真人文始先生受學於老君，道業稍成，初受童真之任〔一〕，隨從老君，遊此宛利天下五嶽名山洞天宮館〔二〕，及四海江河洞淵水府。諸是上真下治之所，當往之處，未至五三千里，皆預有仙官部伍，或多或少，羅縷威儀〔三〕，恭迎拜謁。所到宮館，者（老）君皆入寶堂大殿〔四〕，當陽正坐。其所在宮主，或稱聖帝，或號真王，或君或侯，或保或相，並皆稽首〔五〕，側立侍衛，賜坐方坐。神仙玉女、地下主司、山水百靈，莫不雨集，不可勝數。衆真聖帝有所諮啓，多論天地三景陰陽氣候〔六〕，劫運奢促，及帝王命録長短，安危興廢〔七〕，民人禍福，并學道進仙階級黜陟之事〔八〕，調和氣序，清（消）抑陽九百六災會之法〔九〕，或有請問道德宗源希夷之旨。老君隨所諮請〔一〇〕，事事酬答〔一一〕，群真唯唯〔一二〕，稽首受命。然諸問答，多作諸天之音，兼他方異俗之語，言辭隱奥，難可卒解。迴到碧海之東，扶桑之野，青元宮中，重與太帝相見。言譴未悉，有諸地仙水仙天仙人等，一萬五千餘衆，仰藉大宥威恩，率爾而集，稽首老君，問訊事訖。爾時衆中有一仙人，姓孟名德然，匍匐前進，長跪上啓言曰：伏聞神尊遊履事訖，不久當還太玄之鄉。弟子等元緣不幸〔一三〕，頑愚闇昧，業行庸淺〔一四〕，受任下仙，處在山水之間，無以昇進，雖復多歷年載，而無益於身。但高上聖師邈絶天岸〔一五〕，真經妙法永不見聞，不知脩何善功最爲勝業〔一六〕？伏聞神尊□

（後缺）

說明

此件首全尾缺，中間有殘損，首題『太玄真一本際經證實品卷第五』，訖『伏聞神尊』。除此件外，現知敦煌文獻中保存的『太玄真一本際經證實品卷第五』尚有十件，對此件有校勘價值的是：伯二三六六，首全尾缺，起首題『太玄真一本際經證實品卷第五』，訖『爲人子孫不仁』；伯二四三八，首缺尾全，起『入寶堂大』，訖尾題『太玄真一本際經卷第五』；臺北中央圖書館藏〇九一五八，首尾均缺，起『初受』，訖『伏願神尊曲垂哀愍』。《太玄真一本際經》爲研究唐初道教義理的重要資料（參看王卡《敦煌道教文獻研究：綜述・目録・索引》，一九三頁）。

以上釋文以斯三一三九爲底本，用伯二三六六（稱其爲甲本）、伯二四三八（稱其爲乙本）、臺北中央圖書館藏〇九一五八（稱其爲丙本）參校。

校記

〔一〕丙本始於此句。

〔二〕『宛』，底本和甲本原作『惌』，『惌』爲『宛』之古文。

〔三〕乙本始於此句。

〔四〕『者』，甲本同，當作『老』，據丙本改。

〔五〕『並』，甲、丙本同，乙本作『普』。

〔六〕『氣』，甲、丙本同，乙本作『炁』。以下同，不另出校。

〔七〕『興』，乙、丙本同，甲本作『與』。

〔八〕『并』，甲、丙本同，乙本作『并是』。

〔九〕『清』，甲本同，當作『消』，據乙、丙本改；『陽』，甲本同，乙、丙本作『楊』，『楊』爲『陽』之借字。

〔一〇〕『諮請』，據甲、乙本補。

〔一一〕第一個『事』，據甲、乙本補；第二個『事』，據甲、乙、丙本補。

〔一二〕『真』，甲、丙本同，乙本作『臣』。

〔一三〕『元』，底本和甲本介於『元』『无』之間，二者形近易混，故據文義逕釋作『元』，乙、丙本作『先』。

〔一四〕『庸』，甲、丙本同，乙本作『膚』。

〔一五〕『聖師邈絶』，據甲、乙、丙本補；『天』，據殘筆劃及甲、乙、丙本補。

〔一六〕『何』，據殘筆劃及甲、乙、丙本補。

參考文獻

《敦煌寶藏》二六册，臺北：新文豐出版公司，一九八二年，二〇九至二一〇頁（圖）；《敦煌寶藏》一三七册，臺北：新文豐出版公司，一九八六年，四一〇頁（圖）；《英藏敦煌文獻》五卷，成都：四川人民出版社，一九九五年，一九頁（圖）；《法藏敦煌西域文獻》一三册，上海古籍出版社，二〇〇〇年，一九至二〇頁（圖）；《法藏敦煌西域文獻》一四册，上海古籍出版社，二〇〇一年，一八頁（圖）；《敦煌道教文獻研究：綜述·目録·索引》，北京：中國社會科學出版社，二〇〇四年，一九三、二〇二頁；《中華道藏》五册，北京：華夏出版社，二〇〇四年，二三七頁（録）。

斯三一四〇背　雜寫

釋文

應預然有使颯就（？）肅鳴所聲

尋在歡聞者閣如氣軟（？）風

説明

以上内容係時人隨手寫於《神人所説三千威儀觀行經》卷背，筆跡潦草，個別字墨跡較淡。

參考文獻

《敦煌寶藏》二六册，臺北：新文豐出版公司，一九八二年，二一一頁（圖）；《英藏敦煌文獻》五卷，成都：四川人民出版社，一九九二年，二〇頁（圖）。

斯三一四七　佛説閻羅王授記經題記

釋文

界比丘道真受持。

説明

此件《英藏敦煌文獻》未收，現予增收。

參考文獻

Descriptive Catalogue of the Chinese Manuscripts from Tunhuang in the British Museum, The Trustees of the British Museum, London1957, p. 163（録）；《敦煌寶藏》二六册，臺北：新文豐出版公司，一九八二年，二四六頁（圖）；《敦煌學要籥》，臺北：新文豐出版公司，一九八二年，一三〇頁（録）；《敦煌遺書總目索引》，北京：中華書局，一九八三年，一七四頁（録）；《中國古代寫本識語集録》，東京大學東洋文化研究所，一九九〇年，五二二頁（録）；《敦煌碑銘讚輯釋》，蘭州：甘肅教育出版社，一九九二年，五一七頁（録）；《敦煌遺書總目索引新編》，北京：中華書局，二〇〇〇年，九七頁（録）；《敦煌習學集》（上），蘭州：甘肅民族出版社，二〇〇四年，一六五頁。

斯三一四七背　佛説閻羅王授記經題記

釋文

佛説閻羅王受記經卷三　一　張家

説明

此經正面題記爲『界比丘道真受持』，道真爲敦煌名僧，俗姓張，此件中的『張家』疑即道真所在的家族。此件《英藏敦煌文獻》未收，現予增收。

參考文獻

Descriptive Catalogue of the Chinese Manuscripts from Tunhuang in the British Museum, The Trustees of the British Museum, London1957, p. 163（録）；《敦煌寶藏》二六册，臺北：新文豐出版公司，一九八二年，二四六頁（圖）；《中國古代寫本識語集録》，東京大學東洋文化研究所，一九九〇年，五二三頁（録）；《敦煌遺書總目索引新編》，北京：中華書局，二〇〇〇年，九七頁；《敦煌習學集》（上），蘭州：甘肅民族出版社，二〇〇四年，一六五頁。

斯三二五六　竪幢傘文

釋文

大覺仁弘悲〔一〕，多門吸（汲）引〔二〕，能人（仁）演教〔三〕，感應隨幾（機）〔四〕，皆稱解脱之功，莫非能濟者也。今囑（屬）三春令月〔五〕，四序初晨（辰）〔六〕，延百福以竪勝幢，殄千殃而精（旌）白傘〔七〕，將奉寶（保）休加（家）國〔八〕，慈育黎元。四方無衰變之優（憂）〔九〕，郡目（牧）有康寧之慶〔一〇〕。總斯多善，莫限良緣。先用莊嚴梵釋四王、龍天八部：伏願威光轉盛，福力彌增，興運慈悲，救人護國。又持勝福，次用莊嚴則我當今皇帝貴位：伏願普安宇宙，舜日恆清。四海共納於一家，十道咸歡無二城。又持勝福，復用莊嚴我河西節度使太傅貴位：伏願膺乾備德，寶位以（與）五嶽而同堅〔一一〕；坤極治民，寵秩並三臺而永固。又持勝福，次用莊嚴管内釋門都僧統大師貴位：伏願扶（敷）陽（揚）智述〔一二〕，振遏玄門。色力堅於丘山，惠命逾於遐劫。又持勝福，次〔用〕莊嚴總管内都衙等貴〔位〕〔一三〕：伏願左天利物，助聖安邊。福將山嶽以齊高，壽等海泉而深遠。又持勝福，次用莊嚴都僧政、僧録和尚已（與）諸僧正〔一四〕、法律等貴位：伏願駕三車而治（利）勿（物）〔一五〕，嚴六度以莊懷。使法門無衰變之憂，釋衆保康哉之樂。又持勝福，復用莊嚴別駕已下都官尞（僚）等貴位〔一六〕：伏願奇才出衆，武藝超倫，俱懷恤勿（物）之能〔一七〕，助我明王之化。然後伏兵罷鉀，鑄戟消戈，萬里澄清，三邊晏靜。

說明

此件首尾完整，起『大覺仁弘悲』，訖『三邊晏靜』。《英藏敦煌文獻》擬名爲《願文》，據其中之『延百福以豎勝幢，殄千殃而精（旌）百傘』及其他同類文書，應爲《豎幢傘文》（參閲郝春文《部分英藏敦煌文獻的定名問題》，《北京圖書館館刊》一九九九年二期，七五頁）。

此件背面接續正面抄寫，《英藏敦煌文獻》誤將其正背圖版次序排錯，正背編號亦被顛倒，以上釋文正背關係按正確次序排列，正背文字視爲一件文書釋録。此件之文字與斯六四一七、斯四五四四、伯二八五四有重合，可互相參校。

校記

〔一〕『仁』，據斯四五四四、斯六四一七、伯二八五四及文義係衍文，當刪。

〔二〕『吸』，當作『汲』，據文義改，『吸』爲『汲』之借字。

〔三〕『人』，當作『仁』，據斯四五四四、斯六四一七、伯二八五四改，『人』爲『仁』之借字。

〔四〕『幾』，當作『機』，據斯四五四四、斯六四一七、伯二八五四改，『幾』爲『機』之借字。
〔五〕『囑』，當作『屬』，據文義改，『囑』爲『屬』之借字。
〔六〕『晨』，當作『辰』，據文義改，『晨』爲『辰』之借字。
〔七〕『精』，當作『旌』，據伯二八五四改，『精』爲『旌』之借字。
〔八〕『寶』，當作『保』，據斯四五四四、斯六四一七、伯二八五四改，『寶』爲『保』之借字；『加』，當作『家』，據斯四五四四、斯六四一七、伯二八五四改，『加』爲『家』之借字。
〔九〕『優』，當作『憂』，據斯四五四四、斯六四一七改，『優』爲『憂』之借字。
〔一〇〕『目』，當作『牧』，據斯四五四四改，『目』爲『牧』之借字。
〔一一〕『以』，當作『與』，據文義改，『以』爲『與』之借字。
〔一二〕『扶』，當作『敷』，據斯六四一七改，『扶』爲『敷』之借字；『陽』，當作『揚』，『陽』爲『揚』之借字。
〔一三〕『用』，據文義補；『位』，據文義補。
〔一四〕『已』，當作『與』，據文義改，『已』爲『與』之借字。
〔一五〕『治』，當作『利』，據斯六四一七改；『勿』，當作『物』，據斯六四一七改，『勿』爲『物』之借字。
〔一六〕『尞』，當作『僚』，據文義改，『尞』爲『僚』之借字。
〔一七〕『勿』，當作『物』，據斯二五八〇改，『勿』爲『物』之借字。

參考文獻

《敦煌寶藏》二六册，臺北：新文豐出版公司，一九八二年，二八〇至二八一頁（圖）；《英藏敦煌文獻》四卷，成都：四川人民出版社，一九九一年，一〇五頁（圖）；《英藏敦煌文獻》五卷，成都：四川人民出版社，一九九二年，二一頁（圖）；《英藏敦煌文獻》六卷，成都：四川人民出版社，一九九二年，一三四頁（圖）；《英藏敦煌文獻》一一卷，成都：四川人民出版社，一九九四年，五〇至五一頁（圖）；《北京圖書館館刊》一九九九年二期，七五頁；《法藏敦煌西域文獻》，上海古籍出版社，二〇〇一年，一二五頁（圖）。

斯三一五六背　　己卯年十二月十六日僧正守志轉帖

釋文

（前缺）

東門外取齊，捉二者（？）後到，罰麥三斗。全不來，罰
麥六斗。其帖立遞相分付，不得停滯。如滯帖者，
准條科罰。帖周卻付本司，用憑告罰。
　　己卯年十二月十六日僧正守志帖資。
龍：鄧僧正、吴法律。乾：張法律、程法律。開：張法律、索法律。
永：翟僧正、閻法律。金：馬僧正、陰僧正。圖：孔僧正、張法律。
顯：梁僧正、翟僧正。乾明寺：曹闍梨。連（蓮）〔二〕：安法律、李法律。
土：李教授、李法律。恩：索法律、田闍梨。界：劉僧正、高法律。
修：宋法律。國：李法律。乘：翟法律。普：張法律。
聖：張法律。

說明

此件首缺尾全，倒書。係僧正守志通知諸寺僧正、法律到東門外取齊，事由已失。其中之『龍』『乾』『開』『永』『金』『圖』『顯』『蓮』『土』『恩』『界』『修』『國』『乘』『普』『聖』等字，係敦煌龍興寺、乾元寺、開元寺、永安寺、金光明寺、靈圖寺、顯德寺、蓮台寺、淨土寺、報恩寺、三界寺、靈修寺、安國寺、大乘寺、普光寺、聖光寺之簡稱。乾明寺所以使用了全稱，當是爲避免與『乾元寺』之簡稱『乾』相混。敦煌地區的寺院，自吐蕃時期的十三所，至曹氏歸義軍時增長到十七所。此件所通知的僧正、法律，分別歸屬於十七所寺院，説明其時代在曹氏歸義軍時期，而這次活動也應該是都司組織的活動。

校記

〔一〕『連』，當作『蓮』，據文義改，『連』爲『蓮』之借字。

參考文獻

《敦煌寶藏》二六册，臺北：新文豐出版公司，一九八二年，二八〇頁（圖）；《唐五代敦煌寺户制度》，北京：中華書局，一九八七年，一四三至一四四頁；《敦煌學輯刊》一九八八年一、二期，七七頁；《英藏敦煌文獻》五卷，成都：四川人民出版社，一九九二年，二一一頁（圖）；《敦煌漢文文書》，上海古籍出版社，二〇〇〇年，一二五頁。

斯三一五七　大般若波羅蜜多經卷第二百二勘經題記

釋文

兑。

説明

以上文字書寫於《大般若波羅蜜多經》卷第二百二經文天頭上，表示此紙佛經抄寫有誤，已作廢，可兑换新紙重抄。《英藏敦煌文獻》未收，現予增收。

參考文獻

《敦煌寶藏》二六册，臺北：新文豐出版公司，一九八二年，二八二頁（圖）。

斯三二一五八　大般若波羅蜜多經卷第三二一勘經題記

釋文

兑。

説明

以上文字書寫於《大般若波羅蜜多經》卷第三二一經文天頭上，表示此紙佛經已經作廢，可兑换新紙重抄。《英藏敦煌文獻》未收，現予增收。

參考文獻

《敦煌寶藏》二六册，臺北：新文豐出版公司，一九八二年，二八三頁（圖）。

斯三一六一　大般若波羅蜜多經卷第二七〇題記

釋文

覺行。

説明

此件《英藏敦煌文獻》未收，現予增收。

參考文獻

Descriptive Catalogue of the Chinese Manuscripts from Tunhuang in the British Museum, The Trustees of the British Museum, London1957, p. 7（録）；《敦煌寶藏》二六册，臺北：新文豐出版公司，一九八二年，三〇九頁（圖）；《敦煌遺書總目索引新編》，北京：中華書局，二〇〇〇年，九七頁（録）。

斯三一六六　大般若波羅蜜多經卷第二一九題記

釋文

惠珍記（？）〔一〕。

説明

此件《英藏敦煌文獻》未收，現予增收。

校記

〔一〕『珍記』，《中國古代寫本識語集録》釋作『寶』，誤。

參考文獻

Descriptive Catalogue of the Chinese Manuscripts from Tunhuang in the British Museum, The Trustees of the British Museum, London1957, p. 6（録）；《敦煌寶藏》二六册，臺北：新文豐出版公司，一九八二年，三四六頁（圖）；《中國古代寫本識語集録》，東京大學東洋文化研究所，一九九〇年，三六三頁（録）。

斯三一六六背　雜寫

釋文

二百一十九。　　廿二，九。

說明

此件《英藏敦煌文獻》未收，現予增收。

參考文獻

Descriptive Catalogue of the Chinese Manuscripts from Tunhuang in the British Museum, The Trustees of the British Museum, London1957, p. 6（録）；《敦煌寶藏》二六册，臺北：新文豐出版公司，一九八二年，三四七頁（圖）。

斯三一七三　太上妙法本相經

釋文

（前缺）

澄之不清，撓之不濁，譽之不榮，毀之不辱，奉之不貴，卻亦不損[一]，恭之不益，慢之不拔。不損不益，惔然無爲也。等曰[二]：清真無爲，無依無著，毀不能滅[三]，譽之不榮，恭之無益[四]，慢之不拔[五]，無損無辱，無爲而已，豈用教演？豈須奉之？豈勤行之？豈圖（徒）勞之[六]，不如閑靜，隨其四氣，終而用之。人生無常，去留不亭[七]，不如優豫于（乎）[八]？弟子謂可脩德大富[九]，發無可恃[一〇]，勤致神仙，慢落三徒，奉行靈祐，辱之禍至，何期清真無爲之任，虛勤之教，無益之法于（乎）？答曰：夫清真者，即是道[一一]。若人行之，人自行之；若人勤之，人自勤之；若人恭之，人自恭之；若人奉之，人自奉之，何益於清真于（乎）？人自求益，非益清真；人自求度，非度清真；人自勤脩，非清真勤脩；人自求道，非道求人。是以真人，先自勤苦，後獲大樂；先自恭奉，後得真尊。若人辱道，人自損之；若人慢真，人自拔之[一二]；若人發（廢）道[一三]，人自發（廢）道〔一四〕；若人毁真，人自毁真。何以故？人自罵嚮〔一五〕，非嚮罵人；人自惡真，非真惡人；人自慢道，非道慢人；人自禍道，非道禍人；人自滅道，非道滅人；人自毒道，非道毒人。何以故？譬如强弩射天，其箭必還。是以人自射天，非天射人；人自罵嚮〔一六〕，非嚮罵人。故毒不自運，禍不自生，一由身口心行所招致也。是以身者，三惡之根，神仙之本，一名良福田，二名賊黎園〔一七〕，三名種子户，〔四〕名棄生門〔一八〕。

（後缺）

説明

此件首尾均缺，其内容爲《太上妙法本相經》。此經撰人不詳，約出於南北朝末。原書至少有三卷，是流傳較廣的重要道經。《正統道藏》『太平部』收入此經，僅殘存三卷。

現知敦煌文獻中保存的《太上妙法本相經》有十餘件，但只有伯二三五七對此件有校勘價值。以上釋文以斯三一七三爲底本，用伯二三五七（稱其爲甲本）、《正統道藏》中之《太上妙法本相經》（稱其爲乙本）參校。

校記

〔一〕『亦』，甲本同，乙本作『之』。

〔二〕「等」，甲本同，乙本作「辯夫」。乙本始於此句。

〔三〕「不能滅」，甲本同，乙本作「之不辱」。

〔四〕「無」，甲本同，乙本作「不」。

〔五〕「拔」，甲本同，乙本作「損」。

〔六〕「圖」，甲本同，當作「徒」，據乙本改，「圖」爲「徒」之借字。

〔七〕「亭」，甲本同，乙本作「停」，均可通。

〔八〕「于」，甲本同，當作「乎」，據乙本改。以下同，不另出校。

〔九〕「德」，甲本同，乙本作「得」；「富」，甲本同，乙本作「福」。

〔一〇〕「發」，甲本同，乙本作「廢」。

〔一一〕「道」，甲本同，乙本作「道也」。

〔一二〕「拔」，甲本同，乙本作「慢」。

〔一三〕「發」，甲本同，當作「廢」，據乙本改。

〔一四〕「發」，甲本同，當作「廢」，據乙本改。

〔一五〕「嚮」，甲本同，乙本作「響」，「響」通「嚮」。以下同，不另出校。

〔一六〕「響」，乙本同，甲本作「嚮」，「響」通「嚮」。以下同，不另出校。

〔一七〕「賊」，甲本同，乙本作「賦」。

〔一八〕「四」，據甲、乙本補；「棄」，甲本同，乙本作「遠」；「門」，據甲、乙本補。

參考文獻

《敦煌寶藏》二六册，臺北：新文豐出版公司，一九八二年，三八五至三八六頁（圖）；《正統道藏》二四册，文物出版社、上海書店、天津古籍出版社，一九八八年，八五七頁；《英藏敦煌文獻》五卷，成都：四川人民出版社，一九九二年，二二二頁（圖）；《法藏敦煌西域文獻》一二册，上海古籍出版社，二〇〇〇年，三四七至三四八頁（圖）；《敦煌道教文獻研究：綜述·目録·索引》，北京：中國社會科學出版社，二〇〇四年，一一七頁；《中華道藏》五册，北京：華夏出版社，二〇〇四年，一頁（録）。

斯三一七七　梁武帝問志公和尚如何修道

釋文

梁武帝問志公和尚如何修道〔一〕。和尚以偈答曰〔二〕：識無常，悟大理。敬三寶，存終始〔三〕。得（行）平等〔四〕，無彼此〔五〕。善事行，惡事止。勿稱我，莫道你。自取非〔六〕，與他是。欲覓佛，只這是〔七〕。千種多知，不如禁口；萬般求法，不及看心〔八〕。欲得無畏，莫求名利〔九〕。欲得無憂〔一〇〕，少逐交遊〔一一〕。欲得無嫌〔一二〕，卑弱自諗（謙）〔一三〕，欲得和好，善惡莫道。勤照勘〔一四〕，勿散亂。有錯失，急迴換。見色身不染〔一五〕，又復不貪財〔一六〕。二種俱不受（愛）〔一七〕，罪從何處來？一切世間人，常騎六賊馬。不遇善知識，萬年不得下。將口喫他肉，用話（活）自己身〔一八〕。不知還成肉，還用肉債（償）人〔一九〕。罵他還自罵，嗔他還自嗔〔二〇〕。如木能生火，還自返燒身〔二一〕。

説明

此件首尾完整，起「梁武帝問志公和尚如何修道」，訖「還自返燒身」。伯三六四一亦保存了與此件相同的内容。

以上釋文以斯三一七七爲底本，用伯三六四一（稱其爲甲本）參校。

校記

〔一〕「梁」，據殘筆劃及甲本補。

〔二〕「偈」，據殘筆劃及文義補，甲本作「謁」，誤；「答曰」，據甲本補。

〔三〕「存」，《敦煌詩集殘卷輯考》釋作「右」，校改作「有」，誤；「終」，甲本作「忠」，「忠」爲「終」之借字。

〔四〕「得」，當作「行」，據甲本改。

〔五〕「無」，據甲本補；「彼」，甲本作「比」，「比」爲「彼」之借字。

〔六〕「取」，據甲本補。

〔七〕「這」，甲本作「者」，均可通。

〔八〕「及」，甲本作「如」。

〔九〕「名」，甲本作「多」，疑誤。

〔一〇〕「得」，甲本作「德」，「德」爲「得」之借字；「憂」，甲本作「優」，「優」爲「憂」之借字。

〔一一〕「逐」，甲本作「共」。

〔一二〕「得」，甲本作「德」，「德」爲「得」之借字。

〔一三〕「諗」，當作「謙」，據甲本改，「諗」爲「謙」之借字。
〔一四〕「勘」，據殘筆劃及甲本補。
〔一五〕「色」，甲本作「酒色」；「身不」，甲本作「心莫」。
〔一六〕「又」，據甲本補；「不」，甲本作「莫」。
〔一七〕「受」，當作「愛」，據甲本改。
〔一八〕「話」，當作「活」，據甲本改。
〔一九〕「用」，甲本作「爲」；「債」，甲本作「債」，當作「償」，據文義改。
〔二〇〕「嗔」，據殘筆劃及甲本補。
〔二一〕甲本此句後有「無著和尚親遊五臺見文殊菩薩」等一段文字。

參考文獻

《敦煌寶藏》二六册，臺北：新文豐出版公司，一九八二年，四〇一頁（圖）；《英藏敦煌文獻》五卷，成都：四川人民出版社，一九九二年，二二頁（圖）；《敦煌詩集殘卷輯考》，北京：中華書局，二〇〇〇年，八七六頁（録）；《法藏敦煌西域文獻》二六册，上海古籍出版社，二〇〇二年，一八八頁（圖）；《全敦煌詩》一三册，北京：作家出版社，二〇〇六年，五七八七至五七九二頁（録）。

斯三一七八　蓮花部普讚歎三寶

釋文

蓮花部普讚歎三寶

曩謨没馱野〔一〕遇囉吠曩謨達麼野陀移迷摩〔二〕曩謨僧伽野摩訶諦〔三〕諦㘈毗藥〔四〕毗舍者迦摩囉嚕〔五〕左曩迦摩欏〔六〕娑曩迦摩囉〔七〕賀沙（娑）哆迦摩欏〔八〕婆母你迦摩欏〔九〕迦摩欏〔一〇〕三婆嚩婆（娑）迦囉摩囉〔一一〕荼娜曩〔一二〕曩謨窂（窣）堵諦〔一三〕

説明

此件首尾完整，首題『蓮花部普讚歎三寶』，參照斯二四六四『唐梵翻對字音般若波羅蜜多心經』序後的同名文書，似是梵文讚歎三寶的漢字注音。《英藏敦煌文獻》未收，現予增收。此件内容又見於斯二九七五。本書第十四卷在釋録斯二九七五時，使用了斯二四六四參校，未及參校此件。故以上釋文以斯三一七八爲底本，用斯二九七五（稱其爲甲本）參校，斯二四六四的文字異同，參見本書第十四卷。

校記

〔一〕『謨』，甲本作『莫』。以下同，不另出校。

〔二〕「陀移迷摩」，甲本作「馱以銘麼」。

〔三〕「摩訶」，甲本作「麼賀」。

〔四〕「㘈」，甲本作「𡅅」。

〔五〕「者」，甲本作「左」；「者」後甲本有「迦磨囉目佉」四字；「摩」，甲本作「磨」。

〔六〕「摩欏」，甲本作「磨囉」。

〔七〕「摩」，甲本作「磨」。

〔八〕「沙」，當作「娑」，據甲本改，「沙」爲「娑」之借字；「摩欏」，甲本作「磨囉」。

〔九〕「摩欏」，甲本作「磨囉」。

〔一〇〕「摩欏」，甲本作「磨囉」。

〔一一〕「婆」，當作「娑」，據甲本改；「摩」，甲本作「磨」。

〔一二〕「荼娜曩」，甲本作「乞灑攞曩娜」。

〔一三〕「牢」，當作「窣」，據甲本改。

參考文獻

《敦煌寶藏》一九册，臺北：新文豐出版公司，一九八一年，六八九頁（圖）；《敦煌寶藏》二五册，臺北：新文豐出版公司，一九八二年，四五頁（圖）；《敦煌寶藏》二六册，臺北：新文豐出版公司，一九八二年，四〇一頁（圖）；《英藏敦煌文獻》四卷，成都：四川人民出版社，一九九一年，二六三頁（圖）；《英藏敦煌社會歷史文獻釋録》一四卷，北京：社會科學文獻出版社，二〇一六年，四八五頁（録）。

斯三二一八〇背　某月廿八日某衙爲大寶國皇帝百辰設供追念請諸寺僧尼降赴疏

釋文

（前缺）

聖光寺請戒證、理祥、惠春、蓮花仙、自在行、妙定□

修善、信修、功德進、信定、勝縵、巧意□

（中缺）

□請嚴護、戒藏、戒圓、保定安、蓮花首、蓮花會、賢寶（？）□

□定真、應妙、靈智、明戒、靈滿、明真、政妙、妙思、妙慈（？）□

□慈（？）妙、勝連、張家阿師子、保定、⿰亻出子，

□月廿八日就衙。奉爲大寶國

皇帝百晨（辰）[一]，追念設供。伏乞

慈悲，巾鉢相隨，依時降赴。謹疏。

（後缺）

説明

此件原爲修補《佛説觀音經》的四個斷片，粘貼於該經背面，第一片倒貼，第二片從左向右横貼，第三片從右向左横貼，第四片正貼。從筆跡和内容來看，四片原應爲一件文書，第一片可以和第三片拼接，第二片可以和第四片拼接（《英藏敦煌文獻》誤將前三片圖版標爲三一八一背），拼接後的兩部分之間仍有空缺，前後亦缺。文中的『大寶國皇帝』，榮新江、朱麗雙考證爲于闐國王李聖天，此件既是爲李聖天『百辰』設供追念文書，而李聖天卒於公元九六六年，所以此件的年代當在九六六或九六七年（參看《于闐與敦煌》，五五頁）。

校記

〔一〕『晨』，當作『辰』，據文義改，『晨』爲『辰』之借字。

參考文獻

《敦煌寶藏》二六册，臺北：新文豐出版公司，一九八二年，四〇六頁（圖）；《英藏敦煌文獻》五卷，成都：四川人民出版社，一九九二年，二三頁（圖）；《于闐與敦煌》，蘭州：甘肅教育出版社，二〇一三年，五五頁。

斯三一八九　癸未年十月一日衙内轉經翻替曆

釋文

癸未年十月一日衙内轉經翻替曆
第一護：張僧正、詮僧正；雲：張僧正、韓僧正、丑兒法律、馬僧正、曹僧正、王法律、陳僧正。
（中空兩行）
第二：羅僧正、李僧正、劉僧正、巖僧正；藏：張僧正；行：張僧正、丑兒法律、張法律、韓僧正。
（後缺）

説明

此件首全尾缺，首題『癸未年十月一日衙内轉經翻替曆』。文書第三行與第四行之間有兩行空白，第二行『韓僧正』、第五行『丑兒法律』旁有勾勒符號。

參考文獻

《敦煌寶藏》二六册，臺北：新文豐出版公司，一九八二年，四八一頁（圖）；《英藏敦煌文獻》五卷，成都：四川人民出版社，一九九二年，二四頁（圖）。

斯三一九八背　一　殘片（同將去）

釋文

同將去

説明

此號幾件均是修補佛經用的殘片，大小、長短、書寫順序不一。此件書寫於修補《妙法蓮華經》卷六的殘片上，殘片粘貼於該經卷背，《敦煌寶藏》《英藏敦煌文獻》均未收，係核查原卷所得，現予增收。

斯三一九八背　二　某年三月廿四日翁家梁孟温家書

釋文

（前缺）

[不]宣〔一〕。敬狀。

三月廿四日翁家梁孟温書〔二〕

新婦處　隨書安問，孫兒再興，切好將息□來〔三〕。

説明

此件首缺尾全，粘貼於《妙法蓮華經》卷六背面，係補經之用，下部又粘有一方形紙片，遮蓋住了部分文字，經核查原卷，補全文字。《敦煌遺書總目索引》認爲係『書函殘文』，《敦煌寶藏》擬名『翁家梁某向新婦孫兒問安帖』，《英藏敦煌文獻》擬名『某年三月廿四日翁家梁某家書』。從内容看，前兩行是家書結尾部分，後兩行是書信封題及附言，因係草稿，故將封題也順手抄寫於後。今據内容重新擬題。

校記

〔一〕『不』，據文義補。

〔二〕『孟温書』，《敦煌寶藏》《英藏敦煌文獻》未顯示，據原件釋録。

〔三〕『將息□』，《敦煌寶藏》《英藏敦煌文獻》未顯示，據原件釋録。

參考文獻

《敦煌寶藏》二六册，臺北：新文豐出版公司，一九八二年，五一八頁（圖）；《敦煌遺書總目索引》，北京：中華書局，一九八三年，一七五頁；《英藏敦煌文獻》五卷，成都：四川人民出版社，一九九二年，二四頁（圖）。

斯三一九八背　三　委曲付男沙州作院僕射

釋文

（前缺）

委曲付男沙州作院僕射。

説明

此件亦爲修補正面佛經的補丁，僅存一行文字，似爲官文書。

參考文獻

《敦煌寶藏》二六册，臺北：新文豐出版公司，一九八二年，五一八頁（圖）；《英藏敦煌文獻》五卷，成都：四川人民出版社，一九九二年，二四頁（圖）。

斯三二〇七　大般若波羅蜜多經卷第五九八勘經題記

釋文

兑。

説明

以上文字書寫於《大般若波羅蜜多經》卷第五九八經文尾部天頭，表示此紙佛經已經作廢，可兑换新紙重抄。《英藏敦煌文獻》未收，現予增收。

參考文獻

《敦煌寶藏》二六册，臺北：新文豐出版公司，一九八二年，五六五頁（圖）。

斯三三二一背　經目

釋文

《大乘入楞伽經》一部。
（中空數行）
《入楞伽經》一部。

説明

此件《英藏敦煌文獻》未收，現予增收。此件中間有蔣孝琬所書數碼和『金光明最勝王經』，未録。

參考文獻

《敦煌寶藏》二六册，臺北：新文豐出版公司，一九八二年，六四〇頁（圖）；《敦煌佛教經録輯校》，南京：江蘇古籍出版社，一九九七年，一〇四〇至一〇四一頁（録）。

斯六二〇八背＋斯三三二七　一　十二月

釋文

（前缺）

正月孟春春漸暄[一]，狂夫壹別□□□[二]。無端假（嫁）得長貞（征）壻[三]，校（教）接（妾）尋常讀（獨）自綿（眠）[四]。

二月仲春春已（未）熱[五]，自別征夫室（實）難製[六]。貞（征）君一器（去）對三秋[七]，黃鳥窗邊喚秋（新）月[八]。也也也也。

三月季春春來（極）暄[九]，忽念了（遼）羊（陽）愁轉難[一〇]。羡（賤）接（妾）斯（思）君場（腸）欲段（斷）[一一]，君何無行不皈還[一二]。

四月孟夏夏漸熱[一三]，忽億（憶）貞（征）君無時節[一四]。接（妾）今遊（猶）在（存）舊日靜（意）[一五]，君何不億（憶）接（妾）心偈（結）[一六]。也也也也。

五月仲夏夏盛熱，忽億（憶）貞（征）人愁更發〔一七〕。一步一罔（望）隴山東〔一八〕，
忽見君□愁似結〔一九〕。
六月季夏夏共同〔二〇〕，接（妾）亦憤（情）與（如）對秋風〔二一〕。□容日日□胡
月〔二二〕，後園春樹□□□。
七月孟秋秋已源（涼）〔二三〕，寒雁能（南）飛數萬行〔二四〕。賤接（妾）斯（思）君場
（腸）欲段（斷）〔二五〕，［　　］□□〔二六〕。
八月仲秋秋已萌（闌）〔二七〕，日日愁君行路難。接（妾）願秋胡速相見，［　　］
九月季秋秋欲末〔二八〕，忽億（憶）貞（征）君無時節〔二九〕。鴛鸞（鴦）錦被冷如
冰〔三〇〕，與向將□□□□。
十月孟冬冬漸寒，今尚分（紛）分（紛）雪付（敷）山〔三一〕。禽（尋）思別君盡焦
（憔）顔（悴）〔三二〕，愁君作客在□□。
十一月仲冬冬漸（盛）寒〔三三〕，憂（幽）圭（閨）賣（獨）座（坐）録（緑）窗
前〔三四〕。戰袍緣何不開領，愁君肥（肌）亹（瘦）慇（恐）嫌寬〔三五〕。
十二月季冬冬極寒，晝夜愁君臥不安。就（枕）咸（函）禄（盝）子無人見〔三六〕，忽

億（憶）斯（思）君□□□〔三七〕。

説明

此卷由斯六二〇八背和斯三二二七綴合而成，兩號綴合後仍是首尾均缺。所以會出現正面和背面綴合的情況，是因爲《英藏敦煌文獻》圖版對斯六二〇八的正背標注有誤。兩號綴合後，斯三二二七背＋斯六二〇八所抄均爲字書，内容連貫，筆跡相同，應爲同一人所書。而斯六二〇八背＋斯三二二七保存的文字則内容不同，筆跡不同，且不連續。這表明斯三二二七和斯六二〇八背保存的文字早於另一面，時人是將已用過的廢紙經剪裁後粘貼起來，利用其背面來抄寫字書的。

此件抄於斯六二〇八背面，首缺尾殘，字跡模糊，不易辨識，起『正月孟春春漸暄』，訖『忽億（憶）斯（思）君』。《英藏敦煌文獻》擬名爲『十二月曲子』，《敦煌歌辭總編》《敦煌詩集殘卷輯考》定名爲『十二月』（參看任半塘《敦煌歌辭總編》下册，一二五四至一二五五頁），此從之。

此件後抄有『十二月』『古賢集』『失名韻文』『學郎詩』『韓朋賦一首』等。因兩號綴合處呈斜綫性，爲便於區分，用『／』表示保存在斯三二二七上的文字，即在兩個『／』之間的文字保存在斯三二二七上。

校記

〔一〕『正』，據伯三八一二、伯四九九四背補。

〔二〕『□□』，《全唐五代詞》據三八一二校補作『經數』；第三個『□』，《全唐五代詞》釋作『年』。

〔三〕『假』，當作『嫁』，《敦煌歌辭總編》據文義校改，『假』爲『嫁』之借字；『長』，《敦煌歌辭總編》據文義校補；『貞』，當作『征』，《敦煌歌辭總編》據文義校改，『貞』爲『征』之借字。

〔四〕『校』，當作『教』，《敦煌歌辭總編》據文義校改，『校』爲『教』之借字；『接』，當作『妾』，據伯三八一二改，『接』爲『妾』之借字；『讀』，當作『獨』，據伯三八一二改，『讀』爲『獨』之借字；『綿』，當作『眠』，據伯三八一二改，『綿』爲『眠』之借字。

〔五〕『二』，據伯三八一二、伯四九九四補；『已』，當作『未』，據伯四九九四改。

〔六〕『室』，當作『實』，《敦煌歌辭總編》據文義校改，『室』爲『實』之借字。

〔七〕『貞』，當作『征』，《全唐五代詞》據文義校改，『貞』爲『征』之借字；『君』，《敦煌歌辭總編》據文義校補；『器』，當作『去』，《敦煌歌辭總編》據文義校改，『器』爲『去』之借字；『對』，《敦煌歌辭總編》《全唐五代詞》釋作『到』。

〔八〕『喚』，《敦煌歌辭總編》據文義校補；『秋』，當作『新』，《敦煌歌辭總編》據文義校改。

〔九〕『三』，據伯三八一二、伯四九九四補；『來』，當作『極』，據伯三八一二改。

〔一〇〕『了羊』，當作『遼陽』，《敦煌歌辭總編》據文義校改，『了羊』爲『遼陽』之借字；『難』，《敦煌歌辭總編》釋作『添』。

〔一一〕『羡』，當作『賤』，《敦煌歌辭總編》據文義校改，『羡』爲『賤』之借字；『接』，當作『妾』，《敦煌歌辭總編》據文義校改，『接』爲『妾』之借字，以下同，不另出校；『斯』，當作『思』，《敦煌歌辭總編》據文義校改，『斯』爲『思』之借字；『場』，當作『腸』，《敦煌歌辭總編》據文義校改，『場』爲『腸』之借字，以下同，不另出校；『段』，當作『斷』，《敦煌歌辭總編》據文義校改，『段』爲『斷』之借字，以下同，不另出校。

〔一二〕『還』，《敦煌歌辭總編》據文義校補。

〔一三〕『四』，據伯三八一二、伯四九九四補。

〔一四〕『億』，當作『憶』，《全唐五代詞》據文義校改，『億』爲『憶』之借字，《敦煌歌辭總編》逕釋作『憶』，以下同，不另出校；『貞』，當作『征』，《全唐五代詞》據文義校改，『貞』爲『征』之借字。

〔一五〕『遊』，當作『猶』，《敦煌歌辭總編》據文義校改，『遊』爲『猶』之借字；『在』，當作『存』，《敦煌歌辭總編》據文義校改；『靜』，當作『意』，《敦煌歌辭總編》據文義校改。

〔一六〕『偈』，當作『結』，《敦煌歌辭總編》據文義校改，《全唐五代詞》校改作『竭』，『偈』爲『結』之借字。此句後連書四個『也』字，應爲補白，未録。

〔一七〕『貞』，當作『征』，《敦煌歌辭總編匡補》據文義校改，『貞』爲『征』之借字；『人』，《敦煌歌辭總編》釋作『夫』，誤。

〔一八〕『罔』，當作『望』，《敦煌歌辭總編》據文義校改，『罔』爲『望』之借字。

〔一九〕『結』，《敦煌歌辭總編》據文義校補。

〔二〇〕『六』，據伯三八一二、伯四九九四補。

〔二一〕『憒』，當作『情』，《敦煌歌辭總編》據文義校改；『與』，當作『如』，《敦煌歌辭總編》據文義校改，『與』爲『如』之借字。

〔二二〕第二個『□』，《全唐五代詞》釋作『賓』。

〔二三〕『七』，據伯四九九四補；『源』，當作『涼』，據伯三八一二改。

〔二四〕『能』，當作『南』，據伯三八一二改，『能』爲『南』之借字。

〔二五〕『斯』，當作『思』，《敦煌歌辭總編》據文義校改，『斯』爲『思』之借字。

〔二六〕第一個「□」，《全唐五代詞》釋作「不」。

〔二七〕「八」，據伯四九九四補；「萠」，當作「闌」，《敦煌歌辭總編》據文義校改。

〔二八〕「九」，據伯四九九四補。

〔二九〕「貞」，當作「征」，《全唐五代詞》據文義校改，「貞」爲「征」之借字。

〔三〇〕「鸞」，當作「鴦」，《敦煌歌辭總編》據文義校改；「冰」，《敦煌歌辭總編》釋作「水」。

〔三一〕「分分」，當作「紛紛」，《敦煌歌辭總編》據文義校改，「分」爲「紛」之借字；「付」，當作「敷」，《敦煌歌辭總編》據文義校改，《敦煌歌辭總編匡補》校改作「封」。

〔三二〕「禽」，當作「尋」，《敦煌歌辭總編》據文義校改，「禽」爲「尋」之借字；「焦顔」，當作「憔悴」，《敦煌歌辭總編》據文義校改。此句《全唐五代詞》校改作「琴瑟别君盡進罷」。

〔三三〕「漸」，當作「盛」，據伯四九九四改，《敦煌歌辭總編》《全唐五代詞》校改作「嚴」。

〔三四〕「憂」，當作「幽」，《敦煌歌辭總編》據文義校改，「憂」爲「幽」之借字；「圭」，當作「閨」，據伯三八一二改，「圭」爲「閨」之借字；「賣」，當作「獨」，據伯三八一二改；「座」，當作「坐」，據伯三八一二改，「座」爲「坐」之借字；「録」，當作「緑」，據伯三八一二改，「録」爲「緑」之借字。

〔三五〕「肥」，當作「肌」，據伯三八一二改；「亶」，當作「瘦」，據伯三八一二改；「慇」，當作「恐」，據伯三八一二改；「嫌寬」，據伯三八一二補。

〔三六〕「就」，當作「枕」，《敦煌歌辭總編》據文義校改；「咸」，當作「函」，《敦煌歌辭總編》據文義校改，「咸」爲「函」之借字；「禄」，當作「盝」，《敦煌歌辭總編匡補》據文義校改，《敦煌歌辭總編》校改作「褥」。

〔三七〕「斯」，當作「思」，據文義改，「斯」爲「思」之借字，《敦煌歌辭總編》釋作「貞」，《全唐五代詞》校改作「征」。

參考文獻

《敦煌曲校録》，上海文藝聯合出版社，一九五五年，一七七至一八〇頁；《敦煌寶藏》四五册，臺北：新文豐出版公司，一九八二年，一二四頁（圖）；《敦煌歌辭總編》，上海古籍出版社，一九八七年，一二五四至一二七六頁；《英藏敦煌文獻》一〇卷，成都：四川人民出版社，一九九四年，一八九至一九〇頁（圖）；《全唐五代詞》，北京：中華書局，一九九九年，一一三六至一一四〇頁（録）；《敦煌歌辭總編匡補》，成都：巴蜀書社，二〇〇〇年，一七八至一七九頁（録）；《敦煌詩集殘卷輯考》，北京：中華書局，二〇〇〇年，三七九頁；《法藏敦煌西域文獻》二八册，上海古籍出版社，二〇〇四年，一四〇至一四一頁（圖）；《法藏敦煌西域文獻》三三册，上海古籍出版社，二〇〇五年，三四六頁（圖）。

斯六二〇八背+斯三二二七　二　古賢集

釋文

古賢集〔一〕

君不見〔二〕，秦皇無道狂誅人〔三〕，選士投坑總投（被）焚〔四〕。范雎折[肋]人疑死〔五〕，誰言〔重〕得相爲秦〔六〕。相如盜（道）入胡安學〔七〕，好讀經書人不聞〔八〕。孔丘雖然有聖德〔九〕，終歸不免厄於陳〔一〇〕。匡衡鑿〔壁〕偷光學〔一一〕，親錐其股有蘇秦〔一二〕。孫景（敬）懸梁猶恐睡〔一三〕，美（姜）公（肱）翫業不憂貧〔一四〕。車胤聚螢時影（映）雪〔一五〕，桓榮得貴齎金銀〔一六〕。造[賦]題篇曹子建〔一七〕，羅含吞鳥日才新〔一八〕。寧戚馳車秦（齊）國相〔一九〕，朱買貧窮被（不）棄身〔二〇〕。晏子身微懷智計〔二一〕，雙桃方便煞三臣〔二二〕。許由洗耳潁川渠〔二三〕，巢父牽牛澗下（上）驅〔二四〕。夷[齊餓首]陽山下〔二五〕，由（游）巖養性樂閑居〔二六〕。荆珂（軻）入秦身未達〔二七〕，不解琴音返（反）自誅〔二八〕。蘇武落[蕃]思漢跡

（帝）〔二九〕，身馮雁足爲傳書〔三〇〕。燕王被囚烏救難〔三一〕，干將造劍喪其軀。爲父報讎眉間尺〔三二〕，直諫忠臣仵（伍）子胥〔三三〕。草（結）結（草）讎（酬）恩魏武子〔三四〕，萬代傳名亦不虛〔三五〕。靈輀一餐扶輪報〔三六〕，隨侯賜藥獲神珠〔三七〕。太公往往身不遇〔三八〕，八十屠釣自釣魚〔三九〕。有幸得逢今帝主〔四〇〕，文王當喚右（召）同車〔四一〕。江妃淚染相（湘）川竹〔四二〕，韓朋守死歎貞夫〔四三〕。蜀地救火有鸞（欒）巴〔四四〕，發使騰星檢不奢〔四五〕。東方入海求珍寶，船頭迴面喚（笑）官家〔四六〕。董仲書符去百惡〔四七〕，孫賓（臏）〔善〕〔卜〕〔辟〕〔妖〕〔邪〕〔四八〕。〔張〕〔騫〕〔奉〕〔使〕〔尋〕〔河〕〔路〕〔四九〕，〔王〕〔母〕〔乘〕〔龍〕〔戴〕〔寶〕花〔五〇〕。歎念閻浮漢武帝（？），齎糧奉命渡流沙〔五一〕。誰見牽牛別織女〔五二〕，惟聞海客鎮乘查〔五三〕。延陵留劍掛松枝〔五四〕，墳下亡人具得如（知）〔五五〕。柏（伯）桃併糧身取死〔五六〕，參辰無義竟妻兒〔五七〕。庭樹三荆恨分別〔五八〕，恆山四鳥歎相離〔五九〕。割袖分桃漢武（哀）帝〔六〇〕，楊珠（朱）祁（歧）路豈（起）慈悲〔六一〕。曾參至孝無終始〔六二〕，一日三省普天知〔六三〕。王寄三性（牲）由（猶）不孝〔六四〕，慈母懷愁鎮抱飢〔六五〕。孟宗冬筍蔡（采）不闕〔六六〕，郭巨夫妻生葬兒〔六七〕。董永賣身還（葬）父母〔六八〕，感得天女助機絲〔六九〕。高柴泣血傷脾骨〔七〇〕，蔡順哀號火散離〔七一〕。思之可念護（復）思之〔七二〕，孝順無過尹伯奇〔七三〕。文王得貴思朋友〔七四〕，放火燒山覓子推〔七五〕。子夏賢良能易色〔七六〕，顏淵孔子是明師〔七七〕。集合古賢作字韻〔七八〕，故令令（令）代使人知〔七九〕。

說明

此件抄於斯六二〇八背面，首尾完整，首題『古賢集』，起『君不見』，訖『故令令（令）代使』。文中以『代』替『世』，當爲避唐太宗李世民諱。

敦煌文獻中保存的與此件屬於同類性質的文書尚有：斯二〇四九背，首尾完整，起首題『古賢集』，訖『故令（令）代使人得知』，文中『世』作『代』；伯三一七四，首尾完整，起首題『古賢集一本』，訖『故令千代使人知』，有題記『古賢集了也』，文中『世』作『代』；伯三一一三，首全尾缺，起首題『古賢集一卷』，訖『直諫忠臣午（伍）子』；伯二七四八背，首尾完整，起首題『古賢集一卷』，訖『故令今世使人知』，有題記『道心恨□□於所論等□性』；伯三九二九，首尾完整，起『君不見』，訖『集得故賢作字』；伯三九六〇，首尾完整，起『秦王無道』，訖『故令今代使人知』，文中『世』作『代』；伯四九七二，首全尾缺，起首題『古賢集』，訖『墳下亡人』；Дх〇二七七六，首缺尾全，起『牛澗下（上）驅』，訖『集合古賢作激（字）韻』。

以上釋文以斯六二〇八背爲底本，用斯二〇四九背（稱其爲甲本）、伯三一七四（稱其爲乙本）、伯三一一三（稱其爲丙本）、伯二七四八背（稱其爲丁本）、伯三九二九（稱其爲戊本）、伯三九六〇（稱其爲己本）、伯四九七二（稱其爲庚本）、Дх〇二七七六（稱其爲辛本）參校。

校記

〔一〕『古』，底本似『右』，按寫本中『古』『右』形近易混，故據文義逕釋，以下同，不另出校；『集』，甲、庚本同，乙本作『集一本』，丙、丁本作『集一卷』，丁本右邊另有雜寫『古賢集一卷秦王無道』。

〔二〕『君不見』，乙本同，甲、丙、丁、戊、庚本無。

〔三〕『皇』，戊本同，甲、乙、丙、丁、己、庚本作『王』；『狂』，甲、丙本同，乙、丁、戊、庚本作『枉』。己本始於此句。

〔四〕『選』，甲、乙、丙、丁、庚本同，戊本作『宣』，『宣』爲『選』之借字；『士』，甲、丙、丁、庚本同，乙本作『仕』，戊本作『使』，『仕』『使』均爲『士』之借字；第二個『投』，當作『被』，據甲、乙、丙、丁、庚本改；『焚』，乙、丙、丁、庚本同，甲本作『分』，戊本作『墳』，『分』『墳』均爲『焚』之借字。

〔五〕『折』，甲、乙、丙、丁、庚本同，戊本作『節』，誤；『肋』，據甲、乙、丙、丁本補，戊、庚本作『勒』，『勒』爲『肋』之借字。

〔六〕『誰言』，甲、乙、丙、丁、庚本同，戊本作『隨緣』；『重』，據甲、丙、丁、己、庚本補，乙本作『從』，戊本作『信』，『從』爲『重』之借字；『得』，甲、乙、丙、丁、己、庚本同，戊本作『業』；『爲』，甲、乙、丙、丁、己、庚本同，戊本作『於』。

〔七〕『相』，甲、乙、丙、丁、庚本同，戊本作『傷』，『傷』爲『相』之借字；『如』，甲、乙、丙、丁本同，戊、庚本作『兒』，『兒』爲『如』之借字；『盜』，乙、丙、丁、戊本同，當作『道』，據甲、庚本改，『盜』爲『道』之借字。《英藏敦煌社會歷史文獻釋録》九卷校『道』作『盜』。

〔八〕『經』，甲、戊本同，丁、庚本作『詩』，均可通，乙、丙本作『書』，誤；『人』，甲、乙、丙、丁、庚本同，戊本作『而』，誤。

〔九〕『雖』，甲、乙、丙、丁、庚本同，戊本作『須』，『須』爲『雖』之借字。

〔一〇〕『終』，乙、丙、丁、庚本同，甲、戊本作『中』，『中』爲『終』之借字；『陳』，戊本同，甲、乙、丙、丁、庚本作『秦』，誤。

〔一一〕『壁』，據甲、乙、丙、丁、戊、庚本補；『偷光學』，甲、乙、丁、戊、庚本同，丙本作『夜偷光』。

〔一二〕『親』，甲、乙、丁、戊、庚本作『專』，丙本作『傳』，均誤；『錐』，甲、丙、丁、戊、庚本同，乙本作『銖』，誤；『其』，甲、乙、丙、丁、戊、庚本作『刺』，己本作『祈』，『祈』爲『其』之借字。

〔一三〕『景』，甲、丙、丁、戊、己、庚本同，當作『敬』，據伯二五二四、伯二七一〇、伯三六五〇改，『景』爲『敬』之借字；『梁』，甲、己本同，丙、丁、戊、庚本作『頭』；『猶』，丙、丁、戊、庚本同，甲、己本作『由』，『由』爲『猶』之借字。

〔一四〕『美』，當作『姜』，據甲、乙、丙、丁、戊、庚本改；『公』，丙、丁、庚本同，甲本作『功』，當作『肱』，據戊本改，『功』『公』爲『肱』之借字；『憂』，甲、乙、丙、丁、庚本同，戊本作『幽』，『幽』爲『憂』之借字；『貧』，甲、乙、丙、丁、庚本同，戊本作『憑』，『憑』爲『貧』之借字。

〔一五〕『胤』，甲、丙、丁、庚本同，乙、戊本作『詢』，誤；『螢』，甲、丙、丁本同，乙本作『瑩』，戊、己本作『熒』，庚本作『營』，『瑩』『熒』『營』均爲『螢』之借字；『時』，甲、乙、丙、丁、己、庚本同，戊本作

『而』；『影』，甲、丁、戊、庚本同，丙本作『景』，當作『映』，據乙、己本改，『影』『景』均爲『映』之借字；『雪』，甲、乙、丙、丁、庚本同，戊本作『説』，誤。

〔一六〕『桓』，甲、乙、丙、丁、己、庚本同，戊本作『丸』，『丸』爲『桓』之借字；『榮』，甲、乙、丙、丁、戊、己本同，庚本作『營』，誤；『貴』，甲、乙、丁、戊、己、庚本同，丙本脱；『賚』，己本同，甲、乙、丙、丁、戊、庚本作『費』，誤，《英藏敦煌社會歷史文獻釋録》九卷失校。

〔一七〕『賦』，據甲、乙、丙、丁、戊、庚本補。

〔一八〕『新』，乙、丙、丁、戊、己、庚本同，甲本作『辛』，『辛』爲『新』之借字。

〔一九〕『寧』，乙、戊、己本同，甲、丙、丁、庚本作『你』，『你』爲『寧』之借字；『戚』，戊本同，甲、乙、丙、丁、己、庚本作『威』，誤；『馳』，乙、丁、己本同，甲、丙、庚本作『持』，戊本作『除』，『持』『除』均爲『馳』之借字；『車』，甲、乙、丙、丁、己、庚本同，戊本作『居』，『居』爲『車』之借字；『秦』，甲、乙、丙、丁、戊、己、庚本同，當作『齊』，據文義改。

〔二〇〕『朱』，甲、乙、丁、戊、庚本同，丙本作『誅』，『誅』爲『朱』之借字；『買』，乙、庚本同，甲、丙、丁、戊本作『賣』，誤；『被』，甲、丙、丁、庚本同，戊本作『避』，當作『不』，據乙本改；『棄』，甲、乙、丙、丁、庚本同，戊本作『起』，『起』爲『棄』之借字。

〔二一〕『智』，甲、乙、己、庚本同，丙、丁、戊本作『志』，『志』爲『智』之借字；『計』，甲、乙、丙、丁、己、庚本同，戊本作『敬』，誤。

〔二二〕『臣』，甲、乙、丙、丁、己、庚本同，戊本作『身』，誤。

〔二三〕『穎』，甲、乙、丁、戊、庚本同，丙本作『頻』，誤。丙本原有兩個『頻』，一在行末，一在次行行首，此爲當時之換行添字抄寫體例，第二個『頻』應不讀。

〔二四〕『牛』，甲、乙、丁、戊、己、庚、辛本同，丙本脱；『澗』，乙、丙、丁、己、庚、辛本同，甲、戊本作『間』，『間』爲『澗』之借字；『下』，甲、己、辛本同，當作『上』，據乙、丙、丁、戊、庚本改。辛本始於此句。

〔二五〕『齊』，據甲、乙、丙、丁、戊、己、庚、辛本補；『餓』，據甲、丙、己、辛本補，戊本作『首』，庚本作『俄』；『首』，據甲、丙、己、辛本補，戊本作『死』，庚本作『守』；『陽』，乙、丙、丁、戊、己、庚、辛本同，甲本作『楊』，『楊』爲『陽』之借字。

〔二六〕『由』，戊、辛本同，甲、乙、丙、丁、庚本作『遊』，當作『游』，據《新唐書》卷一九六《田游巖傳》改，『由』爲『游』之借字；『性』，乙、戊、辛本同，甲、丙、丁、庚本作『省』，『省』爲『性』之借字；『閑居』，甲、乙、丁、戊、庚、辛本同，丙本作『居閑』。

〔二七〕『荆』，甲、乙、丙、丁、庚本同，戊本作『京』，『京』爲『荆』之借字；『珂』，戊本作『柯』，當作『軻』，據甲、乙、丙、丁、庚本改，『珂』『柯』爲『軻』之借字。

〔二八〕『琴』，甲、乙、丙、丁、己、庚本同，戊本作『吟』；『音』，甲、乙、丙、戊、己本同，丁、庚本作『吟』；『返』，乙本同，當作『反』，據甲、丙、丁、戊、己、庚本改，『返』爲『反』之借字。

〔二九〕『武』，甲、乙、丙、丁、戊本同，庚本作『賦』，誤；『蕃』，據乙、丙、丁、戊、庚本補，甲本作『番』；『跡』，當作『帝』，據甲、乙、丙、丁、戊、庚、辛本改。

〔三〇〕『憑』，戊本作『貧』，甲、乙、丙、丁、庚、辛本作『凴』，『凴』有『憑』義，『貧』爲『憑』之借字；『雁』，甲、乙、丙、丁、己、庚、辛本同，戊本作『眼』，『眼』爲『雁』之借字；『爲』，甲、乙、丁、戊、己、辛本同，丙、庚本作『與』；『書』，甲、乙、丙、丁、己、庚、辛本同，戊本作『詩』，『詩』爲『書』之借字。

〔三一〕『燕』，甲、丙、丁、己、庚、辛本同，乙本作『蘇』，戊本作『漢』，均誤。

〔三二〕『爲』，據甲、乙、丙、丁、庚本補，戊本作『唯』；『父報』，據甲、乙、丙、丁、戊、己、庚本補；『讎』，據乙、丙、丁、戊、己、庚本補，甲本作「酬」；「尺」，甲、己本同，乙、丙、丁、戊、庚本作「赤」，「赤」爲「尺」之借字。

〔三三〕「仵」，乙本同，甲、丙、丁、戊、己、庚本作「午」，當作「伍」，據文義改，「仵」「午」均爲「伍」之借字。丙本止於此句。

〔三四〕「草結」，當作「結草」，據甲、乙、丁、戊、庚、辛本改；「讎」，辛本作「恩」，當作「酬」，據甲、乙、丁、戊、庚本改，「讎」爲「酬」之借字；「子」，甲、乙、丁、戊、辛本同，庚本作「帝」，誤。

〔三五〕「代」，甲、乙、丁、戊、辛本同，庚本脱；「傳」，甲、乙、丁、己、庚、辛本同，戊本作「留」。

〔三六〕「靈」，據甲、乙、丁、己、庚本補，戊本作「零」；「輒」，據甲、乙、丁、戊、己、庚本補；「報」，甲、乙、丁、己、庚本同，戊本作「寶」，「寶」爲「報」之借字。

〔三七〕「侯」，甲、乙、庚本同，丁、戊本作「候」，「候」爲「侯」之借字；「藥」，甲、乙、丁、戊本同，庚本作「樂」，誤；「神」，甲、乙、丁、庚本同，戊本脱。

〔三八〕「往往」，乙、己本同，甲、丁本作「少年」，戊本作「小年」，庚本作「年小」；「不」，甲、乙、丁、己、庚、辛本同，戊本脱；「遇」，甲、丁、己、庚、辛本同，乙、戊本作「御」，「御」爲「遇」之借字。

〔三九〕「屠」，乙、丁、戊、己、庚、辛本同，甲本作「途」，「途」爲「屠」之借字；第二個「鈞」，甲、乙、丁、戊、己、辛本同，庚本作「烏」，誤。

〔四〇〕「幸」，甲、乙、丁、戊、庚本同，辛本作「行」，「行」爲「幸」之借字；「得」，甲、乙、丁、辛本同，戊、庚本脱；「今」，丁、戊、辛本同，甲、乙、庚本作「金」，「金」爲「今」之借字。

〔四一〕「右」，當作「召」，據甲、乙、丁、戊、己、庚本改；「車」，乙、丁、戊、己、庚本同，甲本作「君」，誤。

〔四二〕「妃」，甲、丁、己、庚本同，乙、戊本作「肥」，「肥」爲「妃」之借字；「相」，甲、乙、丁、戊、庚本同，當作『湘』，據己本改，『相』爲『湘』之借字。

〔四三〕『朋』，乙、丁、戊、庚本同，甲本作『憑』，『憑』爲『朋』之借字；『守』，據甲、乙、丁、戊、庚本補；『死』，據殘筆劃及甲、乙、丁、戊、庚本補。

〔四四〕『蜀』，乙、丁、戊、庚、辛本同，甲本作『屬』，『屬』爲『蜀』之借字；『有』，甲、丁、己、庚、辛本同，乙本作『是』，戊本脱；『鸞』，甲、乙、丁、戊、己、庚、辛本同，當作『欒』，據文義改，『鸞』爲『欒』之借字。

〔四五〕『騰』，乙、丁、戊、庚本同，甲本作『驣』。

〔四六〕『船』，據甲、乙、丁、庚本補，戊本作『旋』；『頭』，據甲、乙、丁、戊、庚本補；『面』，甲、乙、戊、己本同，丁、庚本作『顧』；『唤』，甲、乙本同，當作『笑』，據丁、戊、庚本改。

〔四七〕『仲』，乙、丁、戊、庚本同，甲、己本作『重』，『重』爲『仲』之借字；『書』，甲、乙、丁、己、庚本同，戊本作『舒』，『舒』爲『書』之借字。

〔四八〕『賓』，甲、乙、丁、戊、庚本同，當作『臏』，據《史記》卷六五《孫子吴起列傳》改，『賓』爲『臏』之借字；『善卜』，據甲、乙、戊、庚本補；『辟』，據甲、乙、戊、庚本補，丁本作『壁』，『壁』爲『辟』之借字；『妖邪』，據甲、乙、丁、戊、庚本補。

〔四九〕『張』，據甲、乙、丁、戊、己、庚本補；『騫』，據甲、乙、丁、己、庚本補，戊本作『牽』，『牽』爲『騫』之借字；『奉使尋河路』，據甲、乙、丁、戊、己、庚本補。

〔五〇〕『王母』，據甲、乙、丁、戊、己、庚本補；『乘』，據乙、丁、戊、己、庚本補，甲本作『承』，『承』爲『乘』之借字；『龍戴寶』，據甲、乙、丁、戊、己、庚本補。

〔五一〕『奉』，據甲、乙、丁、戊、己、庚本補；『渡』，甲本同，乙、丁、戊、己、庚本作『度』，『度』通『渡』；

『沙』，甲、乙、丁、己、庚、辛本同，戊本作『砂』，均可通。

〔五二〕『織』，乙、丁、戊、庚、辛本同，己本作『隻』，『隻』爲『織』之借字，甲本作『俠』，誤。

〔五三〕『惟』，乙、戊本同，甲、丁、庚本作『唯』。

〔五四〕『延』，甲、乙、戊、己本同，丁本作『莚』，『莚』爲『延』之借字，庚本作『淩』，誤；『陵』，甲、乙、戊、己本同，丁本作『綾』，『綾』爲『陵』之借字，庚本作『莚』，誤；『掛』，乙、己本同，甲、丁、戊本作『卦』，『卦』爲『掛』之借字；『松枝』，據甲、乙、丁、戊、己、庚本補。

〔五五〕『墳』，據甲、乙、丁、戊、己、庚本補；『下』，據甲、乙、丁、戊、己、庚本補；『如』，當作『知』，據甲、乙、丁、戊、己本改。庚本止於此句。

〔五六〕『柏』，戊本作『百』，當作『伯』，據甲、乙、丁本改，『柏』『百』爲『伯』之借字；『取』，甲、丁、辛本同，乙、戊本作『受』；『死』，甲、乙、丁、辛本同，戊本作『身』，誤。

〔五七〕『辰』，乙、丁、戊、辛本同，甲、己本作『神』，『神』爲『辰』之借字。

〔五八〕『三荆恨分别』，據甲、乙、戊、己本補。

〔五九〕『恒山四鳥』，據甲、乙、戊本補；『相』，甲、乙、丁、戊本作『分』，均可通；『離』，甲、乙、丁本同，戊本作『飛』，均可通。

〔六〇〕『袖』，乙、丁、戊本同，甲本作『柚』，誤；『武』，甲、乙、丁、戊、己、庚本同，當作『哀』，《敦煌詩集殘卷輯考》據相關典籍校改。

〔六一〕『珠』，己本同，甲、丁本作『誅』，當作『朱』，據乙、戊本改，『珠』『誅』爲『朱』之借字；『祁』，乙本同，戊本作『泣』，當作『歧』，據甲、丁、己本改，『祁』『泣』爲『歧』之借字；『豈』，乙、辛本同，戊本作『去』，當作『起』，據甲、丁、己本改，『豈』『去』爲『起』之借字。

〔六二〕『無』，甲、丁、己、辛本同，乙、戊本作『存』。

〔六三〕『普天』，據甲、乙、丁、戊、己本補。

〔六四〕『寄』，甲、丁本作『記』，乙、戊本作『奇』，己本作『紀』，『記』『奇』『紀』爲『寄』之借字；『性』，當作『牲』，據甲、乙、丁、戊本改，己本作『生』，『生』爲『牲』之借字；『由』，甲、戊本同，當作『猶』，據乙、丁、己本改，『由』爲『猶』之借字。

〔六五〕『鎮』，乙、戊、己本同，甲、丁本作『振』，『振』爲『鎮』之借字；『抱』，據殘筆劃及甲、乙、丁、戊、己本補；『飢』，丁、戊、己本同，乙本作『餓』，均可通，甲本作『君』，誤。

〔六六〕『蔡』，當作『采』，據文義改，『蔡』爲『采』之借字，甲、丁、戊、己本作『供』，亦可通，乙本作『宫』，辛本作『恭』，均誤。

〔六七〕『葬』，甲、乙、丁、戊、己本同，辛本作『喪』，誤；『兒』，據甲、乙、丁、戊、己、辛本補。

〔六八〕『永』，甲、乙、丁、戊、辛本同，己本作『詠』，『詠』爲『永』之借字；『遷』，甲、丁、戊、己、辛本同，當作『葬』，據乙本改。

〔六九〕『感得天』，據甲、乙、丁、戊、己本補；『女』，乙、丁、戊、己本同，甲本作『母』，誤；『機』，乙、戊、己本同，甲、丁本作『絲』，誤；『絲』，乙、戊本同，己本作『斯』，『斯』爲『絲』之借字，甲、丁本作『機』，誤。

〔七〇〕『脾』，甲、己本同，乙本作『髀』，丁本作『皮』，戊本作『疲』，『髀』『皮』『疲』爲『脾』之借字。

〔七一〕『蔡』，甲、乙、戊、己本同，丁本作『菜』，『菜』爲『蔡』之借字。

〔七二〕『護』，甲、乙、丁、戊、己、辛本同，當作『復』，據文義改，『護』爲『復』之借字。

〔七三〕『孝順無過尹』，據甲、乙、丁、戊、己、辛本補；『伯』，據甲、丁、己、辛本補，乙、戊本作『百』；『奇』，據甲、乙、丁、戊、己、辛本補。

〔七四〕『貴思』，甲本作『脱忘』，乙、丁、戊、己本作『勝忘』。

〔七五〕『山』，甲、乙、丁、己本同，戊本脱。

〔七六〕『賢良能易』，據甲、乙、丁、戊、己本補；『色』，據乙、戊、辛本補，甲、丁、己本作『索』，『索』爲『色』之借字。

〔七七〕此句據甲、乙、丁、戊、辛本補。

〔七八〕『集』，據甲、乙、丁、戊、辛本補；『合』，據乙、丁、辛本補，甲本作『會』，戊本作『得』；『古』，甲、乙、丁、己、辛本同，戊本作『故』，『故』爲『古』之借字；『字』，乙、戊本同，甲、丁、己本作『聚』，辛本作『激』，『聚』『激』爲『字』之借字。戊本止於此句。

〔七九〕第二個『令』，當作『今』，據丁、己本改，甲本作『代』，乙本作『千』；『代使』，乙、己本同，甲本作『使人』，丁本作『世使』；『人知』，據乙、丁、己本補，甲本作『得知』；乙本此句後有題記『古賢集了也』，己本有雜寫『君不見，秦王□□□□□，選事投』。

參考文獻

《史記》，北京：中華書局，一九五九年，二一六二頁；《新唐書》，北京：中華書局，一九七五年，五五九八頁；《敦煌學》三輯，一九七六年，六三至一〇二頁；《敦煌寶藏》四五册，臺北：新文豐出版公司，一九八二年，一二四頁（圖）；《敦煌語言文學研究》，北京大學出版社，一九八八年，一五〇至一七六頁；《英藏敦煌文獻》三卷，成都：四川人民出版社，一九九〇年，二〇二頁（圖）；《英藏敦煌文獻》一〇卷，成都：四川人民出版社，一九九四年，一九〇至一九一頁（圖）；《俄藏敦煌文獻》一〇册，上海古籍出版社，一九九八年，三八頁（圖）；《敦煌遺書總目索引新編》，北京：中華書局，二〇〇〇年，一九三頁；《敦煌詩集殘卷輯考》，北京：中華書局，二〇〇〇年，一四七至一五三頁（録）；《法藏敦煌西域文獻》一八册，上海古籍出版社，二〇〇一年，六五至六六頁（圖）；《敦煌蒙書研究》，蘭州：甘肅教育出版社，二〇〇二年，二五六至二五八頁；《法藏敦煌西域文獻》二二册，上海古籍出版社，二〇〇二年，三三一頁（圖）；《法藏敦煌西域文獻》二二册，上海古籍出版社，二〇〇二年，八七頁（圖）；《法藏敦煌西域文獻》三〇册，上海古籍出版社，二〇〇三年，二一〇至二一一、二八七頁（圖）；《法藏敦煌西域文獻》三三册，上海古籍出版社，二〇〇五年，三二四頁（圖）；《英藏敦煌社會歷史文獻釋録》九卷，北京：社會科學文獻出版社，二〇一二年，一〇〇至一〇三、一二四至一二七頁（録）；《甘肅聯合大學學報》（社會科學版）二〇一二年六期，六九至七三頁；《圖書館理論與實踐》二〇一三年一一期，六二至六四頁。

斯六二〇八背＋斯三三二七　三　失名韻文

釋文

［　］□色遂何落升，角烽先竟遠人尚［　］樓臺，列岸明照（？）光。數像皆流惟。盡年
［　］從雲下去，四恆至月邊。今酌主大酌，紅莊/千光過/〔一〕，/麥尚垂并好/［　］春雨篇。
饕凍交道千金保，長綴流/□被（？）懷瑰坐/。/錦延（筵）鋪/［　］愁悶自有金瓶照〔二〕。
垂知□□饕若由（油）〔三〕，教/同欲聘陵帔（波）步〔四〕/。/池中籠/［　］巧求菜。駛其別殿
前林麥，馬臺金鞍惠（？）/□/。/雨來求答盡瞜盼/，［　］伶花因。良神更重宜三月，能
成花夜□［　］/［　］郎/。/金（今）夜無明月作燈〔五〕/，［　］男□龍門對伏成，車
馬□都滿路行。/放由今日竟明昭/［　］

［　］酉年二月七日張學儒書。

女夫詞一卷〔六〕

説明

此件正值斯六二〇八背和斯三三二七兩號綴合處，綴合後首殘尾全，中間部分殘缺。此件内容爲韻文，存『春雨篇』等三首，起『色遂何落升』，訖『車馬□都滿路行』，有題記『酉年二月七日張學儒書』。《英藏敦煌文獻》定名爲『失名韻文（？）』，此從之。

校記

〔一〕斯三三二七始於此句。

〔二〕『延』，當作『筵』，據文義改，『延』爲『筵』之借字。

〔三〕『由』，當作『油』，據文義改，『由』爲『油』之借字。

〔四〕『帔』，當作『波』，據文義改，『帔』爲『波』之借字。

〔五〕『金』，當作『今』，據文義改，『金』爲『今』之借字。

〔六〕此句抄於張學儒題記左上側，與該件關係尚不明。

參考文獻

《敦煌寶藏》四五册，臺北：新文豐出版公司，一九八二年，一二四頁（圖）；《英藏敦煌文獻》一〇卷，成都：四川人民出版社，一九九四年，一九一頁（圖）。

斯六二〇八背＋斯三二二七　四　學郎詩

釋文

／書後有殘紙〔一〕／，／不可列（別）將歸〔二〕／。雖然無手筆〔三〕，且作五言詩〔四〕。

説明

此件亦由兩號綴合而成，無題，現據其内容擬名爲『學郎詩』。敦煌文獻中保存的與此件屬於同類性質的文書尚有：伯二九四七、伯三一九二、伯三三二二，内容均大致相同，一般書於其他文書之後。

以上釋文以斯三二二七＋斯六二〇八背爲底本，用伯二九四七（稱其爲甲本）、伯三一九二（稱其爲乙本）、伯三三二二（稱其爲丙本）參校。

校記

〔一〕『殘』，甲、乙本同，丙本作『淺』，誤。

〔二〕『列』，甲、乙本同，當作『別』，據丙本改。

〔三〕「雖」，據殘筆劃及甲、乙、丙本補；「手」，甲、乙本同，丙本作「首」，「首」爲「手」之借字。

〔四〕「且」，甲、乙本同，丙本作「㡳」；「詩」，據殘筆劃及甲、乙本補，丙本作「書」，「書」爲「詩」之借字。斯六二〇八背止於此句。

參考文獻

《敦煌寶藏》四五册，臺北：新文豐出版公司，一九八二年，一二四頁（圖）；《敦煌學輯刊》一九八七年一期，三四頁（録）；《英藏敦煌文獻》一〇卷，成都：四川人民出版社，一九九四年，一九一頁（圖）；《敦煌詩集殘卷輯考》，北京：中華書局，二〇〇〇年，七八五頁（録）；《法藏敦煌西域文獻》二〇册，上海古籍出版社，二〇〇二年，一九七頁（圖）；《法藏敦煌西域文獻》二三册，上海古籍出版社，二〇〇二年，一一三頁（圖）；《法藏敦煌西域文獻》二三册，上海古籍出版社，二〇〇二年，一八五頁（圖）。

斯六二〇八背＋斯三二二七　五　韓朋賦一首

釋文

韓朋賦一首

昔有賢士，姓韓名朋，少小孤單，遂失其父。獨養老母，故娶賢妻。成公素女，年始十七。與（已）賢至聖[一]，名顯（曰）貞夫[二]。入門三日，意合同居。共君作誓，各守其軀。君亦不須再趣（娶）婦[三]，如水如魚；妾亦不須再嫁，死仕（事）一夫[四]。

韓朋出遊，事於宋國。期去三年，六秋不歸。朋母憶子，口亦不言。其妻念之，内自發心。忽然執筆，遂字（自）造書[五]。其文斑斑，而（如）珠而（如）玉[六]。意欲寄書與人，恐人多言；意欲寄書與鳥，鳥恒高[飛][七]；意欲寄書與風，風在虚空。書若有感，直到朋前；書若無感，零落草間。其書有感，直到朋前。韓朋得書，解讀其言。書曰：『浩浩白水，迴波而流。皎皎明月，浮雲願（影）之[八]。青青之樹，冬夏有時。失時不種，和（禾）豆不滋[九]，萬[物]吐花[一〇]，不違天時。久不相見，心中在思。百年相守，竟好一時。

君不憶親，老母心悲。妻獨弱〔一一〕，夜長孤栖，常懷大憂。蓋聞百鳥失伴，其聲哀哀；日暮獨宿，夜長栖栖。太山初生，高下魋（崔）嵬〔一二〕。上有雙鳥，下有神龜。晝夜遊戲，恆則同皈。妾今何罪，獨無光暉！海水蕩蕩，無風自波。成人者少，破人者多。南山有鳥，北山張羅。鳥恆高飛，羅當柰何？君但高平安〔一三〕，妾亦無他。』

韓朋得書，意感心悲。不食三日，亦不覺飢。韓朋意欲還家，事無因緣，懷書不謹，遺失殿前。宋王得之，甚愛其言。即趙（揖）群臣〔一四〕，并及太史。誰能取得韓朋[妻]者〔一五〕，賜金千斤，封邑萬户。梁伯啓王曰：『臣能取之。』宋王大喜，即出八輪之車，瓜（騧）騮之馬使北〔一六〕，餘人從發道路。疾如風雨，三日三夜，往到朋家。

所（使）者下車〔一七〕，打門而喚。朋母出看，心中驚怕，即問：『喚者是誰？』使者答曰：『我是宋國之使，共朋同有（友）〔一八〕。朋爲公（功）遭（曹）〔一九〕，我爲主簿。朋有私書，來寄新婦。』阿婆迴語新婦：『如客此言，朋今事官（宦）〔二〇〕，且得勝途。』貞夫曰：『新婦作（昨）夜夢惡〔二一〕，文文莫莫。見一黃蛇，交（挍）妾牀腳〔二二〕。三鳴（鳥）並飛〔二三〕，兩鳴（鳥）相博（搏）〔二四〕，一鳴（鳥）頭破齒落，毛羽分（紛）分（紛）〔二五〕，血流落落。馬蹄踏踏，諸臣赫赫。上〔下〕不見鄰里之人〔二六〕，何鄉（況）千里之客〔二七〕？客從遠來，終不可信。巧言理（利）語〔二八〕，詐作朋書。朋言在外，新婦出看。阿婆報客，但道新婦，病臥在牀，不勝醫藥。並言謝客〔二九〕，故勞遠來〔三〇〕。』使者對曰：『新婦聞夫書，何故不喜？』□不能察意。母聞客言，面自□

（後缺）

説明

此件抄寫於斯三二二七，首全尾缺，首題『韓朋賦一首』，起『昔有賢士』，訖『面自』。『韓朋賦』是唐代流行民間的賦體文學，其故事情節最早見於漢簡（參看裘錫圭《漢簡中所見韓朋故事的新資料》，《復旦學報》一九九九年三期，一〇九至一一三頁），東晉干寶《搜神記》及《嶺表録異》《法苑珠林》《太平廣記》都有記録（參看王重民等編《敦煌變文集》，一四二頁）。關於敦煌文獻中保存的《韓朋賦》寫本概況，請參看本書第十四卷斯二九二二號説明。本書在對斯二九二二進行釋録時，曾以此件爲校本（此件之内容完全包括在斯二九二二中），此件與其他敦煌寫本《韓朋賦》之異同，均可見斯二九二二之校記。

以上釋文以斯三二二七爲底本，僅用斯二九二二（稱其爲甲本）校補脱文、校改錯誤。

校記

〔一〕『與』，甲本同，當作『已』，據伯二六五三改，『與』爲『已』之借字。

〔二〕『顯』，當作『曰』，據甲本改。

〔三〕『趣』，當作『娶』，據甲本改，『趣』爲『娶』之借字。

〔四〕『仕』，當作『事』，據甲本改，『仕』爲『事』之借字。

〔五〕『字』，當作『自』，據文義改，『字』爲『自』之借字。此句甲本無。

〔六〕兩個『而』，均當作『如』，據甲本改，『而』爲『如』之借字。

〔七〕『飛』，據殘筆劃及甲本補。

〔八〕『願』，當作『影』，據甲本改。

〔九〕『和』，當作『禾』，據甲本改，『和』爲『禾』之借字。

〔一〇〕『物』，據殘筆劃及甲本補。

〔一一〕此句疑脱一字。

〔一二〕『魋』，甲本作『迴』，當作『崔』，據伯二六五三改，『魋』爲『崔』之借字。

〔一三〕『高』，甲本無，據文義係衍文，當刪。

〔一四〕『趙』，甲本作『挹』，當作『揖』，據文義改。

〔一五〕『妻』，據殘筆劃及甲本補。

〔一六〕『瓜』，甲本同，當作『騧』，據斯四九〇一+斯一〇二九一+斯三九〇四改，『瓜』爲『騧』之借字。

〔一七〕『所』，當作『使』，據甲本改，『所』爲『使』之借字。

〔一八〕『有』，當作『友』，據伯二六五三改，『有』爲『友』之借字，甲本作『者』，誤。

〔一九〕『公』，甲本同，當作『功』，據伯二六五三改，『公』爲『功』之借字；『遭』，當作『曹』，據甲本改，『遭』爲『曹』之借字。

〔二〇〕『官』，甲本同，當作『宦』，據文義改。

〔二一〕『作』，當作『昨』，據甲本改，『作』爲『昨』之借字。

〔二二〕『交』，當作『狡』，據甲本改。

〔二三〕『鳴』，當作『烏』，據甲本改。以下同，不另出校。

〔二四〕『博』，甲本同，當作『搏』，《敦煌變文集》據文義校改，『博』爲『搏』之借字。

〔二五〕『分分』，甲本作『芬芬』，當作『紛紛』，據文義改，『分分』爲『紛紛』借字。

〔二六〕『下』，據伯二六五三補，甲本作『不』，誤。

〔二七〕『鄉』，甲本無，當作『況』，據伯二六五三改。

〔二八〕『理』，當作『利』，據甲本改，『理』爲『利』之借字。

〔二九〕『並言謝客』，據甲本補。

〔三〇〕『故勞』，據甲本補。

參考文獻

《敦煌變文集》，北京：人民文學出版社，一九五七年，一三七至一五三頁（録）；《敦煌寶藏》二六册，臺北：新文豐出版公司，一九八二年，六六五頁（圖）；《敦煌變文選注》，成都：巴蜀書社，一九八九年，二六六至二七八頁（録）；《英藏敦煌文獻》四卷，成都：四川人民出版社，一九九一年，二五六至二五七頁（圖）；《英藏敦煌文獻》五卷，成都：四川人民出版社，一九九二年，二七〇頁（圖）；《英藏敦煌文獻》六卷，成都：四川人民出版社，一九九二年，二五頁（圖）；《敦煌變文集新書》，臺北：文津出版社，一九九四年，九六一至九七九頁（録）；《敦煌賦校注》，蘭州：甘肅人民出版社，一九九四年，三六四至四〇一頁；《敦煌賦彙》，南京：江蘇古籍出版社，一九九六年，三五六至三九四頁（録）；《敦煌變文校注》，北京：中華書局，一九九七年，二一二至二三一頁（録）；《法藏敦煌西域文獻》一七册，上海古籍出版社，二〇〇一年，一〇九至一一〇頁（圖）；《敦煌變文選注（增訂本）》，北京：中華書局，二〇〇六年，三四六至三六二頁（録）；《英藏敦煌社會歷史文獻釋録》一四卷，北京：社會科學文獻出版社，二〇一六年，三七九至四〇三頁（録）。

斯三三二七背＋斯六二〇八　一　雜集時要用字

釋文

（前缺）

犁耳。鋤鏵〔一〕。鍬□針錐。鑽鎚。釘鑠〔二〕。□□

[石]器部〔三〕

碾（？）磚〔四〕。碫礧。碓䏶。碑碣。銘鋕〔五〕。師子。騏驎。石羊。石人。石碑。石矴。磨石。鼃臼。礪石。温石。

靴器部

鞋韈。靴履。接鞦。爪頭。綿鞋。氈屧。繞腳布。

農器部

犁樓（耬）〔六〕。枚八（朳）〔七〕。廉□也。槤農（？）□也〔八〕。杈杷。陸軸。連枷〔九〕。磟碡。稍綃桐。稍穀。打麥。鐮鎩。治場。灑掃。簸筐。栲栳。攤〔一〇〕。聚散。掐撲。斛斗。圌囤。蠶繭。

繰絲。矖曝。

車部

車鞦。韝索〔一一〕。領鞍。料子〔一二〕。鞦鰲。篷篕。牛鞦〔一三〕。逆鞋（鞋）〔一四〕。鞅子。

冠幘部

襆頭。巾子。帽子。吴鬃。髻子。釵子。簪笏。篦（篦）子〔一五〕。

鞍轡部

鞍韉。英拂。鞘韈〔一六〕。鐙鉏（鉏）〔一七〕。鞽瓦。遊韁。銜鞚。杏葉。鞦轡。鄣泥。拔塵。屧脊。馬絆。驢榴。

門窗部

門户。關店。窗牖。牀榻。櫃檻。槽櫪。剉碓。梯楷。棘籬。檄砧。欄架〔一八〕。桔槔。

舍屋部

椽瓦。箒籬。樑柱。料栱。棒栿。摶風〔一九〕。連檐。堂屋。房閆。編庫。廚廠。客廳。佛堂。博砌。甃壘。

屏鄣部

屏風。鄣子。鏡臺。鏡匣。梳箱。如意杖。粧篋。楦檯。拂子。机（几）子〔二〇〕。

花釵部

襱頭花〔二一〕。旋風花。兩支花。鈿掌。月掌。牙梳花。扇。

綵色部

緋紫。麴塵。蓼濫〔二二〕。絳暈〔二三〕。綾錦。羅繡。丁香。/□□〔二四〕/。/竹葉/。/□□/。雲碧。洗清。支黄。/鵪卵/。/鵝黄/。/□□/。深紅。草緑。

/□纈部/

/夾𡀔/。/辯□/。山納〔二五〕。牽牛。/□□/。/斜文/。/車川/〔二六〕。/蕠星/。/七□/。鹿班。暈/□〔二七〕/。/錦纈/。/豎纈/。/偏暈/。/刺/纈。碁紗。/□□/。/簟子〔二八〕/。/開明/。/縠子/。/刷纈/。大纈〔二九〕。

音/響部〔三〇〕/

琵琶。琴瑟。箜篌。篳篥。□方響〔三一〕。銅鈸。拍板。吹□擊筑〔三二〕。

飲食部

□餪餅。乳餉。百支。□□。豆餅。白團。□□。粔籹。餻糜（縻）〔三三〕。黍臛。餺飩。餺飥。頭蹄。肝肚。白瓜。肉繡腸。灌易。魚鱠〔三四〕。菟生。臘腌。炰脯。煮煠。餸鮧。蝦鮓。淅□。粳粱。粉粥。□□。㷶剥。鵝鴨。□□。□□。方碁。柳葉。餳饊。酪漿。乾味子。砂糖〔三五〕。石蜜。胡椒。蓽撥。胡摺子。馬芹子。橘皮。石髓。乳腐。條脯。
乾酪。麤（鹿）腊〔三六〕。獐腊。

薑筍部

木耳。薺苨。紫薑。鹿角。松□。肉醬。醬苽。

果子部

梨柿。桃□。石榴。胡桃。林檎。榅桲。梅杏。李柰。榑[棗]〔三七〕。芙蓉。茨（茭）
蘺〔三八〕。菱角。蒲菊（萄）〔三九〕。甘蔍（蔗）〔四〇〕。荷蓮。藕根。

席部

龍鬚。鳳翮。蒻子〔四一〕。藺藺〔四二〕。蒲合。夾帖。葦簟。籧篨。

布部

火麻。高機。樹皮。單纑。土纑。蕉葛。竹疏。紵布。奄（掩）巾〔四三〕。鬱林。紫
綿〔四四〕。支江。象簟。白疊。

七事部

□帶。鉉子。礪石。火鑽。針筒。解錐。揳胜真。算袋。

酒部

春臘。桑落。酴醿。白醪。胡酒。蒲菊酒。醞釀。醁酒。清酒。清濁。醔漉。壓醋。

説明

此件由斯三二二七背和斯六二〇八綴合而成，兩片綴合後首缺尾全，存[石]器部、靴器部、農器部、車部、冠幘部、鞍轡部、門窗部、舍屋部、屏障部、花釵部、綵色部、□纈部、音響部、飲食部、薑筍部、果子部、席部、布部、七事部、酒部等二十部，起『犁耳』，訖『壓醋』。《英藏敦煌文獻》定名爲『類書』，《敦煌音義匯考》定名爲《雜集時要用字》，此從之（參看張金泉、許建平《敦煌音義匯考》，七四五頁）。

此件後抄有《新商略古今字様撮其時要並引正俗釋下卷第□》。《敦煌遺書總目索引》《敦煌寶藏》《敦煌遺書總目索引新編》均把前後兩部分一併題作《新商略古今字様撮其時要並引正俗釋上卷、下卷》，《倫敦藏敦煌漢文卷子目録提要》《英藏敦煌文獻》《敦煌唐本字書敘録》《敦煌音義匯考》《敦煌蒙書研究》均認爲前後兩部分並非一書。《敦煌經部文獻合集》認爲前後兩部分字體非常接近，應出於同一人之手，但體例完全不同，應非一書。

因斯三二二七背+斯六二〇八乃上下綴合而成，爲便於區分，用『／』表示保存在斯六二〇八上的文字，即在兩個『／』之間的文字保存在斯六二〇八上。

校記

〔一〕『鏵』，底本原有兩個『鏵』，《敦煌音義匯考》《敦煌經部文獻合集》認爲第一個『鏵』是誤書而未塗去者，故未釋録。

〔二〕「鏶」，《敦煌經部文獻合集》未能釋讀。

〔三〕「石」，《敦煌遺書總目索引新編》據文義校補。

〔四〕「張」，《敦煌經部文獻合集》釋作「瓬」。

〔五〕「鋕」，《敦煌經部文獻合集》認爲是「誌」的换旁俗字或「志」的增旁俗字。

〔六〕「樓」，當作「耬」，《敦煌音義匯考》據文義校改，「樓」爲「耬」之借字。

〔七〕「八」，當作「朳」，《敦煌音義匯考》據文義校改，「八」爲「朳」之借字。

〔八〕「農（？）□」，《敦煌經部文獻合集》釋作「□木」。《敦煌經部文獻合集》認爲「廉」「槤」體例與上下文不合，字體亦有別，或係傳閲者所加。

〔九〕「連」，底本原寫作「槤」，係涉下文而成之類化俗字。

〔一〇〕此句疑有脱字，《敦煌經部文獻合集》認爲當與下句「聚」連用，作「攤聚」。

〔一一〕「韝」，《敦煌經部文獻合集》校改作「耩」，按「耩」可通，不煩校改。

〔一二〕「科」，《敦煌經部文獻合集》擬補作「科」。

〔一三〕「𩊠」，《敦煌經部文獻合集》未能釋録。

〔一四〕「靻」，當作「靼」，據伯二六〇九改。

〔一五〕「箆」，當作「篦」，《敦煌音義匯考》據文義校改。

〔一六〕「䩨」，《敦煌經部文獻合集》認爲係「韉」之改换聲旁俗字。

〔一七〕「鉏」，當作「靼」，據伯二六〇九改，《敦煌經部文獻合集》認爲「鉏」爲「鉭」之俗訛，「鉭」爲「靼」之類化换旁俗字。

〔一八〕『架』，底本原寫作『棎』，係涉上文而成之類化俗字。
〔一九〕『搏』，《敦煌經部文獻合集》釋作『榑』；『風』，底本寫作『楓』，係涉上文而成之類化俗字。
〔二〇〕『机』，當作『几』，據文義改，《敦煌經部文獻合集》認爲『机』係『几』之增旁俗字。
〔二一〕『櫳』，《敦煌經部文獻合集》釋作『欍』，誤。
〔二二〕『濫』，《敦煌經部文獻合集》認爲當讀作『藍』。
〔二三〕『暈』，《敦煌經部文獻合集》釋作『紫』，誤。
〔二四〕斯六二〇八始於此句。
〔二五〕『山』，《敦煌經部文獻合集》未能釋讀。
〔二六〕『川』，《敦煌經部文獻合集》疑同『釧』。
〔二七〕『暈』，《敦煌經部文獻合集》據殘筆劃校補。
〔二八〕『簟』，《敦煌經部文獻合集》據殘筆劃校補。
〔二九〕『大』，《敦煌經部文獻合集》釋作『吴』，誤。
〔三〇〕『響』，《敦煌寫本〈俗務要名林〉研究》據殘筆劃校補；『部』，《敦煌遺書總目索引》據文義校補。斯三二二七止於此句。
〔三一〕『嚮』，《敦煌經部文獻合集》校改作『響』，按『嚮』通『響』，不必校改。
〔三二〕『筑』，《敦煌經部文獻合集》釋作『築』，誤。
〔三三〕『縻』，當作『糜』，《敦煌經部文獻合集》據文義校改，『縻』爲『糜』之借字。
〔三四〕『鱠』，《敦煌經部文獻合集》釋作『膾』，誤。
〔三五〕『糖』，底本原寫作『磄』，係涉上文『砂』而成之類化俗字。

〔三六〕『麤』，當作『鹿』，《敦煌經部文獻合集》據文義校改。
〔三七〕『棗』，《敦煌經部文獻合集》據文義校補。
〔三八〕『茨』，當作『芡』，《敦煌音義匯考》據文義校改。
〔三九〕『菊』，當作『萄』，《敦煌音義匯考》據文義校改。
〔四〇〕『蔗』，當作『蔗』，《敦煌音義匯考》據文義校改。
〔四一〕『⿱艹斜』，底本原寫作『⿱艹耶』，《敦煌經部文獻合集》認爲係『椰』的換旁俗字。
〔四二〕『蘭』，《敦煌經部文獻合集》疑係『莞』之換聲旁俗字。
〔四三〕『⿰犭奄』，當作『掩』，據文義改。
〔四四〕『緆』，《敦煌經部文獻合集》疑係『葛』之換旁俗字。

參考文獻

《敦煌寶藏》二六册，臺北：新文豐出版公司，一九八二年，六六六至六六七頁（圖）；《英藏敦煌文獻》五卷，成都：四川人民出版社，一九九二年，二六頁（圖）；《英藏敦煌文獻》一〇卷，成都：四川人民出版社，一九九四年，一八六至一九一頁（圖）；《敦煌音義匯考》，杭州：杭州大學出版社，一九九六年，七四五、七八〇至七八五頁（録）；《敦煌寫本〈俗務要名林〉研究》，杭州大學碩士學位論文，一九九七年；《敦煌遺書總目索引新編》，北京：中華書局，二〇〇〇年，九八至九九頁；《敦煌蒙書研究》，蘭州：甘肅教育出版社，二〇〇二年，九九至一〇二頁（録）；《敦煌經部文獻合集》八册，北京：中華書局，二〇〇八年，四一四八至四一六五頁（録）。

斯三三二七背＋斯六二〇八　二　雜寫

釋文

沙州有功將仕郎守左驍衛金吾大夫兼左馬步

瓜

説明

此件抄於《雜集時要用字》第三至第五行之間，筆跡與《雜集時要用字》有別，内容亦與該件無關，故另出釋文。

參考文獻

《敦煌寶藏》二六册，臺北：新文豐出版公司，一九八二年，六六六頁（圖）；《英藏敦煌文獻》五卷，成都：四川人民出版社，一九九二年，二六頁（圖）；《敦煌經部文獻合集》八册，北京：中華書局，二〇〇八年，四一五五頁（録）。

釋文

新商略古今字樣撮其時要并引正俗釋下卷第[三]〔一〕

控引。括（枯）動反〔二〕。倥傯。鞚韁三。動移。洞穴二。誦讀。頌碑。訟言三。貴富。愧□。賜賽三。被服。髮頭。紴筋弓。上備擬四。義文。議論。誼賈三。

縋縣。槌□。墜落三。遂乃。穗禾。燧烽火三。贚種〔三〕醉二。胥邃深。秘密。轡馬。賁人名三。櫝篋。匱貧二。雉菟。稚幼。稺晚禾。緻密四。冀州。穊稠。記

書。溉灌。婢奴四。枇梳。瘇腳。鼻孔四。臂手。疪蔭三。顇顦。萃集二。未有。味口。菋五末子三。謂此之。渭水〔四〕。蝟刺。緯經四。慰問。尉縣官。畏懼三。

翼相。㚇〔五〕。翊衛三。去住。㰦欠二。注水。疰鬼。鑄私三。句章。絇絲二。悟度。晤明。寤覺三。捕捉。哺兒食三。□補二。膾正。鱠古二。賴蒙。

癩病二。帝[王]〔六〕。□頭。涕唾。屧鞋四。系罐三。胡計。□髮三。弊猥二。比祭。幣帛。逝往。[誓□]□詣往〔七〕。寱語。

楋棘四。例體。□境。界世。疥瘡。岕[□讚]府〔八〕。饡食。趲□□紫□□□□迴行。繢畫。闠鬧（闤）〔九〕六。

□輩我二。咳唾。欬〔一〇〕。鎧[冑]〔一一〕。□□雷。振動。脤（賑）濟〔一二〕三。[殯□]□□之夜〔一三〕五。

□□□笡一。憾[恨]〔一四〕。□颺飄。樣式。□□水三。悵望。暢姓二。障屏。嶂山。墇迸三。□礙。望看。妄詐。

忘廢三。沉意。貺禮。［　　］□山。碭蔄四。聘婚二。伴融。［　　］左。祐助。宥寬三。救濟。炙（灸）［　　］瘦肥〔一五〕。潄口二。

皺［　　］領。壽長〔一六〕。授水（付）〔一七〕。售賣四。［　　］蔻豆。話嗔二。沁州。㕣□。［　　］□厭於焰。饜飽二。塹坑。槧刻。

［　　］朷［　　］□三。陷坑。鮨魚二。韽下一。於陷。蘸饋一。滓陷。［　　］□〔一八〕。

說明

此件抄於斯六二〇八正面，首部完整，有原題，尾部下半截殘缺，中間亦多處殘缺，已斷爲六片，《英藏敦煌文獻》圖版做了拼接，但有錯誤。此件與斯五七三一、斯一一四二三亦爲同卷（張金泉、許建平《敦煌音義匯考》，八三四頁），但似不能直接綴合。

校記

〔一〕『三』，《敦煌經部文獻合集》據文義校補。
〔二〕『括』，當作『枯』，據文義改，《敦煌經部文獻合集》逕釋作『枯』。
〔三〕『矓』，《敦煌經部文獻合集》疑爲『睟』之誤。
〔四〕『渭』，底本此字右側另書有一『渭』字。
〔五〕此字後疑有脱文。
〔六〕『王』，《敦煌經部文獻合集》據殘筆劃校補。

〔七〕『晢』，《敦煌經部文獻合集》據殘筆劃校補。

〔八〕『讃』，《敦煌經部文獻合集》據《時要字樣》（二）校補。

〔九〕『閙』，當作『鬧』，《敦煌經部文獻合集》據文義校改。

〔一〇〕此字後疑有脱文。

〔一一〕『胄』，《敦煌經部文獻合集》據《時要字樣》（二）校補。

〔一二〕『脤』，當作『賑』，《敦煌經部文獻合集》據文義校改。

〔一三〕『殯』，《敦煌經部文獻合集》據《時要字樣》（二）校補。

〔一四〕『恨』，《敦煌經部文獻合集》據殘筆劃校補。

〔一五〕『炙』，當作『灸』，《敦煌經部文獻合集》據文義校改。

〔一六〕『領』，據殘筆劃補。

〔一七〕『水』，當作『付』，《敦煌音義匯考》據文義校改。

〔一八〕『□』，《敦煌經部文獻合集》釋作『嚵』。

參考文獻

《敦煌寳藏》二六册，臺北：新文豐出版公司，一九八二年，一二二至一二三頁（圖）；《英藏敦煌文獻》一〇卷，成都：四川人民出版社，一九九四年，一八七至一八八頁（圖）；《敦煌音義匯考》，杭州大學出版社，一九九六年，八三四至八五六頁（録）；《敦煌經部文獻合集》八册，北京：中華書局，二〇〇八年，三八四六至三八七六頁（録）。

斯三二五二　　般若波羅蜜多心經題記

釋文

弟子押衙楊英德爲常患風疾〔一〕，敬寫《般若多心經》一卷〔二〕，願患消散。

説明

此件《英藏敦煌文獻》未收，現予增收。

校記

〔一〕『英』，*Descriptive Catalogue of the Chinese Manuscripts from Tunhuang in the British Museum* 釋作『美』，《敦煌學要籥》釋作『關』，均誤。

〔二〕『若』，《敦煌遺書總目索引新編》釋作『若波羅蜜』，誤。

參考文獻

Descriptive Catalogue of the Chinese Manuscripts from Tunhuang in the British Museum, The Trustees of the British Museum,

London 1957, p. 34（録）；《敦煌寶藏》二七册，臺北：新文豐出版公司，一九八二年，一三五頁（圖）；《敦煌學要籥》，臺北：新文豐出版公司，一九八二年，一三〇頁（録）；《敦煌遺書總目索引》，北京：中華書局，一九八三年，一七五頁（録）；《中國古代寫本識語集録》，東京大學東洋文化研究所，一九九〇年，五一四頁（録）；《敦煌遺書總目索引新編》，北京：中華書局，二〇〇〇年，九九頁（録）。

斯三二七九　大乘無量壽經題記

釋文

田廣談。

説明

此件《英藏敦煌文獻》未收，現予增收。

參考文獻

Descriptive Catalogue of the Chinese Manuscripts from Tunhuang in the British Museum, The Trustees of the British Museum, London 1957, p. 146（録）；《敦煌寶藏》二七册，臺北：新文豐出版公司，一九八二年，三一八頁（圖）；《中國古代寫本識語集録》，東京大學東洋文化研究所，一九九〇年，三九二頁（録）；《敦煌遺書總目索引新編》，北京：中華書局，二〇〇〇年，一〇〇頁（録）。

斯三二八〇　大乘無量壽經題記

釋文

李弁子〔一〕。

說明

此件《英藏敦煌文獻》未收，現予增收。

校記

〔一〕「弁」，《敦煌遺書總目索引新編》釋作「棄」，誤。

參考文獻

Descriptive Catalogue of the Chinese Manuscripts from Tunhuang in the British Museum, The Trustees of the British Museum, London 1957, p. 146（録）；《敦煌寶藏》二七册，臺北：新文豐出版公司，一九八二年，三二一頁（圖）；《中國古代寫

本識語集録》，東京大學東洋文化研究所，一九九〇年，三九〇頁（録）；《敦煌遺書總目索引新編》，北京：中華書局，二〇〇〇年，一〇〇頁（録）。

斯三二八一　大乘無量壽經題記

釋文

王宗。

説明

此件《英藏敦煌文獻》未收，現予增收。

參考文獻

Descriptive Catalogue of the Chinese Manuscripts from Tunhuang in the British Museum, The Trustees of the British Museum, London 1957, p. 146（録）；《敦煌寶藏》二七册，臺北：新文豐出版公司，一九八二年，三二四頁（圖）；《敦煌遺書總目索引新編》，北京：中華書局，二〇〇〇年，一〇〇頁（録）。

斯三二八二　大乘無量壽經題記

釋文

張良友寫。

説明

此件《英藏敦煌文獻》未收，現予增收。

參考文獻

Descriptive Catalogue of the Chinese Manuscripts from Tunhuang in the British Museum, The Trustees of the British Museum, London 1957, p. 146（録）；《敦煌寶藏》二七册，臺北：新文豐出版公司，一九八二年，三二七頁（圖）；《中國古代寫本識語集録》，東京大學東洋文化研究所，一九九〇年，三八九頁（録）；《敦煌遺書總目索引新編》，北京：中華書局，二〇〇〇年，一〇〇頁（録）。

斯三二八三　大乘無量壽經題記

釋文

翟文英〔一〕。

說明

此件《英藏敦煌文獻》未收，現予增收。

校記

〔一〕『文英』，《敦煌遺書總目索引新編》未能釋讀。

參考文獻

Descriptive Catalogue of the Chinese Manuscripts from Tunhuang in the British Museum, The Trustees of the British Museum, London 1957, p. 146（録）；《敦煌寶藏》二七册，臺北：新文豐出版公司，一九八二年，三三〇頁（圖）；《敦煌遺書總目索引新編》，北京：中華書局，二〇〇〇年，一〇〇頁（録）。

斯三二八五　大乘無量壽經題記

釋文

張要要寫〔一〕。

說明

此件《英藏敦煌文獻》未收，現予增收。

校記

〔一〕「寫」，*Descriptive Catalogue of the Chinese Manuscripts from Tunhuang in the British Museum* 漏録。

參考文獻

Descriptive Catalogue of the Chinese Manuscripts from Tunhuang in the British Museum, The Trustees of the British Museum, London 1957, p. 146（録）；《敦煌寶藏》二七册，臺北：新文豐出版公司，一九八二年，三三六頁（圖）；《中國古代寫

本識語集録》，東京大學東洋文化研究所，一九九〇年，三八九頁（録）；《敦煌遺書總目索引新編》，北京：中華書局，二〇〇〇年，一〇〇頁（録）。

斯三二八七　一　千字文一卷

釋文

（前缺）

仁慈隱惻〔一〕，造次弗離〔二〕。節義廉退〔三〕，顛沛匪虧〔四〕。性靜情逸〔五〕，心動神疲。守真志滿，逐物意移。堅持雅操〔六〕，好爵自縻〔七〕。都邑華夏，東西二京〔八〕。背忙（邙）面洛〔九〕，浮渭據經（涇）〔一〇〕。宮殿盤鬱〔一一〕，樓觀飛驚〔一二〕。圖寫禽獸〔一三〕，晝（畫）彩仙靈〔一四〕。丙舍傍啓〔一五〕，甲帳對楹〔一六〕。肆筵設席〔一七〕，鼓瑟吹笙。昇階納陛〔一八〕，弁轉凝（疑）星〔一九〕。右通廣内，左達承明〔二〇〕。既集墳典〔二一〕，亦聚群英〔二二〕。杜稾鍾隸〔二三〕，漆書壁經〔二四〕。府羅將相，路俠槐卿〔二五〕。户封八縣〔二六〕，家給千兵〔二七〕。高冠陪輦〔二八〕，驅轂振瓔（纓）〔二九〕。世禄侈富〔三〇〕，車駕肥輕〔三一〕。策功茂實，勒碑刻銘〔三二〕。磻溪伊尹〔三三〕，佐時阿衡〔三四〕。奄宅曲阜〔三五〕，微旦熟（孰）營〔三六〕。桓公匡合〔三七〕，濟弱扶傾。綺迴漢惠，説感武丁〔三八〕。俊又（乂）蜜勿〔三九〕，多仕（士）寔寧〔四〇〕。晉楚更霸〔四一〕，趙魏困横〔四二〕。假途滅虢〔四三〕，踐土會明〔四四〕。何遵約法〔四五〕，韓弊煩刑〔四六〕。起翦頗牧〔四七〕，用軍最精〔四八〕。宣威沙漠〔四九〕，馳譽丹青〔五〇〕。九州禹跡，百郡秦併〔五一〕。嶽宗恆岱〔五二〕，禪主雲亭〔五三〕。雁門紫塞〔五四〕，鷄田赤城〔五五〕。昆池竭（碣）石〔五六〕，鉅野洞庭〔五七〕。曠遠綿邈〔五八〕，巖岫杳冥〔五九〕。治本於農〔六〇〕，務滋稼穡〔六一〕。俶載南畝〔六二〕，我藝黍稷〔六三〕。稅孰貢新〔六四〕，勸賞黜陟〔六五〕。孟軻敦素，史魚秉直〔六六〕。庶幾中庸〔六七〕，勞謙謹勑。聆音察理〔六八〕，監貌辯色〔六九〕。貽厥嘉猷〔七〇〕，勉其祇植〔七一〕。省躬譏誡〔七二〕，寵增抗極〔七三〕。殆辱近恥〔七四〕，林皋幸即〔七五〕。兩跡跦（疏）見機〔七六〕，解組誰逼〔七七〕。索居閑處，沈默寂寥〔七八〕。求古尋論，散慮逍遥〔七九〕。欣奏累遣〔八〇〕，戚謝歡招〔八一〕。渠河（荷）的歷〔八二〕，園莽抽條。枇杷晚翠〔八三〕，梧桐早彫。陳根委翳〔八四〕，落葉飄颻〔八五〕。遊鵾獨運〔八六〕，陵（淩）磨（摩）降（絳）霄〔八七〕。耽讀翫市〔八八〕，寓目囊箱。易輶攸畏〔八九〕，屬耳垣牆〔九〇〕。具膳餐[飯]〔九一〕，適口充腸〔九二〕。飽飫烹宰〔九三〕，飢厭糟糠。親戚故舊〔九四〕，老少異糧。妾御綪（績）紡〔九五〕，侍巾帷房〔九六〕。紈扇圓潔〔九七〕，銀燭煒煌〔九八〕。晝眠夕寐寐〔九九〕，藍筍象牀〔一〇〇〕。絃歌酒宴〔一〇一〕，接杯舉觴觴〔一〇二〕。矯手頓足〔一〇三〕，悅豫且康〔一〇四〕。嫡後嗣續〔一〇五〕，祭祀蒸嘗。稽顙再拜〔一〇六〕，悚懼恐惶（惶）〔一〇七〕。牋牒簡要〔一〇八〕，顧答審詳。骸垢想浴〔一〇九〕，執熱願涼。驢騾特犢〔一一〇〕，駭躍超驤。誅斬賊盜〔一一一〕，捕獲畔亡〔一一二〕。布射遼（僚）丸〔一一三〕，嵇琴阮肅（嘯）〔一一四〕。

呫（恬）筆倫紙〔一一五〕，均（鈞）巧任釣〔一一六〕。釋紛利俗〔一一七〕，並皆佳妙〔一一八〕。毛施淑姿〔一一九〕，工頻妍笑〔一二〇〕。年矢每催〔一二一〕，曦暉朗曜〔一二二〕。琁璣懸斡〔一二三〕，晦晦魄還（環）照〔一二四〕。指薪脩祜〔一二五〕，永綏吉劭〔一二六〕。矩步引領〔一二七〕，俯仰廊廟〔一二八〕。束帶矜莊〔一二九〕，徘徊瞻眺〔一三〇〕。孤陋寡聞〔一三一〕，愚蒙等誚〔一三二〕。謂語助者〔一三三〕，焉哉乎也〔一三四〕。

千字文一卷〔一三五〕

說明

此卷首尾均缺，卷軸裝。正面存『千字文一卷』『學郎詩』『王羲之顴書論抄』『十五願禮佛懺』『六十甲子納音』『早出纏』『樂入山』『樂住山』『李（利）涉法師勸善文』等。卷背抄『子年擘三部落百姓氾履倩等户手實』以及詩、雜寫等。

此件首缺尾全，起『仁慈隱惻』，訖尾題『千字文一卷』，卷中『世』字缺筆。《千字文》簡稱『千文』，是唐宋以來最爲流行的蒙學讀本之一，敦煌文獻涉及《千字文》的寫卷達一四〇件之多，大致可分爲篆書、真草、漢藏對音、普通本、注本、六字本六類（參看張涌泉、張新朋《敦煌本〈千字文〉敘録》，《中國俗文化研究》五輯，一一二頁），此件屬於普通本千字文。

現知敦煌文獻中普通本《千字文》與此件重複者有斯五四五四、伯三一〇八、斯三八三五、伯三四

一六、斯四九四八背、斯五五九二、伯三〇六二、伯三六二六、伯三六一四、伯四九三七背、Дх 一一〇九二、伯四八〇九、伯二八八八、伯三一七〇、伯三二一一背、伯三七四三、伯四〇六六背、伯二七五九背+伯二七七一背第一通、伯二七五九背+伯二七七一背第三通等十九件。斯五四五四，册子裝，首尾完整，封面有『千字文』字樣，從第二個頁面起抄《千字文》，首題『千字文　敕員外散騎侍郎周興嗣次韻』，尾題『千字文一卷』，卷中『世』字缺筆。伯三一〇八，卷子裝，有界欄，首尾完整，首題『千字文　敕員外散騎侍郎周興嗣次韻』，尾題『千字文一卷』，卷中『世』字缺筆。斯三八三五，卷子裝，有界欄，首尾完整，首題『千字文　敕員外散騎侍郎周興嗣次韻』，尾題『千字文一卷』，卷中『世』字缺筆。伯三四一六，卷子裝，有界欄，首尾完整，中間略有殘缺，首題『千字文一卷』，訖『焉哉乎也』。斯四九四八背，卷子裝，首尾均缺，起『樓觀飛驚』之『驚』字，訖『孤陋寡聞』之『孤陋』。斯五五九二，册子裝，首尾均缺，起『切磨箴規』，訖『俯仰廊廟』之『廊』字。伯三〇六二，册子裝，有界欄，首尾均缺，起『辰宿列張』，訖『謂語助者』。伯三六二六，册子裝，有界欄，首全尾缺，首題『千字文敕員外散騎侍郎周興嗣次韻』，訖『侍巾帷房』之『侍巾』。伯三六一四，卷子裝，首全尾缺，首題『千字文　敕員外散騎侍郎周興嗣次韻』，訖『陳根委翳』。伯四九三七背，首全尾缺，卷端文字略有殘缺，首題『敕員外散騎侍郎周興嗣次韻』，訖『〔稅〕熟貢新』。Дх 一一〇九二，首尾均缺，寫卷下端殘缺，起『恭惟鞠養』之『鞠』，訖『何遵約法』之『何』字。伯四八〇九，册子裝，紙幅較小，首尾均缺，起『惡積福緣善慶』，訖『宮殿盤鬱』之『盤』字。伯二八八八，卷子裝，首尾均缺，起『安定篤初誠美』，訖『並皆佳妙』之『並』字。伯三一七〇，卷子裝，有界欄，首缺尾全，起『性靜情逸』

之『靜』字，尾題『千字文一卷』，有題記。伯三二一一背，卷子裝，首缺尾全，起『樓觀飛驚』之『飛驚』，訖尾題『千字文一卷』。伯三七四三，卷子裝，首缺尾全，起『嶽宗恆岱』，尾題『千文一卷』。伯四〇六六背，前後均缺，起『近恥』，訖『焉哉乎也』；伯二七五九背+伯二七七一背（一）首缺尾全，起『捕獲叛亡』，尾題『千文一卷』；伯二七五九背+伯二七七一背（三）首尾完整，首題『千字文　勑員外散騎侍郎周興嗣次韻』，訖『悦感武丁』，原未抄完。

以上釋文以斯三二八七爲底本，用斯五四五四（稱其爲甲本）、伯三一〇八（稱其爲乙本）、斯三八三五（稱其爲丙本）、伯三四一六（稱其爲丁本）、斯四九四八背（稱其爲戊本）、斯五五九二（稱其爲己本）、伯三〇六二（稱其爲庚本）、伯三六二六（稱其爲辛本）、伯三六一四（稱其爲壬本）、伯四九三七背（稱其爲癸本）、Дх一一〇九二（稱其爲甲二本）、伯四八〇九（稱其爲乙二本）、伯二八八八（稱其爲丙二本）、伯三一七〇（稱其爲丁二本）、伯三二一一背（稱其爲戊二本）、伯三七四三（稱其爲己二本）、伯四〇六六背（稱其爲庚二本）、伯二七五九背+伯二七七一背（一）（稱其爲辛二本）、伯二七五九背+伯二七七一背（三）（稱其爲壬二本）參校。

校記

〔一〕『仁』，據殘筆劃及甲、乙、丙、丁、己、庚、辛、壬、癸、乙二、丙二、壬二本補；『惻』，甲、丁、庚、癸、壬二本同，乙、丙、壬本作『側』，己、辛、乙二本作『測』，『側』『測』均爲『惻』之借字。

〔二〕『弗』，甲、乙、丁、己、庚、辛、甲二、乙二、壬二本同，丙、壬、癸本作『沸』，『沸』爲『弗』之借字。

〔三〕『義』，乙、丙、丁、己、庚、辛、壬、癸、甲二、乙二、壬二本同，甲本作『儀』，『儀』爲『義』之借字；『廉』，甲、乙、丙、丁、庚、辛、壬、乙二、壬二本同，己本作『㾾』，癸、甲二本作『簾』，『㾾』『簾』均爲『廉』之借字。

〔四〕『匪』，甲、乙、丁、己、庚、辛、壬二本同，丙、壬本作『篚』，丙二本作『沸』，『沸』均爲『匪』之借字，乙二本作『虧』，壬、乙二本誤；『虧』，甲、乙、丙、丁、己、庚、辛、壬、壬二本同，乙二本作『匪』，丙二本作『驅』，均誤。

〔五〕『静』，甲、乙、丙、丁、己、庚、辛、壬、癸、乙二、丁二、辛二本同，丙二本作『淨』，『淨』爲『静』之借字。丁二本始於此句。

〔六〕『持』，甲、乙、丙、丁、己、辛、壬、癸、甲二、丙二本同，乙二本作『恃』，誤，壬二本脱；『雅』，甲、乙、丙、丁、己、辛、壬、乙二、丙二、丁二、壬二本同，癸、甲二本作『邪』，誤；『操』，甲、乙、丙、丁、己、辛、癸、甲二、乙二、丙二、壬二、丁二本同，壬本作『摻』，誤。

〔七〕『縻』，丁、甲二、壬二本同，甲、丙本作『糜』，乙、辛、丁二本作『靡』，己本作『眉』，庚、壬、乙二本作『糜』，『糜』『靡』『眉』『糜』均爲『縻』之借字，丙二本作『眉糜』，均誤。

〔八〕『二』，甲、乙、丁、庚、辛、癸、乙二、丙二、丁二、壬二本同，丙、己、壬本作『貳』；『京』，甲、乙、丙、己、庚、辛、壬、癸、甲二、乙二、丙二、壬二本同，丁二本作『亰』，『亰』爲『京』之借字。

〔九〕『忙』，庚、丙二本同，丁本作『茫』，辛、癸、甲二、乙二、丁二、壬二本作『芒』，當作『邙』，據甲、乙、丙、己、壬本改，『忙』『茫』『芒』均爲『邙』之借字；『面』，甲、乙、丙、丁、己、庚、辛、壬、癸、乙二、丙二、丁二、壬二本同，甲二本脱；『洛』，甲、丙、丁、己、壬、癸、甲二、乙二、丙二、丁二、壬二本同，乙、庚、辛本作『落』，『落』爲『洛』之借字。

〔一〇〕『渭』，甲、乙、丙、丁、己、庚、壬、癸、甲二、乙二、丙二、丁二、壬二本同，辛本作『謂』，『謂』爲『渭』之借字；『據』，甲、乙、丙、丁、己、庚、辛、壬、癸、甲二、乙二、丁二、壬二本同，丙二本作『既』，『既』爲『據』之借字；『經』，庚、辛本同，當作『涇』，據甲、乙、丙、丁、己、壬、癸、乙二、丙二、丁二、壬二本改，『經』爲『涇』之借字。

〔一一〕『盤』，乙、丙、丁、己、庚、辛、壬、癸、乙二、丙二、丁二、壬二本同，甲本作『般盤』，誤。乙二本止於此句。

〔一二〕戊、戊二本始於此句。

〔一三〕『獸』，乙、丙、己、庚、辛、壬、癸、甲二、丙二、丁二、戊二本同，甲、戊、壬二本作『毁』，誤。

〔一四〕『畫』，當作『晝』，據甲、乙、丙、丁、戊、己、庚、辛、壬、癸、甲二、丙二、丁二、壬二本改；『彩』，乙、己、癸、甲二、丁二本同，甲、丁、戊、庚、丙二、壬二本作『綵』，丙、辛、壬本作『採』，『採』爲『彩』之借字。

〔一五〕『丙』，甲、乙、丙、丁、戊、己、庚、辛、壬、癸、丁二、壬二本同，丙二本作『抦』，『抦』爲『丙』之借字；『傍』，甲、乙、丙、丁、戊、己、庚、辛、壬、癸、丁二、戊二、壬二本同，丙二本作『牓』，『牓』爲『傍』之借字。

〔一六〕『楹』，甲、乙、丙、丁、戊、己、壬、癸、丙二、丁二、戊二、壬二本同，庚本作『盈』，『盈』爲『楹』之借字，辛本作『物』，誤。

〔一七〕『筵』，甲、乙、丙、丁、戊、己、庚、壬、癸、丙二、丁二、戊二、壬二本同，辛本作『蓮』，误。

〔一八〕『昇』，甲、乙、丁、戊、己、庚、辛、壬、癸、甲二、丙二、丁二、戊二、壬二本同，丙本作『星昇』，誤。

〔一九〕『轉』，甲、乙、丙、丁、戊、己、庚、辛、壬、丙二、丁二、戊二、壬二本同，癸本脱；『凝』，丁、癸、丙二本同，當作『疑』，據甲、乙、丙、戊、己、庚、辛、壬、丁二、戊二、壬二本改。

〔二〇〕『明』，甲、乙、丙、丁、戊、己、庚、辛、壬、癸、戊二、壬二本同，丙二、丁二本作『名』，『名』爲『明』之借字。

〔二一〕此句甲、乙、丙、丁、戊、己、庚、辛、壬、甲二、丙二、丁二、戊二、壬二本同，癸本脱。

〔二二〕『亦聚群』，甲、乙、丙、丁、戊、己、庚、辛、壬、甲二、丙二、丁二、戊二、壬二本同，癸本脱；『英』，甲、乙、丙、丁、戊、己、庚、壬、甲二、丙二、丁二、戊二、壬二本同，辛本作『榮』，誤，癸本脱。

〔二三〕『褱』，甲、丙、戊、己、庚、壬、癸、丙二、丁二、戊二、壬二本作『稾』，乙、丁本作『蒿』，辛本作『膏』，『膏』爲『褱』之借字；『隸』，甲、乙、丙、丁、戊、己、庚、辛、壬、癸、丙二、戊二本同，丁二本作『領』，壬二本作『冠隸』，均誤。

〔二四〕『書』，甲、乙、丙、丁、戊、己、庚、辛、壬、丙二、丁二、戊二本同，壬二本作『畫』，誤；『壁』，甲、乙、丁、戊、庚、辛、丙二、丁二、戊二、壬二本同，丙、己、壬本作『碧』，『碧』爲『壁』之借字。

〔二五〕『路』，甲、乙、丙、丁、戊、己、庚、辛、壬、癸、甲二、丙二、丁二、壬二本同，戊二本作『日路』，誤；『侠』，甲、丁、戊、庚、癸、戊二本同，壬二本脱，乙、丙、辛、甲二、丙二、丁二本作『挾』，壬本作『梜』。

〔二六〕『縣』，乙、丙、丁、戊、己、辛、壬、丁二、戊二、壬二本同，甲、庚、癸、丙二本作『懸』，誤。

〔二七〕『兵』，乙、丙、丁、己、庚、辛、壬、癸、丙二、丁二、戊二、壬二本同，甲本作『立』，戊本作『丘』，均誤。

〔二八〕『冠』，甲、乙、丙、丁、戊、庚、辛、壬、癸、丙二、戊二、壬二本同，丁二本作『管』，『管』爲『冠』之借字；『陪』，甲、丙、丁、戊、庚、辛、壬、戊二、壬二本同，乙、己、癸本作『倍』，丙二本作『輩』，丁二本作『背』，『倍』『輩』『背』均爲『陪』之借字。

〔二九〕『轂』，丁、戊、庚、甲二、戊二、壬二本同，甲、乙、丙、己、辛、壬、丙二、丁二本作『穀』，『穀』爲『轂』

之借字；「振」，乙、丙、丁、戊、己、庚、辛、壬、甲二、丙二、戊二、壬二本同，甲本作「辰」，丁二本作「鎮」，「辰」「鎮」均爲「振」之借字；「瓔」，丙二本作「嬰」，丁二本作「影」，當作「纓」，據甲、乙、丙、丁、戊、己、庚、辛、壬、癸、甲二、戊二、壬二本改，「瓔」「嬰」「影」均爲「纓」之借字。

〔三〇〕「侈」，甲、丙、丁、戊、庚、辛、壬、癸、甲二、丙二、丁二、戊二本同，乙本作「移」，己本作「低」，壬二本作「侈侈」，均誤。

〔三一〕第一個「駕」，甲、乙、丙、丁、戊、己、庚、辛、壬、癸、丙二、丁二、戊二、壬二本無，底本原寫作「[加/車]」，係涉上文而成之類化俗字，發現錯誤後，抄寫者又另抄一個「駕」，但「[加/車]」未删去，據文義係衍文，當删。

〔三二〕「碑」，甲、丙、丁、戊、己、庚、壬、癸、丙二、丁二、戊二、壬二本同，乙本作「卑」，辛本作「俾」，「卑」「俾」均爲「碑」之借字。

〔三三〕「磻」，甲、乙、丙、丁、戊、己、壬、癸、甲二、丁二、戊二、壬二本同，庚、辛、丙二本作「盤」，「盤」爲「磻」之借字；「溪」，甲、戊二本同，乙、丙、丁、戊、己、庚、辛、壬、癸、甲二、丙二、丁二、壬二本作「磎」，均可通；「伊」，甲、乙、丙、丁、戊、己、庚、辛、壬、甲二、丙二、丁二、壬二本同，癸本作「尹」，戊二本脱；「尹」，甲、乙、丙、丁、戊、己、庚、辛、壬、甲二、丙二、丁二、戊二本同，癸本作「伊」，壬二本脱。

〔三四〕「佐」，甲、乙、丙、丁、戊、己、庚、辛、壬、丁二、戊二、壬二本同，甲二、丙二本作「左」，均可通；「時」，甲、丁、戊、己、庚、丙二、丁二、戊二、壬二本同，乙、丙、辛、壬本作「侍」，「侍」爲「時」之借字。

〔三五〕「奄」，甲、乙、丙、丁、戊、己、庚、壬、癸、丁二、壬二、戊二本同，辛、丙二本作「掩」，「掩」爲「奄」之借字。

〔三六〕『熟』，甲、乙、丙、戊、己、庚、辛、壬、癸、丙二、丁二、壬二本同，當作『孰』，據丁、戊二本改，『熟』爲『孰』之借字；『營』，甲、乙、丙、丁、戊、己、庚、壬、癸、戊二本同，辛、丙二、丁二、壬二本作『榮』，『榮』爲『營』之借字。

〔三七〕『桓』，甲、乙、丁、戊、己、庚、辛、壬、癸、甲二、丙二、丁二、戊二本同，丙、壬二本作『恆』，誤。

〔三八〕『説』，戊、己、丙二、戊二本同，甲、乙、丙、丁、庚、辛、壬、丁二、壬二本作『悦』，均可通；『丁』，甲、乙、丙、丁、戊、己、庚、辛、壬、丙二、丁二、戊二、壬二本同，癸本脱。壬二本止於此句。

〔三九〕『又』，甲、乙、丁、己、丁二、戊二本同，戊本無，丙、庚、壬本作『刈』，辛本作『披』，當作『乂』，據癸、丙二本改，『刈』爲『乂』之借字；『蜜』，庚、辛、癸、甲二、丙二、丁二本同，甲、乙、丙、丁、戊、己、壬、戊二本作『密』，均可通；『勿』，丙、丁、戊、壬、癸、甲二、丙二、丁二、戊二本同，甲、乙、己、庚、辛本作『物』，『物』爲『勿』之借字。

〔四〇〕『仕』，丙、庚、辛、壬本同，當作『士』，據甲、乙、丁、戊、己、癸、甲二、丙二、丁二、戊二本改，『仕』爲『士』之借字。

〔四一〕『霸』，乙、丙、丁、戊、己、庚、辛、壬、癸、丙二、丁二、戊二本同，甲本作『霜』，誤。

〔四二〕『困』，甲、乙、丙、丁、戊、庚、辛、壬、癸、丙二、丁二、戊二本同，己本作『因』，誤。

〔四三〕『途』，甲、乙、丙、丁、戊、己、庚、辛、壬、丙二、丁二、戊二本同，癸本脱；『虢』，甲、丙、丁、戊、己、庚、辛、壬、癸、丙二、丁二、戊二本同，乙本作『慖』，『慖』爲『虢』之借字。

〔四四〕『明』，甲、乙、丙、丁、戊、己、庚、辛、壬、癸、甲二、丙二、丁二、戊二本作『盟』，均可通。

〔四五〕『何』，甲、乙、丙、丁、戊、己、庚、辛、壬、癸、丁二本同，丙二、戊二本作『河』，『河』爲『何』之借字；『遵』，甲、丙、己、庚、辛、壬、癸、丙二、丁二、戊二本同，乙、丁、戊本作『尊』，『尊』爲『遵』之借字。

甲二本止於此句。

〔四六〕此句原有兩個『刑』字，分别抄於行末和下一行行首，這是當時的一種抄寫習慣，可以稱爲『提行添字例』，第二個『刑』字應不讀，故未録。

〔四七〕『翦』，甲、丙、丁、戊、己、辛、壬、丙二、丁二、戊二本同，乙、癸本作『箭』，庚本作『剪』，『箭』『剪』均爲『翦』之借字。

〔四八〕『用』，甲、乙、丁、戊、己、癸、丙二、丁二、戊二本同，丙、庚、辛、壬本作『勇』，『勇』爲『用』之借字。

〔四九〕『漠』，甲、丁、戊、己、庚、辛、癸、丙二、丁二、戊二本同，乙、丙、壬本作『莫』，『莫』爲『漠』之借字。

〔五〇〕『丹』，甲、乙、丙、丁、戊、己、庚、辛、壬、丙二、丁二、戊二本同，癸本作『單』，『單』爲『丹』之借字；『青』，甲、乙、丙、丁、戊、己、庚、壬、癸、丙二、丁二、戊二本同，辛本作『音』，誤。

〔五一〕『郡』，甲、乙、丙、丁、戊、己、庚、辛、壬、丙二、丁二本同，癸、戊二本作『群』，誤。

〔五二〕『宗』，乙、丙、丁、戊、己、庚、辛、壬、癸、丙二、丁二、戊二、己二本同，甲本作『宋』，誤；『岱』，甲、乙、丙、戊、己、庚、辛、壬、癸、丙二、丁二、戊二、己二本同，丁本作『代』，『代』爲『岱』之借字。己二本始於此句。

〔五三〕『禪』，甲、乙、丙、戊、己、辛、壬、癸、丙二、丁二、戊二、己二本同，丁、庚本作『繕』，『繕』爲『禪』之借字；『主』，甲、乙、丙、丁、戊、己、辛、壬、癸、丙二、戊二、己二本同，庚、丁二本作『住』，『住』爲『主』之借字；『雲』，甲、乙、丙、丁、己、庚、辛、壬、丙二、丁二、戊二、己二本同，戊本脱；『亭』，甲、乙、丙、丁、戊、己、庚、辛、壬、戊二、己二本同，丙二、丁二本作『停』，『停』爲『亭』之借字。

〔五四〕『雁』，甲、乙、丙、丁、己、庚、辛、壬、癸、丙二、丁二、戊二、己二本同，戊本作『應』，誤；『塞』，甲、乙、丙、丁、戊、己、辛、壬、癸、丙二、戊二本同，己二、庚本作『賽』，『賽』爲『塞』之借字。

〔五五〕『鷄』，甲、乙、丁、戊、己、庚、丙二、丁二、戊二、己二本同，丙、辛、壬、癸本作『荆』，『荆』爲『鷄』之借字。

〔五六〕『昆』，甲、乙、丙、己、庚、辛、癸、丁二、己二本同，丁、戊、壬、丙二本作『混』，戊二本作『崐』，『混』『崐』均爲『昆』之借字；『竭』，庚、己二本同，當作『碣』，據甲、乙、丙、丁、戊、己、辛、壬、癸、丙二、丁二、戊二本改，『竭』爲『碣』之借字。

〔五七〕『鉅』，甲、乙、丁、戊、己、辛、壬、癸、丙二、丁二、戊二、己二本同，庚本作『巨』，亦可通，丙本作『矩』，『矩』爲『鉅』之借字。

〔五八〕『綿』，甲、乙、丙、丁、己、庚、辛、壬、癸、丙二、丁二、戊二、己二本同，戊本作『綿綿』，誤；『邈』，甲、乙、丙、丁、戊、己、庚、辛、壬、癸、丁二、戊二、己二本同，丙二本作『貌』，均可通。

〔五九〕『岫』，甲、乙、戊、庚、辛、壬、丙二、丁二、戊二、己二本同，丙本無，己本作『岬』，均可通；『杳』，甲、乙、丙、戊、己、庚、辛、壬、戊二、己二本同，丙二、丁二本作『查』，誤。

〔六〇〕『於』，甲、乙、丙、丁、戊、己、庚、辛、壬、癸、丙二、丁二、戊二本同，己二本脱；『農』，甲、乙、丙、丁、戊、己、庚、辛、壬、癸、丁二、戊二、己二本同，丙二本作『濃』，『濃』爲『農』之借字。

〔六一〕『務』，甲、丙、丁、戊、己、庚、辛、壬、癸、丙二、丁二、戊二、己二本同，乙本作『霧』，『霧』爲『務』之借字；『滋』，丁、戊、庚、辛、己二本同，甲、乙、己、癸、丙二、丁二、戊二本作『兹』，均可通，丙、壬本作『慈』，『慈』爲『滋』之借字。

〔六二〕『俶』，甲、丙、戊、壬、丁二、戊二本同，乙、丁、己本作『菽』，庚本作『叔』，辛、癸、丙二、己二本作『淑』，『菽』『叔』『淑』均爲『俶』之借字。

〔六三〕『我』，甲、乙、丁、戊、己、辛、癸、丁二、戊二、己二本同，丙、庚、壬、丙二本作『俄』，誤；『黍』，甲、乙、丙、丁、戊、己、辛、壬、癸、丙二、丁二、戊二、己二本同，庚本作『委』，誤；『稷』，甲、乙、丙、丁、己、庚、辛、壬、丙二、丁二、戊二、己二本同，戊、癸本脱。

〔六四〕『稅』，甲、乙、丙、丁、戊、己、庚、辛、壬、丙二、丁二、戊二、己二本同，癸本脱；『孰』，丙二本同，甲、乙、丙、丁、戊、己、庚、辛、壬、癸、丁二、戊二、己二本作『熟』，均可通。癸本止於此句。

〔六五〕『賞』，甲、乙、丁、戊、丙二、丁二、戊二本同，丙、己、庚、辛、壬、己二本作『償』，『償』爲『賞』之借字。

〔六六〕『秉』，甲、丙、丁、戊、庚、壬、丙二、丁二、戊二、己二本同，乙、己本作『裹』，辛本作『康』，均誤。

〔六七〕『幾』，甲、丙、丁、戊、己、辛、壬、丙二、丁二、戊二、己二本同，乙、庚本作『機』，『機』爲『幾』之借字。

〔六八〕『音』，甲、乙、丙、丁、戊、己、庚、辛、壬、丁二、戊二、己二本同，丙二本作『意』，誤。

〔六九〕『監』，丁、戊、己二本同，甲、乙、丙、己、辛、壬、丙二、丁二、戊二本作『鑑』，均可通，庚本作『鉀』，误。

〔七〇〕『猷』，甲、乙、丙、丁、戊、己、庚、壬、丙二、丁二、戊二、己二本同，辛本作『猶』，『猶』爲『猷』之借字。

〔七一〕『植』，甲、乙、丙、戊、己、庚、辛、壬、丙二、丁二、戊二本同，丁本作『殖』，己二本作『直』，『殖』『直』均爲『植』之借字。

〔七二〕『譏』，甲、乙、丙、戊、己、辛、壬、丙二、丁二、戊二本同，丁本作『機』，庚本作『幾』，己二本作『幾』，『機』『幾』『幾』均爲『譏』之借字；『誡』，甲、乙、丙、丁、戊、己、庚、辛、壬、丙二、丁二、戊二本同，己二本作『解』，『解』爲『誡』之借字。

〔七三〕『增』，甲、乙、丙、丁、戊、己、庚、辛、壬、丁二、戊二、己二本同，丙二本作『僧』，誤。

〔七四〕『辱』，甲、丙、丁、戊、己、庚、壬、丙二、戊二、己二本同，乙、辛本作『褥』，『褥』爲『辱』之借字。此句丁二本脱。庚二本始於此句。

〔七五〕『林』，甲、丁、戊、己、庚、丙二、戊二、己二本同，乙、丙、辛、壬本作『臨』，『臨』爲『林』之借字；『辛』，甲、乙、丙、丁、戊、己、庚、壬、丙二、戊二、己二本同，辛本作『莘』，誤；『即』，甲、乙、丙、丁、戊、己、辛、壬、丙二、戊二、己二本同，庚本作『跡』，『跡』爲『即』之借字。此句丁二本脱。

〔七六〕『跡』，甲、乙、丙、丁、戊、己、庚、辛、壬、丙二、丁二、戊二、己二本無，係衍文，據文義當删；『跦』，乙本作『師』，當作『疏』，據甲、丙、丁、戊、己、庚、辛、壬、丙二、丁二、戊二、己二本改，『跦』爲『疏』之借字。

〔七七〕『解』，甲、丙、丁、戊、己、庚、辛、壬、丙二、丁二、戊二、己二、庚二本同，乙本作『假』，誤；『組』，甲、乙、丙、丁、戊、己、壬、丁二、戊二、庚二本同，庚、己二本作『粗』，辛、丙二本作『祖』，『粗』『祖』均爲『組』之借字；『誰』，甲、丙、丁、戊、己、庚、辛、壬、丙二、丁二、戊二、庚二本同，乙本作『隨』，『隨』爲『誰』之借字，己二本作『誠』，誤。

〔七八〕『默』，甲、乙、丙、丁、戊、己、辛、壬、丙二、丁二、戊二、己二本同，庚本作『墨』，『墨』爲『默』之借字；『寥』，甲、丁、戊、庚、丙二、丁二、戊二本同，乙、辛本作『寮』，丙、己、壬、己二本作『寮』，『寮』『寮』均爲『寥』之借字。

〔七九〕『逍』，甲、乙、丙、丁、己、辛、壬、丙二、丁二、戊二、己二、庚二本同，戊本作『貟』，誤。

〔八〇〕『累』，甲、乙、丙、丁、戊、己、庚、壬、丙二、丁二、戊二、己二本同，辛本作『侣』，誤。

〔八一〕『戚』，丙、戊、己、庚、辛、壬、丙二、丁二、己二本同，甲、乙、丁、戊二本作『慼』，均可通；『招』，甲、乙、丙、丁、戊、己、辛、壬、丙二、丁二、戊二、己二本同，庚本作「超」，誤。

〔八二〕「河」，甲、乙、丙、丁、己、庚、辛、丙二、戊二、己二本同，當作「荷」，據戊、丁二本改，「河」爲「荷」之借字；「的」，甲、乙、戊、丙二、丁二、戊二、己二、庚二本同，丙、丁、己、庚、辛本作「滴」；「歷」，甲、丙、戊、丙二、丁二、戊二、己二、庚二本同，乙、丁、己、庚、辛本作「瀝」。

〔八三〕「枇」，甲、乙、丁、戊、辛、丁二、己二、庚二本同，丙、庚、壬本作「芘」，丙二、戊二本作「琵」，「芘」「琵」均爲「枇」之借字；「杷」，乙、丁、戊、辛、丁二、己二、庚二本同，甲、丙、庚、壬本作「芭」，丙二、戊二本作「琶」，「芭」「琶」均爲「杷」之借字；「晚」，甲、乙、丙、丁、戊、己、庚、辛、丙二、丁二、戊二本同，壬本脱，己二本作「挽」，「挽」爲「晚」之借字；「翠」，甲、乙、丙、丁、戊、己、庚、辛、壬、丁二、戊二、己二本同，丙二本脱。

〔八四〕「委」，乙、丙、戊、庚、辛、壬、丙二、丁二、戊二、己二本同，丁本作「翳」，誤，甲、己本作「萎」，「萎」爲「委」之借字；「翳」，甲、乙、丙、戊、己、庚、辛、壬、丙二、丁二、戊二、己二、庚二本同，丁本作「藝」，「藝」爲「翳」之借字。壬本止於此句。

〔八五〕「飆」，甲、乙、丙、丁、戊、庚、丙二、丁二、戊二、己二、庚二本同，辛本脱。辛本此句後有一「桐」字。

〔八六〕「鵾」，甲、乙、丙、丁、戊、己、辛、丁二、戊二、己二、庚二本同，庚、丙二本作「昆」，「昆」爲「鵾」之借字。戊本此句後有「陳根委翳，落葉飄飆。遊鵾獨運」。

〔八七〕「陵」，甲、丙、戊、庚、己二、庚二本同，當作「凌」，據乙、丁、己、辛、戊二、丙二、丁二本改，「陵」爲「凌」之借字；「磨」，甲、乙、丙、丁、己、辛、己二本同，庚本作「麽」，當作「摩」，據戊、丙二、丁二、戊二、庚二本改，「磨」「麽」均爲「摩」之借字；「降」，甲、乙、丙、丁、戊、己、庚、辛、己二、庚二本同，當作「絳」，據丙二、丁二、戊二本改，「降」爲「絳」之借字；「霄」，甲、乙、丙、丁、戊、己、庚、辛、戊

二、己二、庚二本同，丙二、丁二本作『宵』，『宵』爲『霄』之借字。

〔八八〕『讀』，甲、乙、丁、戊、己、庚、辛、丙二、丁二、戊二、庚二本同，丙、己二本作『獨』，『獨』爲『讀』之借字。

〔八九〕『輶』，甲、丙、戊、己、辛、丙二、丁二、戊二、己二、庚二本同，乙本作『揂』，丁本作『猷』，庚本作『攸』，『揂』『猷』『悠』『攸』均爲『輶』之借字；『攸』，甲、乙、丙、丁、戊、己、辛、丙二、戊二、己二、庚二本同，庚本作『猶』，丁二本作『悠』，『猶』『悠』均爲『攸』之借字；『畏』，甲、乙、丙、丁、戊、庚、辛、丙二、丁二、戊二、己二、庚二本同，己本作『委』，『委』爲『畏』之借字。

〔九〇〕『囑』，甲、乙、丙、己、辛、丁二、己二本同，丁、戊、庚、丙二、戊二、庚二本作『屬』，均可通；『耳』，甲、乙、丙、丁、戊、己、庚、辛、丁二、己二、庚二本同，丙二本脱，戊二本作『取』，誤；『牆』，甲、乙、丁、戊、己、庚、辛、丁二、戊二、己二、庚二本同，丙本脱。

〔九一〕『飯』，據殘筆劃及甲、乙、丙、丁、戊、己、庚、辛、丙二、丁二、戊二、己二、庚二本補。

〔九二〕『腸』，甲、丙、丁、戊、己、庚、辛、丙二、丁二、戊二、庚二本同，乙本作『傷』，己二本作『場』，『傷』『場』均爲『腸』之借字。

〔九三〕『飫』，甲、乙、丙、丁、戊、己、庚、辛、丁二、戊二本同，丙二、己二、庚二本作『餧』，誤；『烹』，甲、乙、丙、丁、己、庚、辛、丙二、丁二、戊二、己二本同，戊、庚二本作『亭』，誤。

〔九四〕『戚』，甲、乙、丙、丁、戊、己、庚、辛、丙二、丁二、戊二、己二本同，庚二本作『慼』；『故』，甲、乙、丙、丁、戊、己、辛、丙二、丁二、戊二、庚二本同，庚、己二本作『古』，『古』爲『故』之借字。

〔九五〕『妾』，乙、丙、丁、戊、己、辛、丁二、戊二、庚二本同，甲、庚、己二本作『接』，『接』爲『妾』之借字；『績』，乙、辛本作『續』，己本作『織』，當作『績』，據甲、丙、丁、戊、庚、丁二、戊二、己二、庚二本改；

『紡』，甲、乙、丁、戊、庚、辛、丁二、戊二、己二、庚二本同，丙、己本作『訪』，『訪』爲『紡』之借字。

〔九六〕『帷』，甲、乙、丙、己、庚、丁二、戊二、己二本同，丁、戊、庚二本作『幃』，均可通。辛本止於此句。

〔九七〕『紈』，甲、乙、丙、丁、戊、己、丙二、丁二、戊二、己二、庚二本同，庚本作『丸』，『丸』爲『紈』之借字；『圓』，乙、丙、丁、丙二本同，甲、戊、己、庚、丁二、戊二、己二、庚二本作『員』，『員』爲『圓』之借字；『潔』，甲、乙、丙、丁、己、庚、丙二、丁二、戊二、己二本同，戊、庚二本作『絜』，『絜』爲『潔』之借字。

〔九八〕『煒』，甲、乙、丙、丁、己、庚、丙二、戊二、己二、庚二本同，戊、丁二本作『幃』，误。

〔九九〕『晝』，甲、乙、丙、丁、戊、己、庚、丙二、丁二、戊二、己二本同，庚二本作『盡』，誤；第二個『寐』，甲、乙、丙、丁、戊、己、庚、丙二、丁二、戊二、己二、庚二本無，據文義係衍文，當刪。

〔一〇〇〕『笱』，甲、乙、丙、丁、戊、庚、丁二、戊二、己二、庚二本同，己本作『箏』，誤。

〔一〇一〕『紘』，丁、戊、己、丙二、丁二、戊二、庚二本同，乙本作『玄』，『玄』爲『紘』之借字，甲、丙、庚、己二本作『弦』，均可通；『宴』，甲、丁、戊、丙二、丁二、戊二、庚二本同，乙本作『紘』，誤，丙、庚、己二本作『燕』，『燕』通『宴』。此句原有兩個『酒』字，分別抄於行末和下一行行首，這是當時的一種抄寫習慣，可以稱爲『提行添字例』，第二個『酒』字應不讀，故未録。

〔一〇二〕『杯』，甲、乙、丙、丁、戊、己、丙二、丁二、戊二、己二、庚二本同，庚本作『壞』，誤；第二個『觴』，甲、乙、丙、丁、戊、己、丁二、戊二、己二、庚二本無，係衍文，據文義當刪。

〔一〇三〕『矯』，甲、乙、丁、戊、己、丙二、丁二、戊二、己二、庚二本同，丙本作『燆』，『燆』爲『矯』之借字。

〔一〇四〕『豫』，丙、戊、庚、戊二、己二、庚二本同，甲、乙、丁、己、丁二本作『預』，『預』爲『豫』之借字。

〔一〇五〕『嫡』，甲、乙、戊、己、庚、丙二、丁二、戊二、庚二本同，丙本作『須』，誤，丁本作『滴』，『滴』爲『嫡』之借字，己二本作『矯』，誤；『嗣』，甲、乙、丁、戊、己、庚、丙二、丁二、戊二、己二、庚二本同，丙本作『詞』，誤；『續』，甲、乙、丙、丁、戊、己、丙二、丁二、戊二、庚二本同，庚本作『俗』，『俗』爲『續』之借字，己二本作『績』，誤。

〔一〇六〕『稽』，甲、丙、丁、戊、己、庚、丙二、丁二、戊二、己二、庚二本同，乙本作『啓』，『啓』爲『稽』之借字；『顙』，甲、丙、丁、戊、己、庚、丁二、戊二、己二、庚二本同，乙本作『桑』，『桑』爲『顙』之借字。

〔一〇七〕『煌』，乙本同，當作『惶』，據甲、丙、丁、戊、己、庚、丙二、丁二、戊二、己二、庚二本改，『煌』爲『惶』之借字。

〔一〇八〕『牋』，甲、乙、丁、戊、己、庚、丙二、丁二、戊二、己二本同，丙、庚二本脱；『簡』，甲、乙、丁、戊、己、庚、丙二、丁二、戊二、庚二本同，丙、己二本作『間』，『間』爲『簡』之借字。

〔一〇九〕『想』，甲、丁、戊、己、庚、丁二、戊二、己二、庚二本同，乙、丙本作『相』，『相』爲『想』之借字；『浴』，甲、乙、丙、丁、戊、己、庚、丁二、戊二、庚二本同，己二本作『欲』，『欲』爲『浴』之借字。

〔一一〇〕『特』，甲、乙、丙、戊、己、庚、丙二、丁二、戊二、己二、庚二本同，丁本作『特特』，誤。

〔一一一〕『誅』，甲、丙、丁、戊、己、丙二、丁二、戊二、己二、庚二本同，乙本作『朱』，庚本作『珠』，『朱』『珠』均爲『誅』之借字；『賊』，甲、乙、丙、丁、戊、己、戊二、己二、庚二本同，丁二本作『賤』，誤。

〔一一二〕『畔』，甲、乙、丙、丁、戊、己、庚、丙二、丁二、戊二、己二、庚二、辛二本作『叛』，均可通。辛二本始於此句。

〔一一三〕『布』，乙、丙、丁、戊、己、庚、丙二、丁二、戊二、己二、庚二、辛二本同，甲本作『圖』，誤；『射』，乙、丙、丁、戊、己、丙二、丁二、戊二、己二、庚二、辛二本同，甲、庚本作『謝』，『謝』爲『射』之借字；『遼』，甲、丙、丁、戊、己、丙二、丁二、戊二、己二本同，乙、辛二本作『寮』，庚本作『竂』，當作『僚』，據文義改，『遼』『寮』『竂』均爲『僚』之借字；『丸』，甲、乙、丙、丁、戊、己、丙二、丁二、戊

二、己二、庚二本同，庚本作『紈』，『紈』爲『丸』借字，辛二本作『九』，誤。

〔一一四〕『嵇』，甲、乙、丙、丁、戊、己、丙二、戊二、己二、庚二、辛二本同，庚、丁二本作『稽』，『稽』爲『嵇』之借字；『琴』，乙、丙、丁、戊、庚、丙二、丁二、戊二、庚二、辛二本同，甲、己、己二本作『吟』，誤；『阮』，甲、丙、丁、戊、己、丙二、丁二、戊二、己二、庚二、辛二本同，乙、庚本作『玩』，誤；『肅』，甲本作『簫』，乙本作『笑』，當作『嘯』，據丙、丁、戊、己、庚、丁二、戊二、己二、庚二、辛二本改，『簫』『笑』均爲『嘯』之借字。

〔一一五〕『恬』，乙本作『甜』，當作『恬』，據甲、丙、丁、戊、己、庚、丁二、戊二、己二、庚二、辛二本改，『甜』爲『恬』之借字；『筆』，乙、丙、丁、戊、己、庚、丁二、戊二、己二、庚二、辛二本同，甲本作『筭』，誤；『倫』，甲、乙、丙、丁、戊、己、庚二、辛二本同，丁二本作『論』，庚、戊二、己二本作『綸』，『論』『綸』爲『倫』之借字。

〔一一六〕『均』，甲、乙、戊二、庚二本作『鈞』，丙、丁、己二、辛二本作『鉤』，當作『鈞』，據戊、己、庚本改，『均』爲『鈞』之借字；『巧』，底本作『圴』，係涉上文『均』而成之類化俗字。

〔一一七〕『紛』，甲、丙、丁、戊、戊二、庚二、辛二本同，乙、庚本作『粉』，己本作『忿』，丁二、己二作『分』，『粉』『忿』『分』均爲『紛』之借字。

〔一一八〕『皆』，甲、丙、丁、戊、己、庚、丁二、戊二、己二、庚二、辛二本同，乙本作『階』，『階』爲『皆』之借字；『佳』，甲、乙、丙、丁、戊、己、庚、丁二、戊二、己二、庚二本同，辛二本脱。丙二本止於此句。

〔一一九〕『毛』，甲、乙、丙、丁、己、庚、丁二、戊二、己二、辛二本同，戊、庚二本作『手』，誤；『施』，甲、丙、丁、戊、己、庚、戊二、己二、庚二、辛二本同，乙、丁二本作『詩』，『詩』爲『施』之借字；『淑』，甲、丙、丁、戊、己、丁二、戊二、庚二、辛二本同，乙、庚、己二本作『叔』，『叔』爲『淑』之借字；『姿』，據甲、丙、丁、戊、己、庚、丁二、戊二、己二、庚二、辛二本補，乙本作『玆』，『玆』爲『姿』之借字。

〔一二〇〕『工』，據甲、乙、丙、丁、戊、己、庚、丁二、戊二、庚二、己二、辛二本補；『頻』，據甲、乙、丙、丁、戊、己、庚、丁二、戊二、庚二、己二、辛二本補；『妍』，據己、丁二本補，甲、乙、丙、丁、戊、庚、戊二、庚二、己二、辛二本作『研』，『研』爲『妍』之借字；『笑』，據甲、丙、丁、戊、己、丁二、戊二、庚二、己二、辛二本補，乙本作『小』，庚本作『少』，均誤。

〔一二一〕『年』，據甲、乙、丙、丁、戊、己、庚、丁二、戊二、庚二、己二、辛二本補；『矢』，據庚、戊二、己二本補，甲本作『天』，戊、庚二、辛二本作『矣』，均誤，乙、丙、己、丁二本作『失』，丁本作『時』，『失』『時』均爲『矢』之借字；『催』，甲、丙、丁、戊、庚、丁二、戊二、己二、庚二、辛二本同，乙、己本作『崔』，『崔』爲『催』之借字。

〔一二二〕『曦』，戊、己、丁二、庚二、辛二本同，甲、乙、丙、丁、庚、戊二、己二本作『羲』，『羲』爲『曦』之借字；『暉』，乙、丁、戊、己、庚、丁二、戊二、庚二、辛二本同，甲本作『曜』，誤，丙、己二本作『輝』；『曜』，丙、丁、戊、己、庚、丁二、戊二、己二、庚二、辛二本同，甲本作『暉』，誤，乙本作『耀』，均可通。

〔一二三〕『琁』，甲、乙、丙、丁、戊、庚、戊二、庚二、辛二本作『旋』，己本作『璇』，丁二、己二本作『璿』；『璣』，乙、丙、丁、己、庚、丁二、戊二、己二本同，甲、戊、庚二、辛二本作『機』；『懸』，據甲、乙、丁、戊、己、庚、丁二、戊二、己二、庚二、辛二本補，丙本作『縣』，『縣』爲『懸』之本字；『斡』，據甲、丙、丁、戊、己、庚、丁二、戊二、己二、庚二、辛二本補，乙本作『韓』，誤。

〔一二四〕第一個『晦』，甲、乙、丙、戊、己、庚、丁二、己二、庚二、辛二本同，丁本作『悔』，戊二本作『噲』，『悔』『噲』均爲『晦』之借字；第二個『晦』，甲、乙、丙、丁、戊、己、庚、丁二、戊二、庚二、己二、辛二本無，據文義係衍文，當删；「魄」，甲、乙、丙、丁、戊、己、丁二、戊二、己二、庚二、辛二本同，庚本作「珀」，「珀」爲「魄」之借字；「還」，當作「環」，據甲、乙、丙、丁、戊、己、庚、丁二、戊二、己二、庚二、辛二本改，「還」爲「環」之借字。

〔一二五〕「指」，甲、丙、丁、戊、己、庚、丁二、戊二、己二、庚二、辛二本同，乙本作「旨」，「旨」爲「指」之借字；「薪」，甲、丁、戊、丁二、戊二、庚二、辛二本同，乙、己、丙、庚、己二本作「新」，均可通。

〔一二六〕「永」，甲、丙、丁、戊、己、丁二、戊二、己二、庚二、辛二本同，乙、庚本作「詠」，「詠」爲「永」之借字；「劭」，甲、己、丁二、戊二、己二本同，乙、丙、丁、戊、庚、庚二、辛二本作「紹」，「紹」爲「劭」之借字。

〔一二七〕「矩」，據殘筆劃及丙、丁、戊、己、庚、丁二、戊二、庚二、辛二本補，乙本作「巨」，己二本作「炬」，「巨」「炬」均爲「矩」之借字。

〔一二八〕「俯」，甲、丁、己、戊二、己二本同，乙、丙、戊、庚、丁二、庚二、辛二本作「府」，「府」爲「俯」之借字。己本止於此句。

〔一二九〕「莊」，甲、乙、丙、丁、戊、丁二、戊二、己二、庚二、辛二本同，庚本作「裝」，「裝」爲「莊」之借字。

〔一三〇〕「瞻」，甲、丙、丁、戊、庚、丁二、戊二、己二、庚二、辛二本同，乙本作「矑」，誤。

〔一三一〕「聞」，乙、丙、庚、丁二、戊二、庚二、辛二本同，甲、丁本作「文」，己二本作「門」，「文」「門」爲「聞」之借字。戊本止於此句。

〔一三二〕「愚」，乙、丁、庚、丁二、戊二、己二、庚二、辛二本同，甲、丙本作「遇」，「遇」爲「愚」之借字；「蒙」，甲、丙、丁、丁二、戊二、己二、庚二、辛二本同，乙、庚本作「朦」，「朦」爲「蒙」之借字；「誚」，乙、丙、丁、庚、丁二、戊二、己二、庚二、辛二本同，甲本作「消」，「消」爲「誚」之借字。

〔一三三〕『謂』，乙、丙、丁、庚、丁二、戊二、己二、庚二、辛二本同，甲本作『爲』，『爲』爲『謂』之借字。庚本止於此句。

〔一三四〕『乎』，甲、丙、丁、丁二、戊二、己二、庚二、辛二本同，乙本作『呼』，『呼』爲『乎』之借字。丁、庚二本止於此句。

〔一三五〕『字』，甲、乙、丙、丁二、戊二本同，己二、辛二本脱。戊二本此句後有『千字文一卷』。

參考文獻

《敦煌寶藏》二七册，臺北：新文豐出版公司，一九八二年，三四〇至三四一頁（圖）；《英藏敦煌文獻》五卷，成都：四川人民出版社，一九九二年，二七至二八、一六五至一六六頁（圖）；《英藏敦煌文獻》七卷，成都：四川人民出版社，一九九二年，七、一〇三至一〇七頁（圖）；《英藏敦煌文獻》八卷，成都：四川人民出版社，一九九二年，一〇三至一〇五頁（圖）；《俄藏敦煌文獻》一五册，上海古籍出版社，二〇〇〇年，一七四至一七五頁（圖）；《法藏敦煌西域文獻》一八册，上海古籍出版社，二〇〇一年，一一四至一一五頁（圖）；《法藏敦煌西域文獻》一九册，上海古籍出版社，二〇〇一年，二八六至二八七頁（圖）；《法藏敦煌西域文獻》二一册，上海古籍出版社，二〇〇二年，二〇九至二一三、三二一至三二二頁（圖）；《法藏敦煌西域文獻》二二册，上海古籍出版社，二〇〇二年，八二至八三、一六四至一六五頁（圖）；《法藏敦煌西域文獻》二四册，上海古籍出版社，二〇〇二年，一三六至一三七頁（圖）；《法藏敦煌西域文獻》二六册，上海古籍出版社，二〇〇二年，八三至八四頁、一二九至一三三頁（圖）；《法藏敦煌西域文獻》二七册，上海古籍出版社，二〇〇二年，二二二頁（圖）；《法藏敦煌西域文獻》三一册，上海古籍出版社，二〇〇五年，七〇頁（圖）；《法藏敦煌西域文獻》三三册，上海古籍出版社，二〇〇五年，一九三至一九五、二八九頁（圖）；《中國俗文化研究》五輯，成都：四川出版集團、巴蜀書社，二〇〇九年，一一二至一三五頁。

斯三二八七　二　學郎詩

釋文

今日書他智（紙）〔一〕，他來定是嗔。我今歸捨去，將作是何人？

説明

以上文字小字寫於《千字文》尾題『千字文一卷』下空白處。

校記

〔一〕『智』，當作『紙』，《敦煌詩集殘卷輯考》據文義校改，『智』爲『紙』之借字。

參考文獻

《敦煌寶藏》二七册，臺北：新文豐出版公司，一九八二年，三四一頁（圖）；《敦煌遺書總目索引》，北京：中華書局，一九八三年，一七六頁（録）；《英藏敦煌文獻》五卷，成都：四川人民出版社，一九九二年，二八頁（圖）；《敦煌遺書總目索引新編》，北京：中華書局，二〇〇〇年，一〇〇頁（録）；《敦煌詩集殘卷輯考》，北京：中華書局，二〇〇〇年，八七七頁（録）。

斯三二八七　三　王羲之顥書論抄

釋文

尚想黃綺〔一〕，意想疾於繇年在衰。吾〔書〕比之鍾張〔二〕，鍾當抗行〔三〕，或謂過之；張草猶當雁行〔四〕，然張精熟〔五〕，池水盡墨〔六〕，假令寘（寡）人耽之若此〔七〕，未必謝之。後之達解者〔八〕，知其評之不虛也〔九〕。臨池學書，池水盡黑〔一〇〕，好之絶倫〔一一〕，吾及弗及也〔一二〕。

說明

此件抄於『學郎詩』後，首尾完整，起『尚想黃綺』，訖『吾及弗及也』。相同内容亦見於斯二一一四背、日本杏雨書屋藏羽三背。斯二一一四背，首尾完整，起『尚相（想）黃綺』，訖『吾弗及也』；日本杏雨書屋藏羽三背，首全尾缺，起『尚想黃綺』，訖『後之達解者』之『後』字。本書第一卷曾據伯二〇〇五《沙州都督府圖經》所引王羲之『顥書論』將斯二一一四背擬名爲『王羲之顥書論抄』，兹從之。

本書第一卷釋録斯二一一四背時，未參校此件，以上釋文以斯三二八七爲底本，用斯二一一四背（稱其爲甲本）、日本杏雨書屋藏羽三背（稱其爲乙本）參校。

校記

〔一〕『想』，乙本同，甲本作『相』，『相』爲『想』之借字。
〔二〕『書』，據甲、乙本補；『張』，甲本同，乙本作『當』，誤。
〔三〕『當』，甲本同，乙本作『張』，誤。
〔四〕『雁行』，甲本同，乙本脱。
〔五〕『然張』，甲本同，乙本脱。乙本此句後有『池學書』。
〔六〕『盡』，乙本同，甲本作『靜』，『靜』爲『盡』之借字；『墨』，乙本同，甲本作『黑』。
〔七〕『寘』，當作『寡』，據甲、乙本改。
〔八〕乙本止於此句。
〔九〕『知』，甲本作『之』，『之』爲『知』之借字；『評』，甲本作『平』，『平』爲『評』之借字。
〔一〇〕『黑』，甲本作『墨』。
〔一一〕『倫』，甲本作『綸』，『綸』爲『倫』之借字。
〔一二〕第一個『及』，甲本無，據文義係衍文，當删。

參考文獻

《中國書論大系月報》五號，一九七九年，八至一二頁；《敦煌寶藏》二七册，臺北：新文豐出版公司，一九八二年，三四一頁（圖）；《英藏敦煌文獻》一卷，成都：四川人民出版社，一九九〇年，八六頁（圖）；《英藏敦煌文獻》五卷，成都：四川人民出版社，一九九二年，二八至二九頁（圖）；《敦煌秘笈》一册，大阪：武田科學振興財團，二〇〇九年，三八頁（圖）；《絲綢之路與東西文化交流》，北京大學出版社，二〇一五年，二〇〇至二一〇九頁。

斯三二八七　四　十五願禮佛懺

釋文

十五願禮佛懺〔一〕

一願衆生普修道〔二〕，二願〔一〕〔切〕莫生儀（疑）〔三〕，三願袈裟來寘（掛）體〔四〕，四願莫著女人衣〔五〕，五願莊（粧）番（粉）從身斷〔六〕，六願素面見如來〔七〕，七願三途離苦難〔八〕，八願離欲捨慳才（財）〔九〕，九願衆生勤三寶〔一〇〕，十願一切法門開〔一一〕。（以下原缺文）

說明

此件抄於『王羲之顏書論抄』之後，起首題『十五願禮佛懺』，訖『十願一切法門開』，僅抄寫了『一願』至『十願』。

現知敦煌文獻中保存的同類文獻尚有伯三二二六、伯二四八三、伯二二五〇、斯五五七二、BD五四四一（北八三四五、果〇四一）、伯二一三〇、伯一〇六九背等七件。伯三二二六，首尾完整，起『一願衆生普脩道』，訖『更莫閻浮重受胎』；伯二四八三，首尾完整，起『一願衆生普修道』，訖『更不閻浮重受胎』；伯二二五〇，首尾完整，首題『西方十五願讚』，訖『更莫閻浮重受胎』；斯五五七二，首尾完整，首題『西方十五願讚』，訖『更莫閻浮重受胎』；BD五四四一，首尾完整，首題『十五願』，訖『更莫閻浮重受胎』；伯二一三〇，首尾完整，起『一願衆生普修福』，訖『更莫閻浮重受胎』；伯一〇六九背爲梵夾裝，有界欄，天頭抄藏文一行，界欄内漢文自左向右豎行書寫，首題『十五願讚一本』，訖『閻浮衆生實苦災』。

以上釋文以三三八七爲底本，用伯三二一六（稱其爲甲本）、伯二四八三（稱其爲乙本）、伯二二五〇（稱其爲丙本）、斯五五七二（稱其爲丁本）、BD五四四一（稱其爲戊本）、伯二一三〇（稱其爲己本）、伯一〇六九背（稱其爲庚本）參校。

校記

〔一〕『十五願禮佛懺』，甲、乙、己本無，丙、丁本作『西方十五願讚』，戊本作『十五願』，庚本作『十五願讚一本』。

〔二〕『道』，甲、乙、丙、丁、戊本同，己本作『福』。

〔三〕『一切』，據甲、乙、丙、丁、戊、己、庚本補；『儀』，庚本作『宜』，當作『疑』，據甲、乙、丙、丁、戊、己本改，『儀』『宜』爲『疑』之借字。

〔四〕『寘』，庚本作『置』，當作『掛』，據甲、乙、丙、丁、戊、己本改。

〔五〕『衣』，甲、乙、戊、己、庚本同，丙、丁本作『身』。

〔六〕『莊』，甲、庚本同，丁本作『樁』，當作『粧』，據乙、丙、戊本改，『莊』『樁』均爲『粧』之借字；『番』，戊本作『紛』，當作『粉』，據甲、乙、丙、丁、庚本改，『番』『紛』均爲『粉』之借字；『從』，庚本同，甲、乙、丙、戊本作『終』，丁本脱；『身』，甲、乙、丙、丁、戊本同，庚本作『心』；『斷』，甲、乙、丙、丁、戊本同，庚本作『去』。此句己本作『五願衆生勤念佛』。

〔七〕『素』，甲、乙、丙、丁、戊、己本同，庚本作『蘇』，『蘇』爲『素』之借字；『見』，據殘筆劃及甲、乙、丙、丁、戊、己、庚本補。

〔八〕『途』，甲、乙、丙、丁、戊、己、庚本作『塗』，均可通；『離』，甲、乙、丙、丁、庚本同，戊、己本作『無』；『苦難』，甲、乙、庚本同，丙、丁、戊、己本作『罪苦』。

〔九〕『離』，甲、乙本同，丙、丁、戊、己本作『捨』，庚本作『舍』；『欲』，甲、乙本同，丙、丁、戊、己本作『離』，庚本作『利』；『捨』，甲、乙本同，丙、丁、戊、己本作『去』，庚本作『啥』，誤；『慳』，甲、乙、丙、丁、戊、己本同，庚本作『惱』，誤；『才』，甲本作『貪』，當作『財』，據乙、丙、丁、戊、己、庚本改，『才』爲『財』之借字。

〔一〇〕『衆生』，甲、乙、丙、丁、戊、己本同，庚本作『十方』；『勤』，戊、己本同，甲、乙、丙、丁、庚本作『敬』；『三寶』，甲、乙、丙、丁、庚本同，戊、己本作『念佛』。

〔一一〕甲本此句後有『十一願衆生同發願，十二願過往坐花臺，十三願衆生勤念佛，十四願總向佛前期，十五願西方生淨土，更莫閻浮重受胎』；乙本此句後有『十一願衆生發願，十二願過往坐花臺，十三願衆生勤念佛，十四願總向佛邊斯，十五願西方生淨土，更不閻浮重受胎』；丙本此句後有『十一願衆生勤念佛，十四願總對佛前朝，十五願西方生淨土，更莫閻浮重受胎』；丁本此句後有『十一願衆生勤念佛，十二願過往坐花臺，十三願連心同發願，十四願總到佛前期，十五願西方生淨土，更莫閻浮重受胎』；戊本此句後有『十一願衆生勤發願，十二願過往坐花臺，十三願衆生敬三寶，十四願總向佛〔前〕期，十五願西方生淨土，更莫閻浮重受胎』；己本此句後有

『十一願衆生勤發願，十二願過往坐花臺，十三願衆生敬三寶，十四願總向佛前期，十五願西方生淨土，更莫閻浮重受胎』；庚本此句後有『十一願彌勒下生來，十二願過〔往〕坐蓮花臺，十三願燒香情發願，十四願總到佛前來，十五願西方生淨土，更莫閻浮從胎，閻浮衆生實苦災』。

參考文獻

《敦煌寶藏》二七册，臺北：新文豐出版公司，一九八二年，三四一頁（圖）；《英藏敦煌文獻》五卷，成都：四川人民出版社，一九九二年，二九頁（圖）；《英藏敦煌文獻》八卷，成都：四川人民出版社，一九九二年，五〇頁（圖）；《法藏敦煌西域文獻》一〇册，上海古籍出版社，一九九九年，二五七頁（圖）；《法藏敦煌西域文獻》一四册，上海古籍出版社，二〇〇一年，二五七頁（圖）；《法藏敦煌西域文獻》二二册，上海古籍出版社，二〇〇二年，一八四頁（圖）。

斯三三八七　五　六十甲子納音

釋文

甲子、乙丑金，丙寅、丁卯火，戊辰、己巳木，庚午、辛未土，壬申、癸酉金，甲戌、乙亥火，丙子、丁丑水，戊寅、己卯土，庚辰、辛巳金，壬午、癸未木，甲申、乙酉水，丙戌、丁亥土，戊子、己丑火，庚寅、辛卯木，壬辰、癸巳水，甲午、乙未金，丙申、丁酉火，戊戌、己亥木，庚子、辛丑土，壬寅、癸卯金，甲辰、乙巳火，丙午、丁未水，戊申、己酉土，庚戌、辛亥金，壬子、癸丑木，甲寅、乙卯水，丙辰、丁巳土，戊午、己未火，庚申、辛酉木，壬戌、癸亥[水]〔一〕。

說明

此件抄於『十五願禮佛懺』之後，首全尾缺，起『甲子、乙丑金』，訖『壬戌、癸亥[水]』。關於敦煌寫本中保存的《六十甲子納音》寫本概況，請參看本書第八卷斯一八一五背《六十甲子納音》說明。

本書第八卷以斯一八一五背爲底本進行了校録，對包括此件在内各校本的異文均已出校説明。

以上釋文以斯三二八七爲底本，僅用斯一八一五背（稱其爲甲本）校補缺文。

校記

〔一〕『水』，據殘筆劃及甲本補。

參考文獻

《敦煌寶藏》二七册，臺北：新文豐出版公司，一九八二年，三四一頁（圖）；《英藏敦煌文獻》五卷，成都：四川人民出版社，一九九二年，二九頁（圖）；《敦煌占卜文書與唐五代占卜研究》，北京：學苑出版社，二〇〇一年，一七二頁；*Divination et sociétédans la Chine médiévale. Etudedes manuscripts de Dunhuang de La Bibliothèdque nationale de France et du British Museum*. Paris：Bibliothèque Nationale de France, 2003, p. 279；《英藏敦煌社會歷史文獻釋録》八卷，北京：社會科學文獻出版社，二〇一二年，八五頁。

斯三二八七　六　早出纏

釋文

早出纏，早出纏，榮華富貴暫時間。曠劫輪迴受生死，良由不遇善因緣。人身難得金（今）已得[一]，云何不種未來因。出息數存入難保[二]，無常忽至入黃泉。世間因緣不可說，如蛾赴火自焦然[三]。因修不能捨離（利）得[四]，菩提道路斷因緣。佛道不遠迴心至[五]，今身努力猛拋看。

說明

此件首尾完整，起『早出纏』，訖『今身努力猛拋看』。

關於敦煌寫本中保存的《早出纏》寫本概況，請參看本書第七卷斯一六四四背《早出纏》寫本說明。本書在對斯一六四四背釋録時，曾以此件爲校本，此件與其他敦煌寫本《早出纏》之異同，均可見斯一六四四背校記。

以上釋文以斯三二八七爲底本，僅用斯一六四四背（稱其爲甲本）校改錯誤、校補缺文。

校記

〔一〕『金』，當作『今』，據甲本改，『金』爲『今』之借字。
〔二〕『出息』，據甲本補。
〔三〕『如』，據殘筆劃及甲本補；『蛾』，據甲本補。
〔四〕『離』，當作『利』，據甲本改，『離』爲『利』之借字。
〔五〕『佛道不遠』，據甲本補。

參考文獻

《敦煌寶藏》二七册，臺北：新文豐出版公司，一九八二年，三四一頁（圖）；《英藏敦煌文獻》三卷，成都：四川人民出版社，一九九〇年，一一五頁（圖）；《英藏敦煌文獻》五卷，成都：四川人民出版社，一九九二年，二九頁（圖）；《英藏敦煌社會歷史文獻釋録》七卷，北京：社會科學文獻出版社，二〇一〇年，四二五至四二七頁（録）。

斯三二八七　七　樂入山

釋文

樂入山，樂入山，欲去不去戀生間〔一〕。計時應合去，無明闇鄣苦相纏。自恨前身不修福，今身果報未能圓。願諸善友相接引，來生得免苦沈輪（淪）〔二〕。若得居山去，誓願晝夜不安眠。五陰身中有六賊，誓願除蕩不留殘。誓願專心求解脱，誓願隨佛達無邊。誓願專心出三界，誓願成佛不歸還。

説明

此件首尾完整，起『樂入山』，訖『誓願成佛不歸還』。

關於敦煌寫本中保存的《樂入山》寫本概況，請參看本書第七卷斯一四九七《樂入山》説明。本書在對斯一四九七釋録時，曾以此件爲校本，此件與其他敦煌寫本《樂入山》之異同，均可見斯一四九七校記。

以上釋文以斯三二八七爲底本，僅用斯一四九七（稱其爲甲本）校補缺文、校改錯誤，甲本亦誤時，用他本校改。

校記

〔一〕「去戀」，據殘筆劃及甲本補；「生間」，據甲本補。

〔二〕「輪」，甲本同，當作「淪」，據伯二五六三背改，「輪」爲「淪」之借字。

參考文獻

《敦煌寶藏》二七册，臺北：新文豐出版公司，一九八二年，三四一頁（圖）；《英藏敦煌文獻》三卷，成都：四川人民出版社，一九九〇年，八三頁（圖）；《英藏敦煌文獻》五卷，成都：四川人民出版社，一九九二年，二九頁（圖）；《法藏敦煌西域文獻》一六册，上海古籍出版社，二〇〇一年，一二頁（圖）；《英藏敦煌社會歷史文獻釋録》七卷，北京：社會科學文獻出版社，二〇一〇年，一六九至一七一頁（録）。

斯三二八七　八　樂住山

釋文

樂住山，樂住山〔一〕，閑居淨（靜）座（坐）石林間〔二〕。了忘與真性無二〔三〕，任運啓可聖遺言〔四〕。時有昏沈來欲撓〔五〕，勤加策勵豈能纏〔六〕。樹下逕行無妄（忘）失〔七〕，正見松指（柏）與天連〔八〕。空閑寂靜非人境〔九〕，唯見〔野〕獸强來前〔一〇〕。身心遠離契〔真〕教〔一一〕，身淨心垢被魔牽〔一二〕。清泉流水靈山響〔一三〕，香花藥草勝人間〔一四〕。不假西方求淨土〔一五〕，自然超世獨無淪〔一六〕。人間喧雜如牢獄〔一七〕，因慈（兹）造業出〔無〕緣〔一八〕。乍可居山一束草〔一九〕，不羨世俗萬重氈〔二〇〕。寄語未來修福者〔二一〕，未得成佛不歸還〔二二〕。

說明

此件首尾完整，起『樂住山』，訖『未得成佛不歸還』。

現知敦煌文獻中保存的同類文獻除此件外尚有九件，即斯七七九、斯五九六六、斯六三二一、伯二一五六三背、伯二六五八背、伯二七一三、伯三二八八背、伯三九一五、Дх一六二九。本書在對斯七七九（二）號進行釋録時，曾以此件和伯二五六三背、伯三九一五、斯六三二一、Дх一六二九爲校本，但未參校伯二七一三、斯五九六六、伯三二八八背、伯二六五八背。

伯二七一三，首全尾缺，抄在『樂入山讚』之後，起『樂住山』，訖『不羨世俗萬重氈』。斯五九六六，首尾均缺，已斷裂爲兩片，兩片均抄有《樂住山》，第一片抄寫在《樂入山》之後，僅存首題『樂住山，樂住山』，正文缺失；第二片也是抄寫在《樂入山》之後，失首題，起『閑居淨坐石林間』，訖『[人間]喧雜如牢獄。樂住山』。伯三二八八背，首尾完整，起『[樂]住山』，訖『未得成道莫[歸還]』。伯二六五八背，首缺尾全，起『[樂住]山』，訖『未得成道[莫歸還]。樂住山』。

以上釋文以斯三二八七爲底本，用伯二七一三（稱其爲甲本）、斯五九六六（稱其爲乙本）、伯三二八八背（稱其爲丙本）、伯二六五八背（稱其爲丁本）參校。

校記

〔一〕『樂住山』，乙、丁本同，甲、丙本無。乙本此句後有『□相接引□去樂入山□有□賊樂入山□求解脱樂入山□出三界樂入山』。

〔二〕『淨』，乙本同，當作『靜』，據甲、丙、丁本改，『淨』爲『靜』之借字；『座』，當作『坐』，據甲、乙、丙、丁本改，『座』爲『坐』之借字。甲、乙、丙、丁本此句後有『樂住山』。

〔三〕『忘』，甲、丁本作『妄』。甲本此句後有『樂住山』。

〔四〕『啓』，甲、丁本同，丙本作『契』。甲、乙本此句後有『樂住山』。

〔五〕『撓』，乙、丙本同，甲本作『曉』，誤，丁本作『繞』。甲、乙、丁本此句後有『樂住山』。

〔六〕甲、丁本此句後有『樂住山』。

〔七〕『逕』，丙本作『經』；『妄』，當作『忘』，據甲、丙本改，『妄』爲『忘』之借字。乙本此句後有『□住山』，甲、丙、丁本此句後有『樂住山』。

〔八〕『見』，乙、丙本同，甲本脱；『指』，當作『柏』，據甲、乙、丙本改；『與』，乙、丙本同，甲、丁本作『共』；『連』，據殘筆劃及甲、丁本補，乙本作『蓮』，『蓮』爲『連』之借字。甲、乙、丁本此句後有『樂住山』。

〔九〕甲、丁本此句後有『樂住山』。

〔一〇〕『見』，甲、丙、丁本作『有』；『野』，據甲、丙、丁本補；『强』，甲本作『竟』，丙本作『傍』；『來』，甲、丁本同，丙本作『人』。甲本此句後有『樂住山』，乙本此句後有『□住山』。

〔一一〕『離』，乙、丙、丁本同，甲本作『里』，『里』爲『離』之借字；『契』，乙、丙本同，甲、丁本作『啓』；『真』，據甲、乙、丙、丁本補。甲、乙、丁本此句後有『樂住山』。

〔一二〕『魔』，丁本同，甲本作『磨』，『磨』爲『魔』之借字。甲、丁本此句後有『樂住山』。

〔一三〕甲、丁本此句後有『樂住山』，乙本此句後有『□住山』。

〔一四〕『草』，甲、丁本同，乙本作『莫』，誤。甲、乙、丁本此句後有『樂住山』。

〔一五〕『土』，丙、丁本同，甲本作『殿』，誤。甲、丁本此句後有『樂住山』。

〔一六〕『淪』，甲本同，丁本作『倫』。甲、丁本此句後有『樂住山』。

〔一七〕乙、丁本此句後有『樂住山』。乙本止於此句。

〔一八〕『慈』，丙本同，當作『玆』，據丁本改，『慈』爲『玆』之借字；『無』，據丙、丁本補。丁本此句後有『樂住山』。

〔一九〕『可』，丁本同，丙本作『坐』；『居山』，丁本同，丙本作『山中』。丁本此句後有『樂住山』。

〔二〇〕甲本止於此句。丁本此句後有『樂住山』。

〔二一〕『福』，丙本作『道』，丁本作『行』；『者』，丁本同，丙本脱。丁本此句後有『樂住山』。

〔二二〕『佛』，丁本同，丙本作『道』；『不』，丁本同，丙本作『莫』。丁本此句後有『樂住山』。

參考文獻

《敦煌寶藏》二七册，臺北：新文豐出版公司，一九八二年，三四一頁（圖）；《英藏敦煌文獻》五卷，成都：四川人民出版社，一九九二年，二九至三〇頁（圖）；《英藏敦煌文獻》一〇卷，成都：四川人民出版社，一九九四年，一頁（圖）；《法藏敦煌西域文獻》一七册，上海古籍出版社，二〇〇一年，三二九頁（圖）；《英藏敦煌社會歷史文獻釋録》四卷，北京：社會科學文獻出版社，二〇〇六年，八三至八五頁（録）。

　九　李（利）涉法師勸善文

釋文

李（利）涉法師勸善文〔一〕

先亡父母告男女〔二〕，我今受罪知不知？都爲前生養汝等，畏汝不活造諸非〔三〕。大斗小秤求他利，虚言誑語覓便宜。身口意業都不善，高心我慢鎮長爲〔四〕。緣此將身入地獄，鑊湯爐炭豈暫離？或作人身貧病苦，終身告[乞不充]飢〔五〕。或作豬羊常被煞，或作驢馬被他騎〔六〕。或作材（豺）狼生曠野〔七〕，或作魚鼈在[陂]池〔八〕，或作蟲蟻生衢路，或作[蟣]虱在人衣〔九〕。自作惡業還自受，[長]劫償他無了期〔一〇〕。恐汝隔生不相識，對面相見不相知。爲報後代諸人等，垂心救護不思儀（議）〔一一〕。

說明

此件斷裂爲兩片，内容完整，首題『李（利）涉法師勸善文』，訖『垂心救護不思儀（議）』。現知敦煌文獻中保存的『利涉法師勸善文』除此件外尚有BD六二五一（北八四一二、海字五一），該件首尾完整，起首題『利涉法師勸善文』，訖『誰心救護不思議』。

以上釋文以斯三二八七爲底本，用BD六二五一（稱其爲甲本）參校。

校記

〔一〕『李』，當作『利』，據甲本改，『李』爲『利』之借字。

〔二〕『先』，甲本同，底本原作『光』，因『先』『光』二字形近易混，故底本此字據文義逕釋作『先』；『告』，甲本作『祈』，誤。

〔三〕『畏』，甲本作『委』，『委』爲『畏』之借字。

〔四〕『慢』，甲本作『優』，均可通。

〔五〕『乞不充』，據甲本補。

〔六〕『他』，甲本作『乘』。

〔七〕『材』，當作『犲』，據甲本改，『材』爲『犲』之借字。

〔八〕『陂』，據文義補，甲本作『坡』，『坡』爲『陂』之借字。

〔九〕『蟣』，據殘筆劃及甲本補。

〔一〇〕『長』，據殘筆劃及甲本補。

〔一一〕『垂』，甲本作『誰』；『儀』，當作『議』，據甲本改，『儀』爲『議』之借字。

參考文獻

Descriptive Catalogue of the Chinese Manuscripts from Tunhuang in the British Museum, The Trustees of the British Museum, London 1957, p. 235；《敦煌寶藏》二七册，臺北：新文豐出版公司，一九八二年，三四二頁（圖）；《敦煌叢刊初集》一〇册，臺北：新文豐出版公司，一九八五年，八六一頁；《英藏敦煌文獻》五卷，成都：四川人民出版社，一九九二年，三〇頁（圖）；《國家圖書館藏敦煌遺書》八三册，北京圖書館出版社，二〇〇八年，一七六頁（圖）。

斯三二八七　一〇　開經文

釋文

以此開讚大乘不思儀（議）解脱法門〔一〕，甚深義趣，所生福利〔二〕□先將資益梵

釋四王，龍天八部，唯願威〔三〕□

（後缺）

説明

此件首全尾缺，參照斯四五三七，應爲『開經文』之首部。

校記

〔一〕『儀』，當作『議』，據文義改，『儀』爲『議』之借字。

〔二〕『利』，據殘筆劃補。

〔三〕『願威』，據殘筆劃及斯四五三七補。

參考文獻

Descriptive Catalogue of the Chinese Manuscripts from Tunhuang in the British Museum, The Trustees of the British Museum, London 1957, p. 235；《敦煌寶藏》二七册，臺北：新文豐出版公司，一九八二年，三四二頁（圖）；《英藏敦煌文獻》五卷，成都：四川人民出版社，一九九二年，三〇頁（圖）。

斯三二八七背　一　吐蕃子年擘三部落百姓汜履倩等户手實

釋文

（前缺）

保違□□　安君〔一〕

弟履勗娶左六將曹榮下李買婦爲妻〔二〕　男子昂　男子卿

男子盈　女心娘出嫁左一將徐寺加下吴君奴〔三〕　女太娘出嫁左一將徐寺加下張通子〔四〕　女恩子

右通新舊口並皆依實。如後有人糺告，

求受重罪。

牒　件　狀　如　前，謹　牒。

　子年五月　日百姓汜履倩　牒。

左二將　狀上

户索憲忠　妻陰　男遠遠　男順順　女犯娘出度〔五〕

女金娘出嫁與同部落吴通下鄧道　婢目目

午年擘三部落已後新生口　男性奴出度　女擔娘嫁與絲綿部落張前（？）下張清清〔六〕

女意娘出度　男再和出度〔七〕　遠遠妻娶同部落吴通下鄯石奴妹女麴麴〔八〕

女扁娘　男遷遷〔九〕　妻娶本將程弟奴女

右通前件新舊口，並皆依實。如後有人

糺告，括檢不同，求受偷人條教。請處分。

牒　件　如　前，謹　狀。

子年五月　日百姓索憲忠。

左二將

午年擘三部落依牌子口户氾國珍死　妻張念念在　男住住在

男不採在　小婦寵寵出度　奴緊子論悉殑夕將去　奴金剛死〔一〇〕

婢落娘已上並論悉殑息將去〔一一〕　□□娘〔一二〕　□□□〔一三〕

女美娘嫁與同將人索定德酉年新　男不羨娶左十將索十□女七娘〔一四〕

男住住娶下部落王海女十二　男伽伽〔一五〕　山（？）加〔一六〕男龍屯〔一七〕　男君子年十　女小

娘年十二八戒　女團娘年六　女美保年一　男不採娶同將宋進暉女七娘　女嚴子五　休子年三

女判子年二　妹團團出嫁與左三晝平平　妹性娘出度

右通午年年擘三部落口及已後新生口如前，並皆依實，亦無隱漏不通。如後有人糺告，稱
有隱漏，請求依法科斷。子年六月一日，百姓氾住住狀。

左二將　狀上

户梁庭蘭死〔一八〕　妻王死　男定國　男憨憨死　小婦死　父死　母死

[　　]□死〔一九〕

[　　]部落已後新生口定國〔二〇〕　妻王死　男金剛　妻娶同部落曹榮下索進昌女　男沙子

男沙門　女妃娘出度〔二一〕　女女女　奴定奴　奴弁奴〔二二〕　婢榮娘宜娘〔二三〕　婢星星

右通前件新舊口，並皆依實。如後有人糺告，括檢不同，求受偷人條教，請處分。

牒件如前〔二四〕，謹狀。

子年六月　日百姓梁定國

（中缺）

左二將　百姓〔二五〕　狀上

[　　]□卿六十〔二六〕　妻阿索廿　母李年七十五死　[　　]□□□□□廿一歲

（後缺）

説明

此件首尾均缺，起『保違□□』，訖『廿一歲』，其内容係吐蕃時期子年沙州左二將手實，每户一紙，所存部分由五紙粘連而成，各户所登記的内容間有朱筆點勘和批注。

關於子年的歸屬，大致可以確認在九世紀前半期，其絶對年代有『八三二年』（藤枝晃）、『七九六年』（王堯）、『八二〇年』（楊際平）、『八〇八年』（李正宇）等多種推測，都有待證實。

從此件的格式及内容來看，原應爲實用的官文書，時人是用廢棄的手實背面的空白抄寫千字文等内容。即吐蕃時期子年沙州左二將手實書寫時間在前，另一面的千字文等内容抄寫時間在後。截至目前，英國國家圖書館和相關圖版對此卷正背的標注都是錯誤的，爲避免造成混亂，本書仍將寫有吐蕃時期子年沙州左二將手實的一面標注爲『背』。

此件在各户記録的内容空白處有後人書寫的詩一首及其他雜寫，因與手實無關，另出釋文。

校記

〔一〕『君』，《中國古代籍帳研究》《敦煌社會經濟文獻真蹟釋録》釋作『居』。『安君』，底本用朱筆書寫。

〔二〕『弟』，底本作『第』，按寫本中『弟』『第』形近易混，故據文義逕釋。

〔三〕『加』，《中國古代籍帳研究》《〈吐蕃子年（公元八〇八年）沙州百姓氾履倩等户籍手實殘卷〉研究》均釋作『伽』，誤。

〔四〕『加』，《中國古代籍帳研究》《〈吐蕃子年（公元八〇八年）沙州百姓氾履倩等户籍手實殘卷〉研究》均釋作『伽』，誤。

〔五〕『犯』，《敦煌社會經濟文獻真蹟釋録》釋作『妃』。

〔六〕『前』，《中國古代籍帳研究》《敦煌社會經濟文獻真蹟釋録》未能釋讀。

〔七〕『和』，《〈吐蕃子年（公元八〇八年）沙州百姓氾履倩等户籍手實殘卷〉研究》釋作『佛』，《敦煌社會經濟文獻真蹟釋録》釋作『如』。

〔八〕第一個『麴』，《〈吐蕃子年（公元八〇八年）沙州百姓氾履倩等户籍手實殘卷〉研究》釋作『美』，誤；第二個『麴』，《〈吐蕃子年（公元八〇八年）沙州百姓氾履倩等户籍手實殘卷〉研究》釋作『娘』，誤，《敦煌社會經濟文獻真蹟釋録》未能釋讀。

〔九〕第一個『遷』右上角書『厶』，疑爲『幺』之訛。

〔一〇〕『死』，《中國古代籍帳研究》《〈吐蕃子年（公元八〇八年）沙州百姓氾履倩等户籍手實殘卷〉研究》《敦煌社會經濟文獻真蹟釋録》未能釋讀，底本此字用朱筆書寫。

〔一一〕此句之『歾息』與上文『歾夕』應爲同一人。

〔一二〕『□□』，《中國古代籍帳研究》《吐蕃子年左二將户狀與所謂『擘三部落』》校補作『婢善』，《〈吐蕃子年（公元八〇八年）沙州百姓氾履倩等户籍手實殘卷〉研究》《敦煌社會經濟文獻真蹟釋録》逕釋作『婢善』。

〔一三〕第一個『□』，《中國古代籍帳研究》《吐蕃子年左二將户狀與所謂『擘三部落』》《〈吐蕃子年（公元八〇八年）沙州百姓氾履倩等户籍手實殘卷〉研究》《敦煌社會經濟文獻真蹟釋録》釋作『婢』。

〔一四〕第二個『十』，《中國古代籍帳研究》《〈吐蕃子年（公元八〇八年）沙州百姓氾履倩等户籍手實殘卷〉研究》釋作『十五』，按底本『十』至『女』之間殘缺。

〔一五〕『男』，《吐蕃子年左二將户狀與所謂『擘三部落』》未能釋讀，《敦煌社會經濟文獻真蹟釋録》漏録；『伽伽』，《敦煌社會經濟文獻真蹟釋録》漏録。

〔一六〕『山』，《〈吐蕃子年（公元八〇八年）沙州百姓氾履倩等户籍手實殘卷〉研究》釋作『已』，《敦煌社會經濟文獻真蹟釋録》漏録；『加』，《敦煌社會經濟文獻真蹟釋録》漏録。

〔一七〕『男龍屯』，《敦煌社會經濟文獻真蹟釋録》漏録。

〔一八〕『户』，《敦煌社會經濟文獻真蹟釋録》據文義校補；『梁』，據文義補，《敦煌社會經濟文獻真蹟釋録》逕釋作『梁』。

〔一九〕『□』，《〈吐蕃子年（公元八〇八年）沙州百姓氾履倩等户籍手實殘卷〉研究》校補作『女』。

〔二〇〕『□』，《〈吐蕃子年（公元八〇八年）沙州百姓氾履倩等户籍手實殘卷〉研究》校補作『午年擘三部』。

〔二一〕『女』，《敦煌社會經濟文獻真蹟釋録》未能釋讀；『出度』，《敦煌遺書總目索引》《敦煌遺書總目索引新編》釋作『死』，誤。

〔二二〕『弁』，《〈吐蕃子年（公元八〇八年）沙州百姓氾履倩等户籍手實殘卷〉研究》釋作『定』。

〔二三〕『榮』，《〈吐蕃子年（公元八〇八年）沙州百姓氾履倩等户籍手實殘卷〉研究》釋作『菜』，《敦煌社會經濟文獻真蹟釋録》釋録於『男沙門』之後，均誤；第一個『娘』，《敦煌社會經濟文獻真蹟釋録》釋録於『男沙門』之後，誤。

〔二四〕『牒』，《〈吐蕃子年（公元八〇八年）沙州百姓氾履倩等户籍手實殘卷〉研究》漏録。

〔二五〕『百姓』，《敦煌社會經濟文獻真蹟釋録》漏録。

〔二六〕『□』，《〈吐蕃子年（公元八〇八年）沙州百姓氾履倩等户籍手實殘卷〉研究》《敦煌社會經濟文獻真蹟釋録》釋作『定』。

參考文獻

Descriptive Catalogue of the Chinese Manuscripts from Tunhuang in the British Museum, The Trustees of the British Museum, London 1957, p. 235；《敦煌寶藏》二七册，臺北：新文豐出版公司，一九八二年，三四二至三四四頁（圖）；《敦煌遺書總目索引》，北京：中華書局，一九八三年，一七六頁（録）；《敦煌學輯刊》一九八六年二期，一九至二〇頁（録）；《一九八三年全國敦煌學術討論會文集（文史・遺書篇）》（上册），蘭州：甘肅人民出版社，一九八七年，一七六至二一八頁（録）；《敦煌社會經濟文獻真蹟釋録》二輯，北京：全國圖書館文獻縮微複製中心，一九九〇年，三七七至三八〇頁；《英藏敦煌文獻》五卷，成都：四川人民出版社，一九九二年，三一至三四頁（圖）；《唐後期五代宋初敦煌僧尼的社會生活》，北京：中國社會科學出版社，一九九八年，一一三頁（録）；《敦煌遺書總目索引新編》，北京：中華書局，二〇〇〇年，一〇〇至一〇一頁（録）；《中國古代籍帳研究》，北京：中華書局，二〇〇七年，三七五至三七八頁（録）。

斯三二八七背　二　雜寫

釋文

丙寅年十一月

説明

以上文字係時人隨手寫於第一件手實和第二件手實之間的空白處。

參考文獻

《敦煌寶藏》二七册，臺北：新文豐出版公司，一九八二年，三四二至三四三頁（圖）；《英藏敦煌文獻》五卷，成都：四川人民出版社，一九九二年，三三頁（圖）。

斯三二八七背　三　汋淚研磨墨詩一首

釋文

汋淚研磨墨，媚（眉）毛作筆使〔一〕。衫衿爲智（紙）候〔二〕，早起一偏言。

説明

此件抄於第三件手實和第四件手實之間空白處。

校記

〔一〕「媚」，當作「眉」，《敦煌詩集殘卷輯考》據文義校改，「媚」爲「眉」之借字。
〔二〕「智」，當作「紙」，據文義改，「智」爲「紙」之借字；「候」，《敦煌詩集殘卷輯考》未能釋讀。

參考文獻

《敦煌寶藏》二七册，臺北：新文豐出版公司，一九八二年，三四三至三四四頁（圖）；《英藏敦煌文獻》五卷，成都：四川人民出版社，一九九二年，三三頁（圖）；《敦煌詩集殘卷輯考》，北京：中華書局，二〇〇〇年，八七七頁（録）。

斯三二八七背　四　雜寫（千字文）

釋文

千字文一卷，勑

説明

以上文字係時人隨手書於第四件手實後的空白處，倒書，其後尚有『送遠還通達詩一首』『王羲之顧書論抄』，前後筆跡一致，係同一人所抄。

參考文獻

《敦煌寶藏》二七册，臺北：新文豐出版公司，一九八二年，三四四頁（圖）；《英藏敦煌文獻》五卷，成都：四川人民出版社，一九九二年，三四頁（圖）。

斯三二八七背　五　送遠還通達詩一首

釋文

送遠還通達，逍遥近道邊。遇逢遐邇過〔一〕，進退速遊連。

説明

此詩又見於北敦一九五七背、台灣中研院傅斯年圖書館藏敦煌遺書四號背。

校記

〔一〕「邇過」，據北敦一九五七背補。

參考文獻

《敦煌寶藏》二七册，臺北：新文豐出版公司，一九八二年，三四四頁（圖）；《英藏敦煌文獻》五卷，成都：四川人民出版社，一九九二年，三四頁（圖）；《國家圖書館藏敦煌遺書》二七册，北京圖書館出版社，二〇〇六年，一九二頁（圖）。

斯三二八七背　　六　王羲之顧書論抄

釋文

尚想黄綺，意相疾於繇年在衰。吾書比之□□鍾當

説明

以上文字書於上件『送遠還通達詩一首』之後。《王羲之顧書論抄》見於此件正面及斯二一四背等。

參考文獻

《敦煌寶藏》二七册，臺北：新文豐出版公司，一九八二年，三四四頁（圖）；《英藏敦煌文獻》五卷，成都：四川人民出版社，一九九二年，三四頁（圖）。

斯三三〇三　大乘無量壽經題記

釋文

張謙逸寫〔一〕。

説明

此件《英藏敦煌文獻》未收，現予增收。

校記

〔一〕『逸』，《敦煌學要籥》《敦煌遺書總目索引》《敦煌遺書總目索引新編》均釋作『益』，誤。

參考文獻

Descriptive Catalogue of the Chinese Manuscripts from Tunhuang in the British Museum, The Trustees of the British Museum, London 1957, p. 146（録）；《敦煌寶藏》二七册，臺北：新文豐出版公司，一九八二年，四四四頁（圖）；《敦煌學要

篇》，臺北：新文豐出版公司，一九八二年，一三〇頁（録）；《敦煌遺書總目索引》，北京：中華書局，一九八三年，一七七頁（録）；《中國古代寫本識語集録》，東京大學東洋文化研究所，一九九〇年，三八九頁（録）；《敦煌遺書總目索引新編》，北京：中華書局，二〇〇〇年，一〇一頁（録）。

斯三三〇三背　大乘無量壽經題記

釋文

張謙逸書。

説明

此件《英藏敦煌文獻》未收，現予增收。

參考文獻

Descriptive Catalogue of the Chinese Manuscripts from Tunhuang in the British Museum, The Trustees of the British Museum, London 1957, p. 146（録）；《敦煌寶藏》二七册，臺北：新文豐出版公司，一九八二年，四四四頁（圖）；《中國古代寫本識語集録》，東京大學東洋文化研究所，一九九〇年，三八九頁（録）。

斯三三〇八　大乘無量壽經題記

釋文

張曜曜寫。

張曜曜寫〔一〕。

説明

此卷接連抄寫兩通《大乘無量壽經》，以上題名分别題寫於每通之後，《英藏敦煌文獻》未收，現予增收。

校記

〔一〕第二個『曜』，《敦煌學要籥》漏録。

參考文獻

Descriptive Catalogue of the Chinese Manuscripts from Tunhuang in the British Museum, The Trustees of the British Museum,

London 1957, pp. 146－147（録）;《敦煌寶藏》二七册，臺北：新文豐出版公司，一九八二年，四八〇、四八三頁（圖）;《敦煌學要籥》，臺北：新文豐出版公司，一九八二年，一三〇頁（録）;《敦煌遺書總目索引》，北京：中華書局，一九八三年，一七七頁（録）;《中國古代寫本識語集録》，東京大學東洋文化研究所，一九九〇年，三八九頁（録）;《敦煌遺書總目索引新編》，北京：中華書局，二〇〇〇年，一〇一頁（録）。

斯三三〇九　大乘無量壽經題記

釋文

孔宣。

説明

此件《英藏敦煌文獻》未收，現予增收。

參考文獻

Descriptive Catalogue of the Chinese Manuscripts from Tunhuang in the British Museum, The Trustees of the British Museum, London 1957, p. 147（録）；《敦煌寶藏》二七册，臺北：新文豐出版公司，一九八二年，四八六頁（圖）；《敦煌學要籥》，臺北：新文豐出版公司，一九八二年，一三〇頁（録）；《敦煌遺書總目索引》，北京：中華書局，一九八三年，一七七頁（録）；《中國古代寫本識語集録》，東京大學東洋文化研究所，一九九〇年，三九三頁（録）；《敦煌遺書總目索引新編》，北京：中華書局，二〇〇〇年，一〇一頁（録）。

斯三三一〇　大乘無量壽經題記

釋文

裴文達。

裴文達。

説明

此卷接連抄寫兩通《大乘無量壽經》，以上題名分別題寫於每通之後，《英藏敦煌文獻》未收，現予增收。

參考文獻

Descriptive Catalogue of the Chinese Manuscripts from Tunhuang in the British Museum, The Trustees of the British Museum, London 1957, p. 147（録）；《敦煌寶藏》二七册，臺北：新文豐出版公司，一九八二年，四八九、四九二頁（圖）；《敦煌學要籥》，臺北：新文豐出版公司，一九八二年，一三〇至一三一頁（録）；《敦煌遺書總目索引》，北京：中華書局，

一九八三年，一七七頁（録）；《中國古代寫本識語集録》，東京大學東洋文化研究所，一九九〇年，三九一頁（録）；《敦煌遺書總目索引新編》，北京：中華書局，二〇〇〇年，一〇一頁（録）。

斯三三二一　　大乘無量壽經題記

釋文

汜華〔一〕。

説明

此件《英藏敦煌文獻》未收，現予增收。

校記

〔一〕「華」，《敦煌學要籥》未能釋讀。

參考文獻

Descriptive Catalogue of the Chinese Manuscripts from Tunhuang in the British Museum, The Trustees of the British Museum, London 1957, p. 147（録）；《敦煌寶藏》二七册，臺北：新文豐出版公司，一九八二年，四九五頁（圖）；《敦煌學要

篇》，臺北：新文豐出版公司，一九八二年，一三一頁（録）；《敦煌遺書總目索引》，北京：中華書局，一九八三年，一七七頁（録）；《中國古代寫本識語集録》，東京大學東洋文化研究所，一九九〇年，三九一頁（録）；《敦煌遺書總目索引新編》，北京：中華書局，二〇〇〇年，一〇一頁（録）。

斯三三一一　大般若波羅蜜多經卷第五二六勘經題記

釋文

兑。

説明

以上文字寫於《大般若波羅蜜多經》卷五二六最後一紙天頭上，表示此紙抄寫有誤，已作廢，可兑換新紙重抄。《英藏敦煌文獻》未收，現予增收。

參考文獻

《敦煌寶藏》二七册，臺北：新文豐出版公司，一九八二年，四九九頁（圖）。

斯三三二三　僧智照等布抄

釋文

（前缺）

一疋卌·尺，又卌三尺，又卌三尺，又卌四尺，又卌二尺，又卌四尺，又卌四尺，又卌一尺六寸，已上計三百卌二尺六寸。又智照下六十尺四寸。杜闍梨下八十尺，惠素卌五尺，以前兩件共計五百廿八尺。欠七疋。

説明

此件首缺尾全，文中首行及第二行數字旁有墨點，應爲點勘符號，『惠素卌五尺』後有絶止符號。《英藏敦煌文獻》擬名爲『僧智照等布抄』，兹從之。《敦煌社會經濟文獻真蹟釋録》認爲其抄寫於公元九世紀，年代不明（參見《敦煌社會經濟文獻真蹟釋録》三輯，三二一頁）。

參考文獻

《敦煌寶藏》二七册，臺北：新文豐出版公司，一九八二年，五四八頁（圖）；《敦煌社會經濟文獻真蹟釋録》三輯，北京：全國圖書館文獻縮微複製中心，一九九〇年，三二一頁（録）；《英藏敦煌文獻》五卷，成都：四川人民出版社，一九九二年，三五頁（圖）。

斯三三二六　一　氣象占

釋文

（前缺）

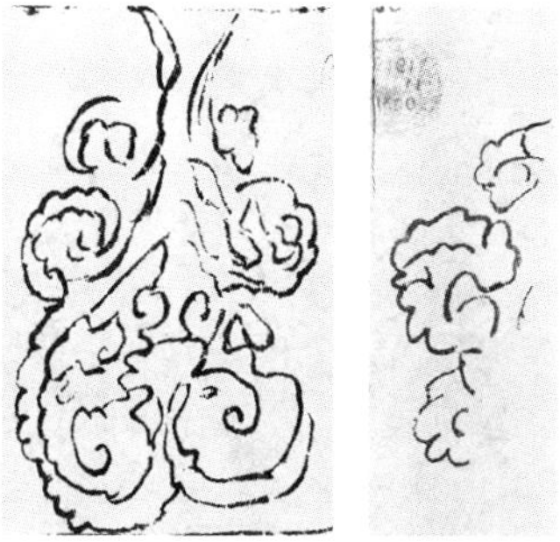

滅□

凡□

滅，此名□

人家□

有之□

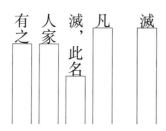

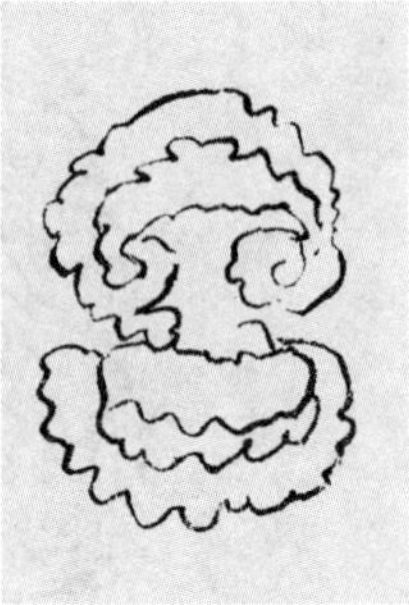

凡
此氣見〔二〕
聖人

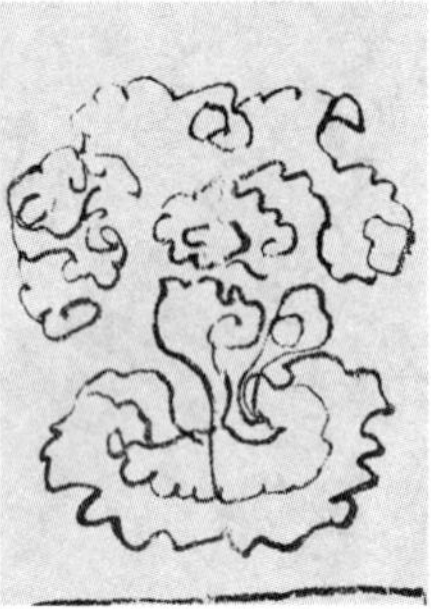

凡人家有〔三〕
傘蓋
不出

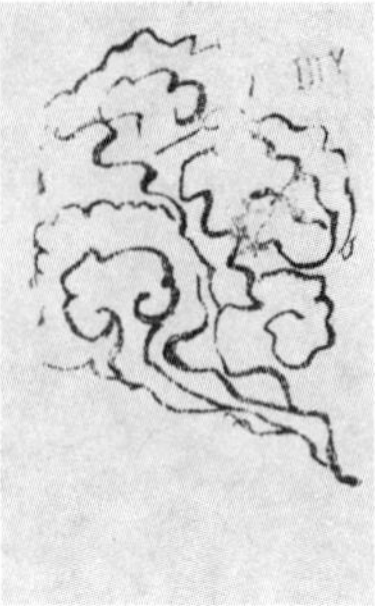

凡人家
白蛇
賊

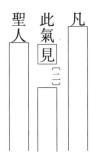

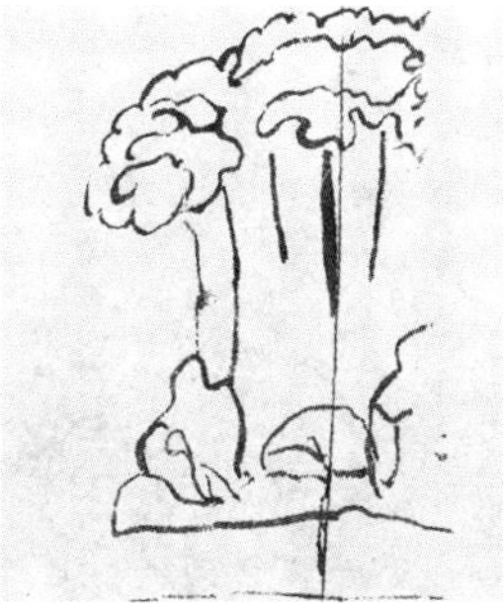

船
有雨
民必

凡戊、己之日夜半，候四方有此雲者，其分野大水，百川決溢。巫咸云：此海精之氣也。海若行其氣，隨之其雲見處，必有大洪水，百川決溢，人民流亡，死者太半，白骨滿溝壑也。

凡村坊郡邑有此氣見者，必有白衣之會也，兵革滿野，流血成河。范曾云：此猛將之氣見，其下必必聚兵也〔四〕。

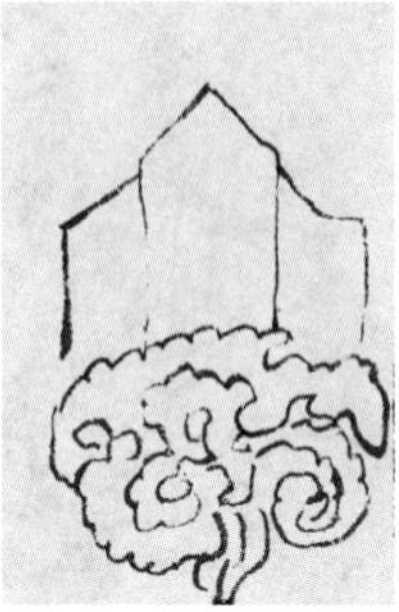

□□□坊邑有此氣見者，不動□□，其下有登九五者。巫咸云：此地必出三公，或有封王也。

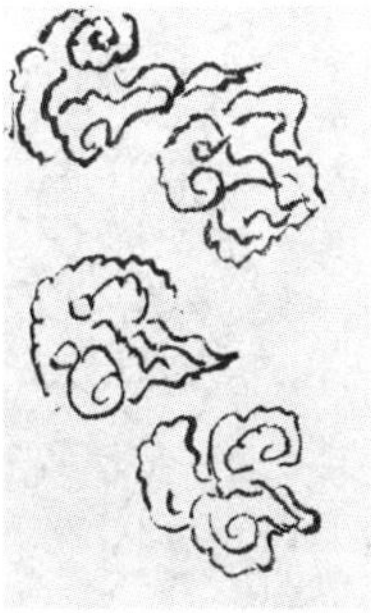

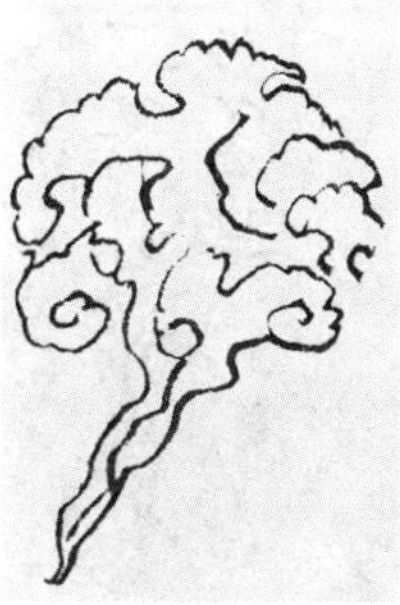

凡人屋舍上五色氣見〔五〕，常在月晦朔日及晨□蓋屋。多青者，死尸之氣也；多赤者，金玉之□□；多黃者，此邑宅有大土功興也；多白者〔六〕，□□有銅鐵也；多黑者，此屋翻爲神舍也。

凡□□有異氣〔七〕，其下必有寶物也。五色占之〔八〕，□□紫色者金銅〔九〕，紅色者玉，璘麒色者□□，黃色者有金寶藏〔一〇〕。掘深不過三丈，淺□過八尺〔一一〕，必獲其寶也。

凡□□中有五色氣見，多青者，龍也。多赤者，千□□釜爲怪也。多黃也者，龍潛其中。多白者，有喪也，汙井。陳平云：其家欲滅門。多黑者，其家被盜賊所煞，期不出一年。

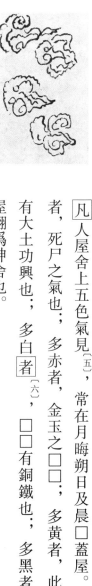

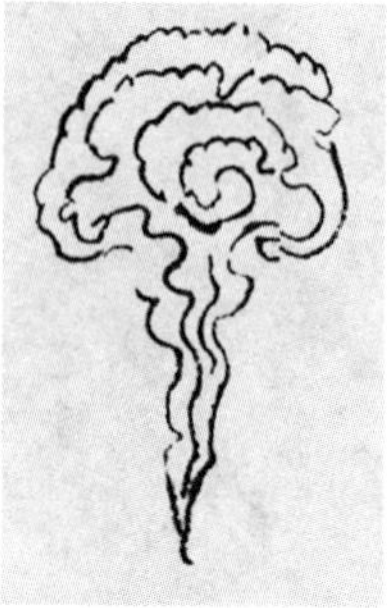

呂不違（韋）云〔一二〕：凡近原阜有氣，如萬丈竿衝天直堅（豎）〔一三〕，黃者，天子之氣也；青赤白黑者，皆主有災變。臣淳風言：凡此，郡邑出公侯。色青者，疫病〔一四〕；白者，有兵起；黑者，邑有盜賊興也。

凡郡邑有氣雜者，以色占之，多青者，三公之氣也；多赤者，太守之氣也；多黃者，一人之氣也；多白者，此下有賢仙士；多黑者，此下有伏龍，不出百日有大水災。

凡庶人宅有白氣見於宅中者，其氣散漫，有病災。色黲黲覆宅者，家有兵死，不然滅門。

凡人家及園中有氣如狼虎騰躍蹲伏者，必出將軍之子及封公侯，不出三年。

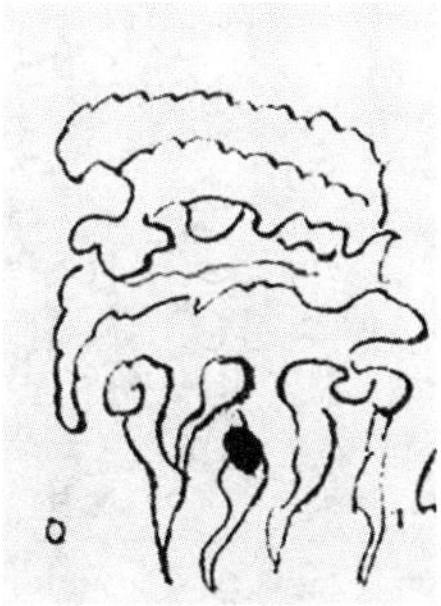

凡人宅行川野有此氣見，赤氣如宸蓋者，其下舊是君王之故墓，必不得衝此氣，三年必死。

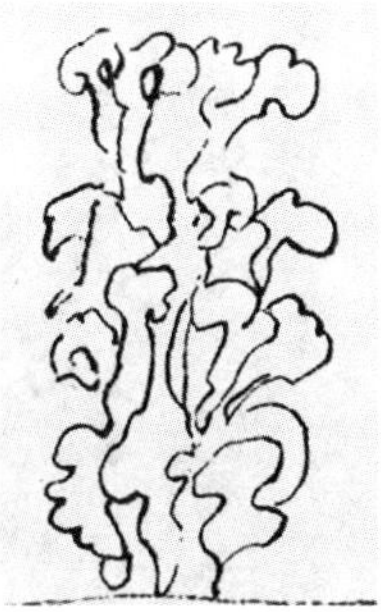

若厚（原）野見有此氣[一五]，狀如樓者，其下必有盈尺玉，深不過三丈，淺不過二丈。

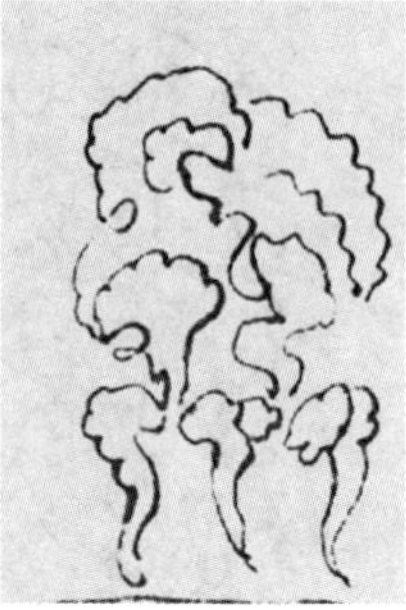

若林木間望見赤氣如藤蔓緣樹者，其蔓氣已見。范曾云：當其所緣下有銅，不然有錢。《墨子》云：有金寶之氣也。

凡行林麓間有白氣及沸出入者，已見。《墨子》〔云〕〔一六〕：其下有玉璧。呂不韋云：下有玉器。陳平云：其下有金也。

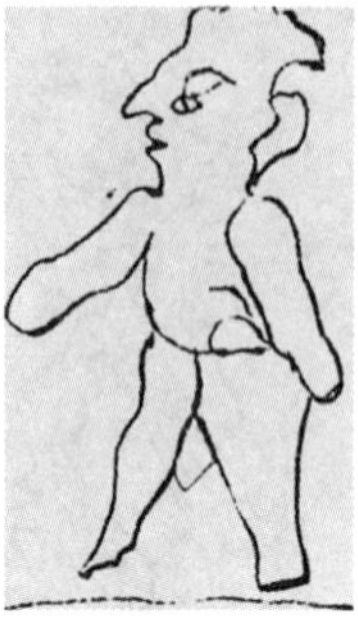

凡人行山見有白氣如人，必不得衝，其氣匳（？）人，人直死，待其日正，其氣即衰，方可掘之，其下必有寶器、異名之物。見陳平同論。

山行見黑氣如偃蓋者，其下有伏流泉，深不過二丈，淺不過八尺，求之必有泉。范曾云：所説其下有不流泉，見《墨子》。

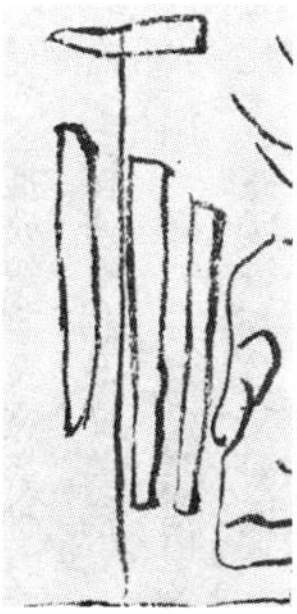

凡人山行，見有白氣如刀劍之狀，其下必有兵器，求之必得也。復見呂不韋。

右已上合氣象有卌八條[一七]，臣曾考有驗，故録之也。未曾占考，不敢輒備入此卷。臣不揆庸寡，見敢緝愚情，掇而録之，具如前件，濫陳階庭，彌加戰越。死罪死罪。謹言。

説明

此卷首缺尾全，接續抄寫氣象占、星圖、電神像及卷題等。

此件首缺尾全，首部三十餘行下半部殘缺，文中『民』字缺筆。所存内容爲氣象占，共存二十五組圖文，每組以上圖下文的形式構成，占文依圖展開。其中前八組氣象圖完整，文字殘缺，後十七組圖文較爲完整。文中有『臣淳風言』字樣，鄧文寬認爲此件與下件『星圖』係一個整體，是唐初天文學家李淳風的作品（參《敦煌本 S. 3326 號星圖新探——文本和歷史學的研究》，《敦煌吐魯番研究》十五卷，五〇〇至五〇三頁）。

校記

〔一〕底本『家』字右下側有一『有』字。
〔二〕『見』，據殘筆劃及文義補。
〔三〕『有』，據殘筆劃及文義補。
〔四〕第二個『必』，據文義係衍文，當删。
〔五〕『凡』，據殘筆劃及文義補。
〔六〕『者』，據殘筆劃及文義補。
〔七〕『凡』，據殘筆劃及文義補。
〔八〕『之』，據殘筆劃及文義補。
〔九〕『紫』，據殘筆劃及文義補。
〔一〇〕『黄』，據殘筆劃及文義補。
〔一一〕『淺』，據殘筆劃及文義補；『過』，據殘筆劃及文義補。
〔一二〕『違』，當作『韋』，據文義改，『違』爲『韋』之借字。

〔一三〕『堅』，當作『豎』，據文義改。

〔一四〕『疫』，《敦煌占卜文書與唐五代占卜研究》（增訂版）釋作『疾』。

〔一五〕『厚』，當作『原』，據文義改。

〔一六〕『云』，據文義補。

〔一七〕『右』，底本原作『古』，按寫本中『古』『右』形近易混，故據文義逕釋。

參考文獻

Descriptive Catalogue of the Chinese Manuscripts from Tunhuang in the British Museum, The Trustees of the British Museum, London 1957, p. 225；《敦煌寶藏》二七册，臺北：新文豐出版公司，一九八二年，五五一至五五三頁（圖）；《敦煌遺書總目索引》，北京：中華書局，一九八三年，一七七頁；《英藏敦煌文獻》五卷，成都：四川人民出版社，一九九二年，三六至三九頁（圖）；《敦煌遺書總目索引新編》，北京：中華書局，二〇〇〇年，一〇一頁；《敦煌吐魯番研究》十五卷，上海古籍出版社，二〇一五年，五〇〇至五〇三頁。

斯三三二六　二　星圖

釋文

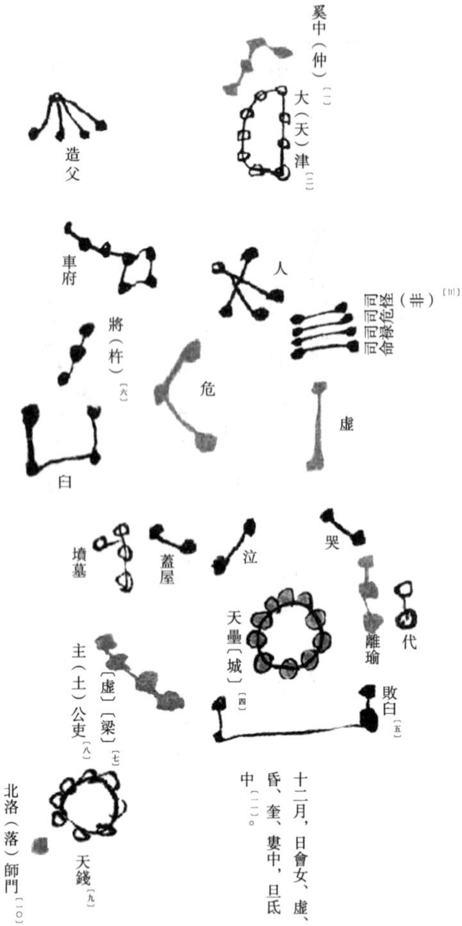

自女八度至危十五度，於辰在子，爲玄枵〔一二〕。玄枵者〔一三〕，黑〔一四〕，北方之色；枵者，耗也。十一月之時，陽氣下降，陰氣上昇，萬物幽死，未有生者，天地空虛，故曰玄枵。齊之分也〔一五〕。

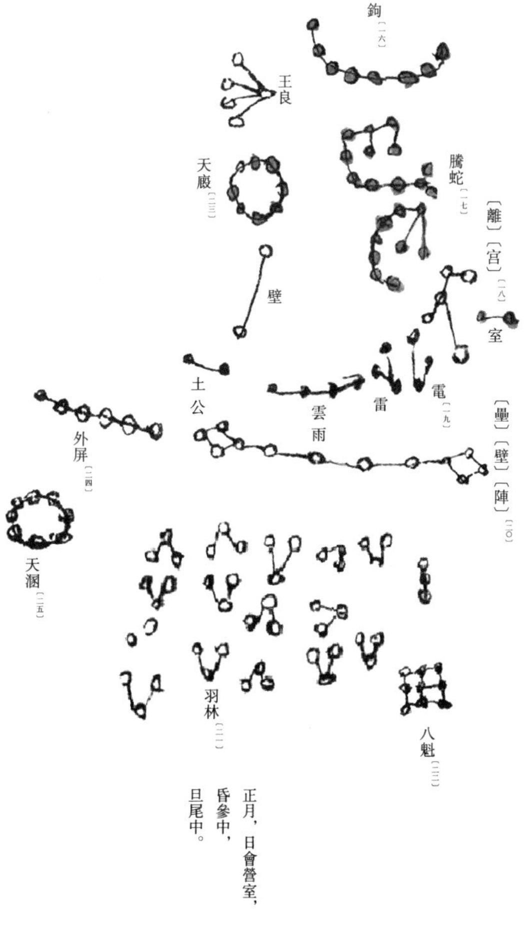

自危十六度至奎四度，於辰在亥，爲諏訾。諏訾者，歎貌〔二六〕。衛之分也〔二七〕。

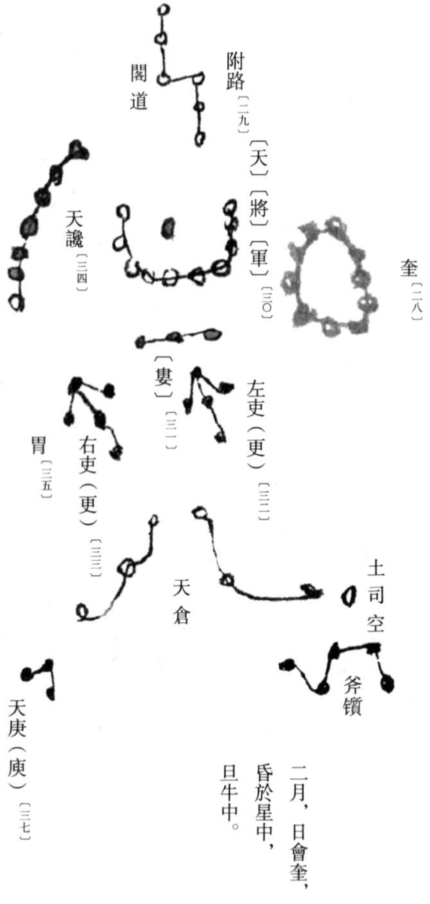

自奎五度至胃六度，於辰在戌，戌爲降婁〔三八〕。魯之分也〔三九〕

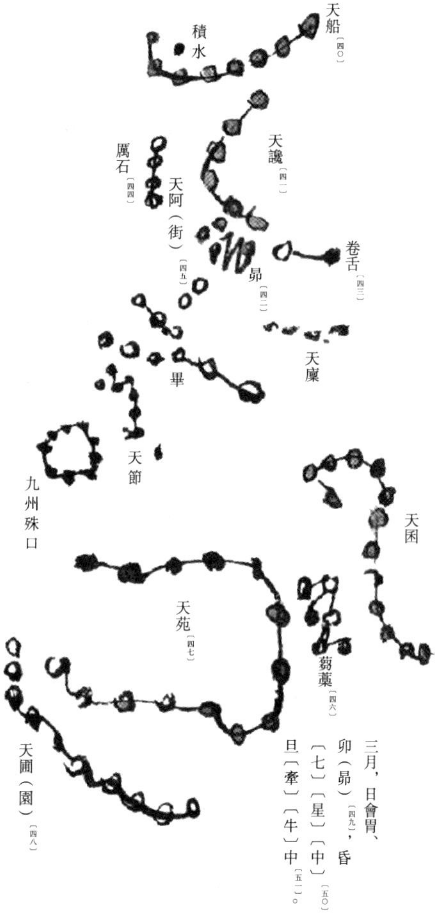

自胃七度至畢十一度，於辰在酉，爲大梁〔五二〕。梁，强也。八月之時，白露始降，萬物於是堅成而强大，故曰大梁。趙之分也〔五三〕。

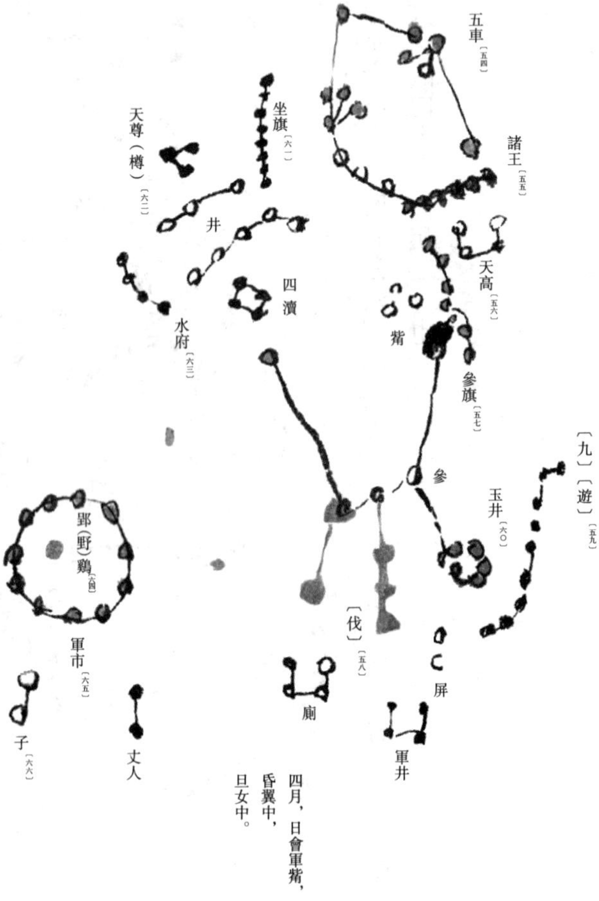

自畢十二度至井十五度，於辰在申，爲實沈。言七月之時，萬物雄盛，陰氣沈重，降實萬物，故曰實沈。魏之分也〔六七〕。

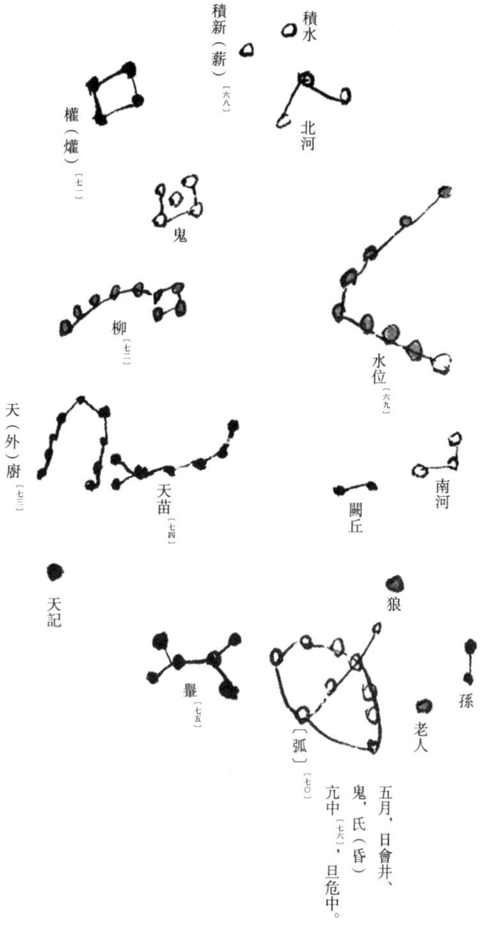

自井十六度至柳八度，於辰在未，爲鶉首。南方七宿，其形象鳥，以（？）井爲冠，以柳爲口。鶉，鳥也；首，頭也，故曰鶉首。秦之分也〔七七〕。

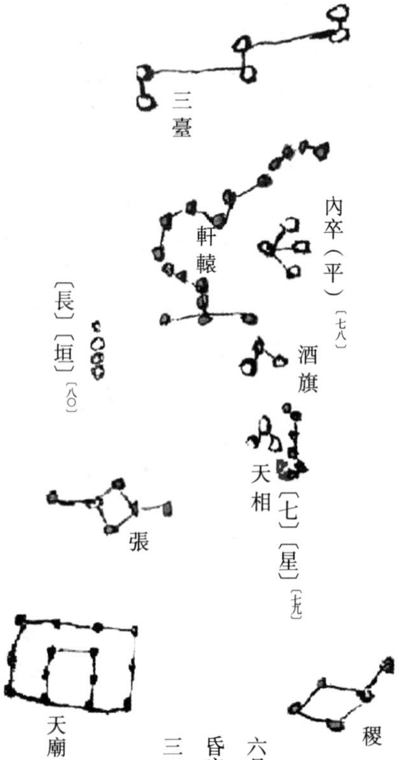

六月，日會星，昏房中，三（旦）奎中〔八二〕。

自柳九度至張十七度，於辰在午，爲鶉火。南方爲火，言五月之時，陽氣始盛，火星昏中，〔在〕七星朱鳥之處〔八三〕，故曰鶉火。周之分也。

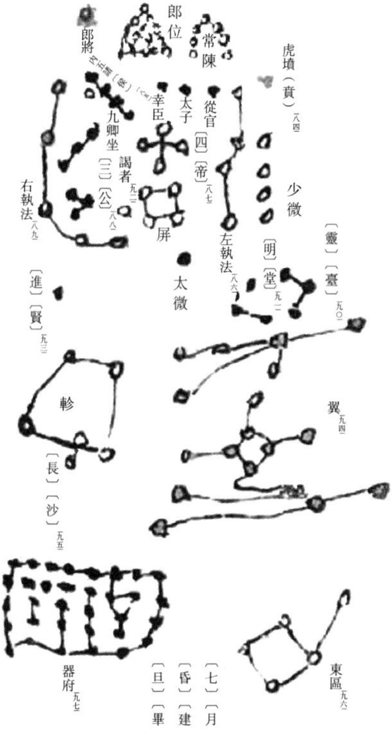

自張十八度至軫〔十〕一度〔一〇二〕，於辰在巳，爲鶉尾。南方朱鳥七宿，以軫爲尾，故曰鶉尾。楚之分也。

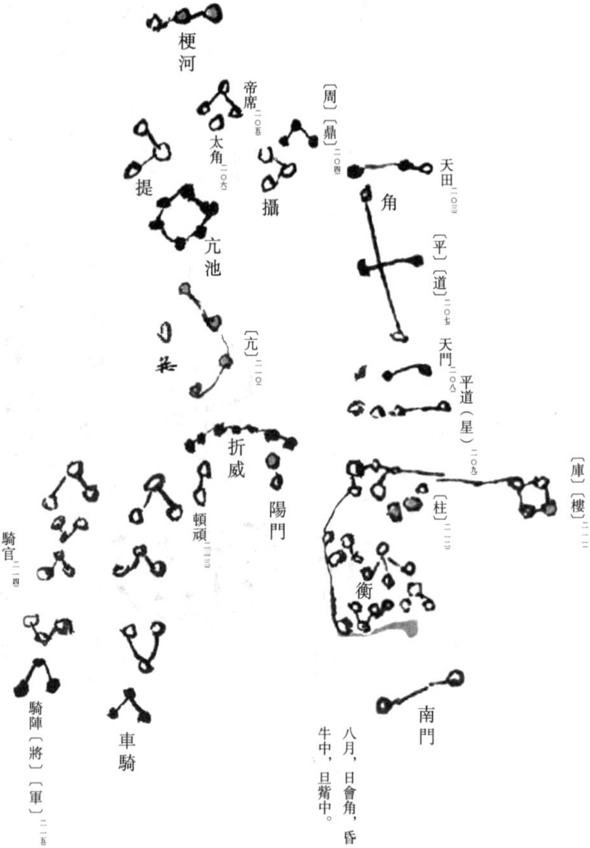

自軫十二度〔至〕〔氐〕〔四〕〔度〕〔二一六〕，於辰〔在〕〔辰〕〔二一七〕，〔爲〕壽星〔二一八〕。

三月之時，萬物始建於地，春氣布養，各盡其性，物不羅夫〔二一九〕，故曰壽星。鄭之分也。

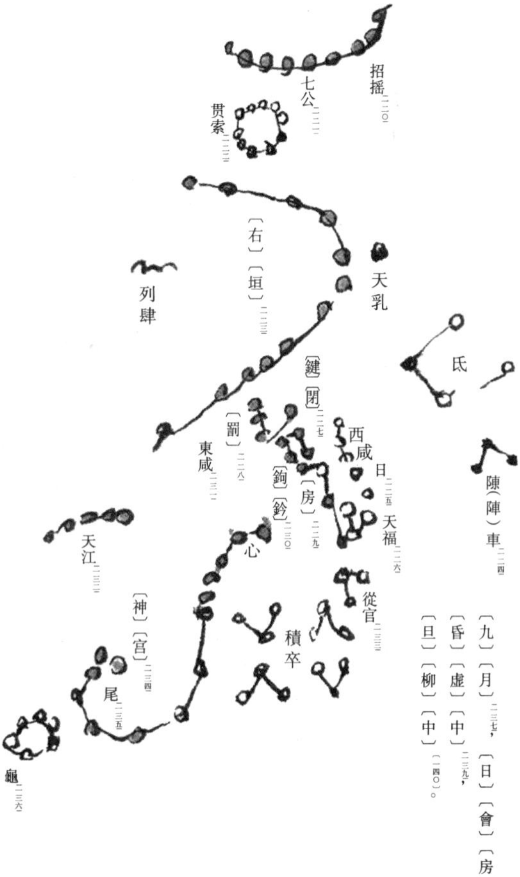

自氐五度至尾九度，於辰在卯，爲大火。東方爲木，心星在卯，火出木心，故言大火。

宋之分也。

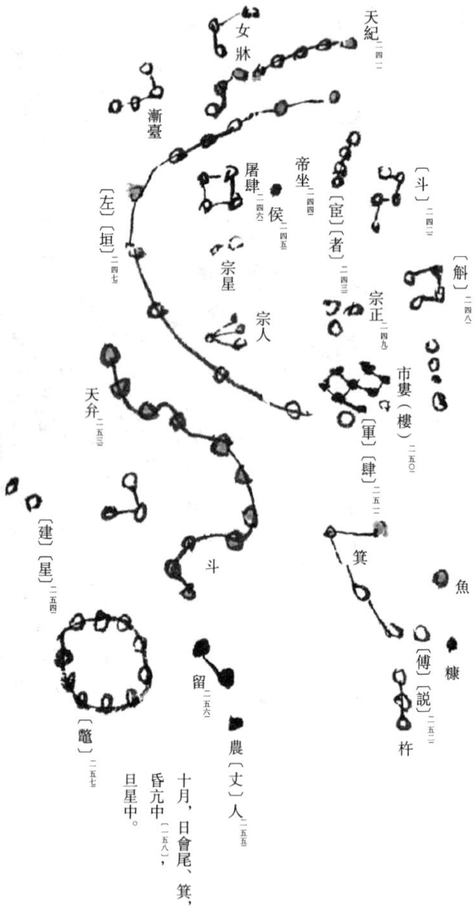

自尾十度至斗十二（一）度〔一五九〕，於辰在寅，爲析木。尾，東方木之（宿）宿（之）末〔一六〇〕；斗、北方水宿之初，次在其間，隔別水、木，故曰析木。燕之分也。

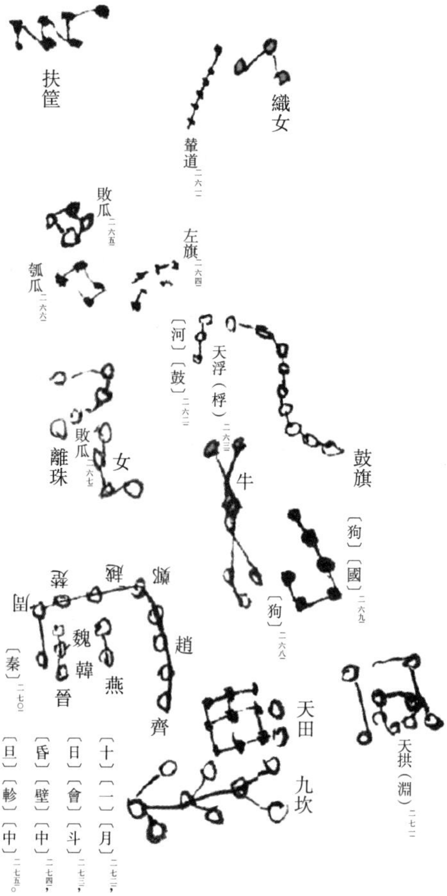

自斗十二度至女七度，於辰在丑，爲星記（紀）[一七六]。星記（紀）者，言統已（紀）萬物之終〔始〕[一七七]，故曰星紀。吳越之分也。

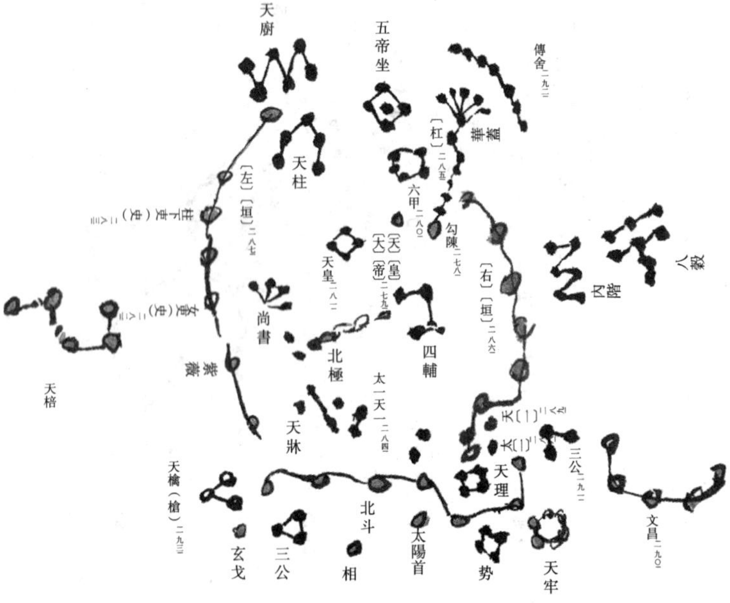
天廚
五帝坐
傳舍
華蓋
〔杠〕
天柱
六甲
勾陳
八穀
內階
〔左〕〔垣〕
柱下吏（史）
天皇
〔天〕〔皇〕〔大〕〔帝〕
〔右〕〔垣〕
尚書
女吏（史）
四輔
北極
紫薇
太一天一
天棓
天牀
天〔一〕
太〔一〕
三公
天理
文昌
天槍（槍）
北斗
太陽首
玄戈
三公
相
勢
天牢

説明

此件首尾完整，其内容爲星圖，共存星數一千三百餘個，多數星圖由朱筆打底，墨筆描繪而成，也有少量星圖全由墨筆或朱筆描繪。此星圖是現存世界上最古老、星數最多的星圖（參看鄧文寬《敦煌天文曆法文獻輯校》，七二頁）。鄧文寬認爲其作者是唐初天文學家李淳風，撰成於公元六二七至六四五年間，是『二十八宿分野圖』（參看《敦煌本 S. 3326 號星圖新探——文本和歷史學的研究》，《敦煌吐魯番研究》十五卷，四九七至五〇四頁）。馬世長認爲此件抄於公元七〇五至七一〇年間（參看《〈敦煌星圖〉的年代》，《一九八三年全國敦煌學術討論會文集·文史·遺書篇上》，三七二頁）。文中『民』字缺末筆，應係避唐諱。

校記

〔一〕『中』，當作『仲』，《敦煌天文曆法文獻輯校》據文義校改，『中』爲『仲』之借字。

〔二〕『大』，當作『天』，《敦煌天文曆法文獻輯校》據文義校改。

〔三〕『恠』，當作『非』，《敦煌天文曆法文獻輯校》據文義校改。

〔四〕『城』，據《晉書·天文志》《隋書·天文志》補。《敦煌天文曆法文獻輯校》認爲原圖應爲十三星。

〔五〕《敦煌天文曆法文獻輯校》認爲底本原圖有誤。

〔六〕『將』，當作『杵』，《敦煌天文曆法文獻輯校》據文義校改。

〔七〕『虚梁』，《敦煌天文曆法文獻輯校》據文義校補。

〔八〕『主』，當作『土』，《敦煌天文曆法文獻輯校》據文義校改。《敦煌天文曆法文獻輯校》認爲底本有名無星，應有二星。

〔九〕《敦煌天文曆法文獻輯校》認爲原圖應有十星。

〔一〇〕『洛』，當作『落』，《敦煌天文曆法文獻輯校》據文義校改，『洛』爲『落』之借字。

〔一一〕『氐』，《敦煌天文曆法文獻輯校》釋作『互』，校改作『氐』，按底本實爲『氐』。

〔一二〕《敦煌天文曆法文獻輯校》在『枵』後校補『也』字。

〔一三〕『枵』，《敦煌天文曆法文獻輯校》認爲係衍文，當删。

〔一四〕《敦煌天文曆法文獻輯校》在『黑』後校補『也』字。

〔一五〕『分』，應爲『分野』之略稱，以下同，不另出校；『也』，《敦煌天文曆法文獻輯校》校改作『野』。

〔一六〕《敦煌天文曆法文獻輯校》認爲底本星圖所存八星實應爲九星。

〔一七〕《敦煌天文曆法文獻輯校》認爲底本星圖所存二一星實應爲二十二星。

〔一八〕『離宫』，《敦煌天文曆法文獻輯校》據文義校補。

〔一九〕《敦煌天文曆法文獻輯校》認爲底本星圖少畫一星。

〔二〇〕『壘壁陣』，《敦煌天文曆法文獻輯校》據文義校補。

〔二一〕《敦煌天文曆法文獻輯校》認爲底本星圖左側無連線二星係多畫出者。

〔二二〕《敦煌天文曆法文獻輯校》認爲底本星圖畫作圓圈，誤。

〔二三〕《敦煌天文曆法文獻輯校》認爲底本星圖實應有十星。

〔二四〕《敦煌天文曆法文獻輯校》認爲底本星圖實應有七星，當畫成黑點。

〔二五〕《敦煌天文曆法文獻輯校》認爲底本星圖實應有七星，當畫成黑點。

〔二六〕《敦煌天文曆法文獻輯校》在『貌』後校補『也』字。

〔二七〕「也」，《敦煌天文曆法文獻輯校》校改作「野」。

〔二八〕「奎」，《敦煌天文曆法文獻輯校》認爲底本星圖畫有一〇星，實應有十六星。

〔二九〕《敦煌天文曆法文獻輯校》認爲底本有名無星。

〔三〇〕「天將軍」，《敦煌天文曆法文獻輯校》據文義校補。

〔三一〕「婁」，《敦煌天文曆法文獻輯校》據文義校補。

〔三二〕「左」，《敦煌天文曆法文獻輯校》認爲當作「右」，按中古視圖方向是上南下北、左東右西，底本星圖書作「左」，應不誤；「吏」，當作「更」，《敦煌天文曆法文獻輯校》據文義校改。

〔三三〕「右」，《敦煌天文曆法文獻輯校》認爲當作「左」，按中古視圖方向是上南下北、左東右西，底本星圖書作「右」，應不誤；「吏」，當作「更」，《敦煌天文曆法文獻輯校》據文義校改。

〔三四〕《敦煌天文曆法文獻輯校》認爲底本有名無星，《敦煌星圖》認爲當作「積尸」。

〔三五〕「胃」，《敦煌天文曆法文獻輯校》認爲底本有名無星，當爲三星。

〔三六〕「卷舌」，當作「大陵」，《敦煌星圖》據文義校改，《敦煌星圖》認爲底本星圖少一星。

〔三七〕「庚」，當作「庾」，《敦煌天文曆法文獻輯校》據文義校改。

〔三八〕「戌」，《敦煌天文曆法文獻輯校》認爲係衍文。

〔三九〕「也」，《敦煌天文曆法文獻輯校》校改作「野」。

〔四〇〕「天船」，《敦煌天文曆法文獻輯校》認爲應有九星。

〔四一〕《敦煌天文曆法文獻輯校》認爲底本有名無星，當爲一星。

〔四二〕《敦煌天文曆法文獻輯校》認爲底本星圖所存八星實應爲七星。

〔四三〕《敦煌天文曆法文獻輯校》認爲底本星圖有七星，當爲六星，右側黑點有星無名，是「天阿星」。

〔四四〕《敦煌天文曆法文獻輯校》認爲底本星圖當畫成黑點。
〔四五〕「阿」，當作「街」，《敦煌天文曆法文獻輯校》據文義校改。
〔四六〕《敦煌天文曆法文獻輯校》認爲底本星圖當畫成黑點。
〔四七〕《敦煌天文曆法文獻輯校》認爲底本星圖實應爲一六星，均當畫成圓圈。
〔四八〕「圃」，當作「園」，據《晉書・天文志》《隋書・天文志》《開元占經》改。《敦煌天文曆法文獻輯校》認爲底本星圖當畫成黑點。
〔四九〕「卯」，當作「昴」，《敦煌天文曆法文獻輯校》據文義校改，「卯」爲「昴」之借字。
〔五〇〕「七星中」，據《禮記・月令》校補。
〔五一〕「牽牛」，據《禮記・月令》校補。
〔五二〕「梁」，底本原作「樑」，《敦煌天文曆法文獻輯校》釋作「樑」，校改作「梁」，按「樑」爲「梁」之俗字。以下同，不另出校。
〔五三〕「也」，《敦煌天文曆法文獻輯校》校改作「野」。
〔五四〕《敦煌天文曆法文獻輯校》認爲「五車」本五星，底本星圖有一三星，當包括三柱在内。
〔五五〕《敦煌天文曆法文獻輯校》認爲底本星圖當畫成黑點。
〔五六〕《敦煌天文曆法文獻輯校》認爲底本星圖當畫成黑點。
〔五七〕《敦煌天文曆法文獻輯校》認爲底本星圖少三星。
〔五八〕「伐」，《敦煌天文曆法文獻輯校》據文義校補。
〔五九〕「九遊」，《敦煌天文曆法文獻輯校》據文義校補。
〔六〇〕《敦煌天文曆法文獻輯校》認爲底本星圖多畫一星。

〔六一〕《敦煌天文曆法文獻輯校》認爲底本星圖繪有八星，實應有九星。
〔六二〕『尊』，當作『樽』，《敦煌天文曆法文獻輯校》據文義校改，『尊』爲『樽』之借字。
〔六三〕《敦煌天文曆法文獻輯校》認爲底本星圖均當畫成黑點。
〔六四〕『郢』，當作『野』，《敦煌天文曆法文獻輯校》據文義校改。
〔六五〕《敦煌天文曆法文獻輯校》認爲底本星圖所存一一星實應爲十三星。
〔六六〕《敦煌天文曆法文獻輯校》認爲底本星圖均當畫成黑點。
〔六七〕『也』，《敦煌天文曆法文獻輯校》校改作『野』。
〔六八〕『新』，當作『薪』，《敦煌天文曆法文獻輯校》據文義校改，『新』爲『薪』之借字。
〔六九〕《敦煌天文曆法文獻輯校》認爲底本星圖有九星，本應爲四星。
〔七〇〕『弧』，據《晉書·天文志》《隋書·天文志》《開元占經》補。《敦煌天文曆法文獻輯校》認爲中間一星爲多畫出的星。
〔七一〕『權』，當作『爟』，《敦煌天文曆法文獻輯校》據文義校改。
〔七二〕《敦煌天文曆法文獻輯校》認爲底本星圖所存九星實應爲八星。
〔七三〕『天』，當作『外』，《敦煌天文曆法文獻輯校》據文義校改，且認爲底本星圖所存九星實應爲六星。
〔七四〕《敦煌星圖》認爲此星在其他書上和圖上均無。
〔七五〕《敦煌星圖》認爲此星在其他星圖上爲『天狗』，《敦煌天文曆法文獻輯校》認爲『天狗』爲七星，底本星圖存有六星。
〔七六〕『氏』，當作『昏』，《敦煌天文曆法文獻輯校》據文義校改。
〔七七〕『也』，《敦煌天文曆法文獻輯校》校改作『野』。以下同，不另出校。

〔七八〕『卒』，當作『平』，據文義改，《敦煌天文曆法文獻輯校》逕釋作『平』。《敦煌天文曆法文獻輯校》認爲底本星圖均當畫成黑點。
〔七九〕『七星』，《敦煌星圖》據文義校補。
〔八〇〕『長垣』，《敦煌星圖》據文義校補。
〔八一〕《敦煌天文曆法文獻輯校》認爲底本星圖均當畫成黑點。
〔八二〕『三』，當作『旦』，《敦煌天文曆法文獻輯校》據文義校改。
〔八三〕『在』，據《乙巳占》《開元占經》補。
〔八四〕『墳』，當作『賁』，《敦煌天文曆法文獻輯校》據文義校改，『墳』爲『賁』之借字。
〔八五〕『侯』，《敦煌天文曆法文獻輯校》據文義校補。
〔八六〕『左』，《敦煌天文曆法文獻輯校》認爲當作『右』。
〔八七〕『四帝』，《敦煌天文曆法文獻輯校》據文義校補。
〔八八〕『三公』，《敦煌星圖》據文義校補。
〔八九〕『右』，《敦煌天文曆法文獻輯校》認爲當作『左』。
〔九〇〕『靈臺』，《敦煌星圖》據文義校補。
〔九一〕『明堂』，《敦煌星圖》據文義校補。
〔九二〕《敦煌天文曆法文獻輯校》認爲底本星圖當畫成黑點。
〔九三〕『進賢』，《敦煌天文曆法文獻輯校》據文義校補。
〔九四〕《敦煌天文曆法文獻輯校》認爲底本星圖所存一九星實應爲二十二星。
〔九五〕『長沙』，《敦煌星圖》據文義校補。《敦煌天文曆法文獻輯校》認爲底本星圖所存二星實應爲一星。

〔九六〕《敦煌天文曆法文獻輯校》認爲底本星圖當畫成黑點。
〔九七〕《敦煌天文曆法文獻輯校》認爲底本星圖所存三十三星實應爲三十二星。
〔九八〕『七月』，據《禮記·月令》及文例補。
〔九九〕『日會翼』，據《禮記·月令》及文例補。
〔一〇〇〕『昏建星中』，據《禮記·月令》及文例補。
〔一〇一〕『旦畢中』，據《禮記·月令》及文例補。
〔一〇二〕『十』，據《晉書·天文志》《乙巳占》《開元占經》補。
〔一〇三〕《敦煌天文曆法文獻輯校》認爲底本星圖所存三星實黑點者是『天田』，圓圈或係誤畫。
〔一〇四〕『周鼎』，《敦煌星圖》據文義校補。
〔一〇五〕《敦煌天文曆法文獻輯校》認爲底本星圖均當畫成黑點。
〔一〇六〕『太』，《敦煌天文曆法文獻輯校》校改作『大』。
〔一〇七〕『平道』，《敦煌星圖》據文義校補。
〔一〇八〕《敦煌天文曆法文獻輯校》認爲底本星圖所存三星實應爲二星。
〔一〇九〕『道』，當作『星』，《敦煌天文曆法文獻輯校》據文義校改，且認爲底本星圖所存四星實應爲二星。
〔一一〇〕『亢』，《敦煌星圖》據文義校補。
〔一一一〕『庫樓』，《敦煌星圖》據文義校補。
〔一一二〕『柱』，《敦煌星圖》據文義校補。
〔一一三〕『頓』，《敦煌天文曆法文獻輯校》釋作『瑣』，校改作『頓』，按底本實爲『頓』。
〔一一四〕《敦煌天文曆法文獻輯校》認爲底本星圖所存二十一星實應爲二十七星。

〔一一五〕「將軍」，據《晉書·天文志》《隋書·天文志》《開元占經》補。

〔一一六〕「至氐四度」，據《晉書·天文志》《乙巳占》《開元占經》補。

〔一一七〕「在辰」，據《乙巳占》《開元占經》補。

〔一一八〕「爲」，據《乙巳占》《開元占經》補。

〔一一九〕「物」，《敦煌天文曆法文獻輯校》認爲係衍文。

〔一二〇〕「招摇」，底本星圖有名無星，當爲一星。

〔一二一〕《敦煌天文曆法文獻輯校》認爲底本星圖所存九星實應爲七星。

〔一二二〕「貫索」，《敦煌天文曆法文獻輯校》認爲底本星圖所存十星實應爲九星。

〔一二三〕「右垣」，《敦煌天文曆法文獻輯校》據文義校補，認爲底本星圖所存十二星實應爲十一星。

〔一二四〕「陳」，當作「陣」，《敦煌天文曆法文獻輯校》據文義校改。

〔一二五〕《敦煌天文曆法文獻輯校》認爲底本星圖當畫成黑點。

〔一二六〕《敦煌天文曆法文獻輯校》認爲底本星圖所存三星實應爲二星。

〔一二七〕「鍵閉」，《敦煌星圖》據文義校補，《敦煌天文曆法文獻輯校》認爲底本該星與左側「罰」星誤連在一起。

〔一二八〕「罰」，《敦煌星圖》據文義校補。

〔一二九〕「房」，《敦煌星圖》據文義校補。

〔一三〇〕「鉤鈐」，《敦煌星圖》據文義校補。

〔一三一〕底本所存四星原在下一幅圖「市婁（樓）」右側。

〔一三二〕《敦煌天文曆法文獻輯校》認爲底本星圖所存五星實應爲四星。

〔一三三〕《敦煌天文曆法文獻輯校》認爲底本星圖所存三星實應爲二星。

〔一三四〕「神宫」，《敦煌星圖》據文義校補。
〔一三五〕《敦煌天文曆法文獻輯校》認爲底本星圖所存一〇星實應爲九星。
〔一三六〕《敦煌天文曆法文獻輯校》認爲底本星圖所存六星實應爲五星。
〔一三七〕「九月」，《敦煌天文曆法文獻輯校》據文義校補。
〔一三八〕「日會房」，《敦煌天文曆法文獻輯校》據文義校補。
〔一三九〕「昏虚中」，《敦煌天文曆法文獻輯校》據文義校補。
〔一四〇〕「旦柳中」，《敦煌天文曆法文獻輯校》據文義校補。
〔一四一〕《敦煌天文曆法文獻輯校》認爲底本星圖所存八星實應爲九星。
〔一四二〕「斗」，《敦煌星圖》據文義校補。
〔一四三〕「宦者」，《敦煌星圖》據文義校補。
〔一四四〕「帝坐」，底本有名無星。
〔一四五〕《敦煌天文曆法文獻輯校》認爲底本星圖應畫成圓圈。
〔一四六〕《敦煌星圖》認爲底本所存四星還包括了「帛度」二星。
〔一四七〕「左垣」，《敦煌天文曆法文獻輯校》據文義校補。
〔一四八〕「斛」，《敦煌星圖》據文義校補，《敦煌天文曆法文獻輯校》認爲底本星圖應畫成黑點。
〔一四九〕《敦煌天文曆法文獻輯校》認爲底本星圖所存三星實應爲二星。
〔一五〇〕「婁」，當作「樓」，《敦煌天文曆法文獻輯校》據文義校改，「婁」爲「樓」之借字，《敦煌天文曆法文獻輯校》認爲底本星圖所存八星實應爲六星。
〔一五一〕「軍肆」，《敦煌星圖》據文義校補。

〔一五二〕『傳説』，據《晉書·天文志》《隋書·天文志》、《開元占經》補。
〔一五三〕《敦煌天文曆法文獻輯校》認爲底本星圖所存五星實應爲九星。
〔一五四〕『建星』，《敦煌星圖》據文義校補。
〔一五五〕『丈』，據《晉書·天文志》《隋書·天文志》《開元占經》補。
〔一五六〕『留』，《敦煌星圖》《敦煌天文曆法文獻輯校》釋作『由』，《敦煌星圖》认爲該星在其他星圖上無。
〔一五七〕『鼈』，《敦煌星圖》據文義校補。
〔一五八〕『亢』，《敦煌星圖》認爲當作『危』。
〔一五九〕『二』，當作『一』，《敦煌天文曆法文獻輯校》據文義校改。
〔一六〇〕『之宿』，當作『宿之』，據《乙巳占》、《開元占經》改。
〔一六一〕《敦煌天文曆法文獻輯校》認爲底本星圖所存六星實應爲五星。
〔一六二〕『河鼓』，《敦煌星圖》據文義校補。
〔一六三〕『浮』，當作『桴』，《敦煌天文曆法文獻輯校》據文義校改，『浮』爲『桴』之借字。底本有名無星。
〔一六四〕《敦煌天文曆法文獻輯校》認爲底本星圖所存七星實應爲九星。
〔一六五〕《敦煌天文曆法文獻輯校》認爲底本星圖所存四星實應爲五星，均當畫成黑點。
〔一六六〕《敦煌天文曆法文獻輯校》認爲底本星圖所存四星實應爲五星，均當畫成圓圈。
〔一六七〕『敗瓜』，《敦煌天文曆法文獻輯校》漏録，據文義係衍文，當删。
〔一六八〕『狗』，《敦煌星圖》據文義校補。
〔一六九〕『狗國』，《敦煌星圖》據文義校補。
〔一七〇〕『秦』，《敦煌天文曆法文獻輯校》據文義校補，認爲底本星圖部分名稱排布有誤。

〔一七一〕『拱』，當作『淵』，據文義改，《敦煌天文曆法文獻輯校》逕釋作『淵』。《敦煌天文曆法文獻輯校》認爲底本星圖所存九星實應爲一〇星。
〔一七二〕『十一月』，據《禮記·月令》及文例補。
〔一七三〕『日會斗』，據《禮記·月令》及文例補。
〔一七四〕『昏壁中』，據《禮記·月令》及文例補。
〔一七五〕『旦軫中』，據《禮記·月令》及文例補。
〔一七六〕『記』，當作『紀』，《敦煌天文曆法文獻輯校》據文義校改，『記』爲『紀』之借字。以下同，不另出校。
〔一七七〕『已』，當作『紀』，『已』爲『紀』之借字；『始』，據《乙巳占》《開元占經》校補。
〔一七八〕《敦煌天文曆法文獻輯校》認爲底本星圖所存一星實應爲六星。
〔一七九〕『天皇大帝』，《敦煌天文曆法文獻輯校》據文義校補。
〔一八〇〕《敦煌天文曆法文獻輯校》認爲底本星圖所存五星實應爲六星。
〔一八一〕《敦煌天文曆法文獻輯校》認爲底本星圖名稱當是『女御宫』。
〔一八二〕『吏』，當作『史』，《敦煌天文曆法文獻輯校》據文義校改，按底本有名無星。
〔一八三〕『吏』，當作『史』，《敦煌天文曆法文獻輯校》據文義校改，按底本有名無星。
〔一八四〕『太一天一』，《敦煌天文曆法文獻輯校》認爲當作『陰德』。
〔一八五〕『杠』，《敦煌天文曆法文獻輯校》據文義校補。《敦煌天文曆法文獻輯校》認爲底本星圖所存六星實應爲九星。
〔一八六〕『右垣』，《敦煌天文曆法文獻輯校》據文義校補。《敦煌天文曆法文獻輯校》認爲底本星圖所存八星實應爲七星。
〔一八七〕『左垣』，《敦煌天文曆法文獻輯校》據文義校補。《敦煌天文曆法文獻輯校》認爲底本星圖所存八星實應爲七星。

〔一八八〕『二』，《敦煌天文曆法文獻輯校》據文義校補。

〔一八九〕『一』，《敦煌天文曆法文獻輯校》據文義校補。

〔一九〇〕《敦煌天文曆法文獻輯校》認爲底本星圖所存五星實應爲六星。

〔一九一〕《敦煌天文曆法文獻輯校》認爲底本星圖誤畫成黑點。

〔一九二〕《敦煌天文曆法文獻輯校》認爲底本星圖所存七星實應爲九星。

〔一九三〕『檜』，當作『槍』，據文義改，《敦煌天文曆法文獻輯校》逕釋作『槍』。

參考文獻

Descriptive Catalogue of the Chinese Manuscripts from Tunhuang in the British Museum, The Trustees of the British Museum, London 1957, p. 225；《文物》一九六六年三期，二七至三八頁；《中國天文學史》（上册），上海人民出版社，一九八〇年，三〇〇至三〇四頁；《中國古代天文文物圖集》，北京：文物出版社，一九八〇年，六二至六四（圖）、一二〇頁；《敦煌寶藏》二七册，臺北：新文豐出版公司，一九八二年，五五三至五五六頁（圖）；《敦煌遺書總目索引》，北京：中華書局，一九八三年，一七七頁；《一九八三年全國敦煌學術討論會文集（文史・遺書編）》（上册），蘭州：甘肅人民出版社，一九八七年，三六七至三七二頁；《文史知識・敦煌學專號》一九八八年八期，四八至五三頁；《中國古代天文文物論集》，北京：文物出版社，一九八九年，一九五至一九八頁；《英藏敦煌文獻》五卷，成都：四川人民出版社，一九九二年，三九至四三頁（圖）；《敦煌天文曆法文獻輯校》，南京：江蘇古籍出版社，一九九六年，五八至九三頁（録）；《敦煌遺書總目索引新編》，北京：中華書局，二〇〇〇年，一〇一頁；《敦煌學十八講》，北京大學出版社，二

○○一年，二九四至二九五頁；《敦煌吐魯番天文曆法研究》，蘭州：甘肅教育出版社，二○○二年，五至六、二五至三七頁；《敦煌吐魯番研究》九卷，北京：中華書局，二○○六年，四一一至四一四頁；《敦煌吐魯番研究》十五卷，上海古籍出版社，二○一五年，四九七至五○四頁。

斯三三二六　三　電神像

釋文

電神

説明

此件圖像前有『電神』二字，《英藏敦煌文獻》據以擬名爲『電神像』，兹從之。

參考文獻

Descriptive Catalogue of the Chinese Manuscripts from Tunhuang in the British Museum, The Trustees of the British Museum, London 1957, p. 225；《敦煌寶藏》二七册，臺北：新文豐出版公司，一九八二年，五五六頁（圖）；《英藏敦煌文獻》五卷，成都：四川人民出版社，一九九二年，四三頁（圖）。

斯三三二六　四　卷題（其解夢及電經一卷）

釋文

其解夢及電經一卷　　　氾

説明

以上文字書寫於卷末，《英藏敦煌文獻》擬名爲『雜寫』，從書法看不像雜寫，似爲卷題，但此題與其前之内容不符。因其後尚有空白，或者是抄寫人在抄下卷題後並未接續抄寫具體内容。卷題下地脚處書有『氾』字，或者此卷之抄寫者爲敦煌氾氏。

參考文獻

Descriptive Catalogue of the Chinese Manuscripts from Tunhuang in the British Museum, The Trustees of the British Museum, London 1957, p. 225；《敦煌寶藏》二七册，臺北：新文豐出版公司，一九八二年，五五六頁（圖）；《敦煌遺書總目索引》，北京：中華書局，一九八三年，一七七頁；《英藏敦煌文獻》五卷，成都：四川人民出版社，一九九二年，四三頁（圖）；《敦煌遺書總目索引新編》，北京：中華書局，二〇〇〇年，一〇一頁。

斯六一六一A＋斯三三二九＋斯一一五六四＋斯六一六一B＋斯六九七三＋伯二七六二　勑河西節度兵部尚書張公功德記抄

釋文

（前缺）

積疊〔一〕，河洛沸騰，十□脈，併南蕃之化；城□撫納降和，遠通盟誓〔二〕，□離□産〔三〕，自定（？）桑田〔四〕。賜部落之名，占行軍之額。由是形遵辮髮，體美織皮，左衽束身，垂肱跪膝。祖宗銜怨，含恨百年。未遇高風，申屈無路。

其叔故前河西節度，諱某乙。俠少奇毛，龍驤虎步，論兵講劍，藴習武經。得孫吴白起之精〔五〕，見韜鈐之骨髓。上明乾像〔六〕，下達坤形。覘熒或（惑）而芒衰〔七〕，知吐蕃之運盡。誓心歸　國，決意無疑。盤桓臥龍，臥龍者，蜀將諸葛亮也，字孔明，能行兵，時人號曰臥龍是也。候時而起。孔明既遇蜀王劉備，其時方起也。率貔貅之衆，貔貅者，即勇猛將士名曰貔貅也。募敢死之師，敢死之師者，即秦王苻堅敗亡之後，苻弘匡佐王業，募得勇猛將士，脊背上皆書『敢死』之字。俱懷合轍之歡，引陣雲而野戰。既得軍勢，而引士卒，合於野戰。六甲運孤虚之術〔八〕，三宫顯天一之神。九宫子爲天一。呑陳平之六奇，前漢劉季之將〔九〕，上六奇策以破楚項宇

（羽）〔一〇〕。啓武侯之八陣。諸葛武侯能用八般陣法，天下傳名。縱燒牛之策，田單者，齊國之將也，守即墨之城，收城中，得千頭牛，嚾（灌）脂束葦於牛尾上〔一一〕，以火爇之，七千將士夜縱牛奔突〔一二〕，齊軍大破之〔一三〕，復齊七十餘（？）城〔一四〕。破吐蕃之圍。白刃交鋒，横屍遍野，殘燼星散，霧卷南奔。敦煌、晉昌收復已訖，時當大中二載。題牋脩表，紆道馳函，沙州既破吐蕃，大中二年，遂差押牙高進達等，馳表函入長安城，已（以）獻天子〔一五〕。上達　天聞。皇明披覽，
龍顔歎曰：『關西出將，豈虚也哉！』百辟歡呼，抃舞稱賀。表達天庭，大中大悦，歎曰：『關西出將。』將者，即祁連古往出於名將，盧思道之輩是也。便降馹騎，馹騎者，即驛馬傳遞是也。使送河西旌節，賞賚功勳，慰諭邊庭收復之事，授兵部尚書萬户侯。圖謀得勢，轉益雄豪。次屠張掖、酒泉，攻城野戰，不逾星歲，克獲兩州。再奏　天階，依前封賜，加授左僕射。官高二品，日下傳芳，史策收功，名編上將。姑臧雖衆，姑臧者，涼州郡縣名。勍寇堅營，勍寇者，强壯之賊兵是也。忽見神兵，動地而至，無心掉戰，有意逃形，奔投星宿嶺南，苟偷生於海畔。我軍乘勝逼逐，虜群畜以川量；掠其郊野，兵糧足而有剩；生擒數百，使乞命於戈前；魁首斬腰，殭屍染於蓁莽。良圖既遂，攄祖父之沈冤。西盡伊吾，東接靈武，得地四千餘里，户口百萬之家，六郡山河，宛然而舊。修文獻捷，萬乘忻歡，讚美功臣，良增驚歎。便馳星使，重賜功勳；甲士春冬〔一六〕，例沾衣賜。轉授檢校司空，食實封二百户。事有進退，未可安然，須拜　龍顔，束身歸闕。朝廷偏寵〔一七〕，官授　司徒，職列金吾，位兼　神武。司徒自到京師，官高一品，兼授左神武統軍，朝廷偏獎也〔一八〕。宣陽賜宅，廪實九年之儲；司徒宅在左街宣陽坊，天子所賜糧料，可支持九年之實。錫壤千畦，地守義川之分。錫者，賜也。義谷川有莊，價直百千萬貫。忽遘懸蛇之疾，忽遘懸蛇之疾者，《事林》云：『古有人，銜熱歸家，房中飲水，水既入口，乃見盌中有蛇〔一九〕，和水入喉，因而得病。後有友人固（因）

來問疾〔二〇〕，見病者房中壁上有一張弓，懸在壁牙。乃索水一盌〔二一〕，過與病人曰〔二二〕：「可飲之。」病者乃飲，即見盌中有蛇。友人曰：「此蛇是否？」病者曰：「是也。」「君可視壁上弓，願（原）來入盌〔二三〕，非是蛇也。」』行樂往來（而）悲來〔二四〕；俄驚夢奠之災，則孔夫子得夢奠之兆，染疾而終，七十有四。諒有時而無命。春秋七十有四，壽終於長安萬年縣宣陽坊之私第也〔二五〕。 詔贈太保，敕葬於素滻南原之禮。滻水在長安東南，以（與）渭河相連〔二六〕。

皇考諱議潭，前沙州刺史、金紫光祿大夫、檢校鴻臚大卿、守左散騎常侍、賜紫金魚袋。入陪 龍鼎，出將虎牙，武定文經，語昭清史。龍鼎者，大唐實鼎是也。其鼎九枚〔二七〕，在 天子大殿之前，非重臣不得見也。虎牙者，節度使之策名也。文經天地，武定禍亂。推夷、齊之讓，夷、齊者，遼東孤竹君之子，父死讓位與同母弟，而來歸周，遇武王罰桀（紂）〔二八〕。百（伯）夷〔二九〕、叔齊攔馬諫曰〔三〇〕：『爲臣伐君，豈可得乎？』武王怒，欲煞之，呂尚諫，獲免。乃入首陽山，苛（荷）衣食木實〔三一〕。周人入山採樵，偶見二子，曰：『汝何人也？』叔齊曰：『我遼東人也，父死讓位與弟，故來歸周。武王爲臣伐君，我諫不覽，吾誓不食周粟，故入此山，採果支命。』周人曰：『此山乃周之分野，所生草木，皆我武王所有，以（與）食粟何別〔三二〕？』百（伯）夷、叔齊曰：『此亦實爾。』兄弟乃不食累日，偕至餓死是也。戀荆樹之榮。昔古者，兄弟三人，欲擬生分，其長兄語其弟曰：『汝之不守志意，而欲生分，遂感庭前荆樹枯槁。』其兄入房，繫髮於梁，欲自奮（盡）取死〔三三〕。小弟見兄如此，皆收罪犯，願不生離。上感蒼天，荆樹再生花葉。手足相扶，兄弟如手如足是也。同營開闢。先身入質，表爲 國之輸忠；葵心向陽，俾上帝之誠信。一人稱慶，五老呈祥。葵心向陽者，葵能護根，頭隨日轉是也。五老者，即五星是也。天子有感〔三四〕，五星不失其位，往往呈祥。 寵寄殊功，榮班上列，加授左金〔吾〕衛大將軍〔三五〕。每參 鳳駕，接對龍輿；毬樂御場，馬上奏策；兼陪内宴，召入蓬萊；如斯覆燾，今昔罕有。仍賜莊宅，寶器金銀，錦綵瓊珍，頗籌其數。功成身退，否泰有時。鳥集昏巢，哀鳴夜切。春秋七十有四，壽終於京永嘉坊之私第〔三六〕。 詔贈工部尚書。

夫人，鉅鹿郡君索氏，晉司徒靖十七代孫。連鑣歸覲，承雨露於九天；鴻澤滂流，占京華之一媛。於戲！晡西萱草，巨壑淪悲；異畝嘉禾，傷岐碎穗。勑祔葬於月登閣北塋之禮也。嗚呼！白日有潛移之運，黄泉無重返之期。徒哀泣血之悲，遐思蒸嘗之戀。

公則故太保之貴姪也。芝蘭異馥，美徹　牕聞（間）〔三七〕。詔令承　父之任，充沙州刺史、左驍衛大將軍。初日桃蹊，三端繼政，琴臺舊曲，一調新聲。嫡嗣延英，承光累及，筌修貴秩，忠懇益彰，加授御史中丞。河西掤復，猶雜蕃渾，言音不同，羌龍嗢末，雷威慴伏〔三八〕，訓以華風，咸會馴良，軌俗一變。加授左散騎常侍，兼御史大夫。太保咸通八年歸闕之日，河西軍務，封章陳款，總委姪男淮深，令守藩垣。靡獲同邁，則秣馬三危，横行六郡。屯戍塞天憍飛走，計定郊陲；斥候絶突騎窺覦〔三九〕，邊城緩帶。兵雄隴上，守地平原，姦宄屏除，塵清一道。加授户部尚書，充河西節度。心機與宮商遞運，量達共智水壺圓。坐籌帷幄之中，決勝千里之外。四方獷捍，卻通好而求和；八表來賓，列階前而拜舞。北方獫狁，款少駿之駃蹄（騠）〔四〇〕；南土蕃渾，獻崑崗之白璧。九功惟叙，黎人不失於寒耕；七政調和，秋收有豐於歲稔。加授兵部尚書。恩被三朝，官遷五級。

爰因蒐練之暇，善業遍修，處處施功，筆述難盡。乃見宕泉北大像，建立多年，棟樑摧毁。若非大力所製，諸下孰敢能爲？退故朽之摧殘，葺昤曨之新樣。於是杍匠治材而朴斵，郢人興役以施功。先竪四牆，後隨締構。曳其栿檩〔四一〕，憑八股之轆轤；上墼運泥，斡雙輪於霞際。舊閣乃重飛四級，靡稱金身；新增而横敝（敞）五層〔四二〕，高低得所。玉豪

（毫）揚采[四三]，與旭日而連暉；結脊雙鴟，對危峰而爭聳。更欲鐫龕一所，躊躇瞻眺，餘所竟無，唯此一岑，嵯峨可劈。匪限耗（浩）廣[四四]，務取工成。情專穿石之殷，志切移山之重。於是稽天神於上，激（邀）地祇於下[四五]。龜筮告吉，揆日興功。鑿鑿纔施，其山自坼。未經數日，裂兆轉開，再禱焚香，飛沙時起，於初夜分，欻爾崩騰，驚駭一川，發聲雷震，豁開青壁，崖如削成。此則十力化造，八部冥資，感而遂通，助成積善。是用宏開虛洞，三載功充，廓落精華，正當顯敝（敞）。龕内素釋迦牟尼像，并事（侍）從一鋪[四六]；四壁圖諸經變相一十六鋪。參羅萬象，表化迹之多門；攝相歸真，總三身而無異。方丈室内，化盡十方；一窟之中，宛然三界。簷飛五采，動户迎風，碧澗清流，森林道樹。揄揚慶設，齋會無遮；剃度僧尼，傳燈鹿苑。七珍布施，果獲三堅；十善聿修，圓成五福。

又見龍興大寺

（後缺）

說明

此件由斯六一六一A、斯三三二九、斯一一五六四、斯六一六一B、斯六九七三、伯二七六二綴合而成（參見*Descriptive Catalogue of the Chinese Manuscripts from Tunhuang in the British Museum*, pp. 233-234；藤

枝晃《敦煌千佛洞の中興》，《東方學報》三五册，六三至七七頁；榮新江《敦煌寫本〈勑河西節度兵部尚書張公德政之碑〉校考》（《周一良先生八十生日紀念論文集》，二〇六至二一六頁），綴合次序是：斯六一六一A與斯三三二九卷首殘缺部分相綴接；斯一一五六四存九字，正好補斯三三二九第一二行至第一五行中間殘缺處；斯六一六一B存一一行，每行上半段殘缺，可與斯三三二九卷末十一殘行綴接；斯六九七三接續斯三三二九、斯六一六一B最後一行内容；伯二七六二接續斯六九七三。綴合後的文書内容貫通，但仍首尾均缺，起「積疊」，訖「又見龍興大寺」，有烏絲欄，書寫工整，漏抄之字用小字補於行間，全文有朱筆句讀。正文遇「龍顔」「天階」等詞，則闕字，但不平出。正文言簡意賅，古典今典則用雙行小字注出。雙行小注部分應不是碑文，而是抄録者補入。榮新江擬名爲「勑河西節度兵部尚書張公德政之碑」（參見《敦煌寫本〈勑河西節度兵部尚書張公德政之碑〉校考》，二〇六至二一六頁），實應爲「勑河西節度兵部尚書張公功德記」。

榮新江疑碑文作者爲河西都僧統悟真（參見《敦煌寫本〈敕河西節度兵部尚書張公德政之碑〉校考》，二〇六至二一六頁。），楊寶玉則認爲作者係節度判官掌書記張球（參見《〈張淮深碑〉作者再議》，《敦煌學輯刊》二〇一五年三期，七四至七九頁）。

此件背面抄有「唐人詩抄」等。

因「國際敦煌項目」（簡稱IDP）已將斯六一六一A、斯三三二九、斯一一五六四、斯六一六一B和斯六九七三的圖版完全綴合，故此釋文不再出校上述各件内容之起訖，僅出校伯二七六二之起訖。文中「終」字底本爲古文，釋文已改作今文。

校記

〔一〕『積』，據殘筆劃及文義補。
〔二〕『晢』，據殘筆劃及文義補。
〔三〕第一個『□』，《歸義軍史研究——唐宋時代敦煌歷史考索》校補作『吾』；『離』，據殘筆劃及文義補；第二個『□』，《歸義軍史研究——唐宋時代敦煌歷史考索》校補作『材』。
〔四〕『定』，《歸義軍史研究——唐宋時代敦煌歷史考索》疑當作『空』。
〔五〕『吴』，《歸義軍史研究——唐宋時代敦煌歷史考索》校改作『武』，不必，按『孫吴』可指孫武、吴起。
〔六〕『像』，《歸義軍史研究——唐宋時代敦煌歷史考索》校改作『象』，不必。
〔七〕『覯』，《歸義軍史研究——唐宋時代敦煌歷史考索》釋作『觀』，誤；『或』，當作『惑』，《敦煌地理文書匯輯校注》據文義校改，『或』爲『惑』之借字，《歸義軍史研究——唐宋時代敦煌歷史考索》逕釋作『惑』。
〔八〕『之』，據殘筆劃及文義補，《歸義軍史研究——唐宋時代敦煌歷史考索》逕釋作『之』。
〔九〕『劉季』，《歸義軍史研究——唐宋時代敦煌歷史考索》釋作『創業』，誤。
〔一〇〕『上』，《歸義軍史研究——唐宋時代敦煌歷史考索》釋作『獻』，誤；『宇』，當作『羽』，據文義改，『宇』爲『羽』之借字，《歸義軍史研究——唐宋時代敦煌歷史考索》釋作『軍』，誤。
〔一一〕『嚾』，當作『灌』，據文義改，《歸義軍史研究——唐宋時代敦煌歷史考索》逕釋作『灌』，『嚾』爲『灌』之借字。
〔一二〕『夜』，《歸義軍史研究——唐宋時代敦煌歷史考索》釋作『率』，誤。
〔一三〕『齊軍』二字右側疑有刪除符號。
〔一四〕『餘』，《歸義軍史研究——唐宋時代敦煌歷史考索》漏録。

〔一五〕『已』，當作『以』，《歸義軍史研究——唐宋時代敦煌歷史考索》據文義校改，『已』爲『以』之借字。

〔一六〕『春冬』，《歸義軍史研究——唐宋時代敦煌歷史考索》釋作『冬春』，誤。

〔一七〕『廷』，《歸義軍史研究——唐宋時代敦煌歷史考索》釋作『庭』，誤。

〔一八〕『廷』，《歸義軍史研究——唐宋時代敦煌歷史考索》釋作『庭』，誤。

〔一九〕『盌』，《歸義軍史研究——唐宋時代敦煌歷史考索》釋作『碗』。以下同，不另出校。

〔二〇〕『固』，當作『因』，據文義改，《歸義軍史研究——唐宋時代敦煌歷史考索》逕釋作『因』。

〔二一〕『索』，底本原作『素』，按寫本中『素』『索』形近易混，故據文義逕釋。

〔二二〕『過』，《歸義軍史研究——唐宋時代敦煌歷史考索》釋作『因』，誤。

〔二三〕『願』，當作『原』，據文義改，『願』爲『原』之借字。

〔二四〕『來』，當作『而』，據文義改，《歸義軍史研究——唐宋時代敦煌歷史考索》逕釋作『而』。

〔二五〕『第』，底本原作『弟』，按寫本中『弟』『第』形近易混，故據文義逕釋。伯二七六二始於此句之『安』字。

〔二六〕『以』，當作『與』，《敦煌地理文書匯輯校注》據文義校改，『以』爲『與』之借字。

〔二七〕『枚』，底本原作『牧』，按寫本中『枚』『牧』形近易混，故據文義逕釋。

〔二八〕『罰』，《歸義軍史研究——唐宋時代敦煌歷史考索》校改作『伐』，不必；『桀』，當作『紂』，《歸義軍史研究——唐宋時代敦煌歷史考索》據文義校改。

〔二九〕『百』，當作『伯』，《歸義軍史研究——唐宋時代敦煌歷史考索》據文義校改，『百』爲『伯』之借字。以下同，不另出校。

〔三〇〕『諫』，《歸義軍史研究——唐宋時代敦煌歷史考索》釋作『陳』，校改作『諫』。

〔三一〕『苛』，當作『荷』，據文義改，『苛』爲『荷』之借字。

〔三二〕『以』，當作『與』，《敦煌地理文書匯輯校注》據文義校改，『以』爲『與』之借字。

〔三三〕『奮』，當作『盡』，《歸義軍史研究——唐宋時代敦煌歷史考索》據文義校改。

〔三四〕『子』，據文義補，《歸義軍史研究——唐宋時代敦煌歷史考索》逕釋作『子』。

〔三五〕『吾』，《敦煌地理文書匯輯校注》據文義校補。

〔三六〕『第』，底本原作『弟』，按寫本中『弟』『第』形近易混，故據文義逕釋。

〔三七〕『聞』，當作『問』，據文義改。

〔三八〕『慴』，《歸義軍史研究——唐宋時代敦煌歷史考索》釋作『懾』。

〔三九〕『藺』，《歸義軍史研究——唐宋時代敦煌歷史考索》釋作『窬』，誤。

〔四〇〕『蹄』，當作『騠』，《敦煌社會經濟文獻真蹟釋録》據文義校改，『蹄』爲『騠』之借字。

〔四一〕『栿』，《歸義軍史研究——唐宋時代敦煌歷史考索》校改作『桁』，不必。

〔四二〕『敝』，當作『敞』，據文義改，《歸義軍史研究——唐宋時代敦煌歷史考索》逕釋作『敞』。以下同，不另出校。

〔四三〕『豪』，當作『毫』，據文義改，『豪』爲『毫』之借字。

〔四四〕『耗』，當作『浩』，據文義改，『耗』爲『浩』之借字。

〔四五〕『激』，當作『邀』，《〈敕河西節度兵部尚書張公德政之碑〉之『激』字本字考》據文義校改。

〔四六〕『事』，當作『侍』，《歸義軍史研究——唐宋時代敦煌歷史考索》據文義校改，『事』爲『侍』之借字。

參考文獻

Descriptive Catalogue of the Chinese Manuscripts from Tunhuang in the British Museum, The Trustees of the British Museum,

London 1957, pp. 233－234；《東方學報》三五册，京都大學人文科學研究所，一九六四年，六三至七七頁（録）；《敦煌寶藏》二七册，臺北：新文豐出版公司，一九八二年，五八四至五八五頁（圖）；《敦煌書法叢刊》一九卷，東京：二玄社，一九八三年，二六至三五、九四至九八頁（圖）；《敦煌遺書總目索引》，北京：中華書局，一九八三年，一七七頁（録）；《敦煌地理文書匯輯校注》，蘭州：甘肅教育出版社，一九八九年，二一七至一三五頁（録）；《敦煌社會經濟文獻真蹟釋録》五輯，北京：全國圖書館文獻縮微複製中心，一九九〇年，一九八至二〇七頁（録）；《敦煌碑銘讚輯釋》，蘭州：甘肅教育出版社，一九九二年，一二九至一三〇頁；《英藏敦煌文獻》五卷，成都：四川人民出版社，一九九二年，四四頁（圖）；《敦煌學》一九輯，臺北：敦煌學會，一九九二年，二五至二七頁；《周一良先生八十生日紀念論文集》，北京：中国社会科学出版社，一九九三年，二〇六至二一六頁（録）；《敦煌學輯刊》一九九三年二期，三一頁；《法藏敦煌書苑精華》一册，廣州：廣東人民出版社，一九九三年，二八〇至二八一頁（圖）；《英藏敦煌文獻》一〇卷，成都：四川人民出版社，一九九四年，一一一頁（圖）；《英藏敦煌文獻》一一卷，成都：四川人民出版社，一九九四年，二四一頁（圖）；《英藏敦煌文獻》一四卷，成都：四川人民出版社，一九九五年，三三頁（圖）；《歸義軍史研究——唐宋時代敦煌歷史考索》，上海古籍出版社，一九九六年，三九九至四一〇頁（録）；《敦煌詩集殘卷輯考》，北京：中華書局，二〇〇〇年，一七一至一七三頁；《敦煌遺書總目索引新編》，北京：中華書局，二〇〇〇年，一〇一至一〇二頁（録）；《法藏敦煌西域文獻》一八册，上海古籍出版社，二〇〇一年，一一八至一二〇頁（圖）；《山西師大學報（社會科學版）研究生論文專刊》二〇一二年三九卷，四三至四四頁；《敦煌學輯刊》二〇一五年三期，七四至七九頁。

伯二七六二背＋斯六九七三背＋斯三三二九背＋斯六一六一背B＋斯一一五六四背＋斯六一六一背A　一　狀

釋文

（前缺）

狀　　　　九月一日銀青光禄大夫〔檢〕校太子賓客侍御史張某乙狀[一]

閣下

長史

謹空

説明

此卷正面由數件綴合而成，背面按綴合後的順序依次釋録。先後抄有『狀』『吐蕃文漢文對譯字詞』『唐佚名詩抄』『雜寫』等。

此件抄在伯二七六二背，首缺尾全，其後有多行空白。

校記

〔一〕『檢』，《敦煌詩集殘卷輯考》據文義校補。

參考文獻

《敦煌寶藏》一二四册，臺北：新文豐出版公司，一九八五年，三〇頁（圖）；《敦煌詩集殘卷輯考》，北京：中華書局，二〇〇〇年，一七二頁（録）；《法藏敦煌西域文獻》一八册，上海古籍出版社，二〇〇一年，一二〇頁（圖）。

伯二七六二背+斯六九七三背+斯三三二九背+斯六一六一背B+斯一一五六四背+斯六一六一背A　二　吐蕃文漢文對譯字詞

釋文

ལྷོ　བྱང　ཤར　ནུབ　ད་སི་བྱང་ཚོམ　རྟ　རྔ་མོང　བ་ལང　ལུག　དཔྱིད་ཟླ་ར་བ　དཔྱིད་ཟླ་འབྲིང་པོ　དཔྱིད་ཟླ་ཐ་ཆུངས

南　北　東　西　河西一路　馬　駱駝　牛　羊　正月　二月　三月

དབྱར་ཟླ་ར་བ　དབྱར་ཟླ་འབྲིང་པོ　དབྱར་ཟླ་ཐ་ཆུངས　སྟོན་ཟླ་ར་བ　སྟོན་ཟླ་འབྲིང་པོ　སྟོན་ཟླ་ཐ་ཆུངས　དགུན་ཟླ་ར་བ　དགུན་ཟླ་འབྲིང་པོ

四月　五月　六月　七月　八月　九月　十月　十一月

དགུན་ཟླ་ཐ་ཆུངས　རྒྱ　བོད　སོག་པོ　འཞ　དྲུ་གུ　རྒྱ་རྗེ　དྲུ་གུ་རྒྱལ་པོ　བོད་ཀྱི་བཙན་པོ　འཞ་རྗེ　ཀླུང་རྗེ

十二月　漢　特蕃　胡　退渾　迴鶻　漢天子　迴鶻王　吐蕃天子〔一〕　退渾王　龍王

འབྲུག　སེ་ངེ　སྟག　གཡག　སྦྲུལ　ཕག　སྤྱང་ཀི　རྐྱང　ཤ་བ　རྒོའ　ཝ

龍　師子　大蟲　犀牛　蛇　豬　狼　野馬〔二〕　鹿　黃羊　野狐

ས་ཚོད་ཐུབ་ཚོད

土（兔）子一個打得〔三〕

説明

此件首尾完整，抄於伯二七六二背，存吐蕃文漢文對譯字詞十行，筆跡與其後之『唐佚名詩抄』近似。

校記

〔一〕『吐』，《敦煌詩集殘卷輯考》釋作『土』，誤。

〔二〕『馬』，《敦煌詩集殘卷輯考》未能釋讀。

〔三〕『土』，當作『兔』，據文義改，『土』爲『兔』之借字，《敦煌詩集殘卷輯考》釋作『主』，誤。

參考文獻

《敦煌寶藏》一二四册，臺北：新文豐出版公司，一九八五年，三〇頁（圖）；《敦煌碑銘贊輯釋》，蘭州：甘肅教育出版社，一九九二年，一三二頁（録）；《敦煌詩集殘卷輯考》，北京：中華書局，二〇〇〇年，一七二頁（録）；《法藏敦煌西域文獻》一八册，上海古籍出版社，二〇〇一年，一二一頁（圖）。

伯二七六二背+斯六九七三背+斯三三二九背+斯六一六一背B+斯一一五六四背+斯六一六一背A　三　唐佚名詩抄

釋文

夫字爲首尾

夫壻一去遠征徂，賤接（妾）思君情轉孤〔一〕。鳳樓惆悵多憶〔二〕，雁信傳書到豆盧。遥想楊空寂寞〔三〕，那勘（堪）獨守淚嗚嗚〔四〕。當今聖主迴鑾駕，逆賊黄巢已就誅。恩光料合終仰莫（慕）〔五〕，歡（勸）君幸勿戀穹盧（廬）〔六〕。戰袍著盡誰將去，萬里逍迢磧路紆。天山旅泊思江外，夢裏還家入道墟。鏡湖蓮沼何時摘，柳岸垂泛揚碧朱（珠）〔七〕。妾向江樓長掩淚，採蓮無復奏笙竽。閨中面（緬）想肖（校）場苦〔八〕，却羨西江比目魚。紅顔憔悴休脂粉〔九〕，寂寞楊（陽）臺滿陀（院）無（蕪）〔一〇〕。秋深但見鴻歸消〔一一〕，願織迴文寄遠夫。

詠史趙女楫〔一二〕

襄子臨川駐馬瞋，衝冠直擬貶船人。固（同）乘有女劍（斂）容貌〔一三〕，今日如何犯逆鱗。蒸嘗本望煙波靜，雲（雩）祀交（蛟）龍有所陳〔一四〕。投醪祇要風帆便，傷柽（牲）爲祭九江神〔一五〕。

贈王中丞

世人嫌老借（惜）紅顔〔一六〕，爭向陽已下山〔一七〕。朝來覽鏡看容貌，桃李芳春一半殘。美人徒勞摘〔一八〕，日月相催轉更難。從此任他成若（皓）首〔一九〕，幾人曾免鬢髦鬆（鬆）〔二〇〕。

贈獨孤巡官

古成（城）東北鮑家村〔二一〕，村籬周遭果木新〔二二〕。冬避寇戎人户散，獨余恓（栖）隱掩柴門〔二三〕。

又巡官王中丞

見説連宵動舞塵，玉壺傾涸半酣醺〔二四〕。此中不是梢雲處〔二五〕，早迴東落（洛）訪陳遵〔二六〕。

贈陰端公子姪逆〔二七〕，遂成分別，因贈此詠。

閥閲湮淪陰嵩宗，弓裝墜地滿庭空。相看祇話爭南畝，不説東臯舊業同〔二八〕。堂前荆樹無因活，閤後寒筠難更逢。唯有眦睚吞若噬，義門從此絶仁風。

皈（皈）夜於燈下感受〔二九〕

長思趙女楫〔三〇〕，每憶美人舟。何爲江南子〔三一〕，因循北海頭〔三二〕。連天唯白草，雁過又城（成）秋〔三三〕。喜故（皈）無恐色，抛卻暮雲愁。

贈中丞十五弟加章服

澤漏天西夢紫雲，恩光流裔是南薰。誰知筆勝龍淵劍，擲入丹宵（霄）感聖君〔三四〕。輸（翰）苑已留千載跡〔三五〕，霜臺仍見繡衣新。朱裳莫玄關中客，麏鹿狻猊自有群。

夢理職鴻分青改字詠誌〔三六〕

理勑恩波出　帝京〔三七〕，分青改作拜江城。鴻飛萬里羽毛迅，抛卻沙州聞雁聲。

龍紀二年二月十九日夜心中〔三八〕

尋常有言在仙壇〔三九〕，日日馳心金座前。虛通潛至感神夢，鴻澤因茲下九天。

又

瑰瑋奇文出紫泥，恩光重疊至天西。君垂勳業今時重，舟楫張帆是魯珪。稱身紅綬銀章貴，奪日光鮮弄馬蹄〔四〇〕。從此便應皈省闥〔四一〕，失途江客與挌（招）携〔四二〕。

賀大夫十五郎加官〔四三〕

海晏河清好瑞年，八方無事總姸（好）天〔四四〕。少言睿明同夏禹，元戎今又聳金蟬。王公捧袟（袂）霜臺貴〔四五〕，紫綾金章映日鮮。慙媿宣毫升越管〔四六〕，不勞一幅小麻牋〔四七〕。

軍變後感懷〔四八〕龍紀二年二月廿二日未停（？）射（？）時并身天人死卌□〔四九〕

運隅中興國祚昌〔五〇〕，天人脅（？）征在敦煌〔五一〕。鵲印已皈丞相路〔五二〕。

贈巡官〔五三〕

此生不復從君遊，任被人譏議陸沈。雀莫（？）十八諫符主，萬代流通（？）止今有〔五四〕。前車已番（翻）君自見〔五五〕，改轍宣慰自誠心〔五六〕。迷謬不能通巨路，好辭江上獨行吟。

（中空數行）

贈巡官奉爲（？）友人不來□〔五七〕

陀（院）中三樹梨花發〔五八〕，爭向愁多不忍看。有如澠君不到〔五九〕，東風吹落滿墀蘭。

三十年來帶（滯）玉關〔六〇〕，蹟西危冷隔河山〔六一〕。十里時聞蜂子叫〔六二〕，花間且喜不辭難。元戎若夜（也）知衆苦〔六三〕，解繼頻頻□塹展顔〔六四〕。遥媿敦煌張相國，迴輪爭敢忘臺飧〔六五〕。

聖鳥庚申降此間，正在宣宗睿化年〔六六〕。從此棄蕃歸大化〔六七〕，大中二年也。經營河隴獻唐天〔六八〕。繼嗣秉油（猷）還再至〔六九〕，羽毛青翠泛流泉。辭必有因承雨露〔七〇〕，德教天子急封禪〔七一〕。

得□硯〔七二〕

一別端溪硯，於今三十年〔七三〕。携持融入紫毫〔七四〕，□復麗（灑）江（紅）牋〔七五〕。

惟謂龍沙匠〔七六〕，陶融□□□。□□□□墨〔七七〕，筆下起愁煙。

□生〔七八〕，於北自出頭〔七九〕，□雁丘〔八〇〕，玄元莫害生〔八一〕。

（後缺）

説明

此件首全尾缺，尾部上殘，存唐佚名詩一九首，其中有詩題者一四首，闕詩題者五首。第一六至一八首闕題詩中有『遥媿敦煌張相國』『聖鳥庚申降此間，正在宣宗習化年。從此棄蕃歸大化大中二年也，經營河隴獻唐天』等句，歌頌張議潮歸唐，應作於張氏歸義軍初期；第一首『夫字爲首尾』詩有『當今聖主迴鑾駕，逆賊黄巢已就誅』句，當作於唐僖宗中和四年（公元八八四年）黄巢被殺後不久（參看徐俊《敦煌詩集殘卷輯考》，一七二頁）。第一三首『軍變後感懷』詩題後出現的『龍紀二年二月廿二日』爲卷中最晚的確切紀年，『龍紀二年』即公元八九〇年。鄭炳林懷疑此件所存詩乃悟真所作（參看《敦煌碑銘贊輯釋》，一三一頁）。

此件行間有後人隨手所寫之文字，另出釋文。

校記

〔一〕『接』，當作『妾』，《敦煌詩集殘卷輯考》據文義校改。
〔二〕據文義，此句當有脱文，《敦煌詩集殘卷輯考》認爲『多』下脱一字。
〔三〕『楊』，《敦煌詩集殘卷輯考》疑當校改作『陽』。據文義，此句當有脱文，《敦煌詩集殘卷輯考》認爲『楊』下脱一『臺』字。
〔四〕『勘』，當作『堪』，《敦煌詩集殘卷輯考》據文義校改，『勘』爲『堪』之借字。
〔五〕『終仰』，《敦煌詩集殘卷輯考》未能釋讀；『莫』，當作『慕』，據文義改，『莫』爲『慕』之借字。
〔六〕『歡』，當作『勸』，《敦煌詩集殘卷輯考》據文義校改；『盧』，當作『廬』，《敦煌詩集殘卷輯考》據文義校改，『盧』爲『廬』之借字。
〔七〕『朱』，當作『珠』，《敦煌寫本〈晚唐佚名氏殘詩集〉新校》據文義校改，『朱』爲『珠』之借字。
〔八〕『面』，當作『緬』，《敦煌詩集殘卷輯考》據文義校改，『面』爲『緬』之借字；『肖』，當作『校』，據文義改，『肖』爲『校』之借字。
〔九〕『休』，《敦煌詩集殘卷輯考》釋作『沐』，誤。
〔一〇〕『楊』，當作『陽』，《敦煌詩集殘卷輯考》據文義校改，『楊』爲『陽』之借字；『陀』，當作『院』，據文義改，《敦煌詩集殘卷輯考》未能釋讀，《敦煌寫本〈晚唐佚名氏殘詩集〉新校》逕釋作『院』；『無』，當作『蕪』，《敦煌寫本〈晚唐佚名氏殘詩集〉新校》據文義校改，『無』爲『蕪』之借字。
〔一一〕『消』，《敦煌詩集殘卷輯考》釋作『俏』，校改作『消』。
〔一二〕『楫』，《敦煌詩集殘卷輯考》釋作『楫』。
〔一三〕『固』，當作『同』，《全敦煌詩》據文義校改，《敦煌詩集殘卷輯考》逕釋作『同』；『劍』，當作『斂』，《敦煌詩集殘卷輯考》據文義校改。

〔一四〕『雲』，當作『雩』，據文義改；『交』，當作『蛟』，《敦煌詩集殘卷輯考》據文義校改，『交』爲『蛟』之借字；『所』，《敦煌詩集殘卷輯考》釋作『取』，誤。

〔一五〕『柽』，當作『牲』，《敦煌詩集殘卷輯考》據文義校改，『柽』爲『牲』之借字。

〔一六〕『借』，當作『惜』，《敦煌詩集殘卷輯考》據文義校改。

〔一七〕據文義，此句當有脱文，《敦煌詩集殘卷輯考》疑『向』下脱一『夕』字。

〔一八〕此句當有脱文，《敦煌詩集殘卷輯考》校補作『美人〔□〕〔□〕徒勞摘』。

〔一九〕『若』，當作『皓』，《敦煌寫本〈晚唐佚名氏殘詩集〉新校》據文義校改。

〔二〇〕『𩨆』，當作『鬣』，《敦煌詩集殘卷輯考》據文義校改。

〔二一〕『成』，當作『城』，《敦煌詩集殘卷輯考》據文義校改，『成』爲『城』之借字。

〔二二〕『村』，《敦煌詩集殘卷輯考》《敦煌寫本〈晚唐佚名氏殘詩集〉新校》漏録；『周』，《敦煌詩集殘卷輯考》釋作『園』，《敦煌寫本〈晚唐佚名氏殘詩集〉新校》釋作『園〔□〕』，均誤；『遭』，《敦煌詩集殘卷輯考》釋作『蓮〔□〕』，誤。

〔二三〕『恓』，當作『栖』，《敦煌寫本〈晚唐佚名氏殘詩集〉新校》據文義校改，『恓』爲『栖』之借字，《敦煌詩集殘卷輯考》釋作『恤』，誤。

〔二四〕『壺』，《敦煌詩集殘卷輯考》釋作『臺』，誤；『涸』，《敦煌詩集殘卷輯考》釋作『固』，誤。

〔二五〕『梢』，《敦煌詩集殘卷輯考》釋作『捎』。

〔二六〕『落』，當作『洛』，《敦煌詩集殘卷輯考》據文義校改，『落』爲『洛』之借字。

〔二七〕『姪』，《敦煌詩集殘卷輯考》釋作『侄』，雖義可通而字誤。

〔二八〕『業』，《敦煌詩集殘卷輯考》釋作『葉』，校改作『業』，誤。
〔二九〕『旼』，當作『皈』，《敦煌詩集殘卷輯考》據文義校改。以下同，不另出校。
〔三〇〕『楫』，《敦煌詩集殘卷輯考》釋作『楫』。
〔三一〕『何爲』，《敦煌詩集殘卷輯考》釋作『仰首』，誤。
〔三二〕『循』，《敦煌寫本〈晚唐佚名氏殘詩集〉新校》釋作『憍』，校改作『僑』。
〔三三〕『城』，當作『成』，《敦煌詩集殘卷輯考》據文義校改，『城』爲『成』之借字。
〔三四〕『宵』，當作『霄』，《敦煌詩集殘卷輯考》據文義校改，『宵』爲『霄』之借字。
〔三五〕『輸』，當作『翰』，《敦煌詩集殘卷輯考》據文義校改。
〔三六〕『理』，《敦煌詩集殘卷輯考》未能釋讀；『職』，《敦煌詩集殘卷輯考》未能釋讀。
〔三七〕『耖』，《敦煌詩集殘卷輯考》未能釋讀。
〔三八〕『日』，《敦煌詩集殘卷輯考》《敦煌寫本〈晚唐佚名氏殘詩集〉新校》漏録；『夜』，《敦煌詩集殘卷輯考》釋作『也』。
〔三九〕『言』，《敦煌寫本〈晚唐佚名氏殘詩集〉新校》釋作『喪』。
〔四〇〕『日』，《敦煌詩集殘卷輯考》校改作『目』。
〔四一〕此句右側有一行墨跡，似文字，難以辨識。
〔四二〕『挌』，當作『招』，《敦煌寫本〈晚唐佚名氏殘詩集〉新校》據文義校改，《敦煌詩集殘卷輯考》疑作『格』。
〔四三〕『五』，《敦煌詩集殘卷輯考》釋作『二』，誤。
〔四四〕『姧』，當作『好』，據文義改。
〔四五〕『袟』，當作『袂』，據文義改。

〔四六〕『管』，《敦煌詩集殘卷輯考》疑作『富』。

〔四七〕『不』，《敦煌詩集殘卷輯考》釋作『勞』，誤，《敦煌寫本〈晚唐佚名氏殘詩集〉新校》認爲底本此字脱；『麻』，《敦煌詩集殘卷輯考》未能釋讀；『䏲』，《敦煌寫本〈晚唐佚名氏殘詩集〉新校》據殘筆劃及文義校補，《敦煌詩集殘卷輯考》釋作『陵』。

〔四八〕『變』，《敦煌詩集殘卷輯考》《敦煌寫本〈晚唐佚名氏殘詩集〉新校》釋作『威』，誤。

〔四九〕『龍紀』，《敦煌詩集殘卷輯考》未能釋讀；『停射時并』，《敦煌詩集殘卷輯考》未能釋讀；『天』，《敦煌詩集殘卷輯考》未能釋讀；『死』，《敦煌詩集殘卷輯考》釋作『分』；『卅』，《敦煌詩集殘卷輯考》未能釋讀。

〔五〇〕『隅』，《敦煌寫本〈晚唐佚名氏殘詩集〉新校》校改作『遇』。

〔五一〕『脅』，《敦煌詩集殘卷輯考》《敦煌寫本〈晚唐佚名氏殘詩集〉新校》未能釋讀。

〔五二〕『丞』，《敦煌詩集殘卷輯考》釋作『函』，誤。據文義，此句後有脱文。

〔五三〕『巡』，《敦煌詩集殘卷輯考》釋作『丞』，誤。

〔五四〕『通』，《敦煌詩集殘卷輯考》未能釋讀。

〔五五〕『番』，當作『翻』，《敦煌詩集殘卷輯考》據文義校改，『番』爲『翻』之借字。

〔五六〕『宣慰』，《敦煌詩集殘卷輯考》釋作『須臾』，《敦煌寫本〈晚唐佚名氏殘詩集〉新校》釋作『回頭』，均誤。底本『宣慰』下約有三字空白。

〔五七〕『巡』，《敦煌詩集殘卷輯考》釋作『丞』，誤；『爲』，《敦煌詩集殘卷輯考》未能釋讀；『□』，《敦煌寫本〈晚唐佚名氏殘詩集〉新校》據殘筆劃疑作『作』。

〔五八〕『陀』，當作『院』，據文義改，《敦煌寫本〈晚唐佚名氏殘詩集〉新校》逕釋作『院』。

〔五九〕『到』，《敦煌寫本〈晚唐佚名氏殘詩集〉新校》釋作『致』。據文義，此句當有脱文，《敦煌詩集殘卷輯考》認爲

「如」下脱一字，《敦煌寫本〈晚唐佚名氏殘詩集〉新校》《敦煌詩集殘卷輯考》疑「有」下脱一「酒」字。

〔六〇〕「帶」，當作「滯」，《敦煌寫本〈晚唐佚名氏殘詩集〉新校》據文義校改。

〔六一〕「西」，據殘筆劃及文義補。

〔六二〕「時」，據殘筆劃及文義補。

〔六三〕「夜」，當作「也」，據文義改，「夜」爲「也」之借字，《敦煌詩集殘卷輯考》釋作「交」，誤。

〔六四〕第二個「頻」，《敦煌詩集殘卷輯考》漏録，據文義應係衍文，當删。

〔六五〕「臺」，《敦煌詩集殘卷輯考》釋作「壹」，誤。

〔六六〕「睿」，《敦煌詩集殘卷輯考》釋作「習」，誤。

〔六七〕「此」，據殘筆劃及文義補。

〔六八〕「營」，《敦煌詩集殘卷輯考》釋作「管」，誤。

〔六九〕「油」，當作「猷」，《敦煌詩集殘卷輯考》據文義校改，「油」爲「猷」之借字。

〔七〇〕「辭」，《敦煌詩集殘卷輯考》釋作「□詩」，誤；「露」，《敦煌詩集殘卷輯考》漏録。

〔七一〕「德教」，《敦煌詩集殘卷輯考》未能釋讀。

〔七二〕「得□硯」，《敦煌詩集殘卷輯考》漏録。

〔七三〕「十」，《敦煌詩集殘卷輯考》未能釋讀。

〔七四〕「融」，《敦煌寫本〈晚唐佚名氏殘詩集〉新校》校改作「潤」；「入」，《敦煌寫本〈晚唐佚名氏殘詩集〉新校》疑係衍文；「毫」，《敦煌寫本〈晚唐佚名氏殘詩集〉新校》據殘筆劃及文義校補，《敦煌詩集殘卷輯考》漏録。

〔七五〕「□」，《敦煌詩集殘卷輯考》釋作「無」；「復」，《敦煌寫本〈晚唐佚名氏殘詩集〉新校》未能釋讀；「麗」，當作「灑」，《敦煌寫本〈晚唐佚名氏殘詩集〉新校》據文義校改；「江」，當作「紅」，《敦煌寫本〈晚唐佚名氏殘詩集〉新校》據文義校改；『踐』，《敦煌詩集殘卷輯考》釋作『綾』，誤。

〔七六〕『匠』，《敦煌詩集殘卷輯考》釋作『近』，誤。

〔七七〕『墨』，《敦煌詩集殘卷輯考》釋作『臺』，誤。

〔七八〕『生』，據殘筆劃及文義補，《敦煌詩集殘卷輯考》未能釋讀。

〔七九〕『北』，《敦煌詩集殘卷輯考》釋作『比』。

〔八〇〕『雁』，《敦煌詩集殘卷輯考》釋作『鳥』；『丘』，《敦煌詩集殘卷輯考》未能釋讀。

〔八一〕『元』，《敦煌詩集殘卷輯考》釋作『色』；『生』，據殘筆劃及文義補。

參考文獻

Descriptive Catalogue of the Chinese Manuscripts from Tunhuang in the British Museum, The Trustees of the British Museum, London 1957, p. 234、p. 245；《敦煌寶藏》二七册，臺北：新文豐出版公司，一九八二年，五八五頁（圖）；《敦煌遺書總目索引》，北京：中華書局，一九八三年，一七七頁；《敦煌寶藏》一二四册，臺北：新文豐出版公司，一九八五年，三〇至三一頁（圖）；《英藏敦煌文獻》五卷，成都：四川人民出版社，一九九二年，四五頁（圖）；《敦煌碑銘贊輯釋》，蘭州：甘肅教育出版社，一九九二年，一三一至一三三頁（録）；《英藏敦煌文獻》一〇卷，成都：四川人民出版社，一九九四年，一一一頁（圖）；《英藏敦煌文獻》一四卷，成都：四川人民出版社，一九九五年，三四頁（圖）；《文獻》二〇〇〇年一期，二三四至二三七頁（録）；《敦煌詩集殘卷輯考》，北京：中華書局，二〇〇〇年，卷首圖九（圖）、一七三至一七九頁（録）；《敦煌遺書總目索引新編》，北京：中華書局，二〇〇〇年，一〇二頁；《法藏敦煌西域文獻》一八册，上海古籍出版社，二〇〇一年，一二一至一二二頁（圖）；《二〇〇〇年敦煌學國際學術討論會論文

集·歷史文化卷》（下），蘭州：甘肅民族出版社，二〇〇三年，四四三至四五五頁（録）；《全敦煌詩》八册，北京：作家出版社，二〇〇六年，三五三四至三五五三頁（録）。

伯二七六二背+斯六九七三背+斯三三二九背+斯六一六一背B+斯一一五六四背+斯六一六一背A　四　雜寫

釋文

闐閬
不可忍〔一〕，冷氣不下食〔二〕。
沙（？）州浮沙
天生天貌
奉差官
□飲道邊之
尊

説明

以上文字係時人隨手寫於『唐佚名詩抄』行間。

校記

〔一〕底本此句係倒書。
〔二〕底本此句係倒書。

參考文獻

《敦煌寶藏》二七册，臺北：新文豐出版公司，一九八二年，五八五頁（圖）；《敦煌寶藏》一二四册，臺北：新文豐出版公司，一九八五年，三〇至三一頁（圖）；《英藏敦煌文獻》五卷，成都：四川人民出版社，一九九二年，四五頁（圖）；《英藏敦煌文獻》一〇卷，成都：四川人民出版社，一九九四年，一一一頁（圖）；《英藏敦煌文獻》一四卷，成都：四川人民出版社，一九九五年，三四頁（圖）；《法藏敦煌西域文獻》一八册，上海古籍出版社，二〇〇一年，一二一至一二三頁（圖）。

斯三三三〇　毛詩（小雅鴻鴈—十月之交）

釋文

（前缺）

□之子于垣，百堵皆作。雖則劬勞〔一〕，□鴻鴈于飛〔二〕，□謂我劬勞〔三〕。

維彼愚人，謂我宣驕。

《鴻鴈》三章〔四〕，□

美宣王也〔五〕。

夜如何其〔六〕？夜未央，庭燎之光。君子至止，鸞聲將將〔七〕，夜如夜（何）期（其）〔八〕？夜未艾，庭燎折折〔九〕。〔君〕〔子〕〔至〕〔止〕〔一〇〕，鸞聲噦噦〔一一〕。夜如何期（其）〔一二〕？夜向晨〔一三〕，庭燎有輝〔一四〕。君子至止，言觀其祈（旂）〔一五〕。

《庭燎》三章，章五句。

《沔水》，規宣王也。

沔彼流水，朝宗于海。鴥彼飛隼，載飛載止。嗟我兄弟[一六]，邦人諸友。莫肯念亂，誰無父母。沔彼流水，其流湯湯。鴥彼飛隼[一七]，載飛載揚。念彼不蹟，載起載行。心之憂矣，不可弭忘。鴥彼飛隼，率彼中陵。民之訛言，寧莫之懲。我友敬矣，讒言其興。

《沔水》三章，二章章八句，一章章六句[一八]。

《鶴鳴》，誨宣王也。

鶴鳴于九皋，聲聞于野。魚潛在淵，或在于渚。樂彼之園，爰有樹檀，其下維蘀。他山之石[一九]，可以爲錯。鶴鳴于九皋，聲聞于天。魚在于渚，或潛在淵。樂彼之園，爰有樹檀，其下維穀。他山之石，可以攻玉。

《鶴鳴》二章，章九句。

《祈父》，刺宣王也。

祈父，予王之爪牙。胡轉予于恤，靡所止居？祈父，予王之爪士。胡轉予于恤，靡所底（厎）止[二〇]？祈父，亶不聰。胡轉予于恤，有母之尸饔。

《祈父》三章，章四句。

《白駒》，大夫刺宣王也。

皎皎白駒[二一]，食我場苗。縶之維之，以永今朝。所謂伊人，於焉逍遥？皎皎白駒，食我場藿。縶之維之，以永今夕。所謂伊人，於焉賓客〔二二〕？皎皎白駒，賁然來思。爾公爾侯，逸豫無期。慎爾憂（優）遊〔二三〕，勉爾遁思。皎皎白駒，在彼空谷。生芻一束〔二四〕，其人如玉。毋金玉爾音，而有遐心。

《白駒》四章，章六句。

《黄鳥》，刺宣王也。

黄鳥黄鳥，無集于木〔二五〕，無啄我粟。此邦之人，不我肯穀。言旋言歸，復我邦族。黄鳥黄鳥，無集于桑，無啄我糧〔二六〕。此邦之人，不可與明。言旋言歸，復我諸兄。黄鳥黄鳥，無集我（于）栩〔二七〕，無啄我黍，此邦之人，不可與處。言旋言歸，復我諸父。

《黄鳥》三章，章七句。

《我行其野》，刺宣王也。

我行其野，蔽芾其樝（樗）〔二八〕。婚姻之故〔二九〕，言就爾居。爾不我畜，復我邦家。我行其野，言采其蓫。婚姻之故，言就爾宿。爾不我〔畜〕〔三〇〕，言歸斯復。我行其野，言采其葍。不思舊姻，求爾新特。誠不以富〔三一〕，亦祇以異〔三二〕。

《我行》三章〔三三〕，章六句。

《斯干》，宣王考室也。

秩秩斯干，幽幽南山。如竹苞矣，如松茂矣。兄及弟矣，式相好矣，無相猷矣〔三四〕。以續妣祖〔三五〕，築室百堵，西南其户。爰居爰處，爰笑爰語。約之閣閣，椓之橐橐。風雨攸除，鳥鼠攸去，君子攸芋。如跂斯翼，如矢斯棘，如鳥斯翮〔三六〕，如翬斯飛，君子攸躋。殖殖其庭，有覺其楹，噲噲其征（正）〔三七〕，噦噦其冥，君子攸寧。下莞上簟，乃安斯寢。乃寐乃興〔三八〕，乃占我夢。吉夢維何？維熊維羆（羆）〔三九〕，維虺維蛇。大人占之：維熊維羆（羆），男子之祥；維虺維蛇，女子之祥。乃生男子，載寢之牀，載衣之裳，載弄之璋。其泣喤喤，朱弗（芾）斯皇〔四〇〕，室家君王。乃生女子，載寢之地，載衣之裼，載[弄之瓦]〔四一〕。[無非]無儀〔四二〕，維酒食是宜（議）〔四三〕，無父母詒罹。

《斯干》八章〔四四〕，上章七句〔四五〕，次四章章五句〔四六〕，次章十二句〔四七〕，□□

《[無]羊》〔四八〕，宣王考牧也。

[誰]謂爾無羊〔四九〕，三百維群。誰謂爾無牛，九十其[犉]〔五〇〕。[爾]羊來思〔五一〕，[其角濈濈]〔五二〕。[爾牛來]思〔五三〕，其爾（耳）⿰耳㬎⿰耳㬎〔五四〕。或降于阿，或飲于池，或寢或訛。爾牧來思，荷蓑荷笠〔五五〕。或負[其餱]〔五六〕，[三十維]物〔五七〕，爾牲則具。爾牧來思，以薪以蒸，以雌以雄。爾羊來思，伶（矜）伶（矜）兢兢〔五八〕，不騫不崩。麾之以肱，[畢來]既

升〔五九〕。牧人乃夢，衆維魚矣，旐維旟矣〔六〇〕。大人占之：衆維魚矣，實維豐年；旐維旟矣，室家瑧（溱）瑧（溱）〔六一〕。

《無羊》四章，章八句〔六二〕。

節南山之〔什〕詁訓傳第十九〔六三〕毛詩國風小雅〔六四〕鄭氏箋毛詩卷第十二〔六五〕

《節南山》，家父刺幽王也。

節彼南山，維石巖巖。赫赫師尹，民具爾瞻。憂心如惔，不敢戲談。國既卒斬，何用不監。節彼南山，有實其猗。赫赫師尹，不平謂何！天方薦瘥〔六六〕，喪亂弘多。民言無嘉，憯莫懲嗟。尹民（氏）太師〔六七〕，維周之玄（氐）〔六八〕。秉國之均，四方是維。天子是毗，俾民不迷。不弔昊天，不宜空我師。不躬不親〔六九〕，庶民不信〔七〇〕。不問不仕〔七一〕，勿罔君子。式夷式已，無小人殆。瑣瑣姻亞，則無膴士（仕）〔七二〕。昊天不慵（傭）〔七三〕，降此鞫訩〔七四〕。昊天不惠，降此大戾。君子如屆，俾民心闋。君子如夷，惡怒是違。不弔昊天，亂靡有定。式用（月）斯生〔七五〕，俾人不寧〔七六〕。憂心如酲，誰秉國成？不自爲政，卒勞百姓。駕彼四牡，四牡項領，我瞻四方，蹙蹙靡所騁。方茂爾惡，相爾矛矣。既夷既懌，如相醻矣。昊天不平，我王不寧。不懲其心，覆怨其正。家父作誦，以穴（究）王訩〔七七〕。或（式）訛爾心〔七八〕，以畜萬邦。

《節南山》十章，六章章八句，四章章四句。

《正月》，大夫刺幽王也。

正月繁霜，我心憂傷。民之訛言，亦孔之將。念我獨兮，憂心京京。哀我小心，癙憂以痒。父母生我，胡俾我瘉。不自我先，不自我後。好言自口，莠言自口。憂心愈愈，是以有侮。憂心惸惸，念我之無禄〔七九〕。民之無辜，并其臣僕。哀我人斯，于何從禄？瞻烏爰止，于誰之屋？瞻彼中林，侯薪侯蒸。民今方殆，視天夢夢。既剋有定〔八〇〕，靡人不勝〔八一〕。有皇上帝，伊誰云憎？謂山蓋卑，爲岡爲陵。民之訛言，寧莫之懲。召彼故老，訊之占夢。具曰予聖，誰知烏之雌雄？謂天蓋高，不敢不跼〔八二〕。謂地蓋厚，不敢不蹐。維號斯言，有倫有脊。哀今之人，胡爲虺蜴。瞻彼阪田，有菀其特。天之抓我，如不我克。彼求我則，如不我得。執訊（我）仇仇〔八三〕，亦不我力。我心憂矣〔八四〕，如或結之。今兹之正，胡然厲矣。燎之方陽〔八五〕，寧或烕之〔八六〕。赫赫宗周，褒似烕之〔八七〕。終其永懷，又窘陰雨。其車既載，乃棄爾輔。載輸爾載，將伯助予。無棄爾輔，員于爾輻。屢顧爾僕，不輸爾載。終踰絶險，曾是不意。魚在于沼，亦匪克樂。潛雖伏矣，亦孔之炤。憂心慘慘，念國之爲虐。彼有旨酒，又有嘉肴〔八八〕。洽比其鄰，婚姻孔云。念我獨兮，憂心殷殷〔八九〕。佌佌彼有屋，蔌蔌方有穀。民今之無禄〔九〇〕，天方（夭）是椓〔九一〕。哿矣富人，哀此惸獨。

《正月》十三章，上八章章八句〔九二〕，下五章章六句〔九三〕。

《十月之交》，大夫刺幽王也。

十月之交，朔月辛卯。日有食之，亦孔之醜。彼月而微，此日而微。今此下民，亦孔之哀。日月吉（告）凶〔九四〕，不用其行。四國無政，不用其良。彼月而食，則維其常。此日而食，于何不臧。燁（爗）燁（爗）震電〔九五〕，不寧不令。百川沸騰，山冢崒崩。高岸爲谷，深谷爲陵。哀今之人，胡憯莫懲〔九六〕。皇父卿士，番爲（維）司徒〔九七〕。家伯維宰，仲允膳夫。棸子内史，蹶維趣馬。楀維師氏，豔妻煽方處。抑此皇父，豈曰不時。胡爲我作，不即我謀。徹我牆屋，田卒汙菜（萊）〔九八〕。曰予不戕（戕）〔九九〕，禮則然矣。皇父孔聖，作都于向。擇三有事，亶侯多藏。不憖遺一老，卑守我王〔一〇〇〕。擇有車馬，以居徂向。黽勉從事，不敢告勞。無罪無辜，讒言囂囂〔一〇一〕。下民之孽，匪降自天。噂沓背憎，職競由人。修（悠）修（悠）我瘽〔一〇二〕，亦孔之痗。四方有羨〔一〇三〕，我獨居憂〔一〇四〕。民莫之不逸〔一〇五〕，我獨不敢休。天命不徹，我不敢傚。我友自逸。

《十月》八章〔一〇六〕，□

（後缺）

說明

此件首尾均缺，前三行上、下部殘缺嚴重，起《小雅·鴻鴈》之『之子于垣』，訖《小雅·十月之交》之『《十月》八章』，共存一三首詩，原件有朱筆句讀和校改痕跡。《英藏敦煌文獻》擬名爲『毛詩故訓傳（小雅庭燎—十月之交）』（參見《英藏敦煌文獻》五卷，四六頁），但因此件起自《鴻鴈》篇，且無傳箋，《倫敦藏敦煌漢文卷子目録提要》定名爲『毛詩（小雅鴻鴈—十月之交）』（參見《倫敦藏敦煌漢文卷子目録提要》，二一四頁），兹從之。現知斯六三四六、斯六一九六《毛詩》與此件係同一寫卷，但不能直接綴合。許建平據第三四行有子目『節南山之詁訓傳第十九毛詩國風小雅鄭氏箋毛詩卷第十二』，推測其所據底本爲《毛詩傳箋》本，係唐後期抄本（參見《敦煌經籍敘録》，一四九至一五二頁）。

以上釋文以斯三三三〇爲底本，用《十三經注疏》（中華書局，一九八〇年）中之《毛詩正義》（稱其爲甲本）參校。

校記

〔一〕『劬』，據殘筆劃及甲本補；『勞』，據甲本補。

〔二〕『鴻』，據殘筆劃及甲本補；『鴈于飛』，據甲本補。

〔三〕『謂我』，據甲本補。

〔四〕『鴻』，據殘筆劃及甲本補；『鴈三章』，據甲本補。

〔五〕『美』，據甲本補；『王也』，據甲本補。

〔六〕『夜如何』，據甲本補。

〔七〕『瑲瑲』，甲本作『將將』，《敦煌經部文獻合集》認爲『瑲』爲『將』之增旁俗字。

〔八〕第二個『夜』，當作『何』，據甲本改；『期』，當作『其』，據甲本改，『期』爲『其』之借字。

〔九〕『燎』，據甲本補；『折折』，《敦煌經部文獻合集》據殘筆劃及相關典籍校補，甲本作『晣晣』，『折』通『晣』。
〔一〇〕『君子至止』，據甲本補。
〔一一〕『鸞』，據殘筆劃及甲本補。
〔一二〕『期』，當作『其』，據甲本改，『期』爲『其』之借字。
〔一三〕『向』，甲本作『鄉』，『鄉』爲『向』之借字。
〔一四〕『輝』，甲本作『煇』，均可通。
〔一五〕『祈』，當作『旂』，據甲本改，『祈』爲『旂』之借字。
〔一六〕『弟』，底本原作『第』，按寫本中『弟』『第』形近易混，故據文義逕釋。以下同，不另出校。
〔一七〕『隼』，甲本作『集』，誤。
〔一八〕第二個『章』，甲本無，《敦煌經部文獻合集》認爲係衍文。
〔一九〕『他』，甲本作『它』。以下同，不另出校。
〔二〇〕『底』，當作『厎』，據甲本改。
〔二一〕『皎皎』，甲本作『皎皎』，均可通。以下同，不另出校。
〔二二〕『賓』，甲本作『嘉』，均可通。
〔二三〕『憂』，當作『優』，據甲本改，『憂』爲『優』之借字；『遊』，甲本作『游』，均可通。
〔二四〕『蒭』，甲本作『芻』。
〔二五〕『木』，甲本作『穀』。
〔二六〕『糧』，甲本作『粱』，《敦煌經部文獻合集》認爲『糧』字誤。
〔二七〕『我』，當作『于』，據甲本改。

〔二八〕「樝」，當作「樗」，據甲本改，《敦煌經部文獻合集》認爲「樝」爲「榑」之訛。
〔二九〕「婚」，甲本作「昏」，均可通。以下同，不另出校。
〔三〇〕「畜」，據甲本補。
〔三一〕「誠」，甲本作「成」。
〔三二〕「祇」，甲本作「祇」，《敦煌經部文獻合集》認爲「祇」字誤。
〔三三〕「行」，甲本作「行其野」。
〔三四〕「猷」，甲本作「猶」，均可通。
〔三五〕「以」，甲本作「似」，均可通。
〔三六〕「翮」，甲本作「革」。
〔三七〕「征」，當作「正」，據甲本改，「征」爲「正」之借字。
〔三八〕「寐」，甲本作「寢」，《敦煌經部文獻合集》認爲「寐」字誤。
〔三九〕「罷」，當作「羆」，據甲本改。以下同，不另出校。
〔四〇〕「弗」，當作「芾」，據甲本改，《敦煌經部文獻合集》認爲「芾」「弗」均爲「市」之借字。
〔四一〕「弄」，據殘筆劃及甲本補；「之瓦」，據甲本補。
〔四二〕「無非」，據甲本補。
〔四三〕「維」，甲本作「唯」，均可通；「宜」，當作「議」，據甲本改，「宜」爲「議」之借字。
〔四四〕「八」，甲本作「九」。
〔四五〕「上」，甲本作「四章」。
〔四六〕「次四」，甲本作「五」。

〔四七〕『次章十二句』，甲本無。

〔四八〕『無』，據殘筆劃及甲本補。

〔四九〕『誰』，據殘筆劃及甲本補。

〔五〇〕『犉』，據殘筆劃及甲本補。

〔五一〕『爾』，據殘筆劃及甲本補。

〔五二〕『其』，據殘筆劃及甲本補；『角濈濈』，據甲本補。

〔五三〕『爾牛』，據甲本補；『來』，據殘筆劃及甲本補。

〔五四〕『爾』，當作『耳』，據甲本改，『爾』爲『耳』之借字；『𦗛𦗛』，甲本作『濕濕』，均可通，《敦煌經部文獻合集》逕釋作『濕濕』。

〔五五〕兩個『荷』，甲本均作『何』，均可通。

〔五六〕『其餱』，據甲本補。

〔五七〕『三十維』，據甲本補。

〔五八〕『伶伶』，當作『矜矜』，據甲本改，『伶』爲『矜』之借字，底本原作『侻侻』，『侻』係涉下文『兢』字而成之類化俗字。

〔五九〕『畢』，據甲本補；『來』，據殘筆劃及甲本補。

〔六〇〕『旟』，據甲本補；『矣』，據殘筆劃及甲本補。

〔六一〕『瑧瑧』，當作『溱溱』，據甲本改，『瑧』爲『溱』之借字。

〔六二〕甲本此句後有『鴻鴈之什十篇三十二章二百三十句』。

〔六三〕『什』，據甲本補。

〔六四〕『國風』，甲本無，《敦煌詩經卷子之研究》認爲其係衍文，當删。
〔六五〕『毛詩卷第十二』，甲本作『孔穎達疏』。
〔六六〕『薦』，《敦煌經部文獻合集》釋作『鷹』。
〔六七〕『民』，當作『氏』，據甲本改；『太』，甲本作『大』。
〔六八〕『玄』，當作『氏』，據甲本改，《敦煌經部文獻合集》逕釋作『氏』。
〔六九〕兩個『不』，甲本均作『弗』。
〔七〇〕『不』，甲本作『弗』。
〔七一〕兩個『不』，甲本均作『弗』。
〔七二〕『士』，當作『仕』，據甲本改，『士』爲『仕』之借字。
〔七三〕『慵』，當作『傭』，據甲本改，『慵』爲『傭』之借字。
〔七四〕『鞫』，甲本作『鞠』，《敦煌經部文獻合集》認爲『鞫』爲『鞠』之借字。
〔七五〕『用』，當作『月』，據甲本改。
〔七六〕『人』，甲本作『民』。
〔七七〕『宂』，當作『究』，據甲本改。
〔七八〕『或』，當作『式』，據甲本改，《敦煌經部文獻合集》逕釋作『式』。
〔七九〕『之』，甲本無。
〔八〇〕『剋』，甲本作『克』，均可通。
〔八一〕『不』，甲本作『弗』。
〔八二〕『跼』，甲本作『局』，均可通。

〔八三〕「訊」，當作「我」，據甲本改。
〔八四〕「我心」，甲本作「心之」。
〔八五〕「陽」，甲本作「揚」。
〔八六〕「戚」，甲本作「滅」，均可通。
〔八七〕「似」，甲本作「姒」。
〔八八〕「肴」，甲本作「殽」，均可通。
〔八九〕「殷殷」，甲本作「慇慇」，均可通。
〔九〇〕「今之」二字右側有一符號，似倒乙符號。
〔九一〕「方」，當作「夭」，據甲本改。
〔九二〕「上」，甲本無。
〔九三〕「下」，甲本無。
〔九四〕「吉」，當作「告」，據甲本改。
〔九五〕「㦊㦊」，當作「爗爗」，據甲本改。
〔九六〕「慘」，甲本作「憯」，均可通。
〔九七〕「爲」，當作「維」，據甲本改，「爲」爲「維」之借字。
〔九八〕「菜」，當作「萊」，據甲本改。
〔九九〕「牋」，當作「戕」，據甲本改，《敦煌經部文獻合集》逕釋作「戕」。
〔一〇〇〕「卑」，甲本作「俾」，均可通。
〔一〇一〕「言」，甲本作「口」，《敦煌經部文獻合集》釋作「口」，誤。

〔一〇二〕『修修』，當作『悠悠』，據甲本改；『瘇』，甲本作『里』。
〔一〇三〕『有』，朱筆添加於行間，《敦煌經部文獻合集》未察，誤補。
〔一〇四〕『我』，據甲本補；『獨』，據殘筆劃及甲本補。
〔一〇五〕『之』，甲本無，《敦煌經部文獻合集》認爲係衍文。
〔一〇六〕『八章』，據甲本補，《敦煌經部文獻合集》認爲係衍文。

參考文獻

Descriptive Catalogue of the Chinese Manuscripts from Tunhuang in the British Museum, The Trustees of the British Museum, London 1957, p. 230；《華岡學報》六期，一九七〇年，一至一九頁；《孔孟學報》二二期，一九七一年，三七至四三頁；《敦煌古籍敘録》，北京：中華書局，一九七九年，四四頁；《十三經注疏》（上），北京：中華書局，一九八〇年，四三一至四四七頁；《敦煌寶藏》二七册，臺北：新文豐出版公司，一九八二年，五八六至五八七頁（圖）；《敦煌遺書總目索引》，北京：中華書局，一九八三年，一七七頁；《敦煌古籍敘録新編》二册，臺北：新文豐出版公司，一九八六年，三三六至三四〇頁（圖）；《英藏敦煌文獻》五卷，成都：四川人民出版社，一九九二年，四六至四七頁（圖）；《倫敦藏敦煌漢文卷子目録提要》一册，臺北：福記文化圖書公司，一九九三年，二四頁；《敦煌遺書總目索引新編》，北京：中華書局，二〇〇〇年，一〇二頁；《二〇〇〇年敦煌學國際學術討論會文集·歷史文化卷》（上），蘭州：甘肅民族出版社，三〇六至三〇七頁；《南京師範大學文學院學報》二〇〇四年二期，四二至五〇頁；《敦煌學》二十五輯，臺北：樂學書局，二〇〇四年，三一三至三一四頁；《敦煌研究》二〇〇四年四期，四〇至四四頁；《全敦煌詩》二册，北京：作家出版社，二〇〇六年，四七七至五〇三頁（録）；《敦煌經籍敘録》，北京：中華書局，二〇〇六年，一四九

至一五二頁；《敦煌經部文獻合集》二册，北京：中華書局，二〇〇八年，五四九至五五五、五六二至五七〇頁（録）；《敦煌研究》二〇一四年一期，六八至七七頁。

斯三三三〇背　一　狀抄

釋文

（前缺）

散例到虚虔（？），不敢不申。

説明

此件前缺，書於《毛詩》（小雅鴻鴈—十月之交）紙背，僅存尾部一行，原未抄完，似殘狀。其後抄有牒和書信等，有正書，有倒書，既非一人所抄，亦非一時所抄。

參考文獻

《敦煌寶藏》二七册，臺北：新文豐出版公司，一九八二年，五八八頁（圖）；《英藏敦煌文獻》五卷，成都：四川人民出版社，一九九二年，四八頁（圖）。

斯三三三〇背　二　乾寧四年（公元八九七年）二月廿八日整門官牒抄

釋文

諸門石和滿狀　右和滿夫妻二人〔一〕，孤妻（棲）存括（活）〔二〕，少有羅麥，於佛堂家下磑磑麵。和滿新婦磑麵，以吉（麥）分付途（徒）衆以（與）磑户敦替力〔三〕、董山山〔四〕、張安子三人〔五〕。新婦不見羅破，磑户莊（稱）羅是他打破〔六〕。言道：和滿新婦打破〔七〕，便照納，立便須上帛子〔八〕，復（？）布羅全〔九〕。亦是不廳（聽）〔一〇〕。三人起來，把手劫釵子壹雙持去〔一一〕，亦是不廳（聽）〔一二〕。明日吏文亦須交押新婦，主則敢（？）交裴（備）羅（？）門前〔一三〕，日色（索）文夜〔一四〕，恐怕不安，且走頭（投）城來〔一五〕。伏望　將軍阿郎仁明詳察，伏乞裁下處分。牒件狀如前。謹牒。

乾寧四年二月廿八日整門官石（？）判（？）

說明

此件首尾完整，似是歸義軍某整門官爲石和滿訴磑户誣其新婦破羅事，上報『將軍阿郎』的牒文抄。

乾寧四年即公元八九七年，『將軍阿郎』疑係節度使張承奉。

校記

〔一〕『右』，《唐五代敦煌地區的麵粉加工業》釋作『石』，誤。

〔二〕『妻』，當作『棲』，《唐五代敦煌地區的麵粉加工業》據文義校改，『妻』爲『棲』之借字；『括』，當作『活』，據文義改，《唐五代敦煌地區的麵粉加工業》逕釋作『活』。

〔三〕『吉』，當作『麥』，據文義改；『途』，當作『徒』，《唐五代敦煌地區的麵粉加工業》據文義校改，『途』爲『徒』之借字；『以』，當作『與』，據文義改，『以』爲『與』之借字。

〔四〕『董』，《唐五代敦煌地區的麵粉加工業》釋作『畢』，誤。

〔五〕『子』，《唐五代敦煌地區的麵粉加工業》釋作『之』。

〔六〕『莊』，當作『稱』，據文義改，《唐五代敦煌地區的麵粉加工業》未能釋讀。

〔七〕底本『打破』右側行間另書『豔妻煽方處』，與此件内容無關，未録。

〔八〕『立』，《唐五代敦煌地區的麵粉加工業》釋作『交』，並斷入上句。

〔九〕『復』，《唐五代敦煌地區的麵粉加工業》釋作『便』。

〔一〇〕『廳』，當作『聽』，據文義改，『廳』爲『聽』之借字，《唐五代敦煌地區的麵粉加工業》逕釋作『聽』。

〔一一〕『把』，《唐五代敦煌地區的麵粉加工業》釋作『犯』；『手』，《唐五代敦煌地區的麵粉加工業》未能釋讀；『雙』，《唐五代敦煌地區的麵粉加工業》釋作『隻』，誤。

〔一二〕『廳』，當作『聽』，據文義改，『廳』爲『聽』之借字，《唐五代敦煌地區的麵粉加工業》逕釋作『聽』。

〔一三〕『裴』，當作『備』，據文義改，『裴』爲『備』之借字。

〔一四〕『色』，當作『索』，據文義改。

〔一五〕『頭』，當作『投』，據文義改，『頭』爲『投』之借字。

參考文獻

Descriptive Catalogue of the Chinese Manuscripts from Tunhuang in the British Museum, The Trustees of the British Museum, London 1957, p. 230；《敦煌寶藏》二七册，臺北：新文豐出版公司，一九八二年，五八八頁（圖）；《英藏敦煌文獻》五卷，成都：四川人民出版社，一九九二年，四八頁（圖）；《敦煌碑銘贊輯釋》，蘭州：甘肅教育出版社，一九九二年，三六〇頁；《歸義軍史研究——唐宋時代敦煌歷史考察》，上海古籍出版社，一九九六年，九二頁；《敦煌遺書總目索引新編》，北京：中華書局，二〇〇〇年，一〇二頁；《中國經濟史研究》二〇一一年一期，一〇五頁（録）；《農業考古》二〇一二年六期，三九頁（録）。

斯三三三〇背　三　致夫人書抄

釋文

中（仲）春與涼暄〔一〕。伏唯　夫人尊體動正（止）萬福〔二〕，即日神□出外。蒙
夫人見得平善。伏唯□嘉許重，下情豈致所望也〔三〕。日常紫毫，□□□成（？）□，宅
內壽（？）益（？）神名，心憂恐怕有廿上官口盡（？）心□事發時，三月十二日卻到本
州（？），亦看宅內無凶吉亦□

說明

此件首尾完整，其內容爲致某『夫人書』抄。

校記

〔一〕『中』，當作『仲』，據文義改，『中』爲『仲』之借字。
〔二〕『正』，當作『止』，據文義改。

〔三〕『豈』，底本原抄兩個『豈』，一在行末，另一在次行行首，屬於當時的一種提行添字例，第二個『豈』應不讀，故未録。

參考文獻

Descriptive Catalogue of the Chinese Manuscripts from Tunhuang in the British Museum, The Trustees of the British Museum, London 1957, p. 230；《敦煌寶藏》二七册，臺北：新文豐出版公司，一九八二年，五八八頁（圖）；《英藏敦煌文獻》五卷，成都：四川人民出版社，一九九二年，四八頁（圖）。

斯三三三〇背　四　習字（？）

釋文

瓜

參考文獻

《敦煌寶藏》二七册，臺北：新文豐出版公司，一九八二年，五八九頁（圖）；《英藏敦煌文獻》五卷，成都：四川人民出版社，一九九二年，四八頁（圖）。

斯三三三〇背　五　神智與某使君書抄

釋文

（前缺）

季□□伏唯使君尊體動神□□□常〔一〕。伏唯使君順時□下情所望也〔二〕。

又神智淺淺淺淺生在世〔三〕，遇□□識世上之因。又神智遇然果報，少年習學陰陽，見少多事，廿人宜皆先交説〔四〕。十二月夫人交看，占其吉凶，至今不斷。今則神智數件修書，修（？）建（？）□報善（？）□〔五〕，恐怕不能微。至到三月，夫人交看書，占其吉凶，至今不斷。細從十二月先看晉（？）昌，後看宅内，日祟不斷，音響（？）不絕。正月看書。

使君至到四月再得敦煌，至後看守，望再得。不禾，將軍馬死，禾地厄。又看三月廿六日從（？）安（？）迴去，瓜州大厄。

説明

此件首缺尾全，係倒書，其内容爲『神智與某使君書』抄。

校記

〔一〕『伏』，據殘筆劃及文義補；『動』，據殘筆劃及文義補；『神』，據殘筆劃及文義補。
〔二〕『時』，據殘筆劃及文義補。
〔三〕後三個『淺』據文義係衍文。
〔四〕『廿人宜』，底本抄於『多事』右側。
〔五〕底本此句抄於『書，恐怕不能』右側行間，義未明。

參考文獻

Descriptive Catalogue of the Chinese Manuscripts from Tunhuang in the British Museum, The Trustees of the British Museum, London 1957, p. 230；《敦煌寶藏》二七册，臺北：新文豐出版公司，一九八二年，五八九頁（圖）；《英藏敦煌文獻》五卷，成都：四川人民出版社，一九九二年，四八頁（圖）；《敦煌遺書總目索引新編》，北京：中華書局，二〇〇〇年，一〇二頁。

圖書在版編目(CIP)數據

英藏敦煌社會歷史文獻釋録. 第十五卷 / 郝春文等編著. --北京：社會科學文獻出版社，2017.8
（敦煌社會歷史文獻釋録. 第一編）
ISBN 978-7-5201-1078-5

Ⅰ. ①英… Ⅱ. ①郝… Ⅲ. ①敦煌學-文獻-注釋 Ⅳ. ①K870.6

中國版本圖書館 CIP 數據核字（2017）第 165144 號

敦煌社會歷史文獻釋録 第一編
英藏敦煌社會歷史文獻釋録 第十五卷

編　　著 / 郝春文　游自勇　王蘭平　侯愛梅　董大學　聶志軍
　　　　　李芳瑶　陳于柱　趙玉平　宋雪春　杜立暉
助　　編 / 韓　鋒　武紹衛　王曉燕

出 版 人 / 謝壽光
項目統籌 / 宋月華　李建廷
責任編輯 / 李建廷　王曉燕

出　　版 / 社會科學文獻出版社 · 人文分社（010）59367215
　　　　　地址：北京市北三環中路甲 29 號院華龍大廈　郵編：100029
　　　　　網址：www.ssap.com.cn
發　　行 / 市場營銷中心（010）59367081　59367018
印　　裝 / 三河市東方印刷有限公司

規　　格 / 開　本：889mm × 1194mm　1/32
　　　　　印　張：17.875　字　數：394 千字
版　　次 / 2017 年 8 月第 1 版　2017 年 8 月第 1 次印刷
書　　號 / ISBN 978-7-5201-1078-5
定　　價 / 69.00 圓

本書如有印裝質量問題，請與讀者服務中心（010-59367028）聯繫